中国清洁供热产业发展报告 2024

CHINA CLEAN HEATING INDUSTRY DEVELOPMENT REPORT 2024

清洁供热产业委员会（CHIC）编写

主　编◎赵文瑛　李长征
副主编◎周　春　郑　娜

图书在版编目（CIP）数据

中国清洁供热产业发展报告. 2024 / 赵文瑛，李长征主编；周春，郑娜副主编. -- 北京：中国经济出版社，2024. 4

ISBN 978 - 7 - 5136 - 7754 - 7

Ⅰ. ①中… Ⅱ. ①赵… ②李… ③周… ④郑… Ⅲ. ①无污染能源 - 供热工程 - 产业发展 - 研究报告 - 中国 - 2024 Ⅳ. ①F426. 9

中国国家版本馆 CIP 数据核字（2024）第 090232 号

责任编辑　张　巍
责任印制　马小宾
封面设计　原创在线

出版发行　中国经济出版社
印 刷 者　北京艾普海德印刷有限公司
经 销 者　各地新华书店
开　　本　710mm × 1000mm　1/16
印　　张　23. 5
字　　数　348 千字
版　　次　2024 年 4 月第 1 版
印　　次　2024 年 4 月第 1 次
定　　价　168. 00 元
广告经营许可证　京西工商广字第 8179 号

中国经济出版社　**网址** http://epc. sinopec. com/epc/　**社址** 北京市东城区安定门外大街 58 号　**邮编** 100011

指导委员会

编写委员会

主　编　赵文瑛　李长征

副主编　周　春　郑　娜

编　委　孙　慧　邓高峰　何晓红　吴　荣　关运龙　赵铭生

金　玲　舒　琳　周　喆　苏　红　丁　云　冉　霆

孙小宇　张　川　王思琪　申剑光　秦绪龙　辛　升

冯　云　卞　正　张理驰　赵俊杰　李庚达　管　飞

郑立军　鞠浩然　赵　楠　佟　昊　牛庆贺　徐　蒙

傅玉清　栾玉成　戴　雷　李俊宏　邱春苗　王汉洮

董光磊　贺煜程　赵永良　李　兰　王　伟　苗　舰

杨志刚　周　琼　李宇航　司未涛　胡令猛　岳　亮

鸣　谢

国家发展和改革委员会价格成本和认证中心

国家节能中心

中国华电集团有限公司

国家能源投资集团有限责任公司

中国能源研究会分布式能源专委会

中国能源研究会低碳智慧供热技术专业委员会

华电电力科学研究院有限公司

中建研科技股份有限公司

生态环境部环境规划院

北京大学能源研究院

清华大学

郑州大学

中德碳中和与绿色发展研究院

北京市煤气热力工程设计院有限公司

北京京能能源技术研究有限责任公司

杭州云谷科技股份有限公司

北京市卡姆福科技有限公司

国投证券研究中心

蔷薇资本有限公司

四季沐歌科技集团有限公司

龙基能源集团有限公司

北京启迪绿能科技有限公司

常州优纳新材料科技有限公司

深圳优易材料科技有限公司

吉林智慧节能科技有限公司

智伟电力（无锡）有限公司

《中国清洁供热产业发展报告（2024）》由我国能源电力行业知名专家及CHIC秘书长赵文瑛教授领衔编制，报告以客观准确的统计数据为支撑，视野开阔，逻辑清晰，系统全面，凝聚焦点，涉及技术、政策、管理、融资以及政府、企业、用户等方面，既有政策导向也有典型案例，既有理论阐述也有实践总结，是清洁供热产业发展的系列年度报告，可供政策制定者、供热企业和行业研究者参阅。

刘燕华

科技部原副部长 国务院原参事

内容提要

ABSTRACT

2023 年，是全面贯彻党的二十大精神的开局之年，是三年新冠疫情防控转段后经济恢复发展的一年。这一年，在高质量发展和构建新型能源体系的新征程中，我国绿色发展加速转型，清洁能源产业进一步壮大，清洁取暖工作重心向存量巩固和有序新增转变。展望 2024 年，我国清洁供热发展要紧紧围绕能源低碳绿色转型，以新型电力系统为依托，提升清洁供热产业现代化水平，坚持创新驱动清洁供热产业数字化智能化升级，聚焦绿色低碳技术攻关应用，推广供热计量调控，加快建设“源—网—荷—储”协同的新型智慧供热系统，全面提升供热系统安全高效、绿色低碳水平。

一、我国清洁供热产业发展概况

随着市场需求不断提高，北方地区清洁取暖面积不断扩大，热源侧、热网侧和终端消费侧在能源革命的进程中出现新业态、新模式、新技术和新产品，我国清洁供热产业体系不断完善、产业链条进一步细分、技术创新和产品升级迭代不断提速。据清洁供热产业委员会不完全统计，截至 2023 年底，我国北方地区供热总面积 245 亿平方米（城镇供热面积 175 亿平方米，农村供热面积 70 亿平方米），其中，清洁供热面积 186 亿平方米，清洁供热率为 76%。全国涉及清洁供热企业 8350 家，产业总产值 9200 亿元，从业人员达 125 万人。清洁供热产业正加速向新型智慧供热产业转型升级。

二、报告框架及主要内容

《中国清洁供热产业发展报告（2024）》分七篇，分析了我国能源发展的总体情况；梳理了清洁供热产业发展现状；明确了新型智慧供热的范畴并阐述了新型智慧供热行业发展的挑战与政策建议；介绍了国内外及地方政府在能源领域重要利好政策，智慧供热及服务认证法规依据；梳理了清洁供热市场投融资新模式并选取了一二级市场典型投融资企业；盘点并遴选了能源行业绿色低碳重大创新技术以及相应示范项目，评选出绿色低碳技术创新15强企业，以期为绿色低碳行业提供借鉴参考，推动重大创新技术的规模化应用；展望了未来清洁供热发展方向并给出了相应的政策建议。

清洁供暖既是“双碳”目标顺利实现的重点改革领域也是关系重大的民生工程，必须因地制宜，统筹兼顾，要紧跟政策导向，以群众满意度为标准，推进新型供热技术示范应用，完善智慧供热整体解决方案的商业模式，让清洁供暖工程成为领导省心、企业热心、用户舒心的工程。

第一篇，综合篇。该篇整体介绍了我国能源改革现状和清洁供热产业发展方向。第一章从能源消费、能源供应、建筑能耗等方面综述了我国能源发展总体向绿色低碳转型，北方供暖能耗显著；第二章分析了煤炭、石油、天然气、电力等能源市场体系和价格改革历程，指出了供热体制改革的必要性和迫切性；第三章外延了清洁供热内涵并梳理了发展现状，清洁供热产业规模进一步扩大；第四章给出了新型智慧供热的内涵，梳理了智慧供热发展现状及面临的机遇挑战，得出加速构建新型智慧供热系统的结论。

第二篇，政策篇。该篇全面梳理了国内外和各地方政府清洁供热相关政策法规，框定了智慧供热和服务认证的标准范围。第一章解读了国家层面发布的关于能源、电力、石油天然气、新能源、生态环境和碳市场及供热领域典型政策，分析各领域政策的连续性和相关性；第二章选取部分代表性城市关于清洁取暖、智慧供热相关政策，结合当地实际情况加快智慧供热试点、热计量布局及供热价格改革，推动清洁取暖向智慧供热转型；第三章解析了欧美国家关于清洁能源转型及应用、低碳节能行为变革等方面的政策规划，致力于推动构建清洁能源供给体系和终端清洁能源消费社会变革；第四章指出了智慧供热高质量发展的标准建设重点方向；第五章阐述了清洁供热服务认证内容及认证依据，为规范行业高质量发展充分发挥行业协会作用。

第三篇，技术篇。该篇盘点了行业内热源、热网侧现有的先进供热、节能技术。第一章详细介绍了吸收式热泵供热、大温差供热、汽轮机高背压供热、低压光轴转子供热和压缩式热泵供热等火电厂低温余热回收技术；第二章介绍了新型凝抽背供热、电蓄热锅炉、蓄热罐等热电解耦关键技术，通过关键技术应用减少机组对外供热量与机组出力之间的相互限制，改变热电机组“以热定电”的运行模式；第三章介绍了核能供热的两种方式，一种是利用核电厂的余热供热，另一种是采用低温核反应堆的形式直接供热；第四章介绍了长输供热技术可以作为未来城镇满足新增供热和低碳替代主力热源的技术原理和经济成本；第五章介绍了地下水箱蓄热、人工水体蓄热、地下含水层蓄热、地埋管蓄热等跨季节储热技术，实现夏热冬用，提高太阳能供热系统运行效率及经济性；第六章介绍了多能互补技术。

第四篇，投融资篇。该篇主要概述了供热企业建设改造资金来源，介绍基础设施公募 REITs 模式及在清洁供热产业发展前景，并详细剖析了一二级市场及智慧供热领域典型企业公司经营情况。第一章概述了供热企业建设与改造资金来源于多个方面，以政府补贴、借贷融资为主；第二章介绍公募 REITs 基本概念和发展政策，并以哈投供热 REITs 项目为例介绍了 REITs 的运作模式，对 REITs 发展趋势做了研判；第三章以云谷科技、暖流科技和英集动力为例详细介绍一级市场融资现状及产品体系；第四章梳理了供热行业产业链，并对相关企业进行对比分析，指出现在供热企业普遍存在化石能源热源占比高、热力平衡调节困难和管理存放等瓶颈；第五章追踪了侧重于智慧供热 AI 算法以及软件研发、硬件产品的研发与销售、软硬件一体化整体方案解决提供商等六家上市公司。

第五篇，案例篇。该篇主要以技术先进、转型示范、综合效益和模式推广为标准选取 8 家智慧供热典型案例。第一章给出了技术先进性、转型示范性、综合效益性及模式推广性的选择原则内涵；第二章则在典型案例评选原则下，聚焦新型智慧供热系统、供热计量、可再生能源供热等关键要素，展示案例在清洁供热智慧转型应用方面的亮点特色，具有较强示范性。

第六篇，创新篇。该篇梳理总结了在绿色低碳领域成功落地应用的颠覆性和突破性技术，并遴选了具有代表性的绿色低碳技术创新企业目录。第一章在国家《构建市场导向的绿色技术创新体系》政策引导下，围绕产业现实需求和行业短板明确遴选年度绿色低碳重大创新技术的标准；第二章介绍了数字化技术、新型储能、先进节能材料、技术耦合等颠覆性创新技术在绿色低碳领域的应用情况，并给出了3个相应示范项目；第三章介绍了供热机组在换热、能效提高、低品位余热回收、设备防护等方面的突破性创新技术以及相应示范项目；第四章重点围绕能源行业绿色低碳转型的绿色低碳新工艺、新技术、新装备，包括先进的技术产品、装备、算法以及系统解决方案等评选出绿色低碳技术创新11强企业，众多优秀试点示范项目和企业将推动重大创新技术的规模化应用，促进能源行业高质量发展。

第七篇，展望篇。该篇在总结2023年清洁供热行业发展状况的基础上，展望了清洁供热行业发展趋势，并对政府、企业、用户提出建议。第一章指出清洁供热日趋向智慧供热发展，并在供热关键性技术应用上规模不断扩大，“新能源+供热”模式在农村地区得到越来越广泛的应用，同时存量竞争将促使清洁供热政策向更精细化下垂；第二章紧跟政策导向，引领产业高质量发展，并行推行供热成本疏导和融资渠道拓宽，在供热计量和分类收费示范应用下强化供热系统调控节能，推动减污降碳协同增效，加速清洁供热向智慧供热转型，构建多能互补清洁热源供给、“源、网、站、户”一体化智能调控、按需供热的现代供热体系，实现供热节能降耗由“量”的变化转为“质”的提升，在能源体系协同规划下，确保供热能源安全稳定。

目 录

CONTENTS

第一篇　综合篇

第二篇　政策篇

第三篇　技术篇

第四篇 投融资篇

第五篇 案例篇

第六篇 创新篇

第七篇 展望篇

附　录　建言献策及观点汇编

第一篇　综合篇

核心数据：据清洁供热产业委员会（CHIC）不完全统计，截至2023年底，我国北方地区供热总面积245亿平方米（城镇供热面积175亿平方米，农村供热面积70亿平方米），其中清洁供热面积186亿平方米，清洁供热率为76%。已安装供热计量装置的建筑面积约25亿平方米，占北方城镇集中供热面积的比例不足15%，其中实现供热计量收费的面积约10亿平方米，占北方城镇集中供热面积的比例不足6%。全国建筑运行阶段能耗11.5亿吨标准煤，占全国能源消费总量的比重为21.9%；建筑运行阶段碳排放23.0亿吨CO_2，占全国能源相关碳排放总量的比重为21.6%；北方城镇集中供热碳排放4.7亿吨CO_2，同比增长3.3%。全国涉及清洁供热企业8350家，产业总产值9200亿元，从业人员达125万人。清洁供热产业加速向新型智慧供热产业转型升级。

一、能源发展总体情况

1. 能源消费

2023年，在地缘冲突、气候变化等多种因素影响下，世界经济增长动能不足，不稳定、不确定、难预料因素增多。我国在取得疫情防控重大决定性胜利基础上，坚持稳中求进工作总基调，全力恢复经济常态化运行，国内消费、投资成为国内经济平稳增长的主要动力，能源消费的支撑作用增强。

据初步统计，2023年全国能源消费总量约56亿吨标准煤，比上年增长3.4%（见图1－1）。煤炭消费量约31亿吨标准煤，比上年增长2%；原油消费量约7.67亿吨，比上年增长10.5%；天然气消费量3820亿立方米，比上年增长6%；电力消费量增长6.7%。煤炭消费量占能源消费总量的55.4%，比上年下降约0.8个百分点。2023年，非化石能源消费量约10亿吨标准煤，比2022年增长7.1%，占一次能源消费比重比2022年上升0.2个百分点，达到17.8%（见图1－2）。

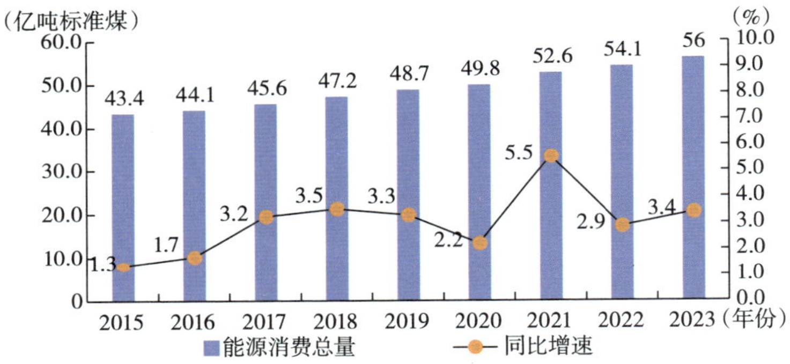

图 1－1　2015—2023 年能源消费总量及同比增速

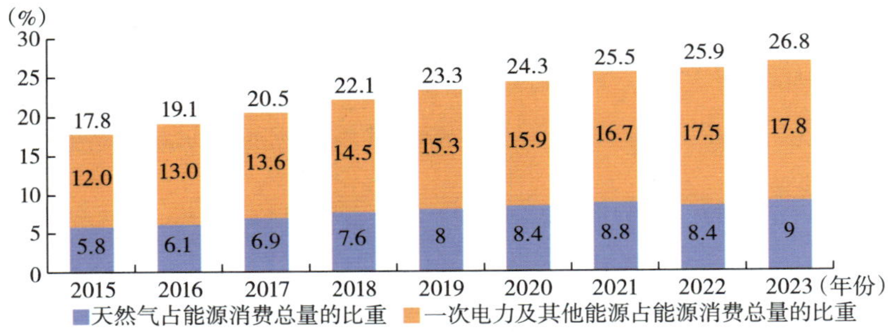

图 1－2　2015—2023 年清洁能源消费比重

电力消费。2023 年，全国全社会用电量 92241 亿千瓦时，同比增长 6.7%。分产业看，第一产业用电量 1278 亿千瓦时，同比增长 11.5%；第二产业用电量 60745 亿千瓦时，同比增长 6.5%；第三产业用电量 16694 亿千瓦时，同比增长 12.2%；城乡居民生活用电量 13524 亿千瓦时，同比增长 0.9%。工业用电量 59779 亿千瓦时，同比增长 6.6%。

2. 能源供应

煤炭生产。2023 年，煤炭先进产能平稳有序释放，兜底保障作用充分发挥。2023 年，规模以上工业原煤产量 46.6 亿吨，创历史新高，比上年增长 2.9%。

原油生产。原油连续两年稳产 2 亿吨以上，天然气连续七年增产超百亿立方米。油气增储上产深入推进，稳产增产势头良好，油气自主供给能力稳步提高。2023 年，规模以上工业原油产量 2.09 亿吨，比上年增长

2.0%；规模以上工业天然气产量2297亿立方米，比上年增长5.8%。

电力生产。2023年，全国发电量92888亿千瓦时，同比增长6.7%。分类型看，水电发电量12836亿千瓦时，同比下降5.0%；火电发电量61019亿千瓦时，同比增长6.2%；核电发电量4341亿千瓦时，同比增长3.9%；风电发电量8858亿千瓦时，同比增长16.2%；太阳能发电量5833亿千瓦时，同比增长36.4%。全年发电设备平均利用小时数为3592小时，同比降低101小时，其中全年火电设备平均利用小时数为4466小时，同比增加76小时。

电源建设。截至2023年底，全国发电装机容量29.2亿千瓦，同比增长13.9%。分类型看，水电4.2亿千瓦（含抽水蓄能5094万千瓦），占全部装机容量的14.4%；火电13.9亿千瓦（含煤电11.6亿千瓦、气电1.3亿千瓦），占全部装机容量的47.6%；核电5691万千瓦，占全部装机容量的1.9%；并网风电4.4亿千瓦，占全部装机容量的15.1%；并网太阳能发电6.1亿千瓦，占全部装机容量的20.9%。全国水电、风电和太阳能发电等可再生能源发电装机规模再创新高，超过14亿千瓦，占比过半。

2023年，全国基建新增发电设备容量36907万千瓦，其中水电1034万千瓦、火电6567万千瓦（含煤电4774万千瓦、气电1012万千瓦）、核电139万千瓦、并网风电7566万千瓦、并网太阳能发电21602万千瓦。

电网建设。截至2023年底，全国电网220千伏及以上输电线路回路长度、公用变电设备容量分别为92.0万千米和54.2亿千伏安，同比分别增长4.6%和5.7%。

2023年，全国基建新增220千伏及以上输电线路长度和变电设备容量分别为3.8万千米和2.6亿千伏安，分别比上年少投产557千米和354万千伏安。

电力投资。2023年，全国主要电力企业电力工程建设完成投资14950亿元，同比增长20.1%。其中，电源工程建设完成投资9675亿元，同比增长30.1%；电网工程建设完成投资5275亿元，同比增长5.4%。在电源工程建设完成投资中水电完成投资991亿元，火电完成投资1029亿元，核电完成投资949亿元，风电完成投资2564亿元。

节能减排。2023 年，全国 6000 千瓦及以上电厂供电标准煤耗 302.0 克/千瓦时，同比增加 1.2 克/千瓦时；全国电网输电线路损失率 4.5%，比上年降低 0.3 个百分点。

我国各类能源占能源生产总量比重及 2015—2023 年情况如图 1－3、表 1－1 所示。

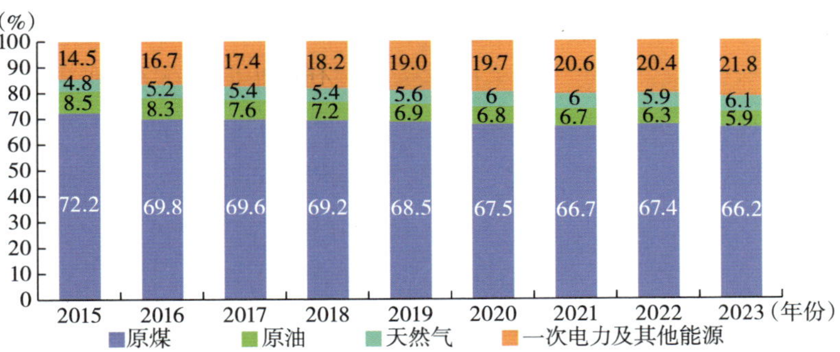

图 1－3　我国各类能源占能源生产总量比重

表 1－1　2015—2023 年我国能源生产情况

年份	能源			
	原煤（亿吨）	原油（亿吨）	天然气（亿立方米）	一次电力（万亿千瓦时）
2015	37.5	2.15	1346.1	5.8
2016	34.1	2.00	1368.7	6.1
2017	35.2	1.92	1480.4	6.6
2018	37.0	1.89	1601.6	7.2
2019	38.5	1.91	1753.6	7.5
2020	39.0	1.95	1925.0	7.8
2021	41.3	1.99	2075.8	8.5
2022	44.6	2.00	2201.1	8.8
2023	46.6	2.09	2297	8.9

3. 建筑能耗

根据《中国建筑与城市基础设施碳排放研究报告 2023》统计，2021 年全国房屋建筑全过程能耗总量为 19.1 亿吨标准煤，占全国能源消费的 36.3%。其中，建筑运行阶段能耗 11.5 亿吨标准煤，占全国能源消费总量的比重为21.9%。

2021年，全国房屋建筑全过程碳排放总量为40.7亿吨CO_2，占全国能源相关碳排放的比重为38.2%。其中，建筑运行阶段碳排放23.0亿吨CO_2，占全国能源相关碳排放总量的比重为21.6%。

2021年，中国城市建筑集中供热碳排放4.7亿吨CO_2，同比增长3.3%，其中城镇居住建筑排放3.6亿吨CO_2、占比75%，公共建筑排放1.2亿吨CO_2、占比25%。2010—2021年，建筑集中供热碳排放增长1.1亿吨CO_2，年均增速为2.5%；其中居住建筑排放增长0.9亿吨CO_2，年均增速为2.8%，公共建筑排放增长0.2亿吨CO_2，年均增速为1.7%。

我国建筑节能工作取得长足进展，2010年以来，我国建筑集中供热碳排放强度持续下降。建筑单位集中供热量碳排放由99.9 $kgCO_2/GJ$降至2021年的87.2 $kgCO_2/GJ$，降幅为12.7%；单位集中供热面积碳排放由66.2 $kgCO_2/m^2$降至34.6 $kgCO_2/m^2$，降幅为47.7%。

二、能源体制改革进展

1. 能源体制改革

党的十八大以来我国坚持有效市场和有为政府相结合，深入推进能源体制机制改革，不断深化重点领域和关键环节市场化改革。2013年，党的十八届三中全会通过《中共中央关于全面深化改革若干重大问题的决定》，提出“建设统一开放、竞争有序的市场体系，是使市场在资源配置中起决定性作用的基础”。2017年，党的十九大报告提出“经济体制改革必须以完善产权制度和要素市场化配置为重点，实现产权有效激励、要素自由流动、价格反应灵活、竞争公平有序、企业优胜劣汰”。2020年，中共中央、国务院印发《关于新时代加快完善社会主义市场经济体制的意见》，是贯彻落实党的十九届四中全会精神、推进国家治理体系和治理能力现代化、巩固中国特色社会主义基本经济制度的重大举措。2022年，党的二十大报告提出“构建高水平社会主义市场经济体制……构建全国统一大市场，深化要素市场化改革，建设高标准市场体系。完善产权保护、市场准入、公平竞争、社会信用等市场经济基础制度，优化营商环境”。2023 年 7 月 11 日，《关于建设更高水平开放型经济新体制促进构建新发展格局的意见》提出“建设更高水平开放型经济新体制是我们主动作为以开放促改革、促发展的战略举措，要围绕服务构建新发展格局，以制度型开放为重点，聚焦投资、贸易、金融、创新等对外交流合作的重点领域深化体制机制改革，完善配套政策措施，积极主动把我国对外开放提高到新水平”。

在新时代加快完善社会主义市场经济体制的宏观背景下，我国能源体制机制改革深入推进、重点铺开。在电力、油气等能源体制改革的关键领域，我国陆续出台多个在业内具有重大影响的政策文件。2015 年，《中共中央　国务院关于进一步深化电力体制改革的若干意见》（中发〔2015〕9 号）及配套文件的出台拉开了新一轮电力体制改革的大幕，明确了“三放开、一独立、三强化”的改革路径。2017 年，中共中央、国务院印发《关于深化石油天然气体制改革的若干意见》，从深化油气勘察开采、进出口管理、管网运营、定价机制等八个方面明确了油气领域体制改革的重点工作。2022 年，《“十四五”现代能源体系规划》提出，2035 年能源高质量发展取得决定性进展，基本建成现代能源体系的目标，并围绕“增强能源治理效能”，从激发能源市场主体活力、建设现代能源市场、加强能源治理制度建设三个方面，提出深化能源体制机制改革的主要措施。该规划作为“十四五”时期能源发展的重要文件，对于现代能源体系建设和能源高质量发展起到引领作用。2023 年 7 月 11 日，《关于进一步深化石油天然气市场体系改革提升国家油气安全保障能力的实施意见》指出，要进一步深化石油天然气市场体系改革，加强产供储销体系建设。要加大市场监管力度，强化分领域监管和跨领域协同监管，规范油气市场秩序，促进公平竞争。要深化油气储备体制改革，发挥好储备的应急和调节能力。

在一系列政策措施共同作用下，近年来我国能源法治体系不断健全，能源法以及煤炭、电力、可再生能源等领域单项法律法规制修订持续推进。能源市场化水平全面提升，多层次统一电力市场体系建设稳步推进，上游油气资源多主体多渠道供应、中间统一管网高效集输、下游销售市场充分竞争的油气市场体系初步形成，电煤中长期合同制度不断完善，全国煤炭交易中心正式运营。能源价格机制不断完善，输配电价改革、煤电上网电价改革、工商业销售电价市场化改革迈出关键步伐，煤炭市场价格形成机制进一步创新完善，推动国内能源价格总体运行在合理区间，为稳物价、稳经济、稳民生奠定了坚实基础。能源市场公平开放取得显著进展，世界银行营商环境评价体系中的“获得电力”指标上升至世界第十二位，跻身“全球最佳实践”行列。

2. 电力体制改革

2002 年 2 月，国务院以国发〔2002〕5 号文印发《电力体制改革方案》，明确电力体制实施厂网分开，重组发电和电网企业；实行竞价上网，建立电力市场运行规则和政府监管体系；初步建立竞争、开放的区域电力市场，实行新的电价机制。这从根本上改变了指令性计划体制和政企不分、厂网不分等问题，促进了电力行业快速发展，提高了电力普遍服务水平，初步建立了电力市场主体多元化竞争机制，推进了大用户与发电企业直接交易、跨省区电能交易，电力市场化交易取得重要进展，电价形成机制逐步完善，构建了电力监管体制，电力行业监管积累了重要经验，为新一轮电力体制改革奠定了基础。

2015 年 3 月，《中共中央　国务院关于进一步深化电力体制改革的若干意见》发布，按照“管住中间、放开两头”的思路，正式启动新一轮电力体制改革工作，电力市场化改革与市场主体多元化发展进入快车道。2015 年 10 月，中共中央、国务院发布《关于推进价格机制改革的若干意见》，要求加快推进能源价格市场化，还原能源商品属性，建立主要由市场决定能源价格的机制。2015 年 7 月，国家发展改革委印发《输配电定价成本监审办法（试行）》，2016 年 12 月印发《省级电网输配电价定价办法》，2017 年 12 月印发《区域电网输电价格定价办法（试行）》《跨省跨区专项工程输电价格定价办法（试行）》《关于制定地方电网和增量配电网配电价格的指导意见》，并实现省级电网输配电价改革全覆盖，目前已完成两轮监管周期的输配电价核定工作，初步建立起以“准许成本 + 合理收益”为核心的电网输配电价监管体系。2016 年 10 月，国家发展改革委、国家能源局出台《售电公司准入与退出管理办法》和《有序放开配电网业务管理办法》，明确实行以注册制和信用监管为核心的售电公司准入制度，后续又公布了增量配电业务改革试点项目，多元主体参与的电力市场竞争格局自此开始形成。2021 年 10 月，国家发展改革委印发《关于进一步深化燃煤发电上网电价市场化改革的通知》，提出有序放开全部燃煤发电电量上网电价，燃煤发电电量原则上全部进入电力市场，通过市场交易在“基准价 + 上下浮动”范围内形成上网电价，扩大市场交易电价上下浮动范围，推动工商业用户都进入市场，取消工商业目录销售电价。2022 年 1 月，国家发展改革委、国家能源局发布《关于加快建设全国统一电力市场体系的指导意见》，提出健全多层次统一电力市场体系，统一交易规则和技术标准，破除市场壁垒，推进适应能源结构转型的电力市场机制建设，到 2025 年全国统一电力市场体系初步建成，到 2030 年全国统一电力市场体系基本建成。

2023 年 7 月，中央全面深化改革委员会第二次会议审议通过《关于深化电力体制改革加快构建新型电力系统的指导意见》，强调要科学合理设计新型电力系统建设路径，在新能源安全可靠替代的基础上有计划分步骤逐步降低传统能源比重。要健全适应新型电力系统的体制机制，推动加强电力技术创新、市场机制创新、商业模式创新。2023 年 9 月，国家发展改革委、国家能源局印发《电力现货市场基本规则（试行）》，对电力现货市场建设目标和建设路径作了明确规划。我国已建成 32 个省级（地区）电力交易中心和 2 个区域电力交易中心（北京和广州），多层次统一电力市场体系初具雏形。2023 年 11 月 8 日，为加快构建新型电力系统，更好保障电力安全稳定供应，推动新能源加快发展和能源绿色低碳转型，国家发展改革委、国家能源局联合印发《关于建立煤电容量电价机制的通知》，决定自 2024 年 1 月 1 日起建立煤电容量电价机制，对煤电实行两部制电价政策。

3. 供热体制改革

2003 年 8 月，建设部、国家发展改革委等八部委印发《关于城镇供热体制改革试点工作的指导意见》，正式拉开了供热体制改革的大幕，明确城镇供热体制改革的基本思路为：停止福利供热，谁采暖、谁缴费；老百姓用多少热、缴多少费，逐步取消按面积计收热费，推行按用热量分户计量收费的办法；在行业中引入竞争机制；完善社会保障制度等。

此后供热体制改革工作持续推进，2005 年 10 月，国家发展改革委与建设部联合印发《关于建立煤热价格联动机制的指导意见》。2005 年 12 月，八部委再次联合出台《关于进一步推动城镇供热体制改革的意见》，明确了改革的指导思想、基本原则和近期工作重点。2006 年 6 月，建设部印发《关于推进供热计量的实施意见》。2007 年 6 月，国家发展改革委与建设部推出《城市供热价格管理暂行办法》。2010 年 3 月，住建部等发布了《关于进一步推进供热计量改革工作的意见》。2017 年国家发展改革委公布的《关于进一步加强垄断行业价格监管的意见》，提出下一步将推进北方地区清洁供暖，落实煤热、气热价格联动机制，开展供热成本监审，按照“多用热、多付费”原则，逐步推行基本热价和计量热价相结合的两部制价格制度。

为贯彻落实《中共中央 国务院关于完整准确全面贯彻新发展理念做好碳达峰碳中和工作的意见》等相关要求，全面提升供热系统能效，保障热力安全稳定供应，确保群众温暖过冬，2023 年以来国家发展改革委明确将北方地区冬季供暖用煤全部纳入长协体系保障，并会同住建部等部门相继出台完善城镇集中供热价格机制以及深化供热计量改革等相关意见，加快推动供热行业高质量、健康可持续发展。

在完善城镇集中供热价格机制方面。根据政策精神，坚持城镇集中供热是保障性民生工程的基本定位，坚持价格补偿和财政补偿相结合，厘清企业、政府、用户的责任，各环节“市场的归市场，政府的归政府”，由“暗补”变“明补”；尽快研究建立供热价格形成机制，健全政府投入机制，确保热价在合理区间内联动，保障热力安全稳定供应。坚持“分类施策、有序实施、保障安全”的原则推进供热计量工作。

在深化供热计量改革方面。坚持“分类施策、有序实施、保障安全”的原则推进供热计量工作。一是强化计量调控，注重节能实效，实际效果要达到供热系统平衡、计量和室温调控的要求。二是坚持分类施策，优先分户计量。户用热量表反映的每户流量、温度和压力是智慧供热控制到户所需要的关键参数，是解决末端水力失衡、居民冷热不均和过供欠供问题以及未来参与碳市场、适应新型能源体系的重要支撑，对既有建筑的供热计量改造，要因地制宜，分步实施，具备安装条件且达到平衡调控要求的安装户用热量表和户用调控装置。三是推广计量收费，促进行为节能。鼓励新建建筑和具备条件的既有建筑实行供热分户计量收费，尚不能满足分户计量条件的既有居住建筑，可以按楼栋进行计量、按面积分摊。

三、清洁供热产业现状

1. 清洁供热内涵

（1）清洁供热定义

清洁供热是指因地制宜使用清洁化能源（热源），直接或通过高效输配管网为热用户提供安全、绿色、经济热能的供热方式，其实质是热能的生产、输配及使用的全过程实现节能清洁环保。清洁化能源主要指天然气、电、地热、生物质、太阳能、风能、空气能、工业余热、清洁化煤炭、核能等能源。热用户涵盖工业、农业及建筑等所有生产、生活场所。

清洁供热有广义和狭义之分（见图 1－4）。广义的清洁供热，不仅覆盖清洁化能源（热源）、高效输配管网（热网）、节能建筑（热用户）等，还包含方案设计、融资服务、节能改造、工程施工、精细管理及智慧运营等环节。狭义的清洁供热主要是指针对建筑的清洁供热。

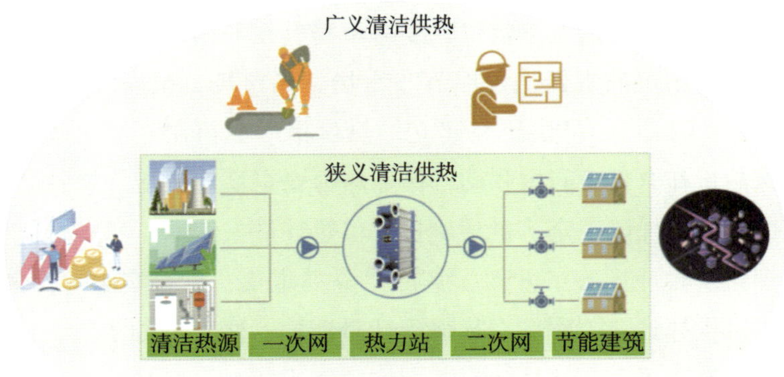

图 1－4　清洁供热示意

(2) 清洁供热的内涵

在碳中和导向下，清洁供热以“安全、高效、清洁、低碳、经济、智能”为特征（见图1-5）。

图1-5 清洁供热的特征

安全，即要求供热不出或尽可能少出事故，安全永远是清洁供热的第一要求；高效，即要求供热节能低碳或热源利用效率最大化；清洁，即要求供热产生的环境和气候不利影响最小化；低碳，即要求供热过程中碳排放最小化；经济，即要求以居民可承受的成本温暖过冬；智能，即要求供热系统实现“源—网—荷—储”全流程的智能化管理，对用户实现按需供热。

清洁供热工程主要有以下两方面特点：

①民生性。

“推进北方地区冬季清洁取暖，是重大的民生工程、民心工程”。清洁供热是解决冬季大气污染的重要手段，也是打赢蓝天保卫战的重要措施，不仅能满足北方地区人民群众温暖过冬的需要，更能提高居民的生活质量。

②公益性。

供热产业关系民生、民心，也是环境保护和公共设施建设的要求，是社会稳定发展的因素之一，主要服务于人民群众基本的生活需要，是不可或缺的，所以兼具公益性特征。

(3) 清洁供热分类

清洁供热产业覆盖源头、生产过程和末端，包括规划设计、技术路线、装备生产、建设运营、科技研发与就业等方面，不仅关注技术路线也关注产业发展、社会福祉和环境效益。清洁供热产业从产业链来看，大致

分为上游、中游和下游（见图 1 -6）。

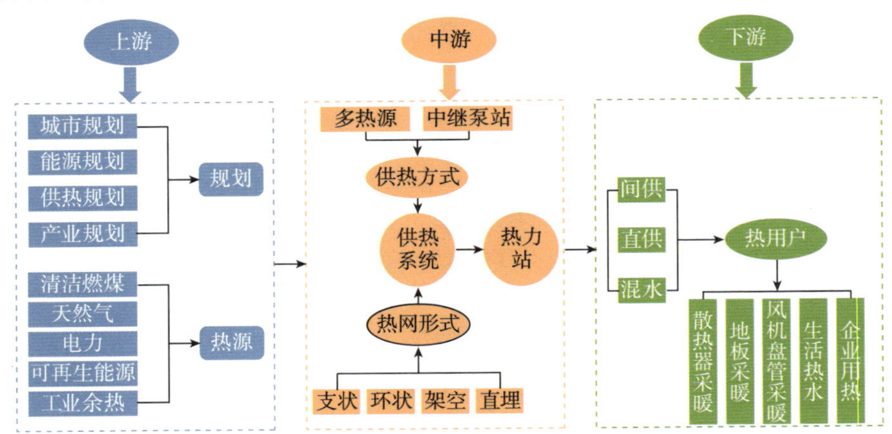

图 1 -6　集中清洁供热产业链示意图

清洁供热产业上游为规划设计和清洁热源；中游是以供热系统为核心的一二级热网、换热站等，随着各种供热方式不断涌现，供热呈现数字化、智能化趋势；下游为用户。上游主体为热源、能源供应企业；中游的主要参与者为热力公司、自有热源供热企业以及工业余热利用企业；下游用户则涉及工业企业消费者、住宅采暖消费者与非住宅采暖消费者。

按供热方式的不同，清洁供热分为集中清洁供热、分布式清洁供热和分散户式清洁供热等。集中供热是指由集中热源所产生的蒸汽、热水，通过管网供给一个城市（镇）或部分区域生产、采暖和生活所需的热量的方式。在有集中供热管网、建筑密度高的北方大中型城市主要采用集中清洁供热方式。分布式能源是指建立在用户负荷中心附近的能源综合利用系统，涵盖发电、热电联产、储能和能源管理系统等多种形式。部分居住建筑、公共建筑以及厂矿、学校等建筑采用分布式清洁供热，如采用热泵、燃气锅炉、电锅炉、地热能作为热源为一个或几个小区供热。分散户式供热是指将热源设置在用户端，自主供热。在受经济、地理条件和生活习惯限制的城乡接合部和乡村主要采用分散户式清洁供热方式，主要供热设备包括户式炉具、电暖气、发热电缆、碳纤维发热材料、燃气壁挂炉等。分散式清洁供热没有热力管网，运行灵活，收费按电表或气表计量，最适合行为节能管理。

按供热能源的不同，清洁供热可以分为清洁燃煤集中供热、天然气供热、电供热、可再生能源供热（包括太阳能、生物质、地热供热）、工业余热供热等几种类型（见图1－7）。

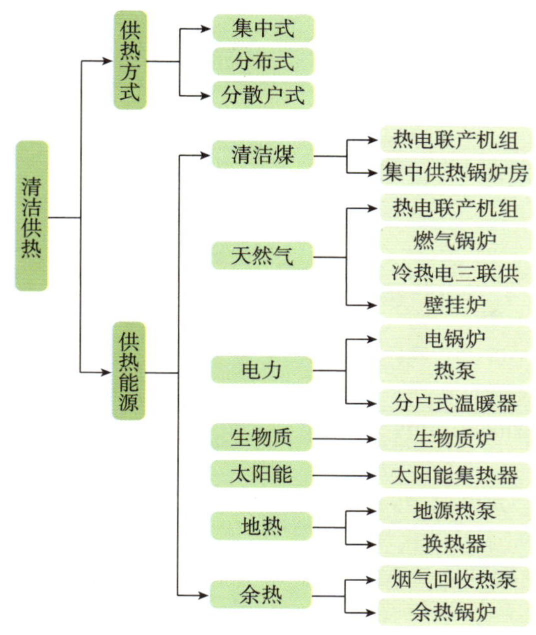

图1－7 清洁供热方式分类

2. 产业发展现状

（1）总体概况：规模持续稳定增长

截至2023年底，我国北方地区供热面积为245亿平方米。其中，城镇供热面积175亿平方米，农村供热面积70亿平方米（见图1－8）。整体来说，农村清洁供热依旧是清洁供热工作的重点和难点。

2023年，北方地区清洁供热面积为186亿平方米，清洁供热率达到76%，清洁供热面积比上年新增7亿平方米，清洁供热率比2022年新增1个百分点，增势较之前年份变缓（见图1－9）。

2017—2023年，随着能源结构的调整、市场机制的完善，我国北方地

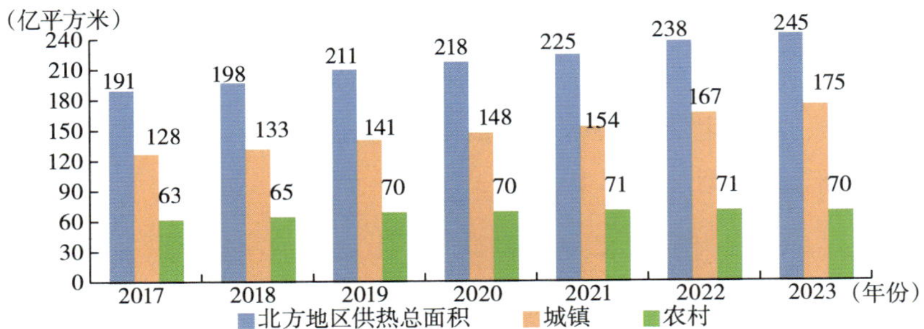

图 1－8　2017—2023 年北方地区总供热面积

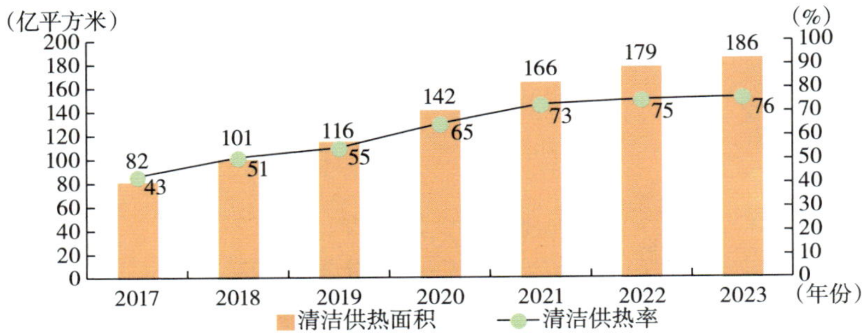

图 1－9　2017—2023 年北方地区清洁供热面积及供热率

区清洁供热面积不断增加，生产总值随着市场需求而不断增加，我国清洁供热产业的营商环境呈现良好的态势。清洁供热企业从 2017 年的 7700 家扩大到 2023 年 8350 家；从业人员从 110 万人扩展到 125 万人；产业生产总值从 8200 亿元提升到 9200 亿元（见图 1－10、图 1－11）。

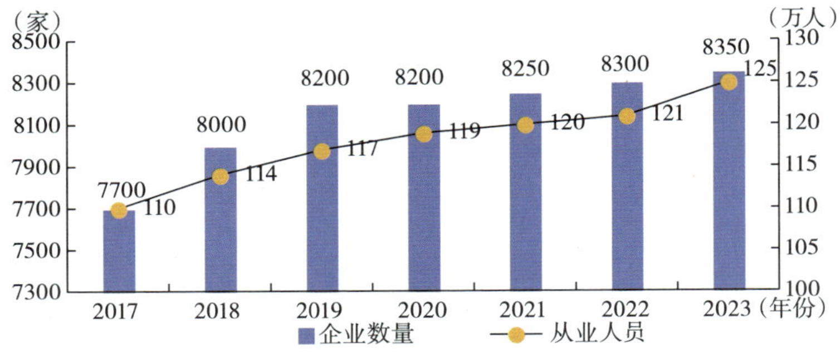

图 1－10　2017—2023 年涉及供热企业数量和从业人数

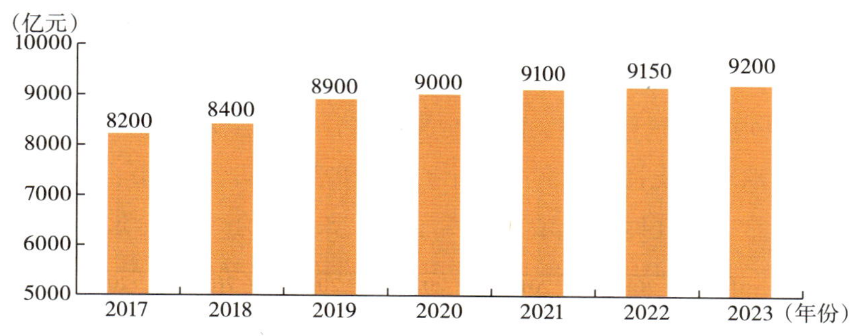

图 1-11 2017—2023 年清洁供热总产值

（2）清洁取暖试点城市：总结成效和典型经验，持续深入推进清洁取暖工作

2017 年以来，全国 5 批 88 个城市入选中央财政支持北方冬季清洁取暖试点城市，范围从“2+26”城市逐步扩展到汾渭平原、西北和东北非重点地区城市。

2017 年 5 月，财政部、住房城乡建设部、环境保护部、国家能源局 4 部门组织开展中央财政支持北方地区冬季清洁取暖试点工作。天津、石家庄、太原、济南、郑州、唐山、保定、廊坊、衡水、开封、鹤壁、新乡 12 个城市入选首批清洁取暖试点城市。

2018 年 8 月，财政部、生态环境部、住房和城乡建设部、国家能源局联合下发《关于对第二批中央财政支持北方地区冬季清洁取暖试点城市名单进行公示的通知》，明确邯郸、邢台、张家口、沧州、阳泉、长治、晋城、淄博、济宁、滨州、德州、聊城、菏泽、安阳、焦作、濮阳、晋中、运城、临汾、吕梁、洛阳、西安、咸阳 23 个城市进入中央财政支持北方地区冬季第二批清洁取暖试点城市范围。

2019 年 6 月，财政部发布《关于下达 2019 年度大气污染防治资金预算的通知》，列出定州、辛集、三门峡、济源、铜川、渭南、宝鸡、杨凌示范区 8 个新增冬季清洁取暖试点城市（区）。

2021 年 4 月，财政部等四部门再次联合发布《2021 年北方地区冬季清洁取暖项目竞争性评审结果公示》，北京、兰州、烟台、忻州、泰安、承德、大同、许昌、秦皇岛、潍坊、榆林、朔州、延安、阜新、佳木斯、包头、海西州、乌鲁木齐、辽源、吴忠20个城市入选。

2022年4月，财政部自然资源和生态环境司、住房城乡建设部标准定额司 、生态环境部大气环境司、国家能源局综合司联合下发《2022年北方地区冬季清洁取暖拟支持项目名单公示》，呼和浩特市、沈阳市、青岛市、银川市、长春市、临夏回族自治州、西宁市、齐齐哈尔市、哈尔滨市、商丘市、枣庄市、昌吉回族自治州、吉林市、周口市、乌兰察布市、中卫市、盘锦市、东营市、新疆生产建设兵团（第七师、第八师、第十三师）、营口市、白山市、巴彦淖尔市、金昌市、固原市、武威市等入选。

对前三批清洁取暖试点城市，中央财政累计安排北方地区清洁取暖试点工作奖补资金493亿元，引导带动地方财政、社会资本投入超过2000亿元；对第四批清洁取暖试点城市，中央财政奖补一年68亿元，3年累计204亿元；对第五批清洁取暖试点城市，中央财政奖补一年103亿元，3年累计309亿元。五批试点城市试点结束后，预计中央奖补资金累计拨付1071亿元，清洁取暖改造工作将进一步提升。

2023年12月29日，财政部、住房城乡建设部、生态环境部、国家能源局四部门联合印发《关于开展财政支持北方地区冬季清洁取暖政策评估的通知》，拟对已纳入中央财政支持范围的88个清洁取暖试点城市实施和运营情况进行评估，客观评价进展成效和典型经验，深入剖析实施运营存在的不足，为下一步完善政策措施，持续深入推进清洁取暖工作做好支撑。

（3）城镇集中供热：供热面积持续增长

2023年8月13日，住房和城乡建设部发布《2022年城市建设统计年鉴》和《2022年城乡建设统计年鉴》，公布了全国历年城市集中供热情况。截至2022年底，城市集中供热面积为111.25亿平方米（见图1－12）。从行政分区看，山东和辽宁城市集中供热面积超过10亿平方米；河北、黑龙江、山西、吉林、北京、内蒙古、河南、天津和陕西9个省（区、市）超过5亿平方米；新疆、甘肃、宁夏和青海4个省（区）超过1亿平方米；江苏、安徽、湖北、贵州、云南、西藏、四川7个省（区）和新疆生产建设兵团不足1亿平方米；上海、浙江、江西、湖南、广西、福建、广东、海南和重庆9个省（区、市）无集中供热面积（见图1－13）。

图 1－12　2015—2022 年全国城市集中供热面积及同比增速

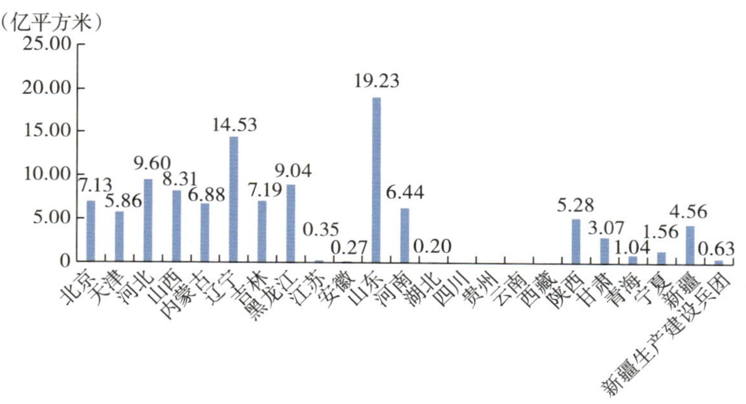

图 1－13　2022 年全国部分省（区、市）和新疆生产建设兵团城市集中供热面积

从供热管道长度看，2015—2022 年，我国城市热网管道铺设长度持续增长，2022 年热网管道长度为 493417 千米，是 2015 年热网管道长度的 2.4 倍（见图 1－14）。

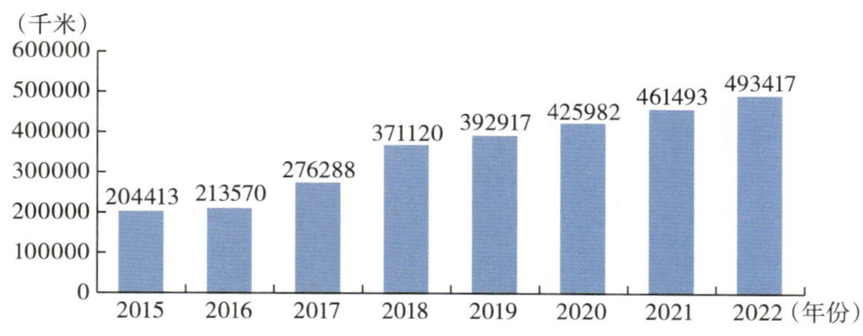

图 1－14　2015—2022 年我国供热管道长度情况

从固定资产投资看，2022 年全国城市市政公用设施建设固定资产投资总额 22309.9 亿元；其中集中供热固定资产投资 339.8 亿元，占全国城市市政设施投资总额 1.52%（见图 1－15）。

图 1－15　2015—2022 年我国城市市政公用设施及集中供热固定资产投资

从供热能力看，2015—2022 年我国城市供热能力整体提升。2022 年我国蒸汽供应能力约为 125543 吨/小时，我国热水供应能力约为 600194 兆瓦（见图 1－16、图 1－17）。

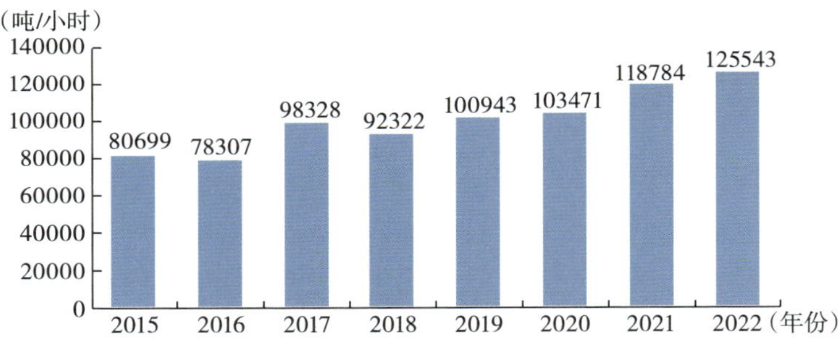

图 1－16　2015—2022 年我国蒸汽供热能力情况

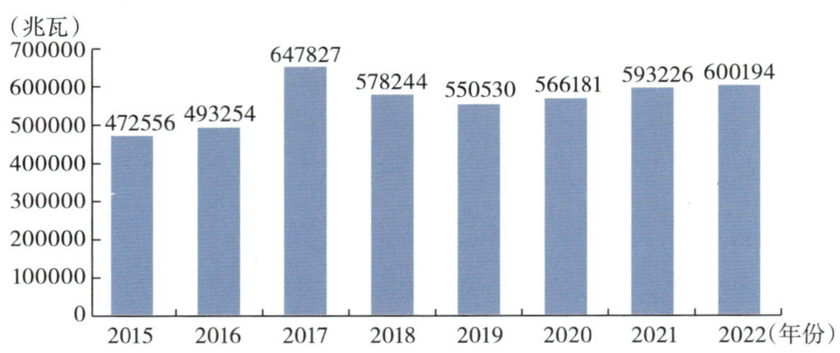

图 1－17　2015—2022 年我国热水供热能力情况

从供热总量看，2022 年我国蒸汽供热总量为 6.7 亿吉焦，占城市供热总量的 15.7%；热水供热总量为 36.1 亿吉焦，占城市供热总量的 84.3%。蒸汽供热是我国城市供热主流（见图 1－18）。

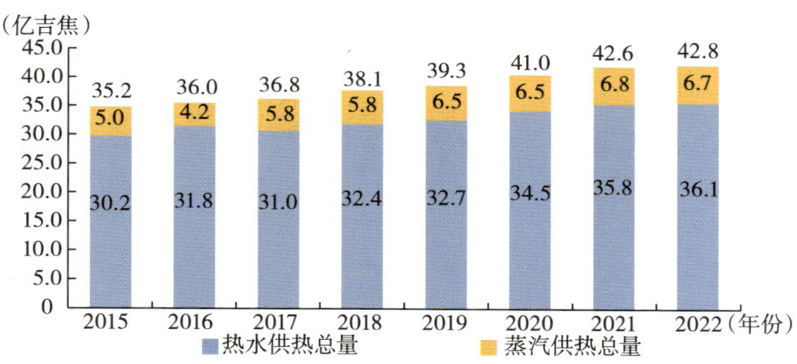

图 1－18　2015—2022 年我国城市集中供热量情况

（4）散煤替代：散煤治理取得积极成效，但农村取暖仍面临挑战

经过多年的不懈努力，散煤治理取得积极成效。民用散煤治理以北方清洁取暖为核心，在《北方地区冬季清洁取暖规划（2017—2021 年）》实施期间，北方地区累计完成清洁取暖改造 3630 万户，民用散煤消费下降 38%。整体来看，我国散煤治理已然步入深水区，面临治理难度升级、治理成本提高的挑战，加之外部环境影响，散煤治理将全面进入稳妥有序推进的新阶段，从“攻坚重点区域”转向“巩固重点区域、拓展非重点区域”。然而，当前薪柴、秸秆、煤炭等传统固体燃料仍是东北、西北地区农村炊事和取暖的主导能源，冬季取暖使用炉灶炕现象较普遍。

根据《中国散煤综合治理研究报告 2023》调研结果，东北地区经济条件较好的农户以燃煤取暖为主，一个采暖季使用煤炭 3～4 吨，占比为 7.7%～13.4%；经济条件一般的农户只有在冬季最冷的 1—2 月才会烧煤，一个采暖季使用煤炭 1～2 吨，其他时间烧秸秆、薪柴等取暖，占比为 76.5%～79.5%；经济条件较差的农户则基本不烧煤炭，仅靠烧秸秆、薪柴等进行取暖，占比为 7.1%～15.4%。西北两省（区）经济条件较好的农户以燃煤取暖为主，一个取暖期需燃煤 2～3 吨，占比为 15.5%～21.5%；经济条件一般的农户只有在冬季最冷的 1—2 月才会烧煤，一个取暖期需燃煤 1.5 吨左右，其他时间烧薪柴等取暖，占比为 64.7% ~ 80.2%；经济条件较差的农户则基本不烧煤炭，仅靠烧薪柴、秸秆等进行取暖，占比为 4.3% ~13.8%（见图 1－19）。

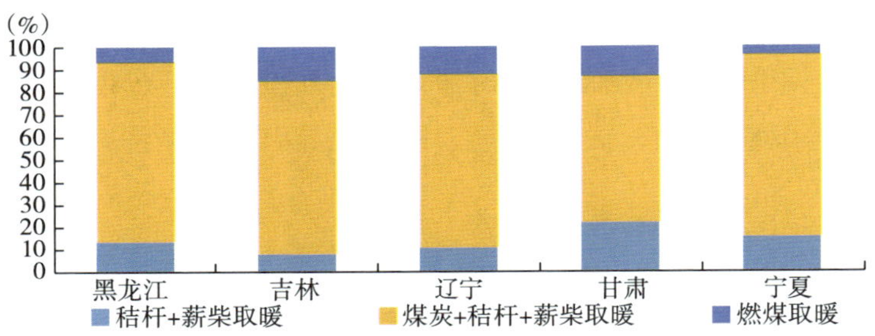

图 1－19　东北和西北五省（区）农户取暖燃料掺烧情况

（5）煤改气："煤改气" 市场大幅下降，由北方向南方发展

根据中国土木工程学会燃气分会 2023 年 3 月发布的数据，2022 年燃气采暖热水炉"煤改气"市场继续大幅下降。根据统计数据，2022 年"煤改气"燃气采暖热水炉销量为 32 万台，占全年总销量的 12.5%，相比 2021 年（95 万台）降幅 66.3%，连续两年降幅超过 60%。其中，国产品牌销量为 29 万台，占"煤改气"市场销量的 91%；进口品牌销量为 3 万台，占"煤改气"市场销量的 9%。

从不同销售区域市场情况来看，随着北方"煤改气"工程市场大幅下降，大部分企业将市场重心转向"普通工程和零售"市场。2022 年"普通工程和零售"市场的各区域销售占比情况基本与 2021 年保持一致，华东地区依然是全国最大的燃气采暖热水炉市场，占比 33%；涵盖华中地区、西南地区和华南地区的南方地区为第二大销售区域，占比 27%，相比 2021 年市场占比小幅下降；西北和东北地区市场占比有小幅增长。

根据全国各大地区的销量数据分布情况，我国燃气采暖热水炉市场逐渐由以北方集中采暖地区为主向南方分户采暖地区发展，以华东地区、西南地区、华中地区为主的东部沿海和南方地区市场占比已超过 50%，成为我国燃气采暖热水炉重要的销售区域。但北方冬季采暖的刚性需求以及未来因"煤改气"工程转化的置换市场，仍将继续支撑北方燃气采暖热水炉

“普通工程和零售”市场的增长。

（6）煤改电：煤改电规模逐渐增长，华东市场占比最大

“煤改电”市场产品种类繁多，随着清洁取暖项目的推进，产品的用户体验在一定程度上决定了产品市场走势。其中，直热式电暖气、蓄热式电暖气、电采暖炉等，由于存在寿命短、效果差、运行成本高等问题，市场销量显著下滑；电暖炕、水暖毯、电暖桌等因享有经济、实用、简单方便等优势，市场销量逐步提升；空气源热泵由于运行成本低，一直备受好评，市场销量也逐年提升。由于空气源热泵热水机前期设备投入大，必须配套水暖或热风交换系统，总体投入成本高，目前以市场销售为主，政府项目实施较少。而空气源热泵热风机基于总体支出成本、应用方便性等优势，占据空气源热泵政府招标项目主流地位。

根据2023年8月《中国热泵产业发展报告（2023）》发布数据，2022年我国空气源热泵产业（含天氟地水）全年销售额达281.1亿元，实现了13.5%的增长。从热泵供热产业内外销情况来看，2022年，我国空气源热泵产业内销市场规模为211.6亿元，同比增长6.3%；出口市场规模为69.5亿元，同比增长43.0%。

从热泵供热产业区域规模结构来看，2022年在“双碳”进一步落实、政府补贴力度维稳、节能环保等国家政策的大力推进下，空气源热泵技术日趋成熟，空气源热泵市场呈现稳步发展的态势。从整体区域来看，华北和华东依然是空气源热泵两大核心区域。华东市场热水基础雄厚，供暖市场潜力广阔，而华北市场供暖根基扎实。伴随着冷暖市场应用的延展，华中、西南市场蓄势待发，而西北和东北市场也伴随着煤改市场应声而起，整体区域市场在朝着均衡协调的方向发展。

从区域结构来看，受政策以及疫情影响，区域市场结构发生变化，呈现出华北区域下滑、东北市场上升、华东市场突显、华中和西南呈现稳步发展的态势。华东市场具备经济发展水平优势明显、市场需求层次多等特点，成为空气源热泵市场占比最大的区域，2022年华东地区市场占比以32.5%稳居首位。伴随着煤改电市场下滑，2022年华北区域市场出现小幅下滑，区域占比也有所回落，除河北外其他省市的渠道市场仍有待进一步

发力。华中地区和西南地区表现比较稳定，整体市场占比起伏较小。东北市场的潜力逐渐爆发（见图 1－20）。

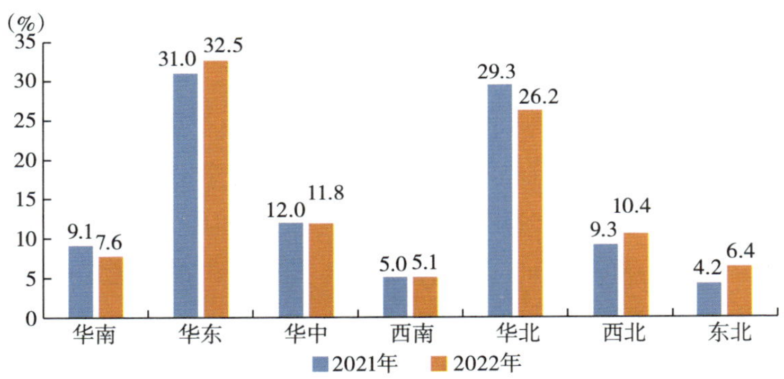

图 1－20　2021—2022 年空气源热泵（不含烘干）各区域市场占比（按内销额）

从近三年的发展来看，空气源热泵供暖的市场占比均达到 50% 以上，所占比例也都呈现稳定增长。由此可以看出，供暖已经是热泵产品发展的主要核心动力。在这三个产品中，供暖产品对抗外界干扰因素最强，而烘干产品借助煤改电政策的推进逐年保持增长，但是其市场仍有较多的不确定性因素。

（7）可再生能源替代：可再生能源供暖技术呈多样化发展

在“双碳”战略的引导下，北方地区冬季取暖用能不仅要清洁化，还要低碳化。需要因地制宜推广各类可再生能源供暖技术，积极推广地热能开发利用，合理发展生物质能供暖，继续推进太阳能和风电供暖。

近年来我国地热供热面积逐年扩大，主要分布在河北、河南、山东、陕西、山西等地区。据《中国散煤综合治理研究报告 2023》，2022 年我国地热供热面积约 12.66 亿平方米，其中浅层地热供热面积约为 9.19 亿平方米，位居全球第一；水热型地热供热面积约为 3.47 亿平方米（见图 1－21）。

生物质供热面积总供热面积约为 7.7 亿平方米，主要分布在生物质资源丰富的黑龙江、吉林、辽宁、山东、河北、河南、陕西和山西等地。生物质热电联产是生物质供热的主要形式。据《中国散煤综合治理研究报告

2023》，生物质热电联产供热面积约为6.2亿平方米；生物质成型燃料年利用量约为2100万吨，供热面积约为1.5亿平方米。

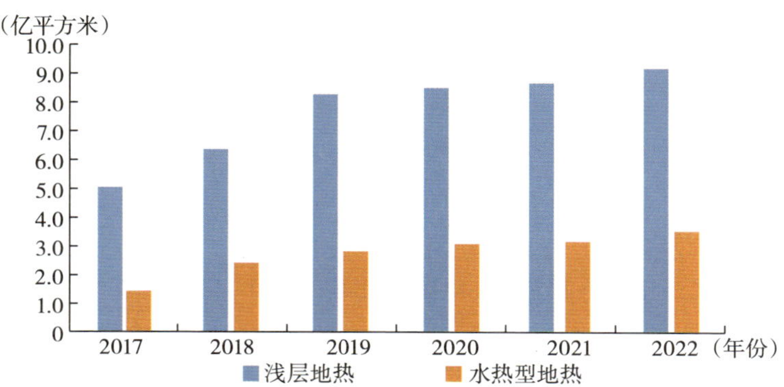

图1-21　2017—2022年地热能供热面积

太阳能采暖面积逐年增加，已扩展至河北、河南、甘肃、山西、内蒙古、陕西、西藏、北京、辽宁、天津、江苏、吉林、山东、四川、青海、宁夏等地。据《中国散煤综合治理研究报告2023》，太阳能供热面积约为1800万平方米，其中80%为户用采暖，按户均供暖面积60平方米计算约为24万户。

氢能供热产业尚处于初步探索阶段，开展了一系列课题研究与示范验证。在掺氢燃气锅炉、掺氨燃煤锅炉、掺氢燃气轮机等集中供热领域已完成多项示范项目建设，国内具有代表性的氢能集中供热示范项目见表1-2。在政策的推动下，我国以燃料电池热电联供为代表的分布式氢能供热示范项目已有序展开，在全国范围内开展了多处热电联供示范项目。山东“氢进万家”科技示范工程，旨在打造“4个氢能园区、5个氢能社区”，项目覆盖济南、淄博、潍坊、青岛，已落地1.2×10^4套燃料电池热电联供系统。目前，4个氢能园区的选址和方案设计已完成，正在选址氢能社区，将采用纯氢、天然气掺氢等方式，利用社区楼宇用热电联供系统为家庭生活供电供热。2021年11月，全国首座氢能进万家智慧能源示范社区项目在佛山市投运，已安装4台440千瓦商用燃料电池热电联供设备，将继续安装家用燃料电池热电联供设备394套，以推动佛山市氢能进万家。

表 1－2　国内具有代表性的氢能集中供热示范项目

编号	项目地点	供热类型	负责单位	掺混比（%）	规模（m^3/h）	运行情况
1	辽宁朝阳	掺氢燃气锅炉	国家电投集团有限公司	10	100	已运行 1a
2	山西晋城	天然气掺氢	山西铭石煤层气利用股份有限公司	10	600	已运行 2a
3	河北张家口	天然气掺氢	张家口鸿华清洁能源科技有限公司	5～20	－	试运行
4	湖北荆门	掺氢燃气轮机	国家电投荆门绿动能源有限公司	30	5000	已运行 120d
5	山东烟台	掺氨燃煤锅炉	国家能源集团烟台龙源电力技术股份有限公司	35	－	已运行 1a

注：第 5 个项目掺混比指氨的热量占氨、煤总热量的比例（简称热量比），其余均为氢气体积分数。

远距离跨区域核能供热工程取得重大突破。2023 年 11 月 25 日，我国首个跨地级市核能供热工程——国家电投“暖核一号”三期核能供热项目正式投运，该工程在给烟台海阳市供暖的同时，供暖区域到达威海乳山市，实现了零碳热源的跨区域互通共享，将核能零碳供热的海阳方案有效复制到乳山，开启核能“双城”供热新纪元。该工程可覆盖乳山主城区 630 万平方米，预计可替代原煤消耗 23 万吨，减排二氧化碳 42 万吨。2023 年供暖季“暖核一号”供暖面积合计达 1250 万平方米，可满足约 40 万人口的冬季清洁取暖需求。

根据《中国建筑节能年度发展研究报告 2023》统计，已建成的工业余热项目涉及 53 家工业企业，97% 的项目位于北方地区，60% 以上在 2＋26 城市名单中，从总供热功率上看各地区发展差异巨大，最多的是唐山（755.5 兆瓦），最小的临汾市仅有 5 兆瓦左右，单个项目平均供暖能力为 25 兆瓦左右。其中 90% 以上项目的热源是钢铁厂，88% 的项目以冲渣水余热为主，大部分以低压蒸汽作为补充热源，仅有不到 10 个项目采用烟气、环冷余热等低品位余热供暖。此外，从时间上看，新建项目数量在 2017—2018 年较多，2019—2020 年大幅下降，2021 年又开始回升。

四、新型智慧供热概述

1. 新型智慧供热的内涵外延

“狭义的智慧供热”（见图1－22）主要是供热系统自身的升级优化是指以供热信息化和自动化为基础，在现有集中供热管网体系下对“源—网—站—户”各环节进行智慧化升级改造，并通过智慧供热平台的综合调节，实现系统全过程的信息互联、供热调控的智能决策及基于模型和数据的科学决策。

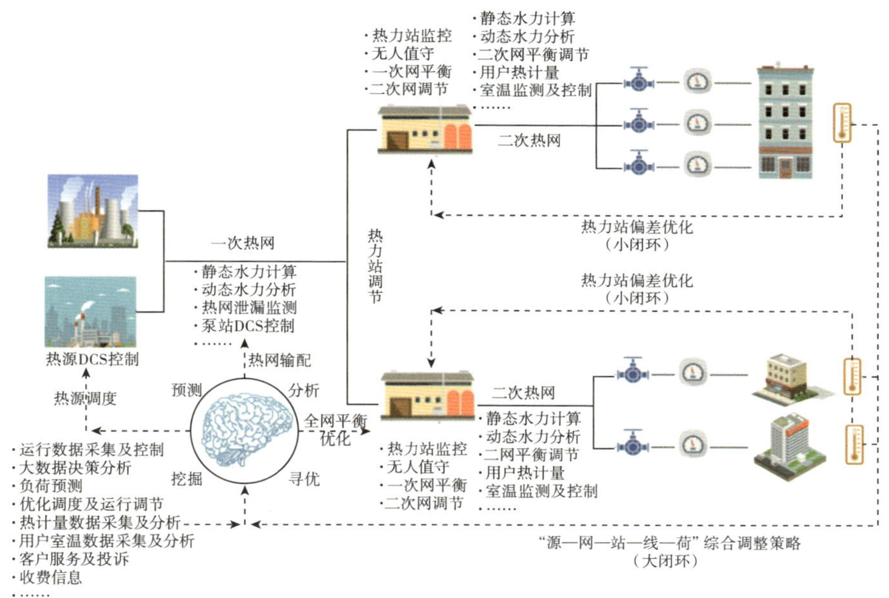

图1－22　“狭义的智慧供热”架构

“广义的智慧供热”（见图1－23）或“新型智慧供热”是在建设新型能源体系和构建新型电力系统的战略统筹下，供热行业要做到“向内看”“向外看”的转型升级，做好“源—网—荷—储”全域协同，实现热力系统与电力系统协同、计量与调控协同。

新型智慧供热以节能降碳、提升供热安全保障能力为主要目标，以供热信息化、自动化和数字化为基础，通过新一代数字化技术与供热系统

"源—网—荷—储"全过程的深度融合，实现按需供热和精准供热。其范畴涵盖煤电供热改造、供热管网节能降碳改造、建筑节能改造等，推广多能互补、大数据调度调控系统、供热计量，协同推进节能、减污、降碳、扩绿，全面提升供热系统安全高效绿色低碳水平，保障居民清洁温暖舒适过冬。

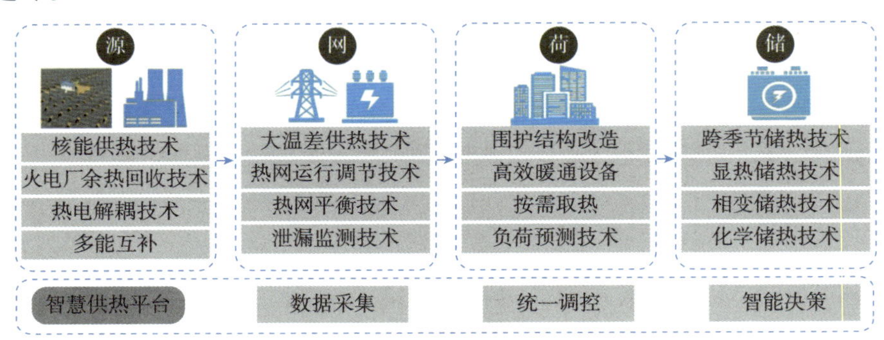

图 1－23 "广义的智慧供热"架构

2. 供热计量的发展现状与意义

供热计量是构建新型智慧供热系统的必要环节。"源—网—站—户"各环节物料、热量、温度、压力等参数的计量，是实现供热系统调控、能耗双控、碳排放控制的必要手段，对构建新型智慧供热系统具有基础性、战略性和支撑性的作用。

（1）我国供热计量的现状

据不完全统计，目前我国北方采暖地区供热计量装置累计安装面积约为 25 亿平方米，其中实现供热计量收费的面积约为 10 亿平方米，有 15 亿平方米的供热计量装置闲置浪费。2019 年，北方采暖地区新建建筑安装供热计量装置的面积约为 4 亿平方米，占新建建筑的比例为 68%；同步实现计量收费的面积约为 2 亿平方米，占新建建筑的比例为 34%。供热计量虽然取得了一定成效，但总体严重滞后。

①供热市场化程度低，市场主体不积极。

我国供热市场发育不充分，政府与企业权责边界不清，供热企业承担着市场和民生保障双重属性，垄断现象相对突出，对政府补贴的依赖性较强，市场主体地位没有完全确立，缺乏市场竞争，服务意识不强，质量和效率不高。供热企业只满足于低水平的“保供”，对供热计量没有动力。

供热市场主体推进热计量不积极。从供热企业角度看，供热价格与成本倒挂是主要原因。一方面，部分老旧居住建筑隔热保温性能差，热损失较大，既增加住户采暖费也增加供热企业能源成本。如实施按热收费，供热计量装置投入一般由供热企业承担，加上后期运维更换，成本较高。另一方面，供热计量收费多“多退少不补”或“多退少补但上封顶”政策，供热企业收益可能低于按面积收费。从用户角度看，对分户供热计量及相关政策的“不认同”是最大障碍。一是用户对供热计量装置的准确性存疑，部分用户反映采暖费用上涨但舒适性并未改善，不愿按计量缴费；二是分户计量收费计算方式相对复杂，需要预缴费然后退费，且退费过程中用户感受度和满意度较差。因此大部分居民仍倾向按面积缴费

②供热收费不合理，收费标准算法滞后。

我国多数城市现行居民供热价格已执行10年以上，价格与成本长期倒挂，供热企业亏损严重。多数城市直接按面积热价反推出计量热价，未考虑供热计量本身的成本。根据测算，供热计量成本由热计量装置折旧费、热表检定拆装清洗费和远传维护费三部分构成，成本在2元/平方米至3元/平方米。多数城市为提高居民参与的积极性，规定供热计量收费执行“多退少不补”政策，亏损由供热企业承担，与“多用热多交钱、少用热少交钱”的供热计量目标相悖。部分城市要求供热企业“停暖不收费”，未考虑供热企业的设备折旧、运行维护、人力投入等固定成本。

受热属性的影响，热量能通过墙传导至周围用户和室外，所以热用户用热时并不是孤立的，而是与周围用户、室外环境有着紧密的联系，在室温相同的前提下要达到相同的供暖温度所需的供热量与建筑的围护结构、房间的朝向和位置以及周围热用户的使用情况有很大关系。因此对于不同地区不同位置的用户收费标准不能实行一刀切政策。对于邻户传热问题，可以在确定基础热费和可变热费时，考虑一定的空房率；或采取分楼计量，楼内按面积收费。基础热费与可变热费之间的比例需要依靠当地建筑大量的能耗数据分析来确定，且热价又受政务等部门的宏观调控以及物价

水平的影响，因此收费标准的算法是一项复杂的工程。因此，要想确保热计量收费的公平性，必须由政府相关部门通力合作对现有收费制度进行完善，并制定措施保证能够顺利实施。

③既有建筑改造不到位，热量表质量参差不齐。

目前供热系统老旧现象突出，尤其是东北、西北地区，“跑、冒、滴、漏”现象较为普遍，供热系统运行工况失调现象明显，热用户冷热不均，供热量与需热量不匹配，能源浪费严重。供热系统自动化调节水平低，主要依靠经验和人工进行调节，无法满足供热计量的变流量自动调节的要求。部分既有建筑还没有节能改造，加之既有建筑节能改造与供热计量改造的区域重合不够，影响了供热计量收费的效果。

计量装置不满足需要。新建小区的计量装置往往由房地产开发商安装建设，产品选型往往质量堪忧、以次充好。一些完成供热计量改造的小区，供热计量装置在试用结束或损坏后，长期闲置，供热企业也未按供热计量收费。

④实施机制不合理，管理机制不完善。

多数城市缺乏有效的装表和收费的衔接机制，仍由开发商选表、安装。而开发商所购的计量装置质量差、售后服务差，供热企业不愿或不能实施计量收费。多数地方政府虽然成立了相关领导协调机构，但绝大多数地方没有真正开展相关统筹协调工作，部门之间缺乏有效协调机制，没有形成合力。部分城市工程规划、设计、施工图审查、施工、监理、质量监管、验收环节没有形成闭合管理，新建建筑没有按照要求安装计量装置或安装的计量装置达不到质量要求。

对于收费方式，社会存在争议。按面积收费、按热收费还是二者有机结合，哪种才是更加科学合理的供热计量收费方式还存在一定争议。供热计量收费法规体系不完善。目前，电、水、气、热四项城镇公用事业中，只有供热尚未出台专门条例，不利于供热计量收费工作落实开展。供热计量涉及城乡建设、财政等多部门职责，政策协同有待加强，政府部门未形成工作合力。

（2）国外供热计量的经验

目前德国、丹麦、法国、波兰、瑞典等以集中供热为主的国家普遍实施了供热计量，其用户室温控制的技术水平和设备代表了当今世界的先进水平。原处于计划经济体制下、集中供热发达的俄罗斯、东欧以及蒙古国等国家和地区，为适应经济转型的要求，近年来也陆续加大了对现有集中供热系统的改造力度，逐步实行供热计量。

①欧盟。

欧盟多年来一直将分户热计量作为欧盟指令进行要求。欧盟曾在1976年提出建议：安装户用热量表或热分配装置，热耗费用基于一定比例用户实际能耗计算。随后，在1980年将分户热计量作为节能的指导性技术。但直到1993年，只有2个成员国实施了分户热计量。1993年，对上述内容再次进行了强调。1996年欧洲计量供热联合会编写的《计量供热指南》中列举不同时期、不同体型系数的建筑不同供热系统和不同作者的研究结果，计量供热节能范围在15%～32.5%。2006年，欧盟要求成员国存在节能空间的建筑在技术经济可行的情况下安装价格低廉的分户热计量表。2012年，欧盟要求成员国对于多层公寓或多用途建筑，2016年底前应加装分户热计量表，当热计量表技术经济不可行时可加装热分配表，当热分配表技术经济也不可行时可考虑其他替代热耗计量方式，该指令还涉及更换智能表并告知用户相关账单的规定。

②丹麦。

1996年丹麦发布计量条例，要求除某些受技术限制的场合外，新建和既有的独立住宅单元和商业单元都应安装热计量装置。在丹麦，区域供热公司计量一级热耗到楼栋级别，并对楼栋收取热费，业主或物业公司负责计量二级热耗到用户级别并分摊热费。2014年最新的丹麦计量条例规定，对于新建建筑和既有建筑的供热系统新建时，独立的住宅和商业用户内应安装热表以计量热耗；对于既有建筑，独立的住宅和商业用户内应安装热表或热分配表以计量热耗；对于既有建筑更换热表时，如果技术经济可行，尽量选择热表而不是热分配表；对于区域供热的多个住宅单元或商业单元的建筑，供热公司负责给多栋建筑供热的，热量表应安装在贸易结算点。丹麦要求计量热价中至少40%是按照实际热耗进行分摊的。安装智能热表是欧盟的新趋势，目前丹麦约一半集中供热用户安装了智能热表。

③德国。

德国以法律文件、条例、标准三个层级模式对供热计量进行规范。法律文件层面，主要是《节能法》；条例层面，主要是《供热计量条例》(1981年发布第一版)、《新建筑租赁条例》、《费用计算条例》、《运行费用条例》德国《集中供热通用条件管理条例》；标准层面。德国1976年发布了第一版《节能法》，以此为法律依据，1980年发布了《供热计量条例》。当时德国联邦经济部部长所获得的评估报告显示，如果改用分户计量计算方式，建筑物节能潜力可达到15%左右。条例在1984年和1989年分别进行了修改。东西德合并后，此条例的补充条款又规定前东德地区应在1995年12月31日前实施热计量收费。

④瑞典。

瑞典多数实施的是按楼栋计量，按面积分摊的方式，大部分并未实施分户热计量。关于欧盟2012/27/EU指令中第九章要求的更换智能表并告知用户相关账单的规定，直至2017年瑞典也没有执行。原因是这样的经济代价较高，会导致房地产开发商和业主的不必要投资，瑞典公寓几乎全部由业主协会负责包括节能在内的公寓物业相关事务。瑞典住建部已经向政府建议暂不执行欧盟2012/27/EU指令中该条规定，住建部在2017—2019年持续关注这个问题并提供年度进展报告。

⑤芬兰。

芬兰集中供热系统中大多数为楼宇式换热站，且多数按照楼宇建立业主物业管理公司，由各公司自行决定利益（包括供暖费用）分摊方式。目前，多数实施热量表计量到楼，户内按面积分摊。

⑥韩国。

韩国是唯一的一个有法律规定采用热水流量计来计量采暖能耗的国家。根据1989年的法律，集中采暖的建筑必须采用分户计量。韩国最初采用的是分户热量表，1998年又出台允许采用热水表进行分户计量的法律。这一变化的主要原因是热量表的性能较差，同时由于水质差而使计量流量的元件很快磨损，因此热量表需要经常进行修理；另外热量表电池的预期寿命只有5年。韩国的供热方式主要是采用低温热水地板辐射采暖，循环水的流量大、温差小。所以采用热水表分摊计算耗热量的精度还是能够接受的，并且热水表具有成本低的优点。

⑦日本。

日本1972年6月22日颁布的供热事业法中，决定收费体系最基本的是对于不同使用状况的众多顾客，能否制定公平合理的收费制度。目前日本的热供给事业采用的收费体系有两种：一种是定额制；另一种是两部收费制，固定费用加计量费用。定额制的特征是：适用于采暖量差异不大的客户，不需分别进行复杂的采暖量和采暖费的计算，而是单纯针对价格便宜，采用单一的定额收费制度。供热业务区几乎全部采用两部收费制，两部收费制的特征是，以固定部分作为基本费用，变动部分要依用用热量的多少来收取费用。

（3）推进供热计量对智慧供热与节能减排的意义

实施供热计量可以准确识别高能耗建筑和供热系统薄弱点，促进供热能耗大幅降低，有效提升供热企业服务和运行管理水平，进一步提高用户室内热舒适度。

①支撑系统运行调节优化。

智慧供热技术的核心是实时数据采集和分析，通过建立供热系统的实时数据模型实现供热质量和效率的可视化和可控，进行供热系统的精细化管理和优化。供热计量过程中，供热企业可以通过安装传感器、智能控制器等设备，实现对供热系统的实时监控和数据采集。这些数据可以被用于分析和预测，以调整供热系统的运行状态，提高供热效率和质量。通过成本趋势预测模块，根据气象台提供的七日天气预报信息，测算未来一段时间每日计划供热量及供热成本核算变化趋势，提前做好城市热网及各热力站供热运行调节，确保热网工况稳定，管网运行安全，保证热力站供热质量，合理利用供热能源，优化运营成本，提高供热运行管理水平。

②保障管网水力平衡调节。

供热系统的供热品质不高，根本原因不是供热量不足，而是水力失调造成的近端过热、远端不热。倘若离热力站近的用户室温过高、开窗散热的情况比较普遍，二次系统在近端散失了过多的热量，导致远端用户满意度下降。改善二次管网水力工况，使近端远端都有适当的流量和热量分配，可节约近端过热浪费的热能、系统循环流量过大多消耗的电能和因为用户加速循环外排的大量软化水，同时提高了室温达标率，实现了节能和降低投诉的统一。

基于大数据的北方城镇按需精准调控技术是引入人工智能控制系统，通过供热模型的自学习确定热力站供热参数，以最科学合理的温度、压力、流量等参数为用户室内温度的优化控制提供保障。具体功能包括提升供热系统能效并对用户室内温度进行监测；在用户提出投诉之前有预见性地处理户内不热的问题，降低用户投诉；降低供热公司人力成本；根据天气情况的测量和预报、用户用热习惯的自学习、室内温度的测量等预测热力站热负荷的变化情况并反馈到热源厂，对热源厂的供热生产提供指导。

③推进热力系统节能改造。

热力站热指标反映单位面积下建筑物的热负荷，如果按照统一标准进行调节，会造成许多老旧小区室温不达标，而新建建筑则又出现室温超标情况，造成能源的浪费。供热计量可以收集大量运行数据，通过对常年积累的数据进行统计分析，得到各热力站的平均热指标。对热指标较高的热力站进行汇总，分析造成热指标偏高的原因，集中投入资金对此类热力站的供热系统进行节能改造。节能改造主要包括对热力站设备更新改造，提高系统换热系数；二次管线改造，避免跑冒滴漏等原因造成热耗损失；为老旧小区围护结构增加保温层，提高建筑物的保温系数，降低供热系统的热耗水平，降低供热成本。

④促进用户节能意识提升。

供热计量可使得节能主体责任转移，将节能工作的责任，由供热企业单方承担，转变为供、需双方共同承担。热用户的广泛参与将大大提高节能工作的效益，提高用热方的用热效率、降低用户端热损，从用户需求侧降低热量消耗。同时，热用户行为节能的积极性将大幅提高，供热计量方式将大大降低人为因素的能源消耗，提高能源利用效率。这些主要体现在供热方的按需分配以及热用户的主动调节。此外，热用户参与的监督机制将有利于供热系统的节能。对于热用户而言，会更加关注建筑节能施工质量，倒逼施工单位提高施工质量政府部门加强监管；供热方会加速既有设备的节能改造进度，降低能耗。

3. 智慧供热应用与行业现状

智能化供热是在供热自动化控制设施和技术的基础上，利用新一代物联网、大数据、人工智能等技术，其针对供热“源—网—站—户”提供全流程综合解决方案。智慧供热综合管控平台包括供热设备、网络平台和智慧供热应用系统，借助互联网，利用自动化、信息化和智能化技术建设智慧供热生产调度系统，实现供热系统热源、输配系统及终端用户整个供热生命周期数据采集、数据挖掘分析与智能调控同时与热源、总调度及一线的运行管理人员形成人机互动，通过人工智能系统建立快捷的智能服务通道，利用手机 APP 供热公共平台更快更好地为用户提供智慧供热服务，提高服务满意率，智慧供热系统架构设计如图 1－24 所示。

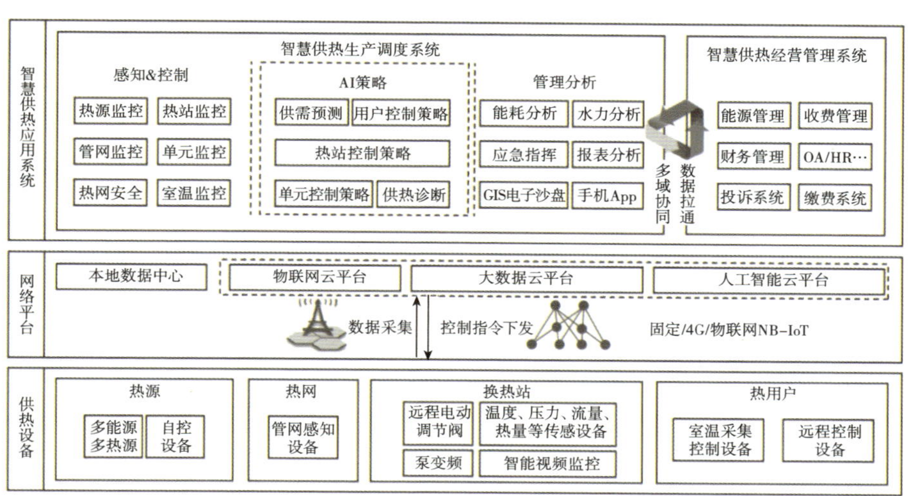

图 1－24 智慧供热系统架构设计

智慧供热在供热环节中的具体应用可分为热源、热网、换热站、热用户（见图 1－25），具体如下：

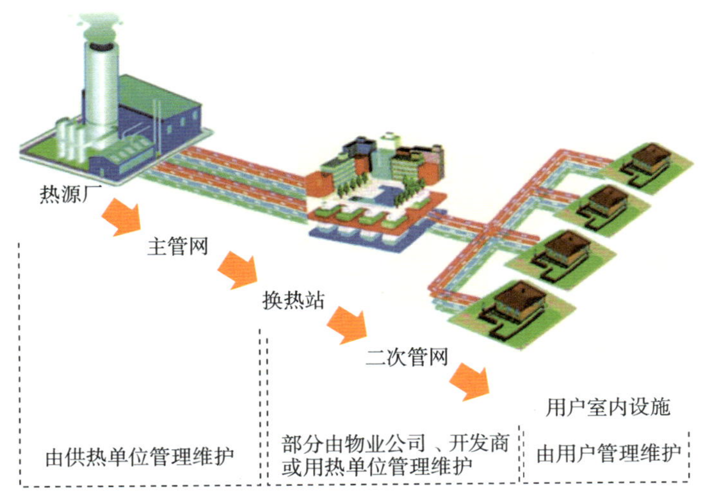

图1－25 智慧供热系统示意

热源：保证一级网热源输出的热力平衡，实现多热源联网运行管理。通过采集热源内相关运行参数和数据，实现各热源及出口的实时监控；根据室外温度进行热负荷预测，并与供热量进行对比。

热网：对供热管网实时监测管控，保障城市供热安全。对关键节点数据远程监测、管线检漏、井室测漏、井盖防盗报警等。

换热站：在换热站实现二级监控，保证一级网的热力平衡。智慧供热系统生成的需热量目标值由换热站智能调节阀实现自控运行，结合天气以及负荷方面变化情况，选择最佳运行方案，在满足供热需要的同时提高供热经济合理性。

热用户：在热用户处主要实现四级监控，保证室内系统的热力平衡。通过采集热用户供暖信息，为热网运行参数智能调节进一步修正提供科学依据，对住户进行智能化控制，实现按需供热和精准供热。

智慧供热行业市场参与者主要有硬件制造商、工程类集成商和整体解决方案提供商三类，其特点见表1－3。随着我国智慧供热行业改革的推进，智慧供热行业涌现出一批新的参与者，在一定程度上加剧了市场竞争。目前，行业参与者规模大多相对较小，具备供热节能整体解决方案的企业仍在少数。智慧供热改造往往需要对热源、热网、热用户进行整体考量从而设计出改造方案，同时随着供热民生重要性的凸显以及城市节能减排政策的推进，热力企业对智慧供热企业的结果交付能力有更高的要求。未来，随着市场空间扩大，自主产品研发与成熟解决方案的整合提供商有望在行业内取得更大竞争优势。

表 1－3　智慧供热行业市场特点

参与者种类	特　点
硬件制造商	规模普遍较小 聚焦于自身所在优势细分领域技术和服务能力有限 单一产品只具备工程全过程中的部分环节问题解决能力
工程类集成商	一定规模 拥有成熟案例，但仅涉及整个供热过程的部分环节 不具备核心硬件生产能力，依赖外购产品
整体解决方案提供商	一定规模 具备供热节能整体解决方案能力 具有大型供热项目运作经验 在行业内形成较强的影响力和竞争力

与此同时，云计算、大数据物联网和人工智能等新兴技术的快速发展也给传统供热行业的数字化转型带来了新的机遇和挑战。一是从热力公司的热源端到各个小区的换热站，再到用户端的千家万户，整个供热链路上存在多个独立分散的 IT 系统，形成了大量数据孤岛，无法做到数据的互联互通。二是本地部署的传统管控软硬件以及监测设备，在运维和监测过程中市场出现技术故障与稳定性难题，影响了供热服务的连续性与质量把控。三是随着物联网技术和智慧供热的发展，供热管网中海量设备逐渐联网上云后，如何实现高效云端集中管控与智能化运维成为供热行业需着重解决的问题。

4. 智慧供热面临的挑战与政策建议

构建新型智慧供热系统是一项多部门跨领域的系统工程，涉及点多、线长、面广，需要加强顶层设计、做好系统谋划，强化政策引领，破除体制机制藩篱，不断深入实践，依托先进技术、装备和解决方案，鼓励创新示范，建立价格和市场化机制，从而实现供热行业的低碳转型。

（1）完善顶层设计与相关保证机制

①面临挑战。

智慧供热建设相比传统项目系统复杂程度大幅提高，建设主体涉及政府、供热企业、物业公司、居民业主等，建设规模覆盖城市级、集团级、公司级、项目级等多个级别，建设内容涵盖热源、热网、热力站、热用户全供热环节，同时包含规划设计、投资建设、生产运营、监督管理全生命周期。多主体、多级别、全环节、全周期的特性要求智慧供热的建设需要统筹规划，统一协调各方资源。目前开展的智慧供热建设工作主要集中在二级管网和末端用户改造，缺少全环节、全周期的协调建设；城市级的智慧供热建设也在探索中，需要统一规划。

国家政策层面缺少以智慧供热为主题的专项规划和政策文件，仅在与“双碳”相关的政策文件中提及发展低碳供热和智能基础设施等措施。地方政策文件中有北京、河北、黑龙江、新疆等省（区、市）发布了相关建设文件，但政策体系仍不完善。对智慧供热相关的热价改革和市场化机制仍然需要加大关注，对智慧供热相关的建设补贴和激励模式仍需探索。智慧供热建设的复杂性更加考验政府的施政策略和供热企业的执行能力。

②政策建议。

将构建安全低碳、清洁高效、经济智能的新型智慧供热系统作为全社会碳达峰碳中和的重要内容考虑，深入推进供热行业绿色低碳发展，制定“加快推广新型智慧供热系统促进碳达峰碳中和实施方案”，明确供热行业提质增效和绿色低碳转型时间表、路线图，争取未来30年内实现北方城镇供热绿色低碳转型。

国家相关部委以及各省（区、市）各部门明确责任分工，做好工作任务分解，建立部门间协调工作机制，提高沟通协调效率，各地组织制定实施方案，明确逐年目标和技术路径，合理确定目标任务。

建立国家智慧供热能耗及碳排放评估工作组，指导智慧供热行业发展，及时分析总结推进中的经验与教训，不断完善相关政策和体制机制，推动技术创新，引导市场可持续发展。

积极发挥行业协会平台作用，加强智慧供热领域产、研、融、学、用资源协调与优势互补，合力构建开放合作、互利共赢的生态圈，促进产业升级优化，开展专业培训，加强能力建设，提高认知水平，助力构建清洁低碳、安全高效的现代能源体系。

（2）建设智慧供热相关标准体系

①面临挑战。

标准对技术推广应用、产业规范发展具有重要支撑作用。我国已建立了城镇供热标准体系，在城镇供热标准体系中智慧供热的相关标准仍不完善。智慧供热的行业标准正在编制中，尚未正式发布，北京市、河北省、黑龙江省等地陆续发布了地方标准。

智慧供热相关的标准规范涉及系统建设规范、施工验收规范、计量标准、数据标准，此外还涉及政府监管部门的管理标准和规范，以及供热企业内部的生产运行和经营管理相关的流程标准。这些相关的标准和规范需要高素质科研人员、经营者、管理者的长期持续投入，逐渐完善标准体系，为相关建设工作提供依据和指导。

②政策建议。

结合现代能源体系建设和信息技术与供热行业的融合发展，及时健全智慧供热标准、统计和计量体系，修订和完善相关设备、设计、建设、运维等标准，从标准体系上保障智慧供热行业可持续发展。

参考国家现行单位产品能耗限额标准确定的准入值和限定值，根据行业实际情况、发展预期、整体能效水平等，对标国内不同地区供热公司先进能效水平，科学划定供热行业能效标杆水平、能效基准水平，并视行业发展和能耗限额标准制修订情况进行补充完善和动态调整。

（3）进行示范推广和技术升级应用

①面临挑战。

供热运行管理方式仍较为粗放，供热系统优化运行调节仍需继续推进，智能供热技术有待推广，通过智能供热管理实现节能的潜力尚未充分挖掘。供热领域的安全保障主要依赖人工巡检和事故抢险方式保障供热安全，对供热系统和供热效果的在线监测能力不足，对事故预警和防范的能力不足。

智慧供热相关的技术包括关键硬件开发和软件开发，目前的智慧供热建设主要集中在信息监管平台搭建和二网末端改造，距离智慧供热仍有较大的发展空间。智慧供热是支撑智慧城市建设和实现“双碳”目标的重要保障，相关的技术研发应当予以重视，对重点研发企业应当根据产出给予相应补贴和研发经费支持，鼓励相关企业积极投入智慧供热相关的技术开展。同时，对于关键技术的试点示范和推广应用给予资金支持，制定相应的实施保障措施。

目前正在推广的智慧供热虽然取得了一定成效，但在推广过程中存在着不少困难。对于重点改造的二网和末端环节，由于存在老旧小区的管网和末端建筑采暖设施老化等问题，难以开展智慧供热升级改造。入户室温监测的安装存在协调难度，室温监测设备甚至管井物联网阀门容易遭到损坏。智慧供热需要采集的水电气等消耗数据在实现自动采集和传输方面存在协调困难。

②政策建议。

开展新型智慧供热示范。发挥企业积极性，加大各级政策倾斜力度，以城市、县城、开发区等区域为单位开展北方城镇智慧供热示范区，以大型供热公司为代表推进智慧供热示范项目，综合利用天然气、电力、地热、生物质、新能源等多种能源形式，利用云计算、大数据、物联网、人工智能等新技术实现集中供热的精细化、智能化、低碳化运行管理，实现“精准供热”和“按需送热”的闭环控制，实施热计量调控及按热量收费，打造新型智慧供暖样板工程。

全方位宣传推广新型智慧供热。通过各类媒体宣传智慧供热的优点，展示智慧供热成果，推广智慧供热技术，推动企业多措并举节能降碳、用户养成行为节能意识，逐步改变原有的用暖观念和改进粗放的用暖方式，节约能源，形成显著示范效应和良好舆论导向。

（4）推动供热计量、价格与市场改革

①面临挑战。

我国推进供热计量收费硬件设施不到位。我国居住建筑能耗普遍较高，特别是老旧小区尤为突出，建筑本身节能效果对供热计量有较大影响。老旧小区单管上下直通式供热系统自动化水平低，且“跑、冒、滴、漏”现象较为普遍，运行工况失调现象明显，能源浪费严重，无法满足供热准确计量的要求。

热价和市场管理机制不完善。供热价格尚未理顺，供热改革仍需深化。居民供热收费价格 20 年未作调整，其间燃料价格上涨导致供热成本逐年增加，为保证居民稳定供热，政府对供热单位的补贴日益增加。现有供热价格存在“同热不同价”的问题，新能源和可再生能源耦合供热无价格标准，供热价格机制仍需进一步完善，以利于供热行业的良性发展及新能源和可再生能源耦合供热的推广应用。

②政策建议。

加快完善室内温控、末端分户调节装置、楼宇和热力站智能调控计量装置等供热系统智能感知设备，打通供热系统“最后一公里”，实现供热系统闭环调节控制。严格落实热计量安装验收及监管相关法律法规要求，明确计量装置的检验、校核、安装、维修、更换费用等承担的责任，加强热计量使用过程监管，建立健全用热监测体系，不断提高居民分户计量、节约能源的意识，实现用户行为节能。

加快供热市场改革，理顺供热价格机制，推动热力市场改革。鼓励综合能源服务商或热电联产企业成立售电售热一体化运营公司，优先向本区域内的用户售电和售热，对于工业供热或区域供热、分布式供热，鼓励供热企业与用户直接交易，供热价格由企业与用户协商确定，直管到户的供热企业要负责二次热网的维修、维护，费用纳入企业运营成本。

（5）推广低碳热源，减少碳排放

①面临挑战。

我国的供热能源结构中化石能源占比在 80% 以上，低碳热源占热源的比重明显偏低，使得供热板块成为城市节能减碳的重大阻碍。智慧供热的热源包括可再生能源和传统能源的高效利用，其中地热、生物质、太阳能、余热代表的可再生热源是智慧供热的重点发展方向，此外还包括电供热、清洁燃煤供热、燃气供热、核能供热等其他清洁供热方式，但都存在初始投资过高或运行成本较高的问题，推进智慧供热促进“双碳”目标实现需要持续改进低碳热源相关技术，实现低成本应用和推广。

②政策建议。

推广应用燃煤热电联产“热电解耦”技术，提高热电机组灵活调节能力，增强电力系统新能源消纳能力。大力推广电热泵供热方式，持续推进供热领域电能替代。积极发展以可再生能源电力为主的电热转换技术，研究应用可再生能源电力以储热方式进行存储利用的技术，提高可再生能源就地或就近消纳能力。积极推广工业余热、地热、核电厂余热、跨季节储热、生物质供热、多能互补的低温区域供热系统等新型低碳或零碳集中供热技术，实施地热能供热、核能供热、新能源电力供热等重大项目建设和重点项目推广。探索应用以多能互补、小微热力管网互联互通、小型热力站为特征，以保障用户末端供热质量为调度目标的新型集中供热系统。

鼓励供热企业通过技术改造、升级转型实现节能降碳，以及鼓励提高绿电、清洁能源在热源中的比例，相应碳减排量可通过碳交易市场获取一定回报，用于补偿相关改造成本。

（6）协同多元主体，促进行业发展

①面临挑战。

智慧供热建设投入涉及供热全环节的设备设施改造升级和配套软件系统搭建，建设投入较大，而热力企业常年处于营收平衡的微利或政府补贴亏损的状态。即使智慧供热建设可以带来远期的成本节省和效率提升，初始的建设成本对供热企业仍然造成较大压力，需要给予一定的建设补贴和专项贷款支持。在一定期限内，对通过智慧供热建设实现节能降碳的企业应当持续给予补贴或税收减免优惠，对于积极参与节能降碳的热用户同样需要制定相应的激励措施，例如热费减免等。

②政策建议。

精准高效使用财政资金。以智慧供热示范区或智慧供热示范项目为重点开展示范，中央财政通过调整现有专项支出结构对示范区或示范项目给予奖补激励，中央预算内投资加大支持力度。鼓励各地方创新体制机制、完善政策措施，引导企业和社会加大资金投入，构建“企业为主、政府推动、居民参与”的多元主体协同发力的运营模式。

科学合理确定补贴力度。智慧供热初投资或改造成本主要通过企业节能降碳、精细化运行管理取得收益回报，在市场化热价机制形成前，不足部分通过财政予以合理支持。

多方拓宽资金渠道。一是鼓励银行业金融机构在风险可控、商业可持续的前提下，依法合规对符合信贷条件的智慧供热项目给予信贷支持。二是通过发展绿色金融等方式支持智慧供热项目建设运营。三是鼓励社会资本设立产业投资基金，投资智慧供热项目和技术研发。四是积极支持智慧供热项目参与碳交易市场。

第二篇　政策篇

一、国家政策

1. 能源

（1）《2023年能源监管工作要点》

①主要政策内容。

2023年1月4日，国家能源局印发《2023年能源监管工作要点》（以下简称《工作要点》），提及完善水电、风电、光伏等发电项目及涉网工程施工企业许可管理，促进可再生能源健康发展。落实“先立后破”要求，做好煤电机组许可准入退出，稳妥开展符合产业政策和节能减排政策煤电机组许可延续，促进有序替代。修订增量配电区域划分实施办法，做好增量配电改革试点项目许可证核发工作。

②政策解读。

在推进电力市场体系建设方面，《工作要点》明确要加强顶层设计，强化市场基础规则制度的统一，畅通市场主体和各要素资源的公平高效流动；要加快区域市场建设，实现省间电力资源优化互济和应急状态下的余缺调节；要进一步发挥中长期交易机制和辅助服务市场机制作用，保障地方电力供需平衡和电网安全稳定运行。

在全面加强电力市场监管方面，《工作要点》明确要强化地方不当干预行为监管，加强对各地交易方案的独立审查评估；要加强电力调度交易监管，开展针对电力调度、交易机构和市场委员会的监管机制设计；要对电力现货试点、市场交易秩序、电网代理购电、电价政策执行、信息披露报送等实施常态化监管，维护公平公正的市场秩序。

此外，《工作要点》明确7方面23条重点工作，除以上重点工作以外，还要求相关部门围绕自然垄断环节监管、信用分类监管、共性突出问题等强化监管。值得注意的是，《工作要点》整合市场监管、安全监管、资质监管三个领域的工作内容，以便于系统指引各派出机构集中力量，合并开展监管任务，减少地方和企业的负担。

(2)《关于加快推进能源数字化智能化发展的若干意见》

①主要政策内容。

为加快推进能源数字化智能化发展，国家能源局在2023年3月28日提出《关于加快推进能源数字化智能化发展的若干意见》（以下简称《若干意见》）。《若干意见》指出，到2030年能源系统各环节数字化智能化创新应用体系初步构筑、数据要素潜能充分激活，一批制约能源数字化智能化发展的共性关键技术取得突破，能源系统智能感知与智能调控体系加快形成，能源数字化智能化新模式新业态持续涌现，能源系统运行与管理模式向全面标准化、深度数字化和高度智能化加速转变，能源行业网络与信息安全保障能力明显增强，能源系统效率、可靠性、包容性稳步提高，能源生产和供应多元化加速拓展、质量效益加速提升，数字技术与能源产业融合发展对能源行业提质增效与碳排放强度和总量“双控”的支撑作用全面显现。

②政策解读。

数字化智能化转型升级是新一轮能源科技革命和产业变革的强劲动力。党的二十大报告提出，加快发展数字经济，促进数字经济和实体经济深度融合。《若干意见》明确提出加快推进能源数字化智能化发展的总体要求和各项任务举措。作为当前和今后一段时期指导能源数字化智能化转型升级、推动能源高质量发展的重要纲领性文件，能源行业要认真贯彻落实《若干意见》部署要求，确保各项重点任务、试点示范项目顺利实施。

《若干意见》坚持系统思维和目标导向，从总体要求、加快行业转型升级、推进应用试点示范、推动共性技术突破、健全发展支撑体系、加大组织保障力度等六个方面，提出能源数字化智能化发展的工作要求。构筑发电行业数字生态，是推动发电行业绿色化发展与低碳化转型的重要手段，为增强数字化智能化对电力系统转型升级提供支撑。

(3)《2023年能源工作指导意见》

①主要政策内容。

2023年4月6日国家能源局研究制定了《2023年能源工作指导意见》（以下简称《意见》），对保障能源安全稳定供应，持续推动能源高质量发展进行了具体部署，主要目标如下：

供应保障能力持续增强。全国能源生产总量达到47.5亿吨标准煤左右，能源自给率稳中有升。原油稳产增产，天然气较快上产，煤炭产能维持合理水平，电力充足供应，发电装机达到27.9亿千瓦左右，发电量达到9.36万亿千瓦时左右，“西电东送”输电能力达到3.1亿千瓦左右。

结构转型深入推进。煤炭消费比重稳步下降，非化石能源占能源消费总量的比重提高到18.3%左右。非化石能源发电装机占比提高到51.9%左右，风电、光伏发电量占全社会用电量的比重达到15.3%。稳步推进重点领域电能替代。

质量效率稳步提高。单位国内生产总值能耗同比降低2%左右。跨省区输电通道平均利用小时数处于合理区间，风电、光伏发电利用率持续保持合理水平。新设一批能源科技创新平台，短板技术装备攻关进程加快。

②政策解读。

《意见》指出要把能源保供稳价放在首位，要求强化忧患意识和底线思维，其中更蕴含着对问题意识和系统观念的重视。未来较长一段时期，是推动实现“双碳”目标的关键起步期、能力培育期和相对困难期，解决好能源安全问题是基本前提。

推动能源产供储销体系，安全、高效、流畅运转。一是实施全面节约战略、抑制不合理的能源消费，倡导绿色消费，以更加集约高效的方式满足能源需求，改变以粗放供给满足刚性需求的能源供需平衡模式。二是形成油、气、煤、核、新能源、电力多轮驱动的多元供给结构，确保“能源的饭碗牢牢端在自己手里”。三是充分借鉴近年来该方面暴露出的一系列突出问题，以煤炭和电力两方面为优先着力点，大力推动一、二次能源间的统筹衔接问题有效解决。四是建成多层次、多元化能源储备体系。按照政府主导、社会共建、多元互补、跨区互济原则，分类分级落实储备责任。

2. 电力

(1)《关于加强电力可靠性管理工作的意见》

①主要政策内容。

2023年2月14日，为提升我国电力可靠性管理水平，保障电力可靠供应，更好服务新时代经济社会发展，国家能源局发布《关于加强电力可靠性管理工作的意见》（以下简称《意见》），要求电力企业建立电力可靠性全过程管理机制，加强专业协同，形成覆盖电力生产供应各环节的可靠性全过程管理机制。

②政策解读。

《意见》提出电网企业要优化安排电网运行方式，做好电力供需分析和生产运行调度，强化电网安全风险管控，优化运行调度，确保电力系统稳定运行和电力可靠供应。发电企业要加强燃料、蓄水管控及风电、光伏发电等功率预测，强化涉网安全管理，科学实施机组深度调峰灵活性改造，提高设备运行可靠性，减少非计划停运。电网企业要加大城乡电力基础设施建设力度，提升供电服务和民生用电保障能力。

（2）《发电机组进入及退出商业运营办法》

①主要政策内容。

2023 年 6 月 12 日，国家能源局印发《发电机组进入及退出商业运营办法》（以下简称《办法》），明确了并网调试工作条件和程序、进入商业运营条件、进入商业运营程序、调试运行期上网电量结算、退出商业运营程序等方面。

②政策解读。

《办法》的修订立足电力体制改革新形势新背景，对发电机组进入及退出商业运营程序、调试期电费结算机制、参与辅助服务方式、适用范围等关键内容进行完善，以适应当前要求。主要体现在四方面：

一是进一步取消备案程序。2011 年印发的 32 号文件更偏重对发电机组进入及退出商业运营工作的行政管理，2015 年印发的 18 号文件取消了相关审批事项。2023 年的修订明确，在规定时间内具备条件的自动进入商业运营，进一步取消了并网调试申请等备案程序。

二是对机组调试期电费结算标准按规定进行了上浮。32 号文件明确火电机组调试期电价按标杆电价的 80% 执行（水电为 50%），在燃煤发电上网电价改革后，2022 年全国燃煤发电机组平均交易价格已较基准电价上浮 18.3%，32 号文件不再适应当前电价市场化改革要求。经商国家发展改革委价格司，此次修订将调试期电费结算标准与市场价格挂钩，按照当地同类型机组当月代理购电市场化采购平均价结算；同类型机组当月未形成代理购电市场化采购电量的，按照最近一次同类型机组月度代理购电市场化采购平均价结算。此举将有利于调动发电机组投产的积极性，助力迎峰度夏电力保供。

三是对机组调试期参与辅助服务责任进行了重新明确。32 号文件规定，机组调试期电费的 20% 作为差额资金，其中，一半计入电网企业收入，一半纳入辅助服务资金。此次修订按照“宜市场则市场”的原则，采用辅助服务市场机制替代计划性的差额资金，明确机组调试期承担辅助服务责任，并设定调试期电费的 10% 作为分摊上限，既对调试机组进行适当约束，也避免给调试机组带来过高成本负担。

四是进一步扩大了办法的适用范围。此次修订将电化学、压缩空气、飞轮、储热等新型储能纳入适用主体范围，明确了独立新型储能参照发电机组进入及退出商业运行执行，并对具体要求进行细化，将有力推动新兴市场主体发展壮大。同时，完善了退出商业运营有关内容，包括注销电力业务许可证、解网、大坝注册逾期失效或被注销、大坝注册等级降级等。

（3）《关于深化电力体制改革加快构建新型电力系统的指导意见》

中央全面深化改革委员会第二次会议审议通过《关于深化电力体制改革加快构建新型电力系统的指导意见》，强调要科学合理设计新型电力系统建设路径，在新能源安全可靠替代的基础上有计划分步骤逐步降低传统能源比重。此举有利于更好推动能源生产和消费革命，保障国家能源安全和绿色转型。

电力是经济社会发展的血脉。目前，我国电力系统发电装机总容量、非化石能源发电装机容量、远距离输电能力、电网规模等指标均稳居世界第一位，电力装备制造、规划设计及施工建设、科研与标准化、系统调控运行等方面均建立了较为完备的业态体系，为服务国民经济快速发展和促进人民生活水平不断提高提供了有力支撑。

体制机制和技术创新是新型电力系统建设的“双驱动”。一方面，电力系统转型过程中面临诸多改革任务，适应新型电力系统的体制机制亟待完善。另一方面，电力关键核心技术装备尚存短板，支撑新型电力系统构建的重大技术急需进一步攻关突破。

(4)《关于实施农村电网巩固提升工程的指导意见》

①主要政策内容。

国家发展改革委、国家能源局、国家乡村振兴局在2023年7月4日联合对外发布《关于实施农村电网巩固提升工程的指导意见》（以下简称《指导意见》)。《指导意见》提出，深入实施农村电网巩固提升工程，全面巩固提升农村电力保障水平，推动构建农村新型能源体系。到2035年，基本建成安全可靠、智能开放的现代化农村电网，农村地区电力供应保障能力全面提升，城乡电力服务基本实现均等化，全面承载分布式可再生能源开发利用和就地消纳，农村地区电气化水平显著提升，电力自主保障能力大幅提高，有力支撑乡村振兴和农业农村现代化。

②政策解读。

根据《指导意见》，到2025年农村电网网架结构更加坚强，装备水平不断提升，数字化、智能化发展初见成效；供电能力和供电质量稳步提高，东部地区农村电网供电可靠率、综合电压合格率、户均配变容量分别不低于99.94%、99.9%、3.5千伏安，中西部和东北地区分别不低于99.85%、99.2%、2.3千伏安，各地结合实际差异化制定本区域发展目标；农村电网分布式可再生能源承载能力稳步提高，农村地区电能替代持续推进，电气化水平稳步提升，电力自主保障能力逐步提升。实施农村电网巩固提升工程既要聚焦解决农村生产生活用电中的急难愁盼问题，补齐农村电网短板，提升农村地区供电能力和供电质量，也要适应农村可再生能源开发、新能源汽车下乡等新任务新要求，提升农村电网综合承载能力，推动农村电网巩固提升和农村用能清洁低碳转型。

(5)《关于做好可再生能源绿色电力证书全覆盖工作促进可再生能源电力消费的通知》

①主要政策内容。

国家发展改革委、财政部、国家能源局在2023年8月3日联合发布的《关于做好可再生能源绿色电力证书全覆盖工作促进可再生能源电力消费的通知》（以下简称《通知》）提出，进一步健全完善可再生能源绿色电力证书（绿证）制度，明确绿证适用范围，规范绿证核发，健全绿证交易，扩大绿电消费，完善绿证应用，实现绿证对可再生能源电力的全覆盖。绿证是我国可再生能源电量环境属性的唯一证明，是认定可再生能源电力生产、消费的唯一凭证。绿证作为可再生能源电力消费凭证，用于可再生能源电力消费量核算、可再生能源电力消费认证等。

②政策解读。

绿证是国家对可再生能源电量颁发的具有独特标识代码的电子证书，充分体现可再生能源正外部性，代表可再生能源电量环境属性，是国际通行做法。《通知》将绿证覆盖范围从原来的陆上风电、光伏发电扩大到所有可再生能源发电项目，充分考虑与核算可再生能源消费、碳市场等重要政策机制的衔接，是以系统思维推动发挥制度合力的一项制度创新。

我国地域差异较大，省、区发展不平衡矛盾突出，完善绿证制度对促进省间互济、统筹区域协调发展意义重大。《通知》对所有可再生能源项目核发绿证，同时规范绿证单独交易与绿电交易（即绿证与物理电量捆绑交易）方式，拓展绿证应用场景、鼓励社会各用能单位主动承担可再生能源电力消费社会责任等，将进一步扩大全国绿证交易市场，提升全社会绿电消费水平，以全国统一绿证体系实现绿色价值大范围流通，促进全国范围内资源优化配置。

我国绿证制度设计了绿色电力证书全生命周期追踪机制，该机制以证书的唯一编号为线索，记录绿证从生产、交易、注销的全生命周期信息，可保证绿证数量不被重复统计以及同一个证书不被重复交易，具有准确计量可再生能源电量的基础。《通知》充分衔接现有政策，明确将绿证核发范围覆盖至所有已建档立卡风电、太阳能发电、常规水电、生物质发电等全部可再生能源项目电量，将实现绿证与可再生能源发电量对应，绿证核发交易数据将充分反映我国可再生能源开发及利用情况，为我国全部可再生能源生产和消费数据统计核算提供全新的、高效的、准确的、统一的口径，推动统计核算体系创新。

基于绿证认证绿电消费有助于构建统一标准激发市场活力。国际上，对于自愿绿证市场，美国、德国等均通过建立绿色电力消费认证体系体现企业购买绿证后对于环境的贡献。但我国暂未建立完善的绿色电力消费认证、标识和公示制度，难以有效提升全社会消费绿色电力的意识。此次政策提出以绿证作为电力用户绿色电力消费和绿电消费属性标识认证的唯一凭证，建立基于绿证的绿色电力消费认证标准、制度和标识体系，将促进形成绿电消费认证的统一标准，构建全国统一绿证体系，为企业认证绿电消费创造便捷条件，扩大绿证社会认可度。

推动绿证与碳市场衔接，助力实现国家碳达峰碳中和目标。绿证市场和碳市场都是以市场化手段推动绿色低碳转型的重大制度创新和有力政策工具，目前两者尚未有实质性衔接，仅天津、北京、上海三个直辖市明确在核算企业外购电量对应碳排放量时扣除绿色电力电量。《通知》中明确研究推进绿证与全国碳排放权交易机制、温室气体自愿减排交易机制的衔接协调，将形成政策合力，共同支持碳达峰碳中和行动。

(6)《关于加强电力可靠性数据治理 深化可靠性数据应用发展的通知》

①主要政策内容。

2023 年 8 月 31 日，国家能源局发布《关于加强电力可靠性数据治理 深化可靠性数据应用发展的通知》（以下简称《通知》），提出基于实时数据的电力可靠性管理体系建设目标。到 2025 年底，纳入可靠性统计口径且投产满半年及以上的新建机组（水电、火电、核电）、新能源场站（风电、光伏）全部实现主要设备可靠性数据实时采集上报；输变电主要设施实现可靠性停运事件实时采集，输变电回路、直流输电系统停复电信息及运行状态实时采集覆盖率不低于 50%；除部分偏远地区外，供电系统实现基于实时数据的供电可靠性管理。到 2028 年底，全面建成基于实时数据的电力可靠性管理体系。

②政策解读。

《通知》中提及数字赋能、提质增效。充分应用电力系统运行数据和电力设备监测数据开展分析评估，推进基于实时数据的电力可靠性管理体系建设，在确保信息安全的前提下实现可靠性数据自动化采集、智能化分析、可溯化管理、透明化监督，确保可靠性数据的准确性、及时性和完整性。鼓励电力企业应用可靠性数据加强规划设计、设备选型、建设改造、运维检修、供电服务等工作。

基于实时数据的电力可靠性管理体系建设目标，到 2025 年底水电、火电、核电、风电、光伏全部实现主要设备可靠性数据实时采集上报，到 2028 年底全面建成基于实时数据的电力可靠性管理体系。电网企业供电可靠性数据获取要逐步从停电事件人工填报模式过渡到基于实时数据的自主研判模式，鼓励应用区块链等技术，消除数据采集过程干扰，进一步完善供电可靠性信息溯源及校核机制。以电力企业与电力用户需求为牵引，加快人工智能、数字孪生、物联网等技术在电力可靠性领域的创新应用，推动可靠性信息跨环节、跨专业、全链条的共享，构建多元化应用场景，指导电力企业在规划建设、设备选型、运维检修、供电服务等领域提质增效。

(7)《电力现货市场基本规则（试行)》

①主要政策内容。

2023 年 9 月 7 日，国家发展改革委、国家能源局印发《电力现货市场基本规则（试行)》（以下简称《基本规则》)。《基本规则》主要规范电力现货市场的建设与运营，包括日前、日内和实时电能量交易以及现货与中长期、辅助服务、电网企业代理购电等方面的统筹衔接，适用于采用集中式市场模式的省（区、市）/区域现货市场以及省（区、市）/区域现货市场与相关市场的衔接。

《基本规则》包括 13 章 129 条内容及名词解释附件，主要包括明确电力现货市场建设路径，规范电力现货市场机制设计，明确电力现货市场运营要求，规范电力现货市场相关名词术语四方面内容。

②政策解读。

指导规范电力现货市场建设，构建全国统一电力市场体系。通过全面总结电力现货试点建设成功经验，进一步凝聚现货市场建设共识，指导各地因地制宜开展电力现货市场建设。以《基本规则》为指引，优化电力现货市场推进程序，规范电力现货市场规则编制，从市场准入退出、交易品种、交易时序、交易执行结算、交易技术标准等方面一体化设计规则体系。积极推动电力市场间的衔接，加快构建全国统一电力市场体系，促进资源在更大范围内优化配置。

提升电力安全保供能力，支撑国家能源安全。长期来看，市场化改革是保证能源安全的有效手段，电力现货市场建设作为市场化改革的核心举措之一，在保障电力供应安全方面具有重要作用。具体而言，电力现货市场构建了“能涨能降”的市场价格机制，依托分时价格信号动态反映市场供需形势及一次能源价格变化趋势，并通过短时尖峰价格信号有效激励火电、燃气机组顶峰发电，为电力用户移峰填谷，显著提升电力保供能力，支撑经济社会高质量发展。

构建适合新能源发展的电力市场体系，助力新型电力系统建设。建立适应新能源特性的市场机制，发挥电力现货市场分时价格信号作用，鼓励火电机组提升运行灵活性，促进源、网、荷、储协同互动，充分释放系统整体调节能力。有序推动新能源参与电力市场交易，以市场方式促进变动成本更低的新能源优先消纳，实现新能源在更大范围内的优化配置和协同消纳。

有效激发市场活力，探索新型主体参与电力市场的新模式、新机制。适应储能、虚拟电厂等新型主体发展需要，不断优化市场机制，独立储能、虚拟电厂等新型主体已可实现自主参与现货市场申报，并按照现货市场分时价格信号参与系统灵活调节。未来，随着市场机制的进一步建立健全，可通过现货市场的分时价格信号更好激励新型主体充分发挥灵活调节能力，引导用户灵活用电，有效提升电力系统稳定性和灵活性，实现源、网、荷、储各环节灵活互动，为新型电力系统建设提供机制保障。

(8)《电力负荷管理办法（2023 年版）》

①主要政策内容。

2023 年 9 月 7 日，国家发展改革委、国家能源局联合发布新修订的《电力负荷管理办法（2023 年版）》（以下简称《办法》），《办法》共包括总则、需求响应、有序用电、系统支撑、保障措施、附则等 6 章 44 条。

②政策解读。

2011 年，为应对全国电力供需总体偏紧的情况，国家发展改革委出台《有序用电管理办法》，各地方和电网企业结合实际出台了具体的操作办法，在降低高峰时期用电负荷、保障民生及重要用户用电、确保电网安全稳定运行和供用电秩序平稳等方面发挥了积极作用。近年来，经济发展带动了全国用电负荷特别是居民用电负荷的快速增长，全国范围内夏季、冬季用电负荷“双峰”特征日益突出，极端气候现象多发增加了电力安全供应的压力，具有随机性、波动性、间歇性特征的可再生能源大规模接入电网给电力系统的稳定性带来新的挑战；同时社会各方面对电力安全稳定供应的要求不断提高，迫切需要筑牢电力安全保供的底线。

结合能源电力安全保供新要求，进一步规范电力负荷管理工作流程，做实做细电力负荷管理工作。第一，明确了负荷管理内涵，为适应新型电力系统建设新要求电力负荷管理要发挥双重作用，一方面保障电网安全稳定运行、维护供用电秩序平稳，另一方面促进可再生能源消纳、提升用能效率，主要包括需求响应、有序用电等具体措施。第二，强化了电力负荷管理科学性和规范性，《办法》从实际操作角度统一、规范电力负荷管理责任主体权责、组织实施流程等方面的具体要求。需求响应方面，目前市场化需求响应已成为电力保供的重要措施，结合全国多地需求响应具体实践，进一步规范了需求响应实施流程、职责分工。有序用电方面，强调坚守民生用能底线，强化有序用电方案的合理性，规范有序用电全流程。

（9）《电力需求侧管理办法（2023 年版）》

①主要政策内容。

2023 年 9 月 15 日，国家发展改革委、工业和信息化部、财政部、住房和城乡建设部、国务院国资委、国家能源局联合发布新修订的《电力需求侧管理办法（2023 年版）》（以下简称《办法》）。《办法》共包括总则、节约用电、需求响应、绿色用电、电能替代、智能用电、有序用电、保障措施、附则等 9 章 54 条。

②政策解读。

电力需求侧管理是指加强全社会用电管理，综合采取合理可行的技术、经济和管理措施优化配置电力资源，在用电环节实施节约用电、需求响应、绿色用电、电能替代、智能用电、有序用电，推动电力系统安全降碳、提效降耗。深化电力需求侧管理，充分挖掘需求侧资源，对推动源、网、荷、储协同互动，保障电力安全稳定运行，助力新型电力系统和新型能源体系建设具有重要意义。

结合电力需求侧管理工作新形势、新任务、新要求，着力健全长效机制，提升工作效能。第一，新增了需求响应章节，需求响应是电力需求侧管理的重要内容，是激发需求侧资源活力的重要手段。第二，拓宽了绿色发展内容。坚持节约优先，促进电力用户能效提升。进一步推动绿色用电与绿电交易、绿证交易衔接，鼓励重点地区、重点企业提高绿电消费比重。聚焦重点领域，科学推动电能替代，完善电能替代项目支持措施，稳步推进终端电气化水平提升。第三，强化了电力安全底线思维，明确需求响应与有序用电的边界，在优先采取需求响应等措施后仍无法满足电力电量平衡时，再执行有序用电，着重强调要依法依规实施有序用电。第四，充分运用新一代信息技术手段，结合“云大物移智”等新一代信息技术的快速发展，进一步推进电力消费智能化，实现电力利用效率的提升与电力利用方式的变革。

（10）《关于加强新形势下电力系统稳定工作的指导意见》

①主要政策内容。

国家发展改革委、国家能源局在2023年9月21日发布《关于加强新形势下电力系统稳定工作的指导意见》（以下简称《指导意见》）。《指导意见》指出，要科学安排储能建设。根据电力系统需求，统筹各类调节资源建设，因地制宜推动各类储能科学配置，形成多时间尺度、多应用场景的电力调节与稳定控制能力，改善新能源出力特性、优化负荷曲线，支撑高比例新能源外送。有序建设抽水蓄能，有序推进具备条件的抽水蓄能电站建设，探索常规水电改抽水蓄能和混合式抽水蓄能电站技术应用，新建抽水蓄能机组应具备调相功能。积极推进新型储能建设，充分发挥电化学储能、压缩空气储能、飞轮储能、氢储能、热（冷）储能等各类新型储能的优势，结合应用场景构建储能多元融合发展模式提升安全保障水平和综合效率。

完善合理的电源结构。新建煤电机组全部实现灵活性制造，现役机组灵活性改造应改尽改，支持退役火电机组转应急备用和调相功能改造，不断提高机组涉网性能；积极推进主要流域水电扩机、流域梯级规划调整等，依法合规开展水电机组改造增容，新建水电机组按需配置调相功能；积极安全有序发展核电，加强核电基地自供电能力建设；在落实气源的前提下适度布局调峰气电；稳步发展生物质发电。大力提升新能源主动支撑能力，推动系统友好型电站建设，有序推动储能与可再生能源协同发展，逐步实现新能源对传统能源的可靠替代；协同推进大型新能源基地、调节支撑资源和外送通道开发建设，推动基地按相关标准要求配置储能，保障外送电力的连续性、稳定性和高效性。

加快重大电工装备研制。推动新型储能技术朝高安全、高效率、主动支撑方向发展，提高电力工控芯片、基础软件、关键材料和元器件的自主可控水平，强化电力产业链竞争力和抗风险能力。

②政策解读。

《指导意见》共24条，提出了在全面落实碳达峰碳中和战略部署，及"四个革命、一个合作"能源安全新战略等新形势下，我国政府计划如何做好电力系统稳定工作的思路与策略。总体来看，《指导意见》基于"电力系统稳定问题将长期存在"的认识，着重于新形势下电力系统的稳定工作，从物理基础、管理体系和科技创新三方面对新型电力系统的规划建设提出多方要求。

电力市场化改革或有望带出额外收益，高波动环境下顶峰容量和灵活性资源有望获益。《指导意见》主要从顶层设计方面明确加强电力系统稳定运行的相关方向，但在低碳转型过程中坚持电力安全保供，或需要系统在经济性方面付出额外成本，即将传统电力系统中作为电源侧成本项的辅助服务费用和顶峰容量费用加以认可、抬高激励，以提高顶峰电源和灵活性资源的积极性。电力市场化改革为电力系统引入市场机制，发掘系统稀缺要素的时空价值，将有望成为为顶峰电源和灵活性资源增厚收益的手段。在新能源对电力系统的快速度高比例渗透、系统顶峰和调节需求有望随之日益上涨的背景下，顶峰容量和灵活性资源有望因市场机制推广而获益。

(11)《关于进一步加快电力现货市场建设工作的通知》

①主要政策内容。

2023年10月12日，国家发展改革委办公厅、国家能源局综合司发布

《关于进一步加快电力现货市场建设工作的通知》（以下简称《通知》），指出要加快区域电力市场建设。南方区域电力现货市场在2023年底前启动结算试运行。2023年底前建立长三角电力市场一体化合作机制，加快推动长三角电力市场建设工作。京津冀电力市场在条件成熟后，力争于2024年6月前启动模拟试运行。

②政策解读。

国家层面始终重视并关注各地市场建设情况，如今更是对各地现货市场建设的实际情况做出评估后出台文件，一次性统筹推进，针对性地对各地提出明确的时间节点。

优化了市场间交易机制，国内电力现货市场建设始终坚持“大版块性质”的区域市场建设与“小拼图相连接性质”的省内+省间市场衔接方式并重。

电源侧参与市场主体更多，《通知》在国家进行总体把握的前提下明确将分步实施建设权限下放地方，地方根据省（区域）内实际装机结构可自行制定实施方案，打破了原有僵化的“国家要求一步，地方执行一步”的改革路径。

用户侧参与市场更加深入，供需关系越发真实，出清价格更贴近实际。

中长期衔接现货进一步优化，电力现货市场建设从开始的“中长期为主，现货为补充”转变为现在的“中长期衔接现货市场进行优化设计”，电力现货市场在市场体系中的基础地位逐步显现，辅助服务市场疏导与建设并行。市场价格体系进一步完善。

(12)《关于建立煤电容量电价机制的通知》

①主要政策内容。

2023年11月8日，为加快构建新型电力系统，更好保障电力安全稳定供应，推动新能源加快发展和能源绿色低碳转型，国家发展改革委、国家能源局联合印发《关于建立煤电容量电价机制的通知》（以下简称《通知》），决定自2024年1月1日起建立煤电容量电价机制，对煤电实行两部制电价政策。

《通知》明确，对合规在运的公用煤电机组实行煤电容量电价政策，容量电价按照回收煤电机组一定比例固定成本的方式确定。其中，用于计算容量电价的煤电机组固定成本实行全国统一标准，为每年每千瓦330元；2024—2025年，多数地方通过容量电价回收固定成本的比例为30%左右，部分煤电功能转型较快的地方适当高一些；自2026年起，各地通过容量电价回收固定成本的比例提升至不低于50%。煤电容量电费纳入系统运行费用，每月由工商业用户按当月用电量比例分摊。

②政策解读。

与西方发达国家电力需求已进入低速增长的饱和发展阶段不同，为支撑未来国民经济高质量增长需要，我国电力需求预计仍将维持中高速增长。而煤电为电力系统提供了持续稳定的基础出力、灵活可控的调节能力，在电力系统安全保供方面发挥着关键性作用。出台容量电价机制保障煤电机组正常运营，引导煤电投资建设有助于煤电继续发挥其保障电力电量供应的“顶梁柱”和“压舱石”作用。相较于“电源过剩/电价大跌—电源建设停滞—电力紧缺/电价大涨—电源过度建设”的投资周期怪圈，容量电价机制可以在一定程度上“熨平”投资周期，避免终端用户电价大起大落，助力我国经济社会发展和电力系统安全稳定运行。

传统电力系统中，火电作为主力电源能同时提供电能量价值、灵活性价值、可靠性价值等多维价值，电力市场设计也以单一市场为主。新能源发电、储能、虚拟电厂等多元主体逐渐参与，但这些主体大多只能提供部分价值。这意味着电力定价必须根据新型电力系统发展需要，对电力商品的多维价值分别定价。而新一轮电力体制改革以来，我国电力市场建设稳步推进，主体多元、竞争有序的电力交易市场体系初步形成。中长期和现货市场反映电能量价值，辅助服务市场反映调节性价值，绿证绿电市场反映环境价值的电力商品多维价值体系正在构建。而容量电价机制反映可靠性价值，保障电力中长期供应安全，同时缓解了市场化改革带来的发电资产搁浅成本问题，能与电力市场化改革有机衔接。

3. 石油天然气

(1)《加快油气勘探开发与新能源融合发展行动方案(2023—2025年)》

①主要政策内容。

2023年2月27日，国家能源局印发《加快油气勘探开发与新能源融合发展行动方案(2023—2025年)》(以下简称《行动方案》)，提出大力推动油气勘探开发与新能源融合发展，积极扩大油气企业开发利用绿电规模。到2025年，通过低成本绿电支撑减氧空气驱、二氧化碳驱、稠油热采电加热辅助等三次采油方式累计增产原油200万吨以上；加快开发利用地热、风能和太阳能资源，积极推进环境友好、节能减排、多能融合的油气生产体系，努力打造"低碳""零碳"油气田。

《行动方案》提出，要坚持生态优先、因地制宜、多元融合发展，初期以就地就近消纳为主，大力推进陆上油气矿区及周边地区风电和光伏发电，统筹推进海上风电与油气勘探开发，加快提升油气上游新能源开发利用和存储能力，积极推进绿色油气田示范建设。各级能源主管部门要加大支持力度，对于作为油气勘探开发用能清洁替代的太阳能、风能、氢能、地热等新能源项目优先列入各级能源发展规划。

同时，加大油气勘探开发与新能源融合发展技术创新攻关力度。重点推进油气产能建设项目配套的低成本太阳能光热利用、油气田储能(电和热)技术、分布式微电网和综合能源智慧管控等领域。提高风能、太阳能资源预报准确度和风电、光伏发电功率预测精度，提升风电、光伏发电适应电力系统扰动能力，支撑油气生产平稳运行。

②政策解读。

《行动方案》提出，到2025年大力推动油气勘探开发与新能源融合发展，积极扩大油气企业开发利用绿电规模。这为油气上游领域转型发展新能源吹响了冲锋号。从国家层面看，《行动方案》的出台一是有利于建设能源强国。我国现在是能源大国，但还不是能源强国。油气和新能源融合发展将有效推动能源结构绿色低碳转型，助力我国建设能源强国。二是有利于实现"能源独立"。我国原油对外依存度达到70%、天然气对外依存度超过40%，实现"能源独立"需要新能源与传统能源融合发展，依靠地上的风光资源、地下的地热资源等新能源实现多能互补，助推我国实现“能源独立”。三是有利于实现“双碳”目标。在我国目前的能源结构中80%以上是化石能源，80%以上的碳排放是化石能源排放。到碳中和时期，80%以上的能源将是以新能源为主的零碳能源，将减掉80%的碳排放，实现这些目标主要依靠新能源。

着眼国际能源绿色低碳发展与碳中和研究的战略前沿。新型能源体系是以新能源、新电力、新储能“三新”为技术主导的绿色智慧能源体系，以鄂尔多斯盆地为代表的“超级能源盆地”理念将重塑未来能源勘探开发的理念与模式，对全球碳中和下的能源革命具有重大意义。“超级能源盆地”是指地下赋存大规模煤炭、石油、天然气等化石能源，地上具有丰富的风光等新能源，具备建成超大型能源生产与利用基地的资源基础和地质、地理条件的能源富集盆地。

（2）《关于促进炼油行业绿色创新高质量发展的指导意见》

①主要政策内容。

2023年10月12日，国家发展改革委、国家能源局、工业和信息化部、生态环境部等四部门联合印发《关于促进炼油行业绿色创新高质量发展的指导意见》（以下简称《指导意见》）。《指导意见》重点部署了4方面17项任务。在推动产业优化升级方面，部署优化产能结构布局、严控新增炼油产能、推进炼厂改造升级、加快淘汰落后产能、完善炼油行业管理5项任务。在推进能源资源高效利用方面，部署加强能效水效管理、推动系统用能优化、实施工艺装备升级、鼓励资源循环利用4项任务。在加快绿色低碳发展方面，部署引导炼油过程降碳、推进二氧化碳回收利用、支持制氢用氢降碳、探索加强碳排放管理4项任务。在加强科技创新引领方面，部署优化创新体制机制、加强软件开发应用、开发新型炼油技术、加快低碳技术研发4项任务。

②政策解读。

《指导意见》围绕炼油行业绿色创新高质量发展，提出4方面17条政策措施，着力在新发展阶段通过产业升级、能源与资源高效利用、科技创新等手段扎实构建我国炼油行业发展新格局，是指导炼油行业“十四五”

“十五五”期间发展的战略性、综合性、指导性文件。

炼油行业属于典型的复杂流程工业体系，产业体量大、发展惯性强。在过去数十年的发展过程中，炼油行业在交通运输燃料保障、化工原材料稳定供给等方面作出了突出贡献。目前，我国经济已由高速增长阶段转向高质量发展阶段，内外环境、供需结构以及人民对美好生活的需要都对炼油行业提出了新要求。《指导意见》围绕炼油行业高质量发展目标，从产能优化、能效管理、绿色低碳、科技创新等方面描绘了炼油行业2025年、2030年的目标蓝图。在产能优化方面，在新型能源体系大力发展的背景下，炼油行业要统筹考虑其燃料与材料双重属性的发挥。在能效管理方面，目前我国一小部分存量炼油产能能效水平仍然较低，未来行业的总体能源利用效率还将进一步提升。在绿色低碳方面，到2030年建设一批可借鉴、可复制的绿色低碳标杆企业，契合我国2030年前实现碳排放达峰的总体目标要求，为我国炼油行业的绿色低碳发展明确了努力方向。在科技创新方面，描绘了炼油行业实现绿色发展的关键技术路径，为炼油行业碳达峰目标的实现明确了技术支撑。

4. 新能源

(1)《关于组织开展公共领域车辆全面电动化先行区试点工作的通知》

①主要政策内容。

2023年2月3日，工业和信息化部、交通运输部等8部门印发《关于组织开展公共领域车辆全面电动化先行区试点工作的通知》（以下简称《通知》），明确提出加快推进公共领域车辆全面电动化，支持换电、融资租赁、“车电分离”等商业模式创新等内容。

《通知》要求，按照需求牵引、政策引导、因地制宜、联动融合的原则，在完善公共领域车辆全面电动化支撑体系及促进新能源汽车推广、基础设施建设、新技术新模式应用、政策标准法规完善等方面积极创新、先行先试，探索形成一批可复制可推广的经验和模式，为新能源汽车全面市场化拓展和绿色低碳交通运输体系建设发挥示范带动作用。试点工作期限为2023—2025年。

《通知》提出三方面主要目标。一是试点领域新增及更新车辆中新能源汽车比例显著提高，其中城市公交、出租、环卫、邮政快递、城市物流配送领域力争达到80%。二是建成适度超前、布局均衡、智能高效的充换电基础设施体系，服务保障能力显著提升，新增公共充电桩（标准桩）与公共领域新能源汽车推广数量（标准车）比例力争达到1:1，高速公路服务区充电设施车位占比预期不低于小型停车位的10%，形成一批典型的综合能源服务示范站。三是建立健全适应新能源汽车创新发展的智能交通系统、绿色能源供给系统、新型信息通信网络体系，实现新能源汽车与电网高效互动，与交通、通信等领域融合发展。智能有序充电、大功率充电、快速换电等新技术应用有效扩大，车网融合等新技术得到充分验证。

②政策解读。

近年来，我国新能源汽车产业发展取得积极成效。2022 年，销量达到688.7 万辆，连续 8 年居全球第一，新能源汽车新车销量达到汽车新车总销量的25.6%，提前完成《新能源汽车产业发展规划（2021—2035 年）》提出的2025 年发展目标。我国新能源汽车发展取得了巨大成就，掌握了电池、电机、电控等核心技术，保持了较快增长态势。

此次试点车辆包括公务用车、城市公交车、环卫车、出租车、邮政快递车、城市物流配送车、机场用车 7 个领域，能够有效拓展新能源车的使用范围。《通知》按照定量和定性相结合的方式提出电动化比例、充换电建设数量、新技术新模式创新应用工作目标要求，推动试点车辆实现质的有效提升和量的合理增长。试点城市、所在省、市还将研究制定后续支持举措。例如，在充换电服务方面，新增车桩比力争达到1:1，高速公路服务区充电设施车位占比预期不低于小型停车位的10%。

工信部将建立新能源汽车产业发展协调机制，统筹推动产业发展全局性工作。加强新阶段重大问题系统研究，加强国际资源开发合作，积极开展整车、零部件、基础元器件、关键材料等产业链上下游的交流合作，多措并举做好关键原材料保供稳价工作。

企业也需要在其中发挥重要作用。发挥龙头企业在国家制造业创新中的中心作用，促进大中小企业融通创新，加快新体系电池、车规级芯片、车用操作系统等技术攻关和产业化，推动新能源汽车与能源、交通、信息通信等领域融合发展。

(2)《关于进一步做好抽水蓄能规划建设工作有关事项的通知》

①主要政策内容。

2023 年 4 月 23 日，国家能源局综合司发布《关于进一步做好抽水蓄能规划建设工作有关事项的通知》(以下简称《通知》)。《通知》指出，组织开展站址比选、布局优化和项目纳规工作，布局项目要落实到计划核准年度。对于需求确有缺口的省份，按有关要求有序纳规。对于经深入论证、需求没有缺口的省份，暂时不予新增纳规，但可根据实际情况按照“框定总量、提高质量、优中选优、有进有出、动态调整”的原则，提出项目调整建议。国家能源局根据需求论证情况和实际需要，及时对全国或部分区域的中长期规划进行滚动调整，保持适度超前，支撑发展。

②政策解读。

加快发展抽水蓄能，对于加快构建新型电力系统、促进可再生能源大规模高比例发展、实现碳达峰碳中和目标，保障电力系统安全稳定运行、提高能源安全保障水平，以及促进扩大有效投资、保持经济社会平稳健康发展具有重要作用。“十四五”是落实《抽水蓄能中长期发展规划(2021—2035 年)》、加快推进抽水蓄能高质量发展的关键时期，做好“十四五”抽水蓄能项目开发建设工作意义重大。

在抽水蓄能项目前期工作、项目建设及运行管理等全过程中，严格落实生态环境保护法律法规和相关要求，落实生态保护措施，做到与生态环境协调发展。以两部制电价为主体，通过竞争性方式形成电量电价，将容量电价纳入输配电价回收，推动抽水蓄能电站作为独立主体参与市场。发挥行业组织作用，加强行业培训教育和能力提升等工作。强化项目投资、设计、施工、设备制造等产业链协同。大型风电光伏基地所在地区抽水蓄能规划建设要与大型风电光伏基地规划和项目布局、输电通道做好衔接协调，促进电力外送。

(3)《风电场改造升级和退役管理办法》

①主要政策内容。

2023 年 6 月 5 日，国家能源局印发《风电场改造升级和退役管理办法》（以下简称《办法》），鼓励并网运行超过15年或单台机组容量小于1.5兆瓦的风电场开展改造升级，并网运行达到设计使用年限的风电场应当退役，经安全运行评估，符合安全运行条件可以继续运营。

②政策解读。

2003年以来，中国风电进入产业化发展阶段，装机规模不断扩大。按风电机组设计寿命20年计算，早期投运的风电场已陆续进入运营后期。及时出台相关管理办法，指导和推动风电场改造升级和退役工作十分必要。

早期建成的风电场所处区域风能资源好，但使用的机组额定功率小，随着运行时间增长普遍面临发电效率下降问题。使用新的机组进行改造升级，能够进一步用好优质资源，合理扩大装机规模，有效提升发电效率，促进行业健康发展。同时，风电场改造升级和退役涉及土地变更、电网接入、配套输变电工程改造、重新办理环评水保等，还要与价格和国家财政补贴等政策做好衔接，需要制定针对性的政策予以明确。

风电场改造升级可以理解为对相应风电机组进行“以大代小，以优代劣”，即以大单机容量机组替代小单机容量机组，以性能优异机组替代性能落后机组，相应对配套升压变电站、场内集电线路等设施进行更换或技术改造升级，从而实现风电场提质增效，一般分为增容改造和等容改造两种。风电场退役是指对并网运行达到设计年限且经安全运行评估不能继续运行的风电场，一次性解列风电机组后拆除风电场的全部设施，并按要求注销原发电许可证，修复生态环境。

根据《办法》，风电场改造升级和退役按照公平自愿、先进高效、生态优先、有序实施、确保安全的原则组织实施。公平自愿就是充分尊重企业意愿，未到期且符合安全运行条件的风电场不强制要求改造升级，但到期且不符合安全运行条件的风电场必须退役；先进高效是指用先进的机组代替老机组，提高发电效率；生态优先是指把生态保护放在第一位，不能因风电场改造升级和退役而破坏生态环境，改造升级及退役后要按要求及时修复生态。

5. 生态环境和碳市场

(1)《关于做好2023—2025年发电行业企业温室气体排放报告管理有关工作的通知》

①主要政策内容。

2023年2月7日，生态环境部发布《关于做好2023—2025年发电行业企业温室气体排放报告管理有关工作的通知》(以下简称《通知》)，以加强企业温室气体排放数据管理，建立健全数据质量管理长效机制。

《通知》指出，发电行业纳入全国碳排放权交易市场的年度重点排放单位名录包括经最近一次核查结果确认以及上年度新投产预计年度排放量达到2.6万吨二氧化碳当量（综合能源消费量达到1万吨标准煤）的发电行业企业或其他经济组织。

《通知》强调，对因停业、关闭或者其他原因不再从事生产经营活动而停止排放温室气体，或经核查上两年度温室气体排放均未达到2.6万吨二氧化碳当量的排放单位，省级生态环境部门要组织现场核实确认，向其书面告知应履行的碳排放配额清缴义务、完成时限等事项，并在确认其完成相应义务后从全国碳排放权交易市场的年度重点排放单位名录中移出。

此外，《通知》指出，组织有关技术支撑单位或委托第三方技术服务机构对重点排放单位月度信息化存证的数据及信息进行技术审核，识别异常数据，及时将有关问题线索移交设区的市级生态环境部门进一步查实和处理。生态环境部将对各地碳排放数据质量开展评估。

②政策解读。

碳排放权交易是实现碳达峰碳中和的重要政策工具，准确可靠的数据是碳排放权交易市场有效规范运行的生命线。生态环境部督促指导地方生态环境部门，坚决查处数据虚报、瞒报、弄虚作假等违法违规行为。同时，规范咨询、核查、检测服务行为，确保技术服务过程和结果真实、合规、公正，保障碳市场平稳健康运行。组织开展重点排放单位碳排放数据质量管理相关能力建设，推动加快健全完善企业内部碳排放管理制度，提升碳排放数据质量水平。鼓励有条件的地方探索开展多源数据比对，识别异常数据，增强监管针对性。《通知》也提出，组织和指导设区的市级生态环境部门，对重点排放单位数据质量控制计划编制与实施情况进行监督检查，督促重点排放单位及时、规范开展存证，对煤样采集、制备、留存的规范性、真实性进行现场抽查，对投诉举报和上级生态环境部门转办交办有关问题线索逐一进行核实处理。

（2）《关于统筹节能降碳和回收利用 加快重点领域产品设备更新改造的指导意见》

①主要政策内容。

2023 年 2 月 20 日，国家发展改革委联合工业和信息化部、财政部、住房城乡建设部、商务部、人民银行、国务院国资委、市场监管总局、国家能源局等部门印发《关于统筹节能降碳和回收利用 加快重点领域产品设备更新改造的指导意见》（以下简称《指导意见》）。

《指导意见》指出，产品设备广泛应用于生产生活各个领域，统筹节能降碳和回收利用，加快重点领域产品设备更新改造对加快构建新发展格局、畅通国内大循环、扩大有效投资和消费、积极稳妥推进碳达峰碳中和具有重要意义。《指导意见》强调要以习近平新时代中国特色社会主义思想为指导，全面贯彻落实党的二十大精神，完整、准确、全面贯彻新发展理念，加快构建新发展格局，着力推动高质量发展，加快发展方式绿色转型，逐步分类推进重点领域产品设备更新改造，加快构建废弃物循环利用体系，实现生产、使用、更新、淘汰、回收利用产业链循环。明确到 2025 年、2030 年的工作目标，提出要以节能降碳为重要导向，坚持“聚焦重点、稳步推进，合理定标、分类指导，节约集约、畅通循环，市场导向、综合施策”的工作原则，协同推进产品设备更新改造和回收利用，加大资金和政策支持力度，完善能效和淘汰标准，加强先进适用技术研发应用，加强监督管理，推动形成绿色低碳的生产方式和生活方式，为实现碳达峰碳中和目标提供有力支撑。

②政策解读。

一方面，关注当前。首批聚焦实施条件相对成熟、示范带动作用较强的 6 类产品设备，以《重点用能产品设备能效先进水平、节能水平和准入水平（2022 年版）》和现行能效强制性国家标准为基本依据，率先推动更新改造和回收利用。另一方面，着眼长远。提出将及时总结工作成效和可行模式，逐步扩大更新改造范围。根据产业发展阶段和技术进步，实行能效水平动态转化，不断完善产品设备能效和淘汰标准。

总的看，《指导意见》以产品设备更新改造和回收利用为切入点，统筹当前与长远，兼顾节能降碳与经济增长，将推动走出一条资源消耗做“减法”、经济发展做“加法”的新路子。《指导意见》的出台将进一步凝聚各方力量，开创产品设备更新改造和回收利用协同发力新局面，为畅通国内大循环注入新活力，为推进碳达峰碳中和提供新支撑，为推动经济社会高质量发展作出新贡献。

(3)《温室气体自愿减排交易管理办法（试行）》

①主要政策内容。

为了推动实现我国碳达峰碳中和目标，控制和减少人为活动产生的温室气体排放，鼓励温室气体自愿减排行为，规范全国温室气体自愿减排交易及相关活动，2023 年 10 月 19 日生态环境部、市场监管总局正式印发并施行《温室气体自愿减排交易管理办法（试行）》（以下简称《管理办法》）。

《管理办法》规定，生态环境部按照国家有关规定，组织建立统一的全国温室气体自愿减排注册登记机构，组织建设全国温室气体自愿减排注册登记系统。同时，组织建立统一的全国温室气体自愿减排交易机构，组织建设全国温室气体自愿减排交易系统；组织制定并发布温室气体自愿减排项目方法学（以下简称项目方法学）等技术规范，作为相关领域自愿减排项目审定、实施与减排量核算、核查的依据。项目方法学应当根据经济社会发展、产业结构调整、行业发展阶段、应对气候变化政策等因素及时修订，条件成熟时纳入国家标准体系。

《管理办法》提出，全国温室气体自愿减排交易市场的交易产品为核证自愿减排量。生态环境部可以根据国家有关规定适时增加其他交易产品。核证自愿减排量交易可以采取挂牌协议、大宗协议、单向竞价及其他符合规定的交易方式。

②政策解读。

《管理办法》系统规范了我国温室气体自愿减排交易的总体框架和实

施流程，在明确总体原则的基础上梳理了各流程上的具体内容，涉及项目审定与登记、减排量核查与登记、减排量交易、审定与核查机构管理、监督管理、罚则 6 部分，可对监管部门职责和市场机构行为形成指引。从整体框架来看，正式发布的《管理办法》与征求意见稿的结构基本一致，仅在部分细节内容和相关表述上进行了调整。正式发布的《管理办法》对于未来阶段我国自愿减排交易市场的主体、监管、项目申请、减排量登记以及交易等内容与环节均明确了具体的方案，标志着我国温室气体自愿减排交易重启迈出了关键的第一步。

在自愿减排交易市场机构设置方面，《管理办法》提出由全国温室气体自愿减排注册登记机构以及全国温室气体自愿减排交易机构来组织建设、运行管理相应的注册登记系统和交易系统。在方法学的组织制定方面，摒弃了历史上由开发者向国家主管部门申请备案的方式，改为由生态环境部持续向全社会公开征集自愿减排方法学并择优发布的方式，有利于统筹管理自愿减排项目支持领域和减排技术范围。在项目申请的关键时间节点方面，提出减排量的产生时间应在 2020 年 9 月 22 日之后即习近平主席首次提出“双碳”目标的时间节点。在交易方式方面，放弃了曾经采用的 CCER 交易备案管理的方式改为组建全国统一的 CCER 交易机构，明确所有交易应当通过交易系统进行，可以采用挂牌协议、大宗协议、单向竞价及其他符合规定的交易方式在交易机构进行集中统一交易和结算，这一规定基本明确了未来的 CCER 交易将在北京绿色交易所进行。在减排量的使用和注销方面，明确了除全国碳市场配额抵销外地方碳市场的配额抵销、大型活动碳中和、抵销企业温室气体排放等用途均可使用核证自愿减排量，但相关减排量应在注册登记系统中予以注销，可以预见注册登记系统未来与各试点碳市场的强化对接。

目前，我国温室气体自愿减排交易的总体规划已经正式揭晓，预示着相关工作进程将加速推进，即将可见配套的工作规范性文件的相继出台、第一批方法学的发布、审定与核查机构名单的确定，以及注册登记和交易系统的正式上线运行等实际进展。我国温室气体自愿减排交易的重启将有效带动更多市场主体参与到碳市场的建设发展中来，对于激发碳市场活力，提高市场流动性，更好地发掘降碳增汇价值，鼓励更多主体参与碳达峰、碳中和进程具有重要意义。预计自愿减排市场的建设将在近期实现进一步的进展，也期待后续正式重启后的自愿减排市场成为我国碳市场的重要补充，切实为降低企业减碳成本、开展碳金融创新提供多元化的市场选择。

（4）《国家碳达峰试点建设方案》

①主要政策内容。

2023 年 10 月 20 日，国家发展改革委印发《国家碳达峰试点建设方案》（以下简称《方案》），提出将在全国范围内选择 100 个具有典型代表性的城市和园区开展碳达峰试点建设，聚焦破解绿色低碳发展面临的瓶颈制约，探索不同资源禀赋和发展基础的城市和园区碳达峰路径，为全国提供可操作、可复制、可推广的经验做法。

《方案》提出“坚持积极稳妥、坚持因地制宜、坚持改革创新、坚持安全降碳”4 条工作原则，以及 2025 年、2030 年的主要目标。到 2025 年，试点范围内有利于绿色低碳发展的政策机制基本构建，一批可操作、可复制、可推广的创新举措和改革经验初步形成，不同资源禀赋、不同发展基础、不同产业结构的城市和园区碳达峰路径基本清晰。到 2030 年，试点城市和园区重点任务、重大工程、重要改革如期完成，有利于绿色低碳发展的政策机制全面建立，有关创新举措和改革经验带动作用明显，为全国实现碳达峰目标发挥重要支撑作用。

《方案》重点部署了 5 方面试点建设内容。确定试点任务方面，试点城市和园区要根据国家和所在地区“双碳”工作部署，谋划提出能源、产业、节能、建筑、交通等重点领域试点建设任务。实施重点工程方面，试点城市和园区要结合试点目标，在能源基础设施、节能降碳改造、先进技术示范、资源循环利用等领域规划实施一批重点工程，形成对试点工作的有力支撑。强化科技创新方面，试点城市和园区要创新绿色低碳技术推广应用机制，大力培育绿色低碳产业，加快形成新的产业竞争优势。完善政策机制方面，试点城市要加快建立和完善有利于绿色发展的财政、金融、投资、价格政策和标准体系，创新碳排放核算、评价、管理机制。试点园区要着力提升园区绿色低碳循环发展水平。开展全民行动方面，试点城市和园区要大力推广绿色低碳生活理念，普及“双碳”基础知识，创新探索绿色出行、制止浪费、垃圾分类等方面体制机制，切实增强各级干部推进绿色低碳发展的理论水平和业务能力。

②政策解读。

实现碳达峰碳中和是一场广泛而深刻的经济社会系统性变革，是实现中华民族永续发展的必然选择，是我国探索实践中国式现代化的一项长期战略任务。《方案》明确在全国范围内选择100个具有典型代表性的城市和园区开展碳达峰试点建设，着力破解绿色低碳发展面临的难点堵点问题，积极探索新路径、新模式、新机制，这对推动经济结构转型升级、加快形成绿色低碳产业竞争优势、确保实现碳达峰碳中和目标具有重要意义。

进一步做好“双碳”工作不能就碳论碳，而是要从更好统筹“两个大局”出发，以高质量发展为首要任务，有效发挥碳达峰的引领作用，协同推进降碳减污扩绿增长。《方案》强调试点工作要聚焦破解绿色低碳发展面临的瓶颈制约，围绕能源绿色低碳转型、产业优化升级、节能降碳增效以及工业、建筑、交通等领域清洁低碳转型，谋划部署试点建设任务。《方案》明确，不简单以达峰时间早晚或峰值高低来衡量工作成效；坚持先立后破、安全降碳，在保障国家能源安全、产业链供应链安全、粮食安全和群众正常生活的前提下，力争实现更高质量、更高效益的碳达峰。

统筹考虑当前和长远，在积极稳妥推进碳达峰碳中和过程中，要处理好“慎重稳妥”和“积极作为”之间的关系。既要防止急功近利和“碳冲锋”，也要杜绝无所作为或只把“双碳”工作停留在口头上；既要坚持全国一盘棋和整体性推进，也要鼓励基层城市和园区勇于创新和敢于担当。《方案》强调要坚持改革创新，围绕碳达峰工作，在发展理念、激励约束政策、管理机制、碳排放核算评价等方面开展全方位探索创新。通过在试点城市和园区大胆探索、先行先试，形成可操作、可复制、可推广的经验做法，这不仅对全国其他城市和园区有重要示范意义，对国家持续完善碳达峰碳中和政策体系也有重要借鉴作用。

作为人口众多、碳排放总量大的发展中国家，我国区域城乡发展差距大，把握改革发展平衡稳定要求高。在绿色低碳转型发展、改革攻坚逐步步入“深水区”之际，通过开展试点示范着力激发绿色低碳发展新动能，激励改革实践新作为新活力，是贯彻落实国家碳达峰碳中和工作总体部署的重要举措，有助于锻造产业竞争新优势、培育新质生产力，推动高标准实现碳达峰碳中和目标。

（5）《关于加快建立产品碳足迹管理体系的意见》

①主要政策内容。

2023 年 11 月 23 日，国家发展改革委、工业和信息化部、市场监管总局、住房城乡建设部、交通运输部等部门联合印发《关于加快建立产品碳足迹管理体系的意见》（以下简称《意见》）。《意见》部署了五方面重点工作，构建起产品碳足迹管理体系总体框架：一是制定产品碳足迹核算规则标准。加快制定产品碳足迹核算基础通用国家标准，明确核算边界、核算方法、数据质量要求和溯源性要求等。组织有关行业协会、龙头企业、科研院所等制定重点产品碳足迹核算规则标准。二是建设碳足迹背景数据库。行业主管部门可根据工作需要建立行业碳足迹背景数据库，为企业开展产品碳足迹核算提供公共服务。鼓励相关行业协会、企业、科研单位依法合规发布细分领域背景数据库，支持国际碳足迹数据库据实更新相关背景数据。三是建立产品碳标识认证制度。国家层面建立统一规范的产品碳标识认证制度，研究制定产品碳标识认证管理办法。鼓励企业按照市场化原则自愿开展产品碳足迹认证。四是丰富产品碳足迹应用场景。充分发挥碳足迹管理对企业绿色低碳转型的促进作用，帮助企业查找生产和流通中的碳排放管理薄弱环节，挖掘节能降碳潜力。鼓励消费者购买和使用碳足迹较低的产品。五是推动碳足迹国际衔接互认。加强国际碳足迹方法学研究，充分发挥双多边对话机制作用，加强与国际相关方的沟通对接，推动与主要贸易伙伴在碳足迹核算规则和认证结果方面衔接互认。

②政策解读。

《意见》提出了推动建立符合国情实际的产品碳足迹管理体系的总体目标，明确了工作要求、重点任务以及保障措施等，对规范有序开展国家碳足迹管理工作、有效应对欧美涉碳贸易壁垒冲击、加快生产和消费绿色低碳转型、助力实现碳达峰碳中和目标都具有重要意义。

《意见》聚焦我国产品碳足迹管理政策的短板弱项，系统部署了核算规则标准、背景数据库、碳标识认证制度、碳足迹应用场景、国际衔接互认等五方面重点任务。针对目前产品碳足迹核算规则标准不完善的现状，为企业和第三方机构提供统一规范的核算方法。针对目前碳足迹领域背景数据库以国际供应商为主、国内数据库建设尚处于起步阶段的实际，明确行业主管部门和有条件的地区可根据工作需要开展相关行业背景数据库建设。首次提出将在国家层面建立统一规范的产品碳标识认证制度，有助于规范碳标识管理流程、促进绿色低碳消费，将对提升重点产品能效碳效、提高全社会节能降碳意识发挥重要作用。《意见》要求丰富产品碳足迹在企业供应链管理、节能降碳诊断、政府采购等领域的应用场景，待产品碳足迹管理制度相对成熟后可考虑将碳足迹管理相关要求纳入政府采购需求标准，引导公共机构加大碳足迹较低产品的采购力度，进一步树立节能降碳导向。实现碳足迹互认是支撑国内企业顺利开展国际贸易的必要保障，碳足迹领域国际合作要坚持“以我为主”，提出要积极参与国际碳足迹标准规则制修订，加强对国际制度规则的跟踪研究，结合实际将有关国际标准有序转化为国内标准。

6. 供热

《关于延续实施供热企业有关税收政策的公告》

①主要政策内容。

2023 年 9 月 22 日，财政部、税务总局发布《关于延续实施供热企业有关税收政策的公告》（以下简称《公告》）。

《公告》指出，对供热企业向居民个人供热取得的采暖费收入免征增值税。对向居民供热收取采暖费的供热企业，为居民供热所使用的厂房及土地免征房产税、城镇土地使用税；对供热企业其他厂房及土地应当按照规定征收房产税、城镇土地使用税。

《公告》执行至 2027 年供暖期结束，供暖期是指当年下半年供暖开始至次年上半年供暖结束的期间。

②政策解读。

明确了享受优惠的供热企业的地域范围，享受优惠的为“三北”地区供热企业，这里的“三北”地区指的是“东北、华北和西北”地区，具体为北京市、天津市、河北省、山西省、内蒙古自治区、辽宁省、大连市、吉林省、黑龙江省、山东省、青岛市、河南省、陕西省、甘肃省、青海省、宁夏回族自治区和新疆维吾尔自治区。

供热企业是指热力产品生产企业和热力产品经营企业。热力产品生产企业包括专业供热企业、兼营供热企业和自供热单位。热力产品生产企业和热力产品经营企业相当于制造业企业和商贸企业的关系。

对供热企业向居民供热取得的采暖费收入免征增值税。向居民供热取得的采暖费收入，包括供热企业直接向居民收取的、通过其他单位向居民收取的和由单位代居民缴纳的采暖费。根据上述规定，供热企业向非居民（主要包括工厂、写字楼等）供热取得的采暖费收入需要按规定征收增值税。另外，根据规定通过热力产品经营企业向居民供热的热力产品生产企业应当根据热力产品经营企业实际，按居民取得的采暖费收入占该经营企业采暖费总收入的比例计算免征的增值税。

对向居民供热收取采暖费的供热企业，为居民供热所使用的厂房及土地免征房产税、城镇土地使用税。对供热企业其他厂房及土地，应当按照规定征收房产税、城镇土地使用税。另外，对于专业供热企业、兼营供热企业和自供热单位，根据其实际供热情况区分可以免征的房土两税。

2023 年 1 月 19 日，国务院新闻办公室发布《新时代的中国绿色发展》白皮书，提出提高化石能源清洁高效利用水平。以促进煤电清洁低碳发展为目标，开展煤电节能降碳改造、灵活性改造、供热改造“三改联动”，新增煤电机组执行更严格节能标准，发电效率、污染物排放控制达到世界领先水平。推动终端用能清洁化，推行天然气、电力和可再生能源等替代煤炭，积极推进北方地区冬季清洁取暖。在城镇燃气、工业燃料、燃气发电、交通运输等领域有序推进天然气高效利用，发展天然气热电冷联供。

2023 年 3 月 5 日，财政部提请十四届全国人大一次会议审查《关于 2022 年中央和地方预算执行情况与 2023 年中央和地方预算草案的报告》，提到中央财政大气污染防治资金安排330亿元，重点支持北方地区冬季清洁取暖。

2023年3月20日，财政部网站发布《2022年中国财政政策执行情况报告》，指出下达大气污染防治资金330亿元，比上年增长20%，政策稳定衔接、工作推进有力。进一步扩大北方地区冬季清洁取暖支持范围，通过竞争性评审遴选确定青岛、哈尔滨等25个新增支持城市，做好冬季取暖保暖保供工作，推动能源消费转型升级。

2023年5月22日，国家市场监督管理总局发布关于公开征求《国家计量技术规范管理办法（征求意见稿）》意见的通知，《国家计量技术规范管理办法（征求意见稿）》（原名《国家计量检定规程管理办法》），包括总则、国家计量技术规范的立项、国家计量技术规范的制定、国家计量技术规范的批准发布、国家计量技术规范的实施与监督管理、附则等6章42条，征求意见截止日期至2023年6月21日。

2023年9月27日，国家能源局发布《关于组织开展可再生能源发展试点示范的通知》，提出生物质能清洁供暖示范。主要支持在具备清洁采暖需求和条件的乡镇地区，因地制宜通过生物质热电联产、集中式生物质锅炉供暖等不同方式实现乡镇地区清洁供暖。在大气污染防治非重点地区乡村，可按照就地取材原则因地制宜推广户用成型燃料炉具供暖。

二、地方政策

1. 北京市

《关于全面推进新能源供热高质量发展的实施意见》

①主要政策内容。

2023年10月12日北京市发展改革委、市规划自然资源委等十部门研究制定《关于全面推进新能源供热高质量发展的实施意见》（以下简称《实施意见》），提出到2025年力争新能源供热面积占全市供热面积的比重达到10%；到2030年力争新能源供热面积占全市供热面积的比重达到15%。推动新能源供热发展，有利于减少供热领域碳排放，根据《实施意见》提出的2030年新能源供热面积占比15%的目标测算，预计到2030年可累计减少碳排放330万吨左右。

②政策解读。

《实施意见》提出统筹开展新能源供热资源的详细勘查工作，对本市新能源供热的可开发资源量进行综合评价。按照资源禀赋条件和供热需求，优化新能源供热设施布局实现新能源供热资源科学有序开发利用。同时提出新能源供热发展与国土空间规划、各类相关专项规划充分衔接，将新能源供热比重作为约束性指标纳入各区和重点功能区的规划以及镇域（街区）控制性详细规划、地块的规划综合实施方案等规划文件中。

《实施意见》针对再生水（污水）源热泵供热项目、中深层水热型地热供热项目、中深层井下换热型地热供热项目等多种类型的新能源供热项目，提出了明确的管理要求，明确可应用新能源供热项目周边公共绿地、城市绿隔等场地作为打井区域，并对不同项目的立项审批、资金申请报告审批的相关要求予以明确。

《实施意见》鼓励整合新能源供热市场资源，引入合同能源管理、特许经营等市场化合作方式。对符合条件的新能源供热企业（项目）申请贷款贴息和优惠利率融资给予支持，积极推动新能源供热项目纳入全国温室气体自愿减排交易市场。

2023年3月2日，北京市人民政府办公厅关于印发《北京市深入打好污染防治攻坚战2023年行动计划》，专门制定《北京市应对气候变化2023年行动计划》，指出分步骤实施供热系统重构，全面布局新能源和可再生能源分布式供热，禁止新建和扩建燃气独立供暖系统，全市单位建筑面积供热能耗下降3%。

建立再生水源热泵、地源热泵和余热回收等绿色低碳热源结构，大力推进热系统节能改造。统筹实施供热智能化控制、供热资源整合、热网系统重组等，有序推进散小热源整合联网及新能源和可再生能源耦合供热替代，优化热电联产热源布局，建设区域热网和跨省合作热网。

2023年6月7日，北京市发展和改革委员会发布《北京市碳达峰碳中和工作领导小组办公室关于印发北京市可再生能源替代行动方案（2023—

2025年）的通知》，提到扩大可再生能源供暖规模。加强新建和改（扩）建供暖项目可再生能源应用审查，确保优先采用可再生能源供暖。加强可再生能源调峰热源建设，鼓励用户侧改（扩）建供暖系统应用再生水源热泵、地源热泵等可再生能源供暖技术。研究制定可再生能源耦合供热技术规范，优先使用可再生热源补充热网负荷，持续提高城市热网中可再生能源比重。加快推动热源侧蓄热设施建设，提高燃气电厂智慧调节能力，推进热电解耦。实施京丰燃气电厂等绿色电力蓄热锅炉示范工程建设，拓展绿色电力供热应用范围。到2025年，全市新增供热系统绿色改造供热面积1000万平方米。

2023年7月10日，北京市生态环境局发布《关于开展2023年北京市低碳试点工作的通知》，提出2023年开展先进低碳技术项目、低碳领跑者、气候友好型区域三类试点征集，继续推进气候投融资试点建设。

其中，2023年北京市先进低碳技术项目包括绿色低碳能源（先进太阳能、风能、地热能）综合利用技术，先进可再生能源供热技术，先进储能技术，可再生能源制氢与氢能应用技术等。

2023年9月8日，北京市农业农村局、北京市财政局、北京市地方金融监督管理局关于印发《北京市农村地区清洁取暖设备更新工作指导意见》，指出北京市农村地区清洁取暖设备更新应坚持节能高效、科技赋能。严格落实大气污染防治和“双碳”目标要求，更新的设备以节能高效、使用便捷的空气源热泵和燃气壁挂炉为主，鼓励使用新技术、新装备。空气源热泵类产品最高补贴金额不超过0.6万元/户，其他产品最高补贴金额不超过0.36万元/户。设备更新后10年内不得再次享受更新补贴政策。

2023年9月20日，北京市生态环境局等六部门联合发布《北京市减污降碳协同增效实施方案》（以下简称《方案》），提到持续推进农村供暖“煤改电”，减少燃煤使用量。优化天然气使用方式，优先保障居民用气，严控新增独立燃气供热系统。

实施可再生能源替代行动。在产业园区、公共机构、建筑领域推广使用分布式光伏发电系统，因地制宜适度发展风电，大力发展地热及热泵、太阳能、储能蓄热等清洁供热模式。

推动建筑节能绿色化改造与清洁取暖同步实施，鼓励小规模、渐进式更新和微改造，推进建筑废弃物再生利用。推进供热系统重构，统筹实施智能化控制、供热资源整合、热网系统重组等措施，提升可再生能源供热比重。

2. 天津市

2023 年 1 月 9 日，天津市发展改革委发布《市发展改革委关于城市燃气管网非居民配气价格有关事项的通知》，提到天津市城市燃气管网非居民配气价格保持相对稳定。一般工商业及其他用气每立方米 0.58 元，集中供热用气每立方米 0.29 元，上述价格不含供销差影响，供销差率按照不高于 4% 确定。

2023 年 10 月 27 日，天津市发展改革委、天津市财政局联合发布《关于天津市 2023—2024 年采暖期居民清洁取暖有关运行政策的通知》，提到“煤改电”运行政策：2023—2024 年采暖期不执行阶梯电价，执行每日 20 时至次日 8 时 0.3 元/千瓦时的低谷电价，同时给予 0.2 元/千瓦时的补贴，最高补贴电量 8000 千瓦时/户。“煤改气”运行政策：2023—2024 年采暖期不执行阶梯气价，执行燃气管网居民独立采暖一档用气价格，同时给予 1.2 元/立方米的补贴，最高补贴气量 1000 立方米/户。

3. 河北省

2023 年 4 月 18 日，河北省发展改革委出台了《河北省 2023—2024 年采暖季天然气保供工作方案的通知》。通知要求各地适度疏导天然气终端销售价格。

2023 年 9 月 5 日，河北省住房和城乡建设厅印发《河北省供热经营许可管理办法（试行）》，提到供热企业热源方式包括热电联产供热、燃煤锅炉供热、燃气锅炉供热、生物质（垃圾）焚烧供热、电直热（蓄热）供热、热泵供热、低品位工业（商业）余热供热、中深层地热井供热及其他方式供热。

2023 年 9 月 12 日，河北省发展改革委和住建厅联合发布《关于规范供热环节有关收费问题的通知》，明确供热企业服务到用户的终端价格应包括供热换热站的二次加压等相关供热费用，其运行维护、修理改造等费用计入供热成本，供热企业不得在供热价格之外单独收取。

2023 年 9 月 18 日，张北县发展和改革局和张北县住房和城乡建设局联合发布《关于调整城区集中供热收费标准的通知》。9 月 27 日，张北县发展和改革局发布《关于调整城区集中供热价格政策解读》，提到新的居民供暖价格在原来每月每平方米 5.28 元基础上，每平方米增加 0.528 元，按照每月每平方米 5.808 元执行；新的非居民供暖价格在原来每月每平方米 6.27 元基础上，每平方米增加 0.627 元，按照每月每平方米 6.897 元执行。

4. 山东省

2023 年 1 月 15 日，山东省人民政府办公厅印发《关于推进以县城为重要载体的城镇化建设若干措施的通知》，提到加强工业余热利用，加快老旧一、二级管网、换热站及室内取暖系统的节能改造，提高县城集中供暖比例。

推进公用设施智能化升级，提升供水、排水、燃气、热力、电力、通信等设施设备动态感知和智慧化管理能力。

2023 年 2 月 7 日，山东省能源局印发《2023 年全省能源工作指导意见》，指出加快推动能源绿色低碳转型发展，建成海阳核电 900 兆瓦远距离跨区域供热工程，到 2023 年底在运在建核电装机达到 820 万千瓦；系统推进煤电行业转型升级，统筹推进煤电机组“三改联动”，完成华电邹县 5 号、大唐黄岛 5 号、华能日照 3 号等机组节能降碳改造、供热改造、灵活性改造，规模各 200 万千瓦以上；保障煤炭稳定供应，扎实推进万福矿井（180 万吨/年）三期建设，推动永胜煤矿（45 万吨/年）恢复建设。

2023 年 3 月 7 日，山东省能源局下发《山东省能源绿色低碳高质量发展三年行动计划（2023—2025 年）》（以下简称《规划》）和《山东省能源绿色低碳高质量发展 2023 年重点工作任务》（以下简称《重点工作任务》）。

《规划》指出，加快推动农村用能变革。积极推进整县分布式光伏规模化开发，统筹党政机关、公共建筑、工商业厂房和农村居民屋顶等不同场景，总结推广德州齐河、临沂沂水等县试点经验，纵深推进70个试点县开发建设工作，形成全国分布式光伏规模化发展标杆。深入实施“百乡千村”绿色能源发展示范工程，坚持“一乡一案”“一村一策”，因地制宜推进太阳能、生物质能、地热能等可再生能源开发，打造集用电、炊事、采暖等于一体的农村清洁用能新模式，积极服务绿色生态宜居美丽乡村建设。

《重点工作任务》指出，加快新技术新模式新业态发展。鼓励煤电与新能源联营发展，对符合条件的新增煤电项目和主动实施“三改联动”的存量煤电机组给予对应新能源项目一定的保障性并网支持。

2023 年 3 月 29 日，潍坊市发展和改革委员会官网发布《潍发改价格〔2023〕85 号——关于潍坊市城区两部制供热价格的通知》，该通知明确2022—2023 年供暖季潍坊市城区两部制供热价格（按用热量计费）保持不变。居民生活两部制供热价格，基本热价为 6. 90 元/平方米，低保户家庭采暖用热基本热价为 2. 90 元/平方米，差价（4 元/平方米）由同级财政承担；计量热价为 0. 153 元/千瓦时。

2023 年 4 月 11 日，山东省能源局、山东省生态环境厅、山东省农业农村厅、山东省乡村振兴局联合发布关于转发《国家能源局 生态环境部 农业农村部 国家乡村振兴局关于组织开展农村能源革命试点县建设的通知》，要求试点县光伏、生物质能、地热能等可再生能源种类齐全，经济实力强，用能负荷高，电网、燃气管网、热力管网等能源网络基础好，具备建设基本条件。

试点县要以项目为支撑，统筹乡村振兴战略、农业农村、可再生能源、电力等相关规划，提出试点期间重点项目，加快光伏、生物质等项目建设，巩固提升农村电网，提高可再生能源终端应用规模，确保实现可再生能源在一次能源消费总量比重目标。

2023 年 5 月 19 日，青岛市人民政府发布《青岛市碳达峰工作方案》，提出因地制宜推进清洁低碳供暖，提升建筑终端电气化水平。推进农村用能结构低碳转型，推进绿色农房建设，加快农房节能改造。持续推进农村清洁取暖，加快可再生能源在农村生活和农村建筑中的应用，全面提高乡村电气化水平。

2023 年 5 月 26 日，山东省住房和城乡建设厅、山东省发展和改革委员会、山东省财政厅、山东省自然资源厅、山东省能源局联合发布《山东省城乡建设领域碳达峰实施方案》，指出因地制宜推广污水源、土壤源、空气源等热泵供暖供冷技术。到 2025 年城镇建筑可再生能源替代常规能源消耗比例达到 10%，到 2030 年达到 12%。积极推进清洁能源供暖，到 2030 年全省清洁供暖比例达到 85% 以上。推动城市或区域余热综合利用，到 2025 年完成大容量高效机组余热供暖改造面积 1.5 亿平方米，工业余热供暖改造面积力争达到 5 亿平方米。有序推进生物质热电联产项目建设，鼓励现有生物质直燃电厂实施供热、供冷改造。依托沿海核电项目，在确保绝对安全的前提下，稳步开展核电余热供热试点，支持有条件的地区打造“核能零碳”供暖城市。新建超低能耗建筑原则上采用分散供暖，不再采用市政集中供暖。

2023 年 5 月 30 日，山东省住房和城乡建设厅、山东省发展和改革委员会、山东省财政厅、山东省生态环境厅、山东省能源局联合发布《2023 年全省清洁取暖建设工作方案》，提出民生供热用煤供应要实现中长期合同全覆盖，煤炭要足量储备，满足供热需求。指导热电联产等热源企业供暖季期间，按照“以热定电”原则科学合理制定生产计划，确保居民用热持续稳定。

2023 年 5 月 23 日，济南市发展和改革委员会印发《济南市新能源高质量发展三年行动计划（2023—2025 年）》，提出以清洁供热和综合利用为重点，深入开展太阳能热利用，规范推进地热能多元利用，积极发展高效空气能热泵，适时推进核能小堆供热，推动新能源多元开发和综合利用。

2023 年 5 月 30 日，山东省政府印发《2023 年全省清洁取暖建设工作方案》，指出要积极推进工程建设，选择与当地资源禀赋和群众收入水平相适应、清洁高效、不需补贴或仅少量投资补贴的技术路线，不建议采用运行成本高、取暖效果差、返煤风险大的改造模式，要汲取教训，确保成效。同时，落实运行补助政策，加快推进配气成本监审，推进天然气上下游价格联动机制落实。

2023年8月3日，山东省人民政府办公厅印发《关于支持地热能开发利用的若干措施的通知》，要求支持推广浅层地热能供暖（制冷）。支持各市根据供暖（制冷）需求，在满足岩土体热平衡情况下积极推广地源热泵供暖（制冷）。采用地源热泵技术、不取水的浅层地热能项目无须办理取水许可证和采矿许可证。

2023年10月7日，威海发展改革委发布《关于调整市区居民住宅集中供热价格的通知》，其中提到威海市居民住宅供热价格调整，主要包括两个方面：一是改革供热计费面积。居民住宅集中供热不再按使用面积计费，调整为按专有建筑面积或套内建筑面积（统称套内建筑面积）计费。二是适当上调供热价格。居民住宅集中供热按面积计费的，在原每平方米使用面积25元的基础上上调至30元，并按照使用面积与套内建筑面积的平均比例，调整为每平方米套内建筑面积24.5元。

2023年10月17日，济南市人民政府办公厅发布《关于明确清洁取暖运行补贴有关事宜的通知》，其中提到已享受清洁取暖运行补贴政策3年及以上的气代煤电代煤用户（以房屋地址列入年度运行补贴台账的时间计算），自2023—2024年采暖季起，连续两个采暖季每户最高补贴900元，之后两个采暖季每户最高补贴600元，再之后两个采暖季每户最高补贴300元，此后不再发放运行补贴。享受运行补贴政策不足3年的用户，每户每个采暖季最高补贴1200元，满3年后参照上述标准执行。每户补贴金额根据具体用气用电费用确定，不得超过当年最高补贴标准。

2023年10月6日，山东省人民政府发布《关于加快推进地热能开发利用的指导意见》，主要目标是到2025年全省新增地热能供暖（制冷）面积1000万平方米以上，建成一批地热能城乡供暖、生态农业等综合示范项目；到2030年全省地热能供暖（制冷）面积达到1亿平方米以上，建成集创新研发、多元开发、综合利用、装备制造于一体的国家地热能高质量发展示范区，成为全国领先的地热能开发利用大省。

5. 山西省

《吕梁市集中供热条例》已由山西省第十四届人民代表大会常务委员会第五次会议于2023年9月22日批准，自2023年11月1日起施行。文件提到新建、改建、扩建建筑需要接入集中供热管网的，应当以热用户为单位，安装热计量装置、室内温度调控装置和供热系统调控装置，未按照规定安装的，不得交付使用。

6. 内蒙古自治区

2023 年 1 月 3 日，包头市城市管理委员会印发《包头市推进供热计量试点工作实施方案》，提到调整供热计量价格。包头市目前供热计量价格执行包发改价字〔2008〕586 号文件，采用“两部制”热价，比例为基本热价占 50%，计量热价占 50%。居民计量热价 17.8 元/吉焦，非居民计量热价 22.76 元/吉焦，热计量价格明显偏低。2018 年自治区下发《内蒙古自治区发展改革委住房和城乡建设厅关于实施供热计量价格的指导意见》（内发改价字〔2018〕322 号），市发展改革委要按照新的价格指导意见合理调整供热计量价格，建立合理的供热价格机制。

2023 年 6 月 15 日，内蒙古自治区住房和城乡建设厅印发《内蒙古自治区智慧供热示范推广工作方案》，提到乌海市在现有基础上新建居住建筑全部实行供热计量。鄂尔多斯市在康巴什新区全面推行供热计量。其他盟市要做好供热计量准备工作，2024—2025 年分区域示范推广。

7. 辽宁省

2023 年 9 月 28 日，锦州市人民政府发布新修订的《锦州市城市供热管理办法》（以下简称《办法》）。修订后的《办法》共七章五十四条。主要变化涉及供热报装、供热经营实行许可制度、供热收费、暂停供热、测温退费的规定、供热设施管理、老旧小区改造、综合质量评价等方面的相关规定。其中明确连续停热超过二十四小时的，供热单位应当自停热之日起至恢复供热之日止，按日向用户退还日标准热费两倍的热费，退还热费总额不超过用户当期交纳的热费。

8. 吉林省

2023 年 9 月 28 日，吉林省发展改革委发布《关于进一步完善电采暖电价有关事项的通知》。其中提到，“一户一表”居民用户使用电采暖，在采暖期用电执行居民电采暖分时电价，峰时段为 8：00—21：00，谷时段为21：00—8：00，不设平时段，峰时段电价在居民阶梯第一档电价基础上每千瓦时提高0.05元，谷时段电价在居民阶梯第一档电价基础上每千瓦时降低0.2元；在非采暖期用电执行居民阶梯电价。对于生活用电与采暖用电合表计量的居民用户，在采暖期用电执行居民电采暖分时电价，非采暖期用电执行居民阶梯电价。

9. 黑龙江省

2023年6月28日，黑龙江省住建厅及黑龙江省发展改革委联合发布《全省城镇供热系统化治理高质量发展三年行动计划》，明确主要目标为利用3年时间，实施热源建设、管网设施改造、智慧供热等补短板和提档升级项目，新增热源能力1亿平方米，改造供热老旧管网1500千米，改造楼内供热设施5000万平方米，智慧供热覆盖面积达到3亿平方米，力争基本完成2000年以前建成的城镇老旧小区改造任务。推进供热改革，进一步完善供热监管、供热价格、煤炭保供和应急保障等机制，促进供热行业高质量发展。

其中，哈尔滨市等热源饱和或不足的市（县）要实施一批热源项目，其他市（县）要加快调峰、备用热源建设。要加快实施各供热区域、热源间管网互联互通项目建设。到2025年，全省新增热源能力1亿平方米，具备条件的市（县）主力热源之间基本实现管网连通。

加快供热智能化建设。各地要大力实施智慧供热项目建设，运用大数据、人工智能等先进技术建设企业智慧供热平台，到2025年全省智慧供热覆盖面积达到3亿平方米。

分步推进分区计量示范。供热企业和用热单位要加强分区计量供热试点的调节和管理，促进节能降耗，并总结成功经验，逐步扩大公共建筑分区计量供热应用范围。

完善供热价格机制。各地要综合考虑燃料价格变化、清洁供热改造等成本变动因素，积极稳妥调整终端供热价格。

2023年9月1日，林口县人民政府印发《林口县推行智慧供热试点方案的通知》，这是全国首个县级政府发布的智慧供热政策，其中提到工作目标：2023年，完成智慧供热62.21万平方米试点范围内所有建筑供热计量改造，实行供热计量收费。2023 年起，所有新建建筑工程建设同步设计、同步安装智慧供热和计量设施。2024 年，林口城区全部实行供热计量收费。

10. 河南省

2023 年 7 月 26 日，河南省发展和改革委员会印发《关于加快开发区集中供热基础设施绿色低碳发展的指导意见》的通知，提出优选新建供热设施。在既有热源改造后可满足供热需求情况下，开发区原则上不再新建热源点特别是企业自用燃煤背压机组。以包装印刷、纺织服装、食品加工等为主导产业（以中低品位蒸汽需求为主）的开发区，新建供热设施原则上优先选择生物质、电加热锅炉等低碳热源。鼓励农林生物质资源丰富的县（市、区），因地制宜采取生物质锅炉供热，或以供热为主的生物质热电联产模式，优化原料配比和生产运行。生物质供热项目应认真论证可用资源量，避免与原有生物质利用项目发生原料冲突，确保安全稳定供热。

2023 年 11 月 7 日，济源市人民政府发布《济源产城融合示范区管理委员会关于印发济源产城融合示范区“十四五”现代能源体系和碳达峰碳中和规划的通知》，提到大力推进节能降碳增效，促进生产生活领域用能方式绿色转型，大力推进清洁取暖。推进热电联产集中供暖，加快推进工业余热供暖规模化发展，因地制宜推行热泵、生物质、地热能等清洁低碳供暖。到 2025 年，城市集中供热覆盖率达到 90% 以上，基本实现清洁取暖。推广绿色低碳生活方式。大力发展绿色消费，推广绿色低碳产品，拓展绿色产品消费市场，提升绿色低碳产品市场占有率。加快农村生产生活领域节能低碳转型。

11. 陕西省

2023 年 10 月 25 日，陕西省咸阳市大气防治攻坚指挥部办公室发布的《关于咸阳市 2023—2024 年度采暖季清洁取暖有关补贴政策的通告》显示，2023—2024 采暖季与往年相比全面调整了补贴政策，提高了补贴标准，优化了补贴方式，扩大了补贴范围。按照“市县为主、因地制宜、尽力而为、量力而行”的原则将采暖季运行补贴标准从 500 元/户提高到 600

元/户。各县（市、区）也可结合各自财力和设备运行情况适度提高补贴标准。按照“应补尽补”的原则将补贴范围由原有的清洁取暖试点改造户扩大到使用清洁能源取暖的农村常住居民户（包含群众自改户、提标改造户），相比以前增加 5.6 万户。按照“先补后用、到期收回、补量不补钱”的原则，由过去的“采暖季后据实结算”调整为“采暖季前发放补贴，采暖季结束后对群众未使用的部分进行回收”。

2023 年 10 月 22 日，郴州市人民政府发布《2023—2027 年采暖季清洁取暖运行补贴工作方案》，提到补贴范围和标准。全市使用电、气以及“生物质颗粒燃料 + 专用炉具”等清洁能源取暖的农村常住居民户（包含试点改造户、自改户、提标改造户，但不包含城区、城郊集中供暖或已享受其他补贴的取暖户）每户 600 元/采暖季，中央和省级财政资金承担 240 元/户/采暖季，市级财政资金承担 180 元/户/采暖季，县级财政资金承担 180 元/户/采暖季。

12. 青海省

2023 年 8 月 1 日，青海省发展和改革委员会、青海省能源局联合印发《青海省能源领域碳达峰实施方案》，指出加快推动清洁化供热。提高燃煤供热清洁化水平。深度挖掘工业、电力等领域低品位余热资源，充分利用既有热电联产机组的供暖能力有序推进燃煤热电联产项目建设。在西宁等人口集中区延伸集中供暖覆盖范围，逐步开展燃煤供暖锅炉环保达标改造或分散燃煤锅炉清洁化替代工作。

提升可再生能源供热能力。采用电能替代方式进行清洁供暖改造，实施三江源地区清洁取暖工程，加快推进海西州、西宁市清洁取暖试点城市建设。因地制宜开展农牧区被动式太阳能暖房改造试点，建设分布式太阳能供热供暖系统，推广低温空气源热泵采暖，鼓励地热资源丰富地区开发水热型和干热岩型地热能供热项目。

13. 新疆维吾尔自治区

2023 年 2 月 14 日，新疆维吾尔自治区市场监督管理局等九部门联合印发《自治区建立健全碳达峰碳中和标准计量体系实施方案》，指出加强煤炭、石油、天然气、电力、钢铁、有色金属、石化、建材、交通运输、物流、城乡建设、农业农村、林业草原等重点行业和领域计量技术研究，服务绿色低碳发展。

14. 江苏省

2023 年 6 月 21 日，江苏省发展改革委发布《关于加快推动我省新型储能项目高质量发展的若干措施（征求意见稿）公开征求意见的通知》，要求推动江苏省新型储能技术多元化发展，着力推进技术成熟的锂离子电池储能规模化发展，积极支持压缩空气、液流电池、热储能、重力储能、飞轮储能、氢储能等创新技术试点示范，到 2027 年全省新型储能项目技术应用种类达到 5 种。

适当进行扶持补贴。在 2023 年至 2026 年 1 月的迎峰度夏（冬）期间（1 月、7—8 月、12 月），依据其放电上网电量给予补贴，补贴标准逐年降低，具体为 2023—2024 年 0.3 元/千瓦时、2025—2026 年 1 月 0.25 元/千瓦时。

15. 云南省

2023 年 8 月 7 日，云南省工业和信息化厅等部门发布《云南省工业领域碳达峰实施方案》，提出加快提升建筑能效水平。提升城镇建筑和基础设施运行管理智能化水平，加快推广合同能源管理，在供热地区加快推广计量收费。

加快优化建筑用能结构，到 2025 年城镇建筑可再生能源替代率达到国家下达的考核目标任务。加快推动国家整县、市、区屋顶分布式光伏开发试点建设。引导严寒、寒冷地区和夏热冬冷地区因地制宜采用清洁高效取暖方式。持续推进农村地区清洁取暖，因地制宜选择适宜取暖方式。

16. 贵州省

2023 年 6 月 1 日，贵州省发展改革委等六部门发布《关于印发贵州省全面深化价格机制改革助力实现碳达峰行动方案的通知》，提到建立健全供热价格机制。城镇集中供热原则上实行政府定价或政府指导价。建立健全供热价格机制和燃料价格、热力出厂价格、终端供热价格上下游联动机制，合理制定并动态调整终端供热价格。其中，支持产业园区和工业企业在自有场所开发利用清洁低碳能源，对余热余压余气等综合利用发电减免交叉补贴和系统备用费。

稳步推进供热计量收费。具备条件的地区逐步实行基本热价和计量热价相结合的两部制热价。暂不具备供热计量条件的，要加快推进供热计量改造，逐步实现供热计量收费。

17. 广东省

为贯彻落实国务院《“十四五”节能减排综合工作方案》、国家发展改革委等七部门《绿色高效制冷行动方案》和省政府《广东省“十四五”节能减排实施方案》等文件要求，大幅提升广东省制冷领域能效水平，加快生态文明建设，促进绿色生活、绿色生产、绿色消费，推动高质量发展，制定《广东省绿色高效制冷行动计划（2023—2025)》（以下简称《行动计划》)。

《行动计划》提出，到2025年家用空调、多联机等高效节能型制冷产品市场占有率比2020年提高20%；全面落实《冷水机组能效限定值及能效等级》《建筑节能与可再生能源利用通用规范》等相关标准，大型公共建筑和产业园区制冷系统能效提升20%；新建项目中央空调常规电制冷机房全年平均运行能效比EERao大于5.0，逐步改造EERao低于4.0的制冷机房（不包括蓄冷系统）；着力提升节能降耗智慧运营管控与绿色运维水平，供冷系统总体综合能效水平提升25%以上，制冷机房、供冷系统和用冷末端数字化智慧管控普及率达20%以上，区域集中供冷用户满意度大幅提高。

三、国外政策

1. 美国《通胀削减法案》

2022年8月16日，美国总统拜登正式签署总价值7400亿美元的《2022年通胀削减法案》（Inflation Reduction Act，也称H.R.5376法案，以下简称《法案》)。预计将3690亿美元投资于气候变化和新能源项目。该法案对气候变化和新能源项目的投入史无前例，且从需求端到供给端做到了全产业链覆盖。

法案将温室气体削减过程分成几个重要环节，以期推动实现美国的气候转型。

一是支持清洁能源生产。其中包括大力鼓励清洁能源生产，大幅延长部分可再生资源的生产税收抵免和能源投资税收抵免期限，最长可至2032年，之后分3年逐步退出，以加速太阳能电池板、风力涡轮机、电池和关键零部件的国内制造。对生物柴油、可再生柴油和替代燃料、可持续航空燃料以及清洁氢气的生产分别提供税收优惠、税收抵免和信贷等方面的政策扶持。同时大力鼓励清洁电力，从2025年开始根据设施的碳排放量，提供新的、基于排放的清洁能源生产信贷和清洁能源投资信贷。《法案》还提供270亿美元支持遏制碳排放的清洁能源技术研发。在抑制高碳能源的生产和消费方面，《法案》规定在2023—2032年恢复对国内原油和进口石油产品的超级基金消费税，税率为每加仑16.4美分。

二是支持清洁能源利用。将新能源汽车信贷修改为“清洁”汽车信贷。对现行信贷的修改包括取消每个制造商销售合格清洁能源车辆的20万辆上限，要求清洁能源车辆在生产中越来越多地使用国内采购的关键矿物和电池部件，并要求车辆的“最终组装”必须在北美进行。并给环境保护局提供10亿美元为州和地方政府及其他实体提供赠款，以采购新的零排放重型车辆来替换旧的车辆；同时还鼓励提高建筑的能效与电气化水平。

三是清洁能源补助（气候金融）。提供116亿美元用于资助超过3150亿美元的绿色贷款担保。为联邦环境署提供270亿美元资助以创建一个温室气体减排基金（也被称为“国家气候银行”或“绿色银行”）。通过直接和间接的财政援助支持推进使用零排放技术的项目。创建清洁氢气的生产信贷提供给2032年前开始建设的设施，并为符合现行技术要求的设施提供更多的信贷。增加居民清洁能源和效率激励，不仅延长他们的税收抵免期限还扩大了税收抵免的规模，如为成本不超过8万美元的合格车辆申请高达7500美元的全部税收抵免。

四是清洁能源公平转型。强调转型公平是法案的一个卖点，改善中小企业以及弱势群体及社区的“气候福利”，这在美国既是“政治正确”的体现，也是一种有效推动气候转型与降低转型风险的重要应对措施。主要包括为位于低收入社区的太阳能和风能设施设立了奖励性能源投资信贷，在温室气体减排基金中专门指定80亿美元用于低收入和处境不利的社区，为联邦公路管理局（FHWA）提供11亿美元，专门为经济落后社区的“街区通道和公平”项目拨款，并投入2.2亿美元专门用于提高印第安人社区气候韧性能力和开展气候适应计划。

2. 欧盟 REpowerEU 行动方案

2022年5月18日，欧盟委员会正式公布了“REpowerEU”行动方案。具体来看，该方案包括显著加快可再生能源产能部署、能源供应多样化、提高能效举措三大支柱措施，并包括改革融资渠道的相关建议，以期多管齐下达到减少对俄罗斯能源依赖、加快转向绿色能源的目的。

（1）节能并提高能效

节能是解决当前欧洲能源危机和减少能源账单的最廉价、最安全和最清洁的方式。欧盟委员会提议加强长期能效措施，包括将欧洲绿色协议“Fitfor55”一揽子立法中具有约束力的能效目标从9%提高到13%。它还允许城市和地区发挥主导作用，因为它们有能力制定和部署适合当地情况的节能措施。提高能源效率的具体措施还包括要求各成员国提高建筑物最低能效标准，针对化石燃料锅炉的补贴终止计划从2027年提前至2025年等。

（2）能源供应多样化

在能源供应多样化问题上，欧盟将进一步推进欧盟能源平台的建设。新创建的欧盟能源平台将在汇集需求、优化基础设施使用等方面进行整体协调，并将以欧洲整体层面与供应商协调沟通联合采购，实现天然气、液化天然气和氢气的联合购买，未来在欧洲能源转型中发挥关键作用。

在全球范围内，欧盟委员会已与国际合作伙伴开展了一系列合作，包括增加美国、加拿大的LNG供应，与挪威加强管道气和LNG合作，重启与阿尔及利亚的能源合作，深化与阿塞拜疆的南方天然气走廊合作，增加埃及和以色列等中东国家的LNG供应，协调与能源消耗大国中日韩东亚三大国的需求匹配，探讨尼日利亚、塞内加尔等撒哈拉以南非洲国家的能源出口潜力等。

（3）加速清洁能源转型

REpowerEU 行动方案的关键在于加速清洁能源转型，在发电、工业、建筑和交通领域大规模扩大可再生能源的使用。因此，欧盟委员会建议根据“Fitfor55”一揽子计划将2030年可再生能源的总体目标从40%提高到45%，这意味着欧盟可再生能源装机有望从目前的511吉瓦增加到2030年的1236吉瓦。具体举措包括：

到2025年光伏累计装机量达到320吉瓦，是目前水平的两倍以上，到2030年光伏累计装机量达到600吉瓦，即2021—2025年光伏年均装机至少35吉瓦，2021—2030年年均装机至少45吉瓦；预计到2027年，欧盟新增光伏产能可每年抵消90亿立方米的天然气消费量。

欧洲太阳能屋顶倡议，欧盟委员会将通过相关规定确保所有新建筑都准备好太阳能设施，并强制安装屋顶太阳能设施。欧盟提议，从2025年起对商业、公共建筑实施安装太阳能屋顶义务；从2029年起对新住宅建筑实施安装太阳能屋顶义务。

将当前的热泵部署速度提高一倍，未来五年累计达到1000万台。

在风能方面，REPowerEU 的目标是让欧盟在2030年拥有480吉瓦的风能产能，包括陆上和海上。在5月18日，丹麦、德国、比利时与荷兰政府共同签署一份联合声明文件，承诺到2050年将四国的海上风电装机量增加10倍达到150吉瓦。

在氢能方面，到2030年欧盟可再生氢产量达到1000万吨，再生氢进口量达到1000万吨。在欧洲地平线项目下为可再生氢气项目提供价值2亿欧元的新融资，并在欧洲共同利益的重要项目框架下迅速批准项目。同时，制定两项新的法律，完善监管框架，加快氢气技术标准的工作并建立全球欧洲氢气设施和绿色氢气伙伴关系。

在生物质能方面，欧盟委员会希望到2030年欧盟可以实现每年350亿立方米的生物甲烷产量，同时建立工业沼气和生物甲烷伙伴关系以延伸可再生气体的价值链。

为了解决大型可再生能源项目审批缓慢和流程复杂问题，欧盟委员会还提出了一项立法建议，要求缩短相关项目审批时间，并有针对性地修订可再生能源指令，将可再生能源视为压倒一切的公共利益，加快可再生能源建设。

3. 欧盟《可再生能源指令》

2023 年 10 月 9 日欧盟理事会通过一项新的可再生能源指令，即至 2030 年将可再生能源在欧盟整体能源占比达到 42.5%，并额外增加 2.5% 的指示性补充以实现最终 45% 的目标。成员国应齐心协力共同实现这一目标，尤其是在交通运输、工业、建筑、供暖和制冷等领域加快可再生能源的整合速度。

在交通运输领域，成员国可选择到 2030 年将可再生能源消费产生的温室气体（GHG）强度降低 14.5%，或者将可再生能源在该行业最终能源消耗中的占比至少提高到 29%。针对为运输行业提供的新能源，该指令还设定了一项 5.5% 的附属约束，主要面向先进生物燃料和非生物来源的可再生燃料（可再生氢和氢基合成燃料）。

对于工业领域，成员国需每年增加 1.6% 的可再生能源，并制定非生物来源氢气使用的具体目标，也就是到 2030 年增加 42%、2035 年增加 60%。针对建筑、供暖和制冷领域，出台一个指示性目标即到 2030 年建筑行业中的可再生能源占比至少要达到 49%。供暖和制冷的目标也将逐步增加，到 2026 年国家整体每年增加 0.8% 并要确保从 2026 年至 2030 年 1.1% 的年均涨幅。

该指令还加强了关于使用生物能源的可持续性标准，实现“负责任”的生物能源生产。同时加快可再生能源项目的审批程序以缓解对俄化石燃料的依赖。

该指令已正式通过，并于发布后的 20 天后生效，各成员国需在 18 个月内将该指令纳入国家立法。作为“Fitfor55”更广泛一揽子计划的一部分，旨在确保欧盟能源、气候目标与 2030 年温室气体减排 55% 的目标保持一致。此措施修订了现有到 2030 年实现 32% 的可再生能源目标。

4. 德国《能源效率法》

2023 年 9 月，德国联邦会议中旬通过《能源效率法》，明确德国的节能目标，提出公共部门和企业应采取的具体节能措施，并首次为数据中心确定了能效标准。该法律设定的德国 2030 年节能目标与修正版《欧盟能源效率指令》（EED）对德国所作出的要求一致。确定了 2030 年德国一次能源和终端能源降耗目标，除此之外，为了确保在尽可能较早的阶段提升规划和投资的可靠性，该法还设定了 2045 年终端能源降耗目标。

《能源效率法》规定，2030 年要在目前的基础上减少约 500 太瓦时的终端能源消耗。今后，德国联邦政府将在执政期开始时定期向联邦议会报告该法案的效果以及目标实现情况，必要时对《能源效率法》所规定的目标和措施作出微调。该法律规定，德国联邦政府和各州有义务从 2024 年开始采取节能措施，到 2030 年每年最终可节约 45 太瓦时（联邦政府）和 3 太瓦时（各州）的终端能源消费。

为了发挥公共部门在联邦层面和各州节能降耗中的表率作用，《能源效率法》规定德国公共部门未来应该引入能源或环境管理系统，除此之外还规定了公共部门要采取节能措施实现每年总终端能耗减少 2% 的目标，而具体节能措施由联邦和联邦州各公共部门自主酌情决定。年平均能耗大于 7.5 吉瓦时的企业必须引入能源和环境管理系统，年平均能耗大于 2.5 吉瓦时的企业应将节能措施纳入实施计划并予以公布。企业可自主选择合适的节能措施，这样就可在能耗更加透明的同时提高企业对节能措施选择的自主性。通过建立能源或环境管理系统，企业可系统地发现并挖掘企业中隐藏的节能潜力，例如建筑和社区的节能升级改造、向高效制热设备转型（特别是热泵）和向可再生能源转型、电动出行、工商业企业中的工艺制热电气化、提高制造业企业通用技术能效、余热利用等。

随着数字化发展，数据中心重要性不断凸显。数据中心建设也必须尽可能满足能源利用高效和气候保护的要求，根据《能源效率法》的规定，2026 年 7 月 1 日起，新建的数据中心必须符合能效技术标准并采取余热利用措施。既有数据中心也必须满足基本的能效要求。数据中心应该建立能源管理或环境管理系统，接入功率在 1 兆瓦以上的数据中心必须进行能源管理或环境管理系统认证，公共数据中心接入功率在 300 千瓦以上就需进行能源管理或环境管理系统认证。法案规定，未来应该尽可能地避免工艺余热的产生，如果在生产过程中余热不可避免则应设法利用余热；还规定将建立一个对公众开放的汇集企业余热潜力信息的新平台。

5. 英国《碳预算交付计划》

2023 年 3 月 30 日，英国政府公布《碳预算交付计划》，描述了该国到 2050 年实现净零碳排放的政策和细节，包括电力脱碳和大规模部署热泵等。据英国政府估计，如果一切按计划进行，到 2037 年这些举措预计能实现所需减排量的 40%。

英国家庭供暖领域的碳排放量约占该国总碳排放量的 14%。家庭供暖脱碳大致有将天然气管网转换为使用氢气；或者关闭燃气锅炉，像热泵一样进行低碳供暖两种选择。

在目前这个“高度电气化”的环境下，几乎没有家庭用氢供暖。英国气候变化委员会主张迅速增加热泵的部署数量，2021 年每年部署约 55000 台，到 2035 年要增加到 190 万台。《碳预算交付计划》的测算显示，到 2037 年这一方案每年将减排 1540 万吨二氧化碳当量。

6. 德国《建筑节能法规》

2022 年 8 月 12 日，德国宣布从 2022 年 9 月实施新的节能法规，最初适用期为 6 个月。主要措施包括德国的租户可以采用更多的节能空间，比如将供暖温度降低到规定的最低温度以上。禁止使用天然气或电力为私人泳池供暖。公共建筑室内温度最高只允许加热至 19 摄氏度。大厅和走廊尽可能不供暖。公共建筑（不包括医院和其他护理中心）将只提供冷水洗手；纪念碑和公共建筑夜间将保持黑暗。能源供应商和房东应告知租户节约能源的方法，并与他们讨论能源成本。从晚上 10 点到第二天下午 4 点，照明广告系统不能使用。这不适用于用于道路安全或其他潜在危险的灯，如乘客候车室的广告灯，商店必须关门以避免热量流失等措施。

7. 法国《全国节能计划》

2022 年 10 月 6 日，法国政府出台由 9 个政府部门参与起草、包含 10 多项措施的《全国节能计划》，力争未来 2 年将能源消费降低 10%。《全国节能计划》的主要节能措施包括将住宅、公共部门办公场所供暖温度降至

19 摄氏度，室内无人时降至 16 摄氏度，连续 2 天无人降至 8 摄氏度，夏季空调温度不低于 26 摄氏度，在办公场所卫生间停供热水；将远程办公补贴提高 15%，11 月末进行为期 4 天的远程办公节能效果试验；鼓励拼车出行，拼车平台新用户将获得 100 欧元优惠券；鼓励公务出差选择火车而非乘坐飞机或汽车，推荐以视频会代替出差；除机场、火车站和地铁站外，凌晨 1 点至 6 点关闭所有照明广告，企业办公场所夜间无人时需关闭电源；公务人员高速路出行最快行驶速度降至每小时 110 千米等。

四、智慧供热实施要求和标准

1. 标准建设的意义

长期以来，受供热设备自动化程度及人员技术水平的限制，供热系统运行多采用人工经验结合运行数据分析的方式，调控水平偏低。供热系统复杂、热惯性大，水力失调严重，部分区域用户室温不达标，局部故障时有发生也导致供热系统能耗及污染物排放增加，因此随着供热系统“源—网—站—户”全过程的动态性和复杂性显著增强，急需借助新一代信息技术构建“智能化供热”系统以提升系统全过程的动态协同、协调能力，实现供热系统的安全、高效、精准调控、按需供热，让用户有更佳的用热体验感。同时，采用智能化供热可降低供热能耗 30% 以上。因此，智慧供热对于推进建筑领域节能减排，实现能源高效利用，提升城镇人居环境品质，助力实现碳达峰碳中和具有十分重要的意义。

标准对技术推广应用、产业规范发展具有重要支撑作用。推进城镇供热系统智能化，迫切需要标准的指导和规范并引领行业发展，确保供热系统实现更透彻的感知、更互联的通信、更集成的数据、更精准的自控、更科学的运营、更智慧的决策，提升供热系统的安全、环保、节能、经济及数字化水平。

建立统一标准，有利于保证设备质量。智慧供热正处于发展阶段，作为发展中的新兴产业，应制定相关的设备生产标准，做到合格生产、质量生产、安全生产。设备的质量关系到施工和使用的安全，生产作为智慧供热最初的一环，规范统一的标准是不可或缺的。制定相关的统一标准，使用户在智慧供热安装中有更多选择，激活了行业竞争力。形成标准统一的设备和产品使得设备得以大批量生产，降低了设备生产成本。

建立统一标准，有利于规范设计、施工验收。规范标准后，智慧供热的设计得到统一，设计师设计时有标准可依，不再是个人主观设计，设计更加规范、科学、安全，能避免很多潜在的危险。对施工者来说，统一的标准更有利于规范安全生产，做到有规可依，有利于提高施工效率，能做到合理施工、安全施工，还可在施工验收时根据规范排查施工不合格、潜在危险等问题。

建立统一标准，有利于实现数据互联互通。由于业务系统过多、建设年代参差不齐、数据结构各式各样、彼此数据标准不一，供热企业大部分供热系统保留着各自的数据管理体系，应用孤岛和数据孤岛现象普遍存在。通过梳理数据入口、构建数据标准，调研各业务部门业务系统数据的现状及各自数据标准，有利于解决管理维度不同导致的数据冲突等，实现各业务系统数据联动，解决业务数据孤立、标准不统一等制约供热智能化建设的瓶颈问题，确保数据一致、实现数据互通。

建立统一标准，有利于运行维护。智慧供热的运行维护时不能按照维护者的主观意愿进行相关调整和修理维护，应当遵守相关标准，使行业更加规范合理。维护是系统运行时的重要环节，也是与用户最为密切的日常环节，规范的运行维护可使系统和用户的使用安全得到保障。

2. 标准现状概况

国内智慧供热的发展处于初期阶段，相关技术和产品处于研究和示范验证阶段，国内外智慧供热标准化工作处于起步阶段。我国已建立了城镇供热标准体系，体系框架和标准明细。但是在城镇供热标准体系中，智慧供热的相关标准仍是空白，智慧供热的行业标准处于正在编制的阶段，少数的地方标准已发布或正在编制中。

我国城镇供热行业从 20 世纪 50 年代起步，截至 2019 年底北方供暖地区城镇现有集中供热面积约 131 亿平方米，每年能耗总量约 2 亿吨标准煤，占建筑运行能耗的 21%。北方供热碳排放占据了城市碳排放很大比例，降低供暖能耗是有效降低碳排放的关键举措。

我国的城市集中供热有自己的特点，探索智慧供热建设之路，可以借鉴国外在构建智能供热系统中应用的先进技术与方法，但又不可照搬。在进行智慧供热建设时，需要考虑不同建筑物的建筑年代、性质、围护结构，不同供暖系统形式、控制策略、供暖设备、自动化程度，所使用的通信、软件等技术的兼容性、互通性等。这些问题都需要通过技术研究和标准规范来解决。为此，我国在智慧供热标准方面一直进行探索，部分国家标准正在推进智能化，逐步朝智慧方向发展。地方标准已对智慧供热有了相对明确的规定，覆盖了系统体系架构及分级、智慧供热系统建设要求、智慧供热系统验收和运行维护、评估、智能化改造、企业管理等。

智慧供热所能达到的节能率与物理设备网的配置水平及设备状态有关，而物理设备网的基础条件与各地实施的建筑节能标准有关。我国建筑节能始于 20 世纪 70 年代末，1986 年 10 月我国第一部居住建筑节能设计标准《民用建筑节能设计标准（采暖居住建筑部分）》（JGJ 261986）实施，节能计算以当地 1980—1981 年住宅通用设计能耗作为节能计算基础。后经过多次修订，目前执行的是第 4 阶段居住建筑节能设计标准。节能标准规定的节能指标是通过建筑围护结构节能和供热系统节能实现的。

在 2014 年 3 月 1 日起实施的国家标准《供热系统节能改造技术规范》（GB/T 50893—2013）规定供热集中监控系统是由监控中心、现场控制器、传感器、执行器和通信系统组成，具有实现对供热系统的热源、管网、热力站及用户的供热参数自动采集、远程监测和自动调节功能，以保障供热系统节能、安全运行为目的的系统。

北京市地方标准《供热系统节能运行管理技术规程》（DB11/T 1063—2014）由北京市质量技术监督局于 2014 年 2 月 26 日发布，从 2014 年 6 月 1 日起实施。该标准规定了供热系统的节能管理制度、热源的运行管理、室外供热管网的运行管理和室内供暖系统的运行管理，适用于民用建筑集中供热系统的节能运行，其他建筑供热系统的节能运行也可参照执行。

《河北省城市智慧供热技术标准》［DB13（J）/T 8375—2020］由河

北省住房和城乡建设厅于2020年9月26日发布，2021年1月1日起实施，该标准共分10章和3个附录，主要技术内容包括总则、术语、基本规定、城市智慧供热管理系统、企业智慧供热监控系统、热源自控系统、热力站自控系统、智慧终端系统（装置）、系统验收、运行维护，适用于河北省城市智慧供热系统的建设、验收和运行维护，规定了城市智慧监管系统应采用集中建设方式，依托当地政务网、互联网、物联网、VPN虚拟专网建设，形成覆盖主城区及所辖县域内供热企业数据信息的整体网络架构；城市智慧供热管理系统应通过VPN虚拟专网等符合信息安全要求的方式从企业智慧供热监控系统中间数据库抽取数据，城市智慧供热管理系统不应直接连接企业智慧供热监控系统业务数据库或智能设备。

《黑龙江省城镇智慧供热技术规程》（DB23/T 2745—2020），由黑龙江省市场监督管理局发布，2021年1月15日起开始实施，适用于城镇智慧供热系统建设、运行和维护。主要内容包括总则、术语、智慧供热系统体系架构及分级、智慧供热系统建设要求，以及智慧供热系统验收和运行维护等内容。该标准主要规定了智慧供热系统应实现的目标；对智慧供热系统的物理设备网提出了要求；对智慧供热平台提出了要求；对智慧供热平台的安全性、规范性、可靠性和可扩展性提出了相关要求；对智慧供热软件系统提出了要求。

北京市地方标准《供热系统智能化改造技术规程 第1部分：热源、热网和热力站》（征求意见时间2022年4月22日至2022年5月22日）规定了热源、热网和热力站现场踏勘及评估、智能化改造、源网站协同、施工与验收及运行维护的要求。适用于既有供热系统中热源、热网和热力站的智能化改造项目，新建供热项目可参照执行。供热系统智能化改造主要包括供热系统中热源、热网和热力站的设备和控制系统的智能化改造。

北京市地方标准《供热系统智能化改造技术规程 第2部分：热用户》（征求意见时间2022年4月22日至2022年5月22日）规定了现场踏勘及评估、改造技术要求、施工与验收、运行与维护的技术要求。适用于北京市既有热用户供热系统智能化改造项目，包含了供热系统中热力入口至用户的供热系统智能化改造，新建项目应参照执行。

潍坊市地方标准《智慧供热系统建设技术规范》（DB3707/T 033—2021），由潍坊市市场监督管理局发布，2021 年 10 月 12 日起开始实施。适用于潍坊市智慧供热系统及各热力企业供热智能化系统的建设与验收和既有供热系统的技术升级改造，规定了潍坊市智慧供热系统的总体架构及技术要求。

为实现国家 2030 年前碳达峰、2060 年前碳中和目标，降低建筑用能需求，提高能源利用效率，营造健康舒适的建筑室内环境，发展可再生能源和零碳能源建筑应用，引导建筑和以建筑为主要碳排放的区域逐步实现低碳、近零碳、零碳排放，制定该标准。2023 年 7 月，住房和城乡建设部办公厅发布《零碳建筑技术标准（征求意见稿）》（由中国建筑科学研究院、中国建筑节能协会等单位起草）。规定建筑供热供冷系统应综合经济技术分析，进行方案比选和性能优化。建筑应优先采用地热、生物质、空气能、太阳能、工业余热等非化石能源供暖，电力供应充足、电力政策支持的地区可采用电采暖。供热供冷系统应优先利用可再生能源和自然冷源，并考虑多能互补集成优化。在技术经济合理的条件下，建筑冷热源应优先选用太阳能光热系统、地源热泵、空气源热泵等；供电系统应优先选用光伏发电、风光互补等。

2023 年 12 月，中国工程建设标准化协会发布《建筑运行阶段碳排放计量技术规范（征求意见稿）》，提出建筑运行阶段碳排放的计量边界范围，确定排放因子法作为建筑运行阶段碳排放的计量方法，给出了基于源流的碳排放计量以及不确定度评定方法。建筑运行阶段碳排放边界包括空调系统用能、供暖系统用能、新风系统用电、给排水系统用能、生活热水系统用能、可再生能源系统用能等。在建筑运行阶段碳排放计量边界内，对直接碳排放和间接碳排放的各种碳源流均应进行识别确认，并通过初步核算分为主要碳源流和次要碳源流。对于计量数据采集的要求规定数据采集周期应至少为一个连续自然年，且应至少包含一个完整的供暖季和一个完整的制冷季的实测数据。

智慧供热相关标准如表 2－1 所示。

表 2－1　智慧供热相关标准

标准类型	名称	实施日期	主要内容
国家标准	JGJ 261986《民用建筑节能设计标准（采暖居住建筑部分）》	1986 年 10 月	节能标准规定的节能指标通过建筑围护结构节能和供热系统节能实现
	《供热系统节能改造技术规范》GB/T 50893—2013	2014 年 3 月 1 日	供热集中监控系统是由监控中心、现场控制器、传感器、执行器和通信系统组成，具有实现对供热系统的热源、管网、热力站及用户的供热参数自动采集、远程监测和自动调节功能，以保障供热系统节能、安全运行为目的的系统
北京市地方标准	《供热系统节能运行管理技术规程》DB11/T 1063—2014	2014 年 6 月 1 日	规定了供热系统的节能管理制度、热源的运行管理、室外供热管网的运行管理和室内供暖系统的运行管理
	《供热系统智能化改造技术规程 第 1 部分：热源、热网和热力站》	征求意见时间 2022 年 4 月 22 日至 2022 年 5 月 22 日	规定了热源、热网和热力站现场踏勘及评估、智能化改造、源网站协同、施工与验收及运行维护的要求。适用于既有供热系统中热源、热网和热力站的智能化改造项目，新建供热项目可参照执行
	《供热系统智能化改造技术规程 第 2 部分：热用户》	征求意见时间 2022 年 4 月 22 日至 2022 年 5 月 22 日	规定了现场踏勘及评估、改造技术要求、施工与验收、运行与维护的技术要求
河北省地方标准	《河北省城市智慧供热技术标准》DB13（J）/T 8375—2020	2021 年 1 月 1 日	主要技术内容包括总则、术语、基本规定、城市智慧供热管理系统、企业智慧供热监控系统、热源自控系统、热力站自控系统、智慧终端系统（装置）、系统验收、运行维护
黑龙江省地方标准	《黑龙江省城镇智慧供热技术规程》DB23/T 2745—2020	2021 年 1 月 15 日	主要包括总则、术语、智慧供热系统体系架构及分级、智慧供热系统建设要求，以及智慧供热系统验收和运行维护等内容
潍坊市地方标准	《智慧供热系统建设技术规范》DB3707/T 033—2021	2021 年 10 月 12 日	该规范规定了潍坊市智慧供热系统的总体架构及技术要求

3. 标准化工作重点

标准通常是技术和产业发展成熟的产物，但新兴产业的发展离不开标准的基础支撑，国内智慧供热正处于研究和示范阶段，这就要求技术和产业发展与标准化工作同步开展。

（1）标准化工作存在以下问题

①智慧供热标准体系缺失。

标准体系汇集了现行的标准，也反映了近五年制定的计划。国内城镇供热标准体系无智慧供热相关的整套标准（包括现行标准和计划），不利于智慧供热技术的应用发展和工程建设。

②智慧供热关键技术标准缺失。

国家和行业智慧供热的设计标准、施工验收标准、运行维护、评估、产品标准都处于起步阶段，现行的城镇供热标准需要进一步补充与智慧供热相关的内容或制定专用的标准，以保障智慧供热项目的健康有序发展。

（2）智慧供热标准化工作重点主要有三方面

①统筹规划，加快修订城镇供热标准体系。

基于智慧供热工艺技术流程和应用发展需要，同时考虑智慧供热标准与城镇供热标准体系的融合，修订城镇供热标准体系，主要包括基础标准、通用标准、专用标准3个层面，在原有标准体系的基础上补充智慧供热的标准统计和制定计划，厘清智慧供热标准体系框架，全面指导智慧供热标准化工作。

②以需求为导向，加快制定智慧供热的关键标准。

基于技术研究和示范验证重点推动关键标准的预研究和制定工作，包括制定术语、材料设备编码等基础标准，统一数据标准；制定智慧供热工程设计、施工及质量验收等工程建设标准，确保设计合理性和施工安全性；智慧供热建成后的运行维护标准；制定智慧供热实施效果评估标准，指出智慧供热的效率和等级，对智慧供热进行级别分层，提高行业动力；制定计量表、换热器、控制阀门等智慧供热用设备标准，保证智慧供热设备的安全可靠，使智慧供热具备批量生产能力，产业标准化。

③以标准为抓手，营造智慧供热项目的健康发展环境。

逐步建立健全智慧供热基础设施，保证智慧供热工程规范、有序发展，为有关部门开展监管工作提供技术支撑。

重点推动的关键智慧供热标准汇总如表 2 –2 所示。

表 2 –2　重点推动的关键智慧供热标准汇总

序号	关键标准	现有标准情况	推动目标方向	重点推动标准
1	数据标准	河北省地方标准《河北省城市智慧供热技术标准》DB13（J）/T 8375—2020 对城市智慧供热管理系统、企业智慧供热监控系统、热源自控系统、热力站自控系统的数据采集进行说明。 黑龙江省地方标准《黑龙江省城镇智慧供热技术规程》DB23/T 2745—2020 明确数据采集的要求、数据平台的功能、数据库管理的功能。 潍坊市地方标准《智慧供热系统建设技术规范》DB3707/T 033—2021 明确数据采集内容、数据交换技术要求	结合设备，制定相关数据编号标号、数据网络相关标准以及大数据的收集和整理规范	《智慧供热设备材料分类与编码》
2	工程建设标准	河北省地方标准《河北省城市智慧供热技术标准》DB13（J）/T 8375—2020 明确智慧终端系统（装置）系统组成与功能。 黑龙江省地方标准《黑龙江省城镇智慧供热技术规程》DB23/T 2745—2020 明确智慧供热系统建设要求。 潍坊市地方标准《智慧供热系统建设技术规范》DB3707/T 033—2021 明确智慧供热室温采集系统的技术要求	规范设计、施工和验收，推动工程建设的标准化、安全化	《供热工程智能化技术标准》（在编）
3	运行维护标准	河北省地方标准《河北省城市智慧供热技术标准》DB13（J）/T 8375—2020 明确系统验收的一般规定、验收内容、验收结论、运行维护。 黑龙江省地方标准《黑龙江省城镇智慧供热技术规程》DB23/T 2745—2020 明确智慧供热系统验收和运行维护，对智慧供热系统验收、智慧供热系统运行维护、智慧供热平台运行管理进行定义和说明。 潍坊市地方标准《智慧供热系统建设技术规范》DB3707/T 033—2021 明确智慧供热室温采集系统的验收要求	明确智慧供热工艺设备、智慧供热平台的运行和维护要求	《智慧供热运行与维护技术规范》

续表

序号	关键标准	现有标准情况	推动目标方向	重点推动标准
4	效果评估标准	黑龙江省地方标准《黑龙江省城镇智慧供热技术规程》DB23/T 2745—2020 明确智慧供热系统应对智慧供热系统的智能数据处理、智能决策、智能控制三个维度进行验收，应对系统的能力提升水平或节能效果进行评价，应有完整的验收报告或评价报告	制定评估指标体系，明确评估方法	《智慧供热评价规范》
5	智慧供热用设备标准	潍坊市地方标准《智慧供热系统建设技术规范》DB3707/T 033—2021 对户用热量表、智能阀、室温控制器、数据采集计算器等进行规定	制定设备的技术性能指标和检验规则等相关标准	《智慧供热用阀门》

五、服务认证

清洁供热是重大的民生工程、民心工程，党中央、国务院高度重视，从2017 年起我国政府陆续出台《关于印发北方地区冬季清洁取暖规划（2017—2021 年）》《关于开展中央财政支持北方地区冬季清洁取暖试点工作的通知》等政策文件，利用行政、财税、价格、市场等手段推动清洁供热产业发展。

产业快速发展的同时也面临着供热企业良莠不齐、技术产品鱼龙混杂、服务质量标准不一、行业规范相对滞后、政府管理缺少抓手、用户选择缺乏参考等痛点问题，急需开展清洁供热服务认证，树立企业、服务和技术产品标杆，引导中国清洁供热产业良性发展。

1. 认证范围

清洁供热服务认证是由第三方认证机构按照认证规则对清洁供热企业提供的服务或产品符合相关标准和技术规范要求进行的合格评定活动，主要涉及投资运营和技术产品两类清洁供热企业。认证企业需有以下至少一种服务或产品。

投资运营服务：提供煤炭清洁供热、工业余热供热、天然气供热、电供热、生物质供热、太阳能供热、地热能供热、空气能供热、核能供热、多能互补供热等服务。

技术产品：提供高效热泵、电供热设备（碳纤维、石墨烯、电热膜等)、高效节能锅炉、环保节能炉具（生物质炉、燃气壁挂炉、煤炉等）、智慧泵阀、节能保温管、建筑节能技术、余热回收技术（烟气余热、工业余热等）、智慧供热系统（能源管控、物联网、平衡控制等）、高效蓄热/换热/散热设备（蓄热技术、换热器、散热器等）等技术产品。

2. 认证内容和等级

认证针对企业提供的清洁供热服务，从服务能力、服务过程和服务绩效3个维度，结合19个二级指标和35个三级指标，综合评定企业清洁供热服务等级。认证证书分为AAA、AAAA、AAAAA等级，等级越高说明企业综合实力和服务水平越高（见表2－3）。

表2－3　认证等级与参考标准

证书等级	参考标准
AAA	清洁供热优秀企业，技术产品实用，服务质量优良
AAAA	清洁供热杰出企业，技术产品先进，服务质量一流
AAAAA	清洁供热品牌企业，技术产品领先，服务质量卓越

3. 认证依据

认证依据为《城镇供热服务》《供热系统节能改造技术规范》《城镇供热系统评价标准》《城镇供热系统运行维护技术规程》《能源管理体系要求》《合同能源管理技术通则》。成功获得证书的企业（部分）包括中节能建筑、中国金茂绿建、中节能唯绿、中节能城市供热、双良节能、华通热力、联美控股、四季沐歌集团、恒有源科技集团、华春能源集团、贝姆热能集团、山东琦泉集团、临汾热力、菏泽吉源热力、贵州鸿巨燃气热力、天壕新能源、远大能源、重庆渝润能源、北京燃气能源、寒地黑土能源、山西三水能源、圣春新能源、北京奥力斯特、北京创今世纪、北京合创三众、北京嘉洁能、辽宁江丰保温材料、内蒙古伟之杰节能、美科二氧化碳热泵、天津华赛尔、赛热科技、盛昌绿能等。

清洁供热服务认证（CHSC）由国家认监委批准的第三方认证机构——中节认证有限公司（ZJRZ）组织实施，是行业规范性活动，清洁性供热产业委员会（CHIC）是支持机构之一，提供政策咨询及专家支持。

第三篇　技术篇

一、火电厂低温余热回收技术

1. 吸收式热泵供热技术

典型的溴化锂吸收式热泵供热技术是利用溴化锂吸收剂浓溶液的稀释放热和加热蒸发的特性，回收火电厂余热制取热水的供热技术。针对湿冷机组和空冷机组，吸收式热泵供热技术方案有一定区别，湿冷机组的吸收式热泵供热系统流程如图3－1所示，该系统由吸收式热泵、尖峰加热器、普通的换热器以及相应的供热管网和附件组成。汽轮机中低压缸连通管的抽汽驱动吸收式热泵换热后产生的凝结水通过回收再次进入锅炉；汽轮机低压缸排汽通过凝汽器向循环水冷凝放热，循环水作为吸收式热泵的低温热源进入吸收式热泵后加热一次网回水，循环水放热后返回汽轮机凝汽器吸热周而复始进行放热吸热；一次网回水在吸收式热泵内加热升温为中温热源，并根据热用户需求利用尖峰加热器进一步加热成为一次网供水，一次网通过换热器将热量传递给二次网，最终输送给采暖用户。该技术实现了正逆耦合循环及热电联产机组的“温度对口，梯级利用”，使低品位的余热得以充分回收利用，减少了热量损失。在电厂实施后，对汽轮机低压缸影响较小，同时还兼具节能环保等优点。

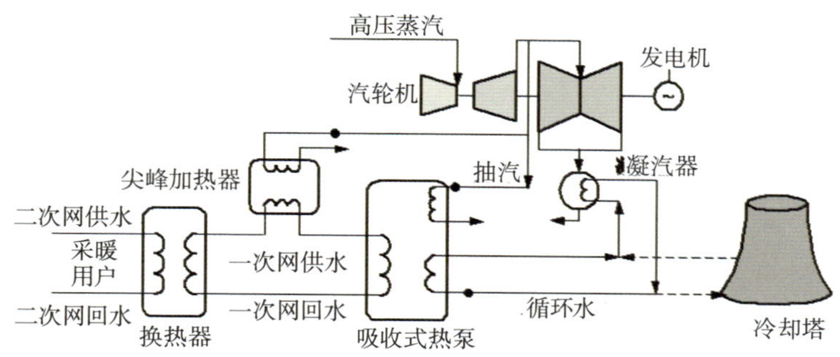

图3－1 典型吸收式热泵供热系统流程

2. 大温差供热技术

大温差供热技术是建设长输热网、城市热网、庭院管网组成的三级热网结构，逐级降低回水温度，回收低品位余热的核心技术。长距离供热热网（零级热网）温差大［供、回水温度120℃/（10～20）℃］，通过调峰热源驱动热泵，热网回水温度最低可降到10℃，提高了长输热网的输配能力。城市热网（一级热网）为低热网供水和回水温度［（60～90）℃/30℃］，便于接入城市热网附近的各种低品位余热。庭院热网（二级热网）温差小（50℃/40℃），避免水力失调而造成热损失。

对应三级热网结构，常规的换热站采用中继能源站、分布式能源站和楼宇能源站梯级降低热网回水温度的方式，如图3－2所示。为降低一级网和二级网传热造成的不可逆损失，进一步提高热电联产集中供热系统的能源利用效率，清华大学提出了基于吸收式换热的热电联产集中供热新技术。即在不改变二级网供回水温度的前提下，利用一、二级热网之间温差传热所形成的有用能作为驱动力，大幅度降低一次网回水温度（显著低于二次网温度）。吸收式换热机组主要由热水型吸收式热泵和水—水换热器组成，一次网高温供水首先作为驱动能源进入吸收式热泵发生器中加热浓缩溶液，之后进入水—水换热器直接加热二次网热水，最后再返回吸收式热泵作为低位热源在其蒸发器中降温后返回一级网回水管；二级网回水分为两路进入机组，一路进入吸收式热泵的吸收器和冷凝器中吸收热量，另一路进入水—水换热器与一级网热水进行换热，两路热水汇合后送往热用户。

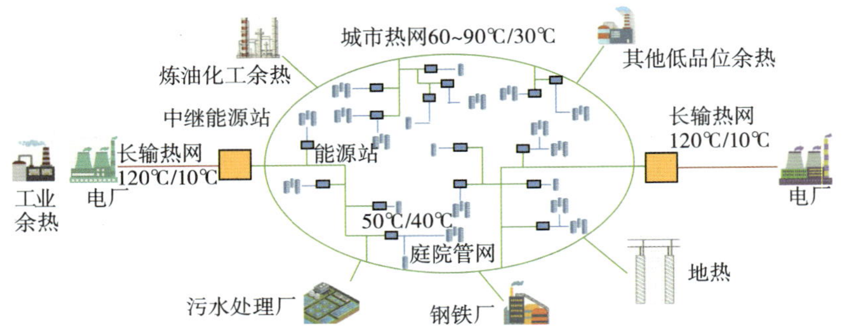

图3－2　三级热网结构

能源站的调峰还可与降低回水温度相结合，充分利用调峰热源的高品位做功能力进一步降低回水温度。中继能源站利用天然气、蒸汽、电能等能源，实现远距离热网大温差与城市热网小温差之间传热，并集中降低回水温度，利用现有热网条件使用长输余热热源替代燃煤锅炉等低能效高污染热源。分布式能源站利用吸收式换热器代替常规的热力站板式换热器来降低回水温度。在低温余热比较丰富的场合，电动压缩式换热技术和吸收/压缩复合式换热技术使电能与余热一起也成为热网的一种调峰能源，具有上述补燃型吸收式换热技术同样的特点，可以使城市热电联产集中供热网长期保持在最佳状态下运行，充分发挥其高效和低运行成本的优点，而电动热泵也充分发挥其可以分散地清洁应用和调节便捷的特点，成为分布能源站的一种重要形式。为了解决运输与安装问题，可采用分体式、模块化机组和小容量楼宇吸收式换热机组，实际项目中在不影响二级热网供热参数的情况下一次热网回水温度可达20～30℃，见图3－3。

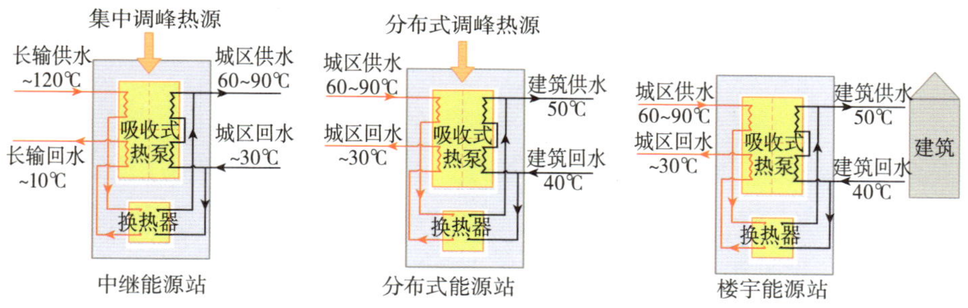

图3－3　三级网换热站的变革

降低热网回水温度、提高供回水温差，不仅可大幅度提高热网输送能力，还能为电厂回收余热创造有利条件。常规的电厂乏汽余热回收系统主要基于单元制（并联模式）构建，每台汽轮机组作为一个独立的余热回收系统，热网回水进入电厂后，分别并联进入各独立余热回收系统。热网低温回水通过单级凝汽器直接加热到较高温度，使得凝汽器换热环节的温升过大，换热过程的不可逆损失增大，系统能效下降。根据热网低回水温度的特点，提出多台汽轮机组乏汽、吸收式热泵和抽汽多级串联梯级加热的余热高效回收利用新模式，打破了电力行业惯用的并联模式，大幅度减少热电厂换热环节不可逆损失，形成热电厂以乏汽为主的供热新模式，大幅降低热源供热成本，提高长距离供热的经济性。系统由各汽轮机组凝汽器、热泵和热网加热器串联组成（见图3－4），选择温度适宜的多台机组抽汽与乏汽对热网水的逐级升温，可减少加热热网过程的温差不可逆损失，实现各台机组的乏汽余热高效利用。

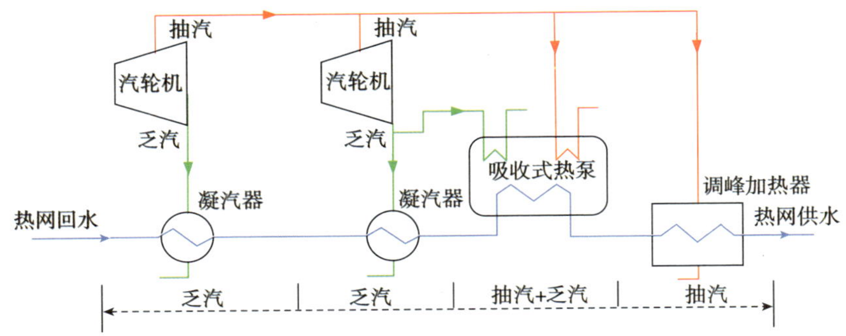

图3－4　基于电厂乏汽余热高效利用的热电联产梯级加热系统

3. 汽轮机高背压供热技术

汽轮机高背压供热技术，就是将原有的汽轮机组的背压提高即适当降低凝汽器的真空，提高排汽压力、温度，并利用排汽加热热网回水从而提高循环水温度，利用循环水作为热媒向热用户供暖的一项节能技术，包括直接高背压供热技术和双转子双背压供热技术。

（1）直接高背压供热技术

①湿冷机组。

湿冷机组进行高背压改造有低压转子去掉末级叶片和低压转子一次性改造两种方式。低压转子去掉末级叶片是在供热期间低压转子拆除末一级或两级叶片，提高凝汽器背压，实现高背压供热和“零”冷源损失，节能效果显著。低压转子一次性改造是通过更换静叶栅、动叶栅、叶顶汽封、末级叶片以及调整低压通流的级数实现对机组的改造，使机组背压高于纯凝工况的普通背压。

②空冷机组。

直接空冷机组。汽轮机低压缸排汽直接引入空冷岛翅片管束，在管束中与空气换热冷凝成水。直接空冷机组的总热效率较低，其中通过空冷岛

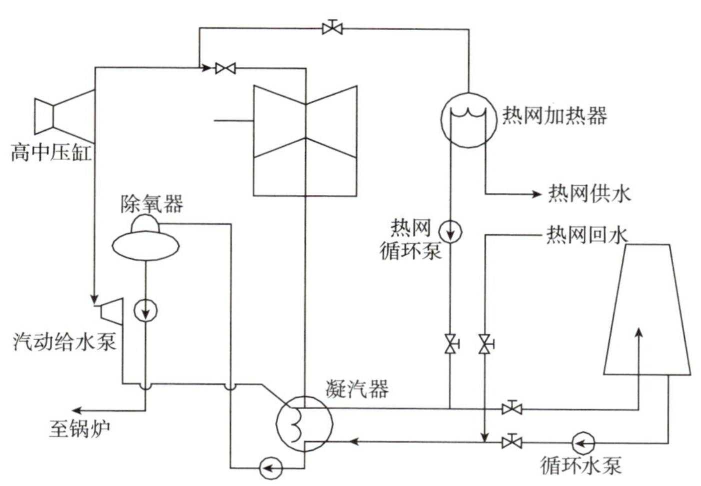

图 3－5　高背压循环水供热系统

排放到大气的能量占总能量的 50% 以上，大量余热未被利用。若将直接空冷机组的热网水系统引入机组凝结系统进行加热，需加入新的凝汽器设备用于回收汽轮机排汽余热，最终实现对热网循环水的加热。直接空冷机组的高背压供热系统如图 3－6 所示。

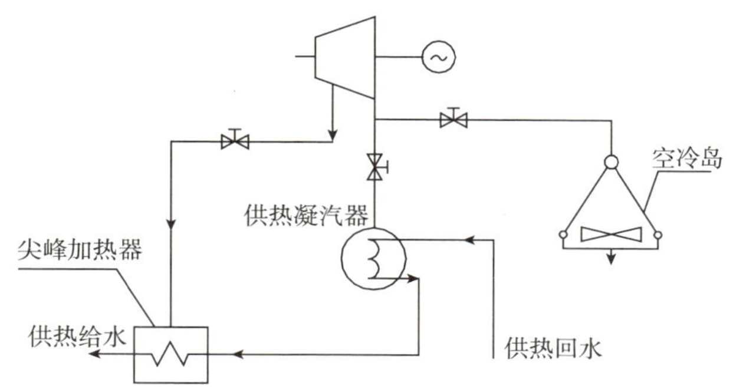

图 3－6　直接空冷机组高背压供热系统

间接空冷机组。类似于纯凝机组，它有凝汽器，乏汽在凝汽器中冷凝，循环水通过空冷塔换热。可采用间接空冷机组双温区凝汽器供热技术进行供热，不改变汽轮机本体和间冷塔现状。供热期适当提高汽轮机背压，利用热网循环水通过凝汽器回收汽轮机排汽余热进行供热；在非供热期切换到间冷塔进行纯凝工况运行。

(2) 双转子双背压供热技术

湿冷机组高背压供热改造另一种方案是夏季运行时湿冷机组维持背压5kPa不变，冬季供热时更换转子使机组背压提高（如50kPa左右），供热期结束后再次更换回夏季转子。由于供热期和非供热期采用的是不同的两根低压缸转子，该方式称为双转子双背压方式。“双背压双转子互换”供热改造技术由常规的高背压供热方式发展而来，较好地克服了高背压供热在安全性方面的诸多缺陷，是一种比较适合于大型机组的循环水余热回收技术，但采用这种方式需要很大的、较稳定的供热面积，否则无法消纳进入凝汽器的巨大余热量。

4. 低压光轴转子供热技术

低压光轴转子供热改造时仅保留汽轮机的高、中压缸做功，低压缸内的全部通流拆除，设计一根新的光轴转子只起到在高、中压汽轮机和发电机之间的连接和传递扭矩的作用。图3-7为无冷却蒸汽的光轴供热系统。

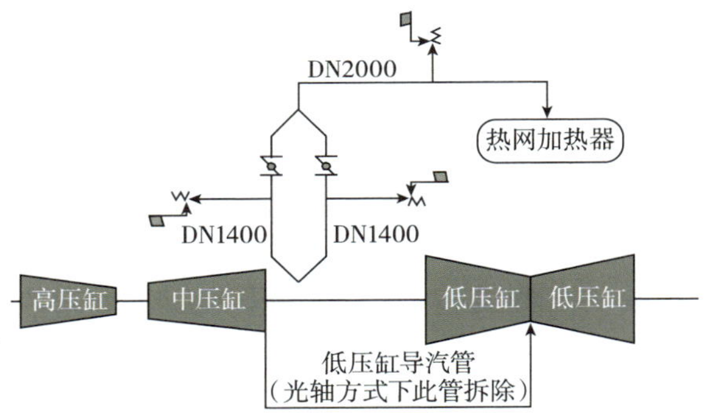

图3-7　无冷却蒸汽的光轴供热系统

在冬季供热运行时更换原中低压连通管，增加供热抽汽管道进行供热；同时为保证机组安全，机组抽汽采用非调整抽汽，抽汽压力与原机组同等工况相持平。为保证原低压转子与新设计低压光轴转子的互换性，中低联轴器和低发联轴器均采用液压螺栓结构。机组在供热运行期间在低压缸隔板或隔板套槽内安装新设计的保护部套，以防止低压隔板槽档在供热运行时变形、锈蚀。图3-8和图3-9分别为改造前后的低压转子。

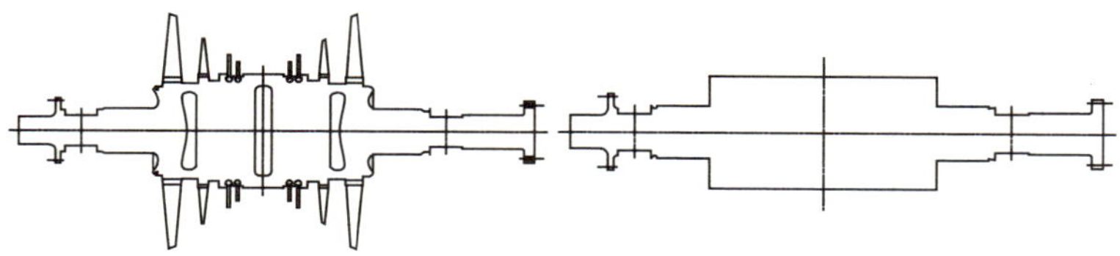

图 3-8 改造前的低压转子　　图 3-9 改造后的光轴转子

在夏季非供暖期低压汽轮机改为原转子，切换为凝汽机组。改造后机组供热期和非供热期运行方式不一样，每年季节交换时机组需停机进行低压缸揭缸，更换低压转子、低压隔板、隔板套和连通管等设备部件。

5. 压缩式热泵供热技术

压缩式热泵在电厂低温余热的利用可分为分布式电动热泵供热和集中式电动热泵供热。

分布式电动热泵供热技术将热泵分散置于各小区热力站中，电厂凝汽器出口的低温循环水引至各热力站，热泵回收循环水余热加热二次网热水为用户供暖或提供生活热水。

集中式电动热泵供热技术将热泵机组设置于电厂内，凝汽器出口的部分循环水进入热泵作为低温热源，一次网回水由热泵加入至 80～90℃，再进入汽水换热器进行二次加热，送入城市热网。

二、热电解耦技术

火电灵活性改造的主要措施中与供热关系最为密切的是“热电解耦”关键技术，通过一定技术手段减少机组对外供热量与机组出力之间的相互限制，实现机组电、热负荷的相互转移，大幅度提高机组热电比，改变热电机组“以热定电”的运行模式。热电解耦关键技术除了新型凝抽背供热技术外，还有蓄热调峰技术、电蓄热锅炉、主蒸汽减温减压供热、机组旁路供热与高参数蒸汽多级抽汽减温减压供热等。

1. 新型凝抽背供热技术

新型凝抽背供热技术是一种可在线实现汽轮机在纯凝（N）、抽汽

(C) 与背压 (B) 三种工况间灵活切换的供热技术，是对国产热电机组运行理念的重大突破，具有投资少、改造范围小、经济效益显著等优势（见图3－10）。当外界热负荷需求急剧增长时，可以通过关断中低压缸连通管上的液压蝶阀来切除低压缸进汽，实现汽轮机中压缸的排汽全部对外供热，迅速提升机组的供热能力。此时汽轮机低压缸不再进汽做功，机组的出力迅速降低，可快速响应电力调峰的灵活性运行；同时它还可以通过调整阀门，在满足供热需求的前提下将机组电负荷迅速降低，快速响应电网调峰运行灵活性。技术最大难点在于将凝汽器维持在一个较高的真空值，同时保留低压缸一小股冷却汽流，维持低压缸的“空转”运行。

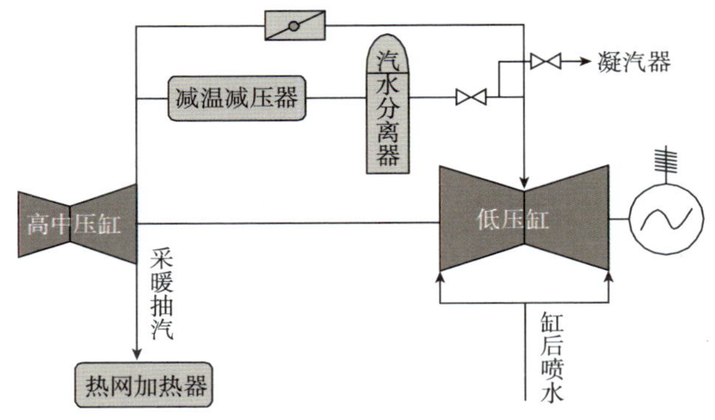

图3－10　新型凝抽背供热技术系统

新型凝抽背供热技术不同于加装有3S离合器的NCB型热电机组，它可以在低压转子不脱离、整体轴系始终同频运转的情况下通过中低压缸连通管上新加装的全密封、零泄漏的液压蝶阀启闭动作，实现低压缸进汽与不进汽的灵活切换。同时它设计加装了一种可以对蒸汽参数进行调节的旁路控制系统，将小股中压排汽作为冷却蒸汽通入低压缸，后缸喷水长期投运，控制排汽温度在正常运行范围内，保证了低压缸在切除进汽的工况下安全运行。

2. 电蓄热锅炉

该技术是指在电源侧设置电锅炉、电热泵等，在低负荷抽汽供热不足时通过电热或电蓄热的方式将电能转换为热能，补充供热所需，从而实现热电解耦。在热电联产机组运行时，根据电网、热网的需求，通过调节电锅炉用电量（转化为热量）实现热电解耦，达到满足电热需求的目的。

热电厂配置电蓄热锅炉后可利用夜间用电低谷期的富余电能，以水为热媒加热后供给热用户，多余的热能储存在蓄热水箱中，在负荷高峰时段关闭电锅炉，由蓄热水箱中储存的热量和机组抽汽共同供热。

3. 蓄热罐

根据区域供热系统的特点，储热装置通常采用常压或承压式热水储热罐。一般而言，供热管网供水温度低于98℃时设置常压储热罐，高于98℃时设置承压储热罐。常压储热罐结构简单，投资成本较低，最高工作温度一般为95～98℃，储热罐内水的压力为常压，如同热网循环水系统的膨胀水箱；承压储热罐最高工作温度一般为110～125℃，工作压力与工作温度相适应，对储热罐的设计制造技术要求较高，但系统运行与控制相对简单，与热网循环水系统耦合性较好。

储热罐的应用可以使热和电这两种产品在生产的过程中解耦，解耦时间的长短取决于储热罐储热能力的大小。国外对于热电联产解耦一般采用配置大型蓄热罐的方式，大型蓄热水罐按罐内压力分为常压罐和承压罐，常压罐内压力1bar，供水温度在95度左右；承压罐分低压罐和高压罐，目前北欧最多数量的是低压罐，内部压力2bar，个别高压罐案例内部压力可达18bar。目前，世界上最大蓄热水罐项目在丹麦和德国，丹麦案例的总体积达70000立方米，净容积66000立方米。国外采用储热罐主要通过热电解耦实现热和电两种产品销售利润最大化，热电联产机组可在上网电价高峰时段大量生产电能，并将产生的热能储存起来；在用热高峰且上网电价处于较低的波动区间时，则可以维持较少的发电量，缺少的部分热量由储热罐储存的热量来提供。

国内的大唐辽源热电厂储热罐灵活性改造示范项目，为目前容积最大的常压型储热罐灵活性改造项目。大唐辽源发电厂于2018—2019年供热季正式投运热水储热罐运行。储热罐储热有效容积为26000立方米，直径30米，总高47.8米，设计总储能1188MW（放热能力198MW/h）。利用大规模蓄热为电力调峰的灵活热电联产可以通过为电力系统提供平衡服务和将廉价供热与蓄热能力相结合，抽凝式热电厂利用蓄热罐进行调峰的工作过程实质就是蓄热、放热的过程。在白天发电负荷较高，汽轮机的抽汽量有富余时，在满足用户基本供热负荷的前提下，多抽一部分供热抽汽进行放热，释放的热量存储于蓄热罐中；在夜间需要机组进行深度调峰，发电负荷由于供热的限制不能下调时，利用蓄热罐放热，可使机组在满足对外供热负荷的前提下，减少抽汽量，使机组的调峰深度增加。

4. 抽汽蓄能技术

抽汽蓄能技术以高温储能系统为基础，深度耦合火电、核电等热力发电机组的热力系统，在电力负荷低谷时从机组抽取部分高温蒸汽并以热能形式存储起来；在电力负荷高峰时将存储的热量转换为高温蒸汽，利用原有或新建发电系统进行发电。对于常规热力发电机组来说，锅炉侧和汽机侧处于“热力平衡”状态，抽汽蓄能技术则通过“储存”蒸汽能量打破常规“热力平衡”状态，减少进入汽轮机的蒸汽量，实现锅炉运行和汽机运行的“解耦”和煤电机组的深度调峰，为新能源发电让出更多发电空间，同时储存的蒸汽还可用于发电，增加火电机组顶尖峰负荷能力。

抽汽蓄能储热系统可采用液态熔盐储热、混凝土储热以及相变储热等方式。由于熔盐储换热系统较为成熟，现阶段抽汽蓄能技术一般采用熔盐作为储热介质。抽汽熔盐储能技术先进性主要表现在三方面：一是调峰能力改善明显。利用主蒸汽和再热蒸汽加热熔盐，可更大规模吸收锅炉产生的富余热量，实现更大功率换热，显著降低煤电机组的最小负荷率，实现煤电机组深度调峰。二是安全稳定性更高。避免了汽轮机高压缸和中压缸进汽量不均产生的轴向推力不平衡问题，避免再热器进汽量不足产生的再热器过热问题，整体安全稳定性更高。三是能源梯级利用。将换热后的主蒸汽送入再热器，换热后的再热蒸汽送入低压缸，避免了直排造成的能量浪费，实现了能量梯级利用，总体效益更高。

随着新能源的迅猛发展，电网调峰和顶峰资源将更加稀缺，通过对火电机组进行“抽汽蓄能”灵活性改造，可从调峰市场和即将开展的现货市场交易中收获更多的调峰补偿和顶尖峰收入。2022 年，国家发展改革委、国家能源局印发了《“十四五”新型储能发展实施方案》，将“火电抽汽蓄能、核电抽汽蓄能”列为“十四五”新型储能技术试点示范技术。

三、核能供热技术

核能供热主要有两种方式，一种是利用核电厂的余热供热，另一种是采用低温核反应堆的形式直接供热。核电产生主蒸汽参数低（约 300℃），热电转化效率低，乏汽热量未得到利用，大量的热量被浪费，一台 1100 兆瓦核电机组余热量超过 1700 兆瓦（见图 3－11）。核电供热还有利于调和北方地区冬季热电比矛盾，通过热电协同等方式帮助电网灵活调峰，对增强供电灵活性、提高能源利用效率有积极作用。

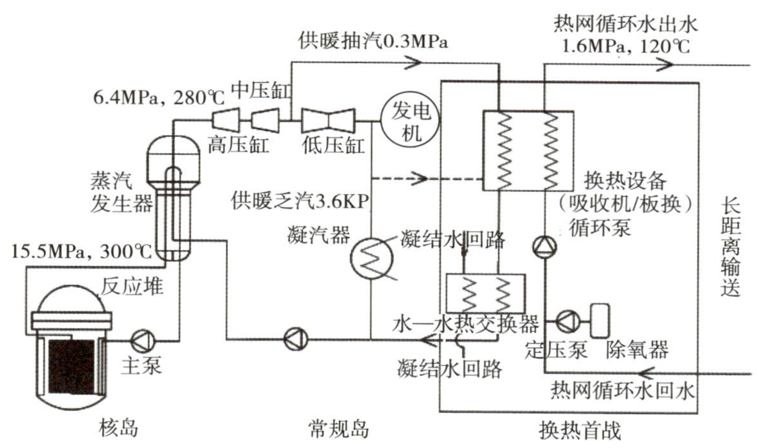

图 3－11 核电热电联产原理示意

中国北方地区城市供暖与城市用水需求之间存在地理上的相关性。环渤海、黄海、北京、天津、河北、辽宁、山东等地清洁热源不足，同时面临缺水问题。核电水热同供技术在这些地区具有较为广阔的应用前景，沿海核电厂在发电的同时可用发电余热制备淡水，并在冬季制备热水，用单管输水输热，相比传统的长输供热管道省去了回水管道，从而进一步降低了输送成本。在接近城市负荷区的首站可以通过换热方式把输送的淡水冷却到 10～15℃，成为城市的淡水水源，而换出的热量则成为城市集中供热热源（见图 3－12）。

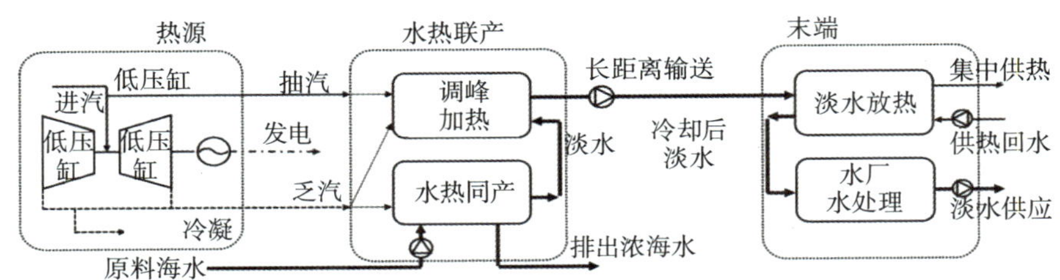

图 3-12　沿海电厂的水热同送系统原理图

水热同送的输送成本相比长输供热管网降低 40%，300 千米输送距离供热成本在 60 元/吉焦左右，大约是天然气供热成本的一半（天然气价格按 3.6 元/立方米）。且具有巨大的节水、节能、减排效益，并可统筹解决我国北方地区缺水、缺热、沿海核电站综合利用等问题。以胶东半岛为例，石岛湾核电、海阳核电、招远核电（筹建）可有效覆盖整个胶东半岛区域，实现无煤化供热，并通过水热同送满足该区域 40% 的淡水需求。第一阶段至 2035 年，该技术可尝试应用于沿海 150～200 千米距离的城市。随着技术成熟度提高和碳排放限制，可进一步提高输送距离，结合跨季节储热覆盖 300 千米距离的城市。

核电未来的发展方向以集中式压水堆为主，适度发展 300 兆瓦以下的中小型核电站，如模块化的小型压水堆或者球床模块高温气冷堆电站，其选址可在距离城市较近的地区。在周边没有余热等清洁热源的中小城市可选择此方式进行热电联供。该方式效率高，可全年运行，能节省长距离运输的费用。

低温核能供热可简单分为壳式堆和池式堆两类。池式堆与高温高压的压力壳式堆相比主要优点是在常压低温下运行，具有固有安全性、可靠性高、技术成熟、系统简单、运行稳定、占地面积小等优点，更适于靠近城市居民区，尤其是池式堆省去压力容器、安全壳等建造成本更低，运行维护简便。小堆供热由于初投资比例大，考虑到经济性，供热时长 200 天以上较为合适，因此适用于没有电厂和其他工业余热资源可利用且供热时间较长的严寒地区。同时小堆供热还有一个重要的约束性条件，那就是对地质环境的要求较高。由于小堆供热对生态环境敏感脆弱，因此要求地质条件好，没有地震等；但相比核电站小堆供热堆芯容量较小，对水文、地质、人口密度等要求没有核电站苛刻。

四、长输供热技术

远离城市的大型纯凝火力发电机组和沿海核电厂余热量巨大，通过长途输送后可作为未来城镇满足新增供热和低碳替代的主力热源。采用大温差、大管径以及多级泵等技术长输供热可保障大规模利用余热的供热经济性。长输供热要网源一体化考虑，降低热网回水温度，不仅可以增大供、回水温差，提高管线的热量输送能力，还可以利用低温的热网回水回收工业和电厂余热，提高热源的供热能力和能源利用效率，从而降低输热成本和电厂供热成本。通过多热源联网或采取跨季节储热等调峰措施，使长途输送管网在整个供热期承担基本供热负荷，可进一步降低长输热网的输热成本，同时提高城市供热系统的安全性。对于热电联产供热潜力不足的城市，可以考虑跨区域长途输热。以大温差和余热回收为主要特征的长输供热系统换热与输送关键技术体系保证了长输供热系统的低能耗和经济可行性，以 DN1400 管线为例（见图 3－13，按热电厂上网电价 0.42 元/千瓦时、中继泵站用电价格 0.65 元/千瓦时、标准煤价格 700 元/吨、燃气价格 2.68 元/立方米计），与燃煤锅炉相比长输热网经济供热半径达 80 千米（燃煤锅炉供热成本按 45.0 元/吉焦计），与燃气锅炉相比长输热网经济供热半径达 240 千米（燃气锅炉供热成本按 87.5 元/吉焦计）。

在确定长输管线的经济流速和经济保温后，对输送成本进行简单估算（见图 3－14），管径越大管道的输送能力越强、输送成本越低。对于目前广泛使用的 DN1400 管道，如果采用大温差技术，供回水温差达到 100℃，则输送 10 千米的成本约为 2.5 元/吉焦，具有非常好的经济性。

为保证长输管道的经济性，还需要尽量减小局部散热损失。如直埋管道中所用的阀门可以采用工厂预制保温，一次性补偿器采用补偿器专用热熔套现场发泡保温等；而对于架空管道更要严格控制长输管道的散热损失，采用钢板外护聚氨酯预制保温管、预装配分体式绝热支座、隔热管道

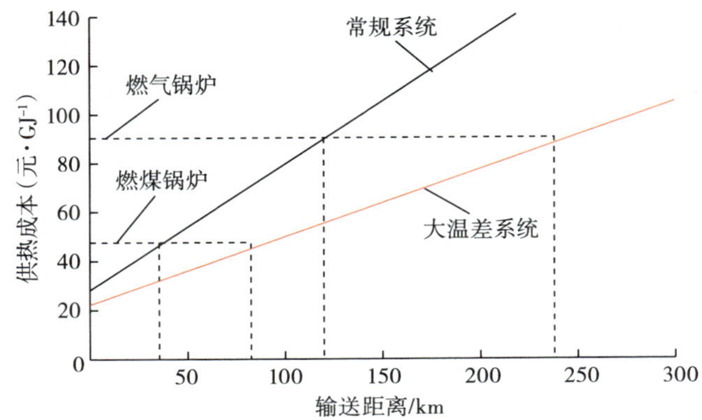

图 3－13　大温差供热成本与输送距离关系

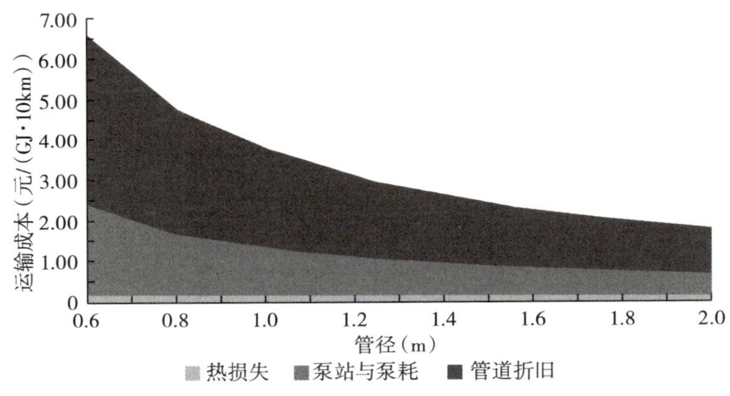

图 3－14　不同管径下最小运输成本及其构成

用膨胀节、预制保温固定节等成套减少热损技术。

长距离输热管网具有距离长、高差大的特点，输热管道系统在设计和建设过程中要考虑动态水力分析，尤其是多级泵系统。需要充分考虑其事故状态的动态安全性，包括事故动态过程中的管内压力超压、负压和汽化问题，以及水击波传播过程中对弯头、固定支架、法兰和补偿器等的应力动荷载问题。如何通过多级泵合理配置构建长输热网的水力工况以及针对事故工况发生超压和失压现象提出一套安全保护方法，使全网在稳态和事故工况下各点不超压和汽化，是保障长输热网安全性的技术难点。以山西太原太古长输供热工程为例，该工程应用大高差直连条件下多级热网泵配置技术，建造6级泵循环加压工艺，使太古工程仅用单级隔压、长输网压力等级2.5MPa就满足了复杂水力条件下（全网高差260米、长输侧直连高差180米、长输侧管道阻力450MH$_2$O）的热网循环水安全经济输送。

五、跨季节储热技术

跨季节储热是克服太阳能“夏盈冬亏”特性，通过合理有效的蓄存技术实现夏热冬用，提高太阳能供热系统运行效率及经济性，实现太阳能规模化利用的关键技术。

蓄热技术根据换热原理可分为显热蓄热、潜热蓄热以及热化学蓄热。显热蓄热主要有地上水箱蓄热和地下蓄热两大类，相比其他两种蓄热方式其蓄热能量密度相对较小。潜热蓄热是通过介质的相变来达到对热能的蓄存和释放，因此能量密度大于显热蓄热。化学蓄热则通过化学能转化热能来实现，主要有吸附和化学反应两种类型，其蓄存能量密度更大。但化学蓄热技术是一种较新型的技术，距大规模使用还有一定距离。显热蓄热技术无须相变就能升温，易控制、环境友好，并且材料费远低于其他两个，因此也是近几十年来应用最广泛的一项技术，但是由于其能量密度低需要更大的蓄热体空间，地下空间较少受地面空间影响，近年来被大规模开发利用，采用地下蓄热也成为一种现实可行的方法，蓄热性能和投资成本与地上空间相比有了明显的优势。通过不同的蓄热介质以及换热方式使收集的热量储存到地下的方式叫地下蓄热系统（Underground Thermal Energy Storage，UTES）。这种蓄热方式因高效和充分利用地下空间来蓄存可再生能源，展现出很强的经济性和可持续环境友好性，成为最常用的跨季节蓄热技术。目前常见的跨季节蓄热技术主要包括地下水箱蓄热（WTES）、人工水体蓄热（GWTS）、地下含水层蓄热（ATES）和地埋管蓄热（BTES）。

1. 地下水箱蓄热

水箱蓄热系统（见图3-15）通常为地下设置不锈钢或钢筋混凝土制成的槽（坑），并在槽（坑）周围和顶部采取较厚的保温隔热层以减少系统的热损失。

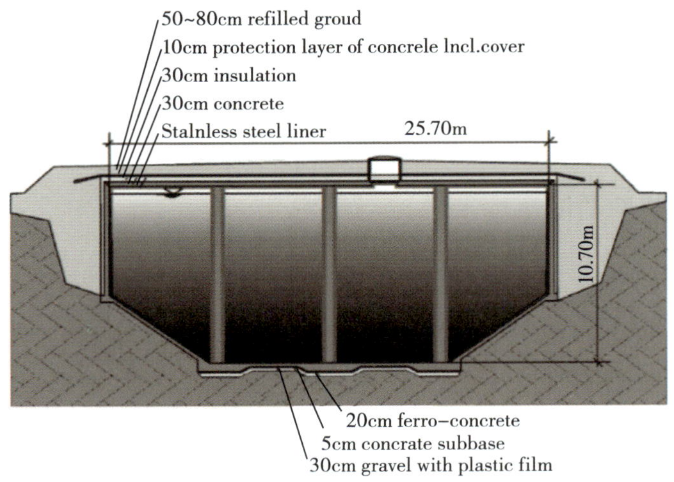

图 3－15　地下水箱蓄热系统

在蓄热和取热过程中，水箱中的水在垂直方向上有明显的温度分层。这种自然温度分层现象在蓄热和取热过程中有利于提高换热和用热性能，但地下水箱蓄热系统在长期运行中容易出现水箱腐蚀和泄漏等现象，也直接影响到该系统的运行寿命和维护费用，且为减少水槽热损失和防漏所做的防护措施会大大增加成本。

2. 人工水体蓄热

人工水体蓄热也称砾石—水蓄热（见图 3－16）。与地下水箱蓄热相似，在地下设置槽，并对槽周围和顶部进行保温，槽最里面设置防水塑料衬底，并将水和砾石等混合物作为蓄热介质装在防水塑料衬外的槽里，因此该系统也可看成地下水箱吸热和地下含水层蓄热的结合。该系统与特定的水文地质条件无关，但是该系统中槽的密封、保温绝热和防漏防潮相关建设费用较高。

3. 地下含水层蓄热

地下含水层蓄热是通过钻井将收集的热量蓄存到地下含水层结构中。含水层是地下介质（沙、砾石、岩石等）和空隙中充满水的特殊地质结构，含水层上下一般为不透水层，因此地下含水层蓄热的蓄热介质是地下

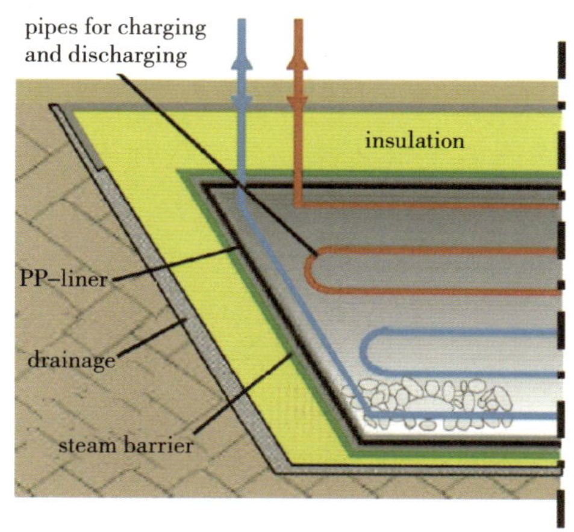

图 3－16 人工水体蓄热系统

水、砾石/岩石/沙等材料的混合。这种蓄热方法对地质条件的要求非常高。地下含水层蓄热根据地下井设置的不同分为双井和单井系统（见图 3－17）。单井地下含水层蓄热系统初始成本相对较低，但是由于冷热在竖直方向上分层，不利于用冷、易受到热干扰，因此单井地下含水层蓄热系统对较厚的含水层较适用，且主要用于高温蓄热。双井地下含水层蓄热系统中热井和冷井分别打在含水层中，通过水泵抽取和回灌地下水来完成热交换。地下含水层蓄热的打井深度根据含水层的地下位置而定，浅层深度为 10～100 米、中层深度为 100～500 米、深层深度达 500 米，在已有的众多含水层蓄热项目中以 20～260 米较为多见。

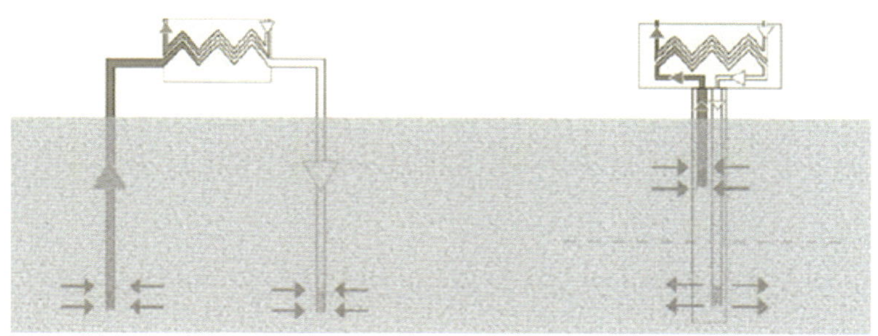

图 3－17 双井含水层蓄热系统（左图）和单井含水层蓄热系统（右图）

4. 地埋管蓄热

地埋管蓄热系统主要由闭环埋管换热器管路、埋管内的循环流体、钻孔填料和钻孔周围岩土（土壤、岩石等地下材料）4 部分组成（见图 3 – 18）。

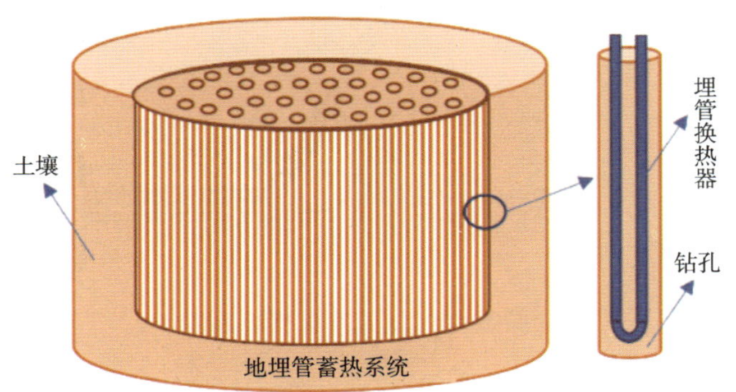

图 3 – 18　地埋管蓄热系统原理示意

地埋管蓄热系统在组成构建上与地源热泵系统的源端相同，换热原理上也很相近，均是通过埋管换热器内的循环流体与周围岩土进行换热，但是系统运行原理上则大不相同。地源热泵系统中地下岩土主要发挥热源和冷源的功用，通过埋管换热器把建筑的冷和热散到地下。而地埋管蓄热系统把地下当作热“电池”而不是散热器，当建筑末端需要热/冷的时候热“电池”释放蓄存的能量。地埋管蓄热系统在蓄热阶段的运行条件也与地源热泵系统完全不同，在取热供暖阶段根据不同工作模式其运行条件和性能也与传统地源热泵系统大不相同。

在地埋管蓄热系统的设计中对井深与井间距的要求与地源热泵系统的设计要求有所不同。地源热泵系统需要较高的换热性能和热扩散性能，因此在地下空间允许的情况下井间距较大，井深较深有利于换热。此外，较大的地下水渗流也有利于地源热泵系统换热以及地下温度场的恢复。而地埋管蓄热系统，一方面要求埋管与岩土在蓄热和取热阶段有较好换热性能，另一方面则需要收集的热量蓄积在岩土蓄热体中，尽量减少向周围岩土的热扩散。因此，在地埋管蓄热系统的设计中太小或太大的井深和井间距均不利于蓄热体的换热和蓄热性能。此外，在设计初期很小的或无渗流的地质条件才能满足地埋管蓄热系统建设要求，一般要求水渗流小于1m/a。

六、多能互补技术

目前多能互补集成方面的应用整体处于示范推广阶段，国际上以分布式为主，大型能源综合基地的示范与应用则主要集中在我国。在面向终端用户的多能互补集成应用系统方面，多种能源构成的微电网、微能源网是主要应用形式，在北美、欧洲、日本及我国都建立了大量示范工程，包括离网型、并网型，逐步从单纯的微电网转向含冷、热、电的微能源网，也均整体处于示范推广阶段。北欧的多能互补集成应用为社区能源站，在满足以社区供暖为主的同时采用热电联产技术实现了冷热电联供，丹麦、德国、瑞典等国家由于当地政策环境的支持实现了冷热电联供商业应用。我国在产业园区、大型公共建筑等开展了不同形式的多能互补集成应用，满足了部分冷热电的用能需求。

2001年，美国能源部首次提出综合能源系统（integrated energy system，IES）发展计划，目标是提高清洁能源供应与利用比重，进一步提高社会供能系统的可靠性和经济性，而重点是促进对分布式能源（DER）和冷热电联供（CCHP）技术的进步和推广应用。2021年，美国能源部发布的《综合能源系统（IES）：协同研究机遇》中对综合能源进行了定义，即综合能源系统是通过总体控制或物理方式集成多种能源生产、存储和/或转换技术，以实现节约成本、增强能效和环境效益的能源系统。

多能互补系统是传统分布式能源应用的拓展，是一体化整合理念在能源系统工程领域的具象化，它是指可包容多种能源资源输入，并具有多种产出功能和输运形式的"区域能源互联网"系统。它不是多种能源的简单叠加，而是在系统高度上按照不同能源品位的高低进行综合互补利用，并统筹安排好各种能源之间的配合关系与转换使用，以取得最合理能源利用效果与效益。系统需结合能源生产、转换、储备、使用等环节间的相互承接关系，以及冷、热、电等多形式能源的交互耦合，系统设计优化遵循系统使用率最大化和能源利用效率最大化两个原则，即科学合理的系统容量配置与冷、热、电等能源间良好的匹配关系，以保证能源利用效率达到较高水平。

多能互补的分布式能源系统是由分布式冷热电联产系统与可再生能源相结合而构建，可协同解决区域能源与环境问题，是传统分布式能源系统的衍生和拓展，将电力、燃气、太阳能、风能等各种形式能源耦合输入，通过能源与技术协同优化整合，最终以较高的综合能效向用户提供冷能、热能以及电能等，是一种具有多项产出供能和多种输能形式的能源系统（见图3－19）。

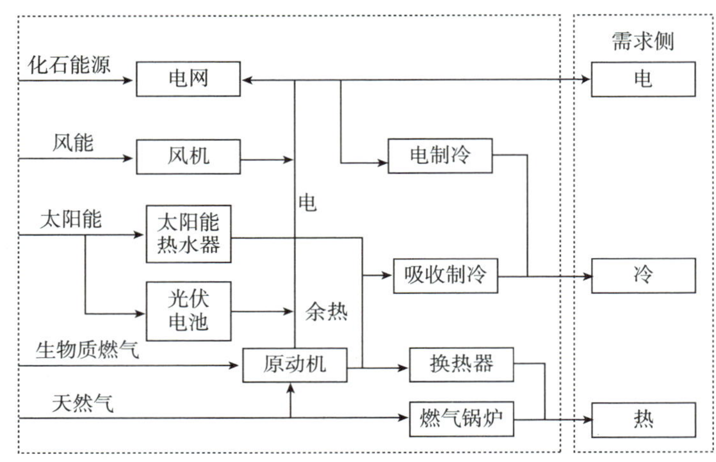

图3－19　多能互补分布式能源系统

可再生能源包括太阳能、水能、风能、生物质能、波浪能、潮汐能、海洋温差能、地热能等。可再生能源的优点是分布广、无污染等，缺陷是不连续、不稳定、低密度且随时间、季节以及气候等变化而变化等。主要的可再生能源系统耦合技术有太阳能、热泵耦合的多能互补供热系统，太阳能与地热能耦合的多能互补系统、风氢耦合的多能互补系统等。其中风氢耦合的多能互补系统包括装有大量风力发电机的大型风电场、制氢站、储氢设备、氢能发电站等（见图3－20）。风氢耦合的多能互补发电系统的基础是“削峰”“填谷”，即将风力发电高峰期多余的电能用于制氢储氢，再将储存的氢能发电来补充风力发电低谷期不足的电能。

近年来，风电和光伏装机容量与日俱增，与此同时，弃风和弃光比例

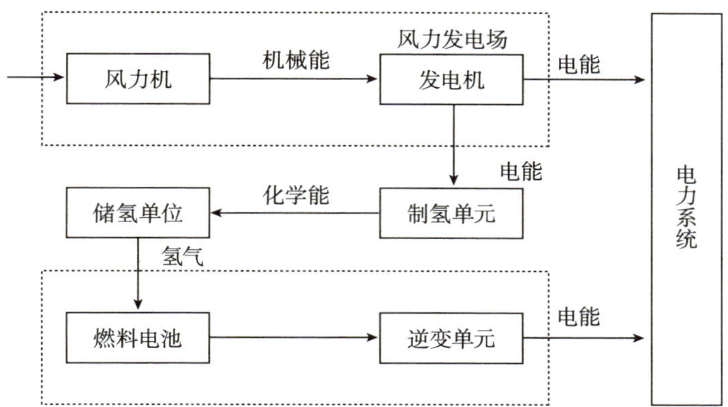

图 3－20　风氢耦合的多能互补系统示意

居高不下。此外，氢储能作为一种新兴电力系统储能方式，相比传统储能方式，具有清洁绿色、能量密度高、储存容量大、运行寿命长、便于储存和传输等优点。因此，耦合氢储能综合开发利用将成为风电和光伏高效运行的优选方案之一。

2017 年，我国首批多能互补集成优化示范工程项目具有较好的典型示范作用。如大同经济开发区多能互补集成优化示范工程，项目采用风电、光伏与天然气冷热电三联供模式，为科技园区、开发区提供电能与冷热能综合供应，取得了较好的示范效果；青岛中德生态园泛能网项目面向青岛市中德生态园用能需求，能源站建设与园区发展同步，打造集供热、供冷、供工业蒸汽于一体的泛能站，并且园区建筑采用被动房等节能技术。

第四篇　投融资篇

一、供热企业建设与改造的资金来源概述

北方的集中供暖在产品属性上属于半公共品，特点介于公共品和私人物品之间，具有独特性；在行业投融资方面表现出其独特的属性，也介于公共品和私人物品之间。纯粹的公共产品是指每个人消费这种产品或服务不会导致别人对该产品或服务获得消费的减少（保罗·啥缪尔森）。公共品是以整个社会为单位共同产生的需求，如国防、公路、法律、环境等；私人物品则用于满足私人个别需要的产品或服务。公共品具有非排他性和非竞争性，指一个人使用公共品不排斥其他人使用也不能阻止其他人使用，增加一个消费者的边际成本为零。公共品向整个社会共同提供，具有共同受益和联合消费的特点，其效用为整个社会成员共享不可分割。私人物品正好相反，一个人消费了某种产品影响他人对同种商品的消费量和消费质量，甚至可能导致别人无法消费，其他人要享用必须另行购买，边际成本不为零，私人物品具有排他性，可以被分割为许多能够买卖的单位，其效用只为能为其付款的人提供。半公共品的特点介于公共品和私人物品之间。公共品提供的多半是由财政补贴等转移支付手段实现的，属于政府基本建设投资；私人物品由私人根据意愿和市场情况购买，属于市场行为；半公共品的投资介于两者之间，政府财政和私人购买同时存在。公共品需要国家财政配置资源，私人物品需要私人自行购买，集中供热属于半公共品，行业发展的资金来源复杂，政府财政转移支付、企业投资、个人投资都能参与进来，投资和融资也具有一定的复杂性。

在市场经济体制下，经济社会资源的配置方式包括市场机制和政府机制，市场对资源的配置起基础性作用，但是因为存在公共产品、垄断、信息不对称、经济活动的外在性等问题，仅依靠市场机制并不能实现资源配置的最优化，在市场失灵的情况下还需要政府发挥资源配置的作用，财政是政府调控经济运行的主要杠杆，是政府资源配置的主体。财政的资源配置职能可以校正市场提供产品匹配的问题，实现社会资源的有效配置。国家财政的转移支付在集中供热领域，乃至农村的供热改善方面都发挥着重要的作用。

政府基本建设投资是财政用于基本建设的生产性支出，用于社会基础设施投资。集中供热涉及国计民生，是社会基础设施，政府财政对公用基础设施的投资对于优化外部环境、促进经济增长是必不可少的。供热领域的投资以政府财政为主，也不排除私人投资。

财政补贴是国家为了某种需要向企业或者居民提供的无偿补助，财政补贴的主要功能是完善不合理的价格结构。供热补贴可以补贴给供热公司也可以通过工资补贴给居民个人，主要补贴能源价格变动、企业运营成本增高和供热价格调整滞后的原因造成的供热企业亏损。供热计量改革主要是解决“暗补”变“明补”，可减少财政支出，增加供热的市场商品属性，同时提高居民的节能意识。

供热企业除了财政转移支付的资金外，还有很多融资方式包括信贷、债券、融资租赁、基金、资产证券化、REITs、上市融资等（见图4－1）。

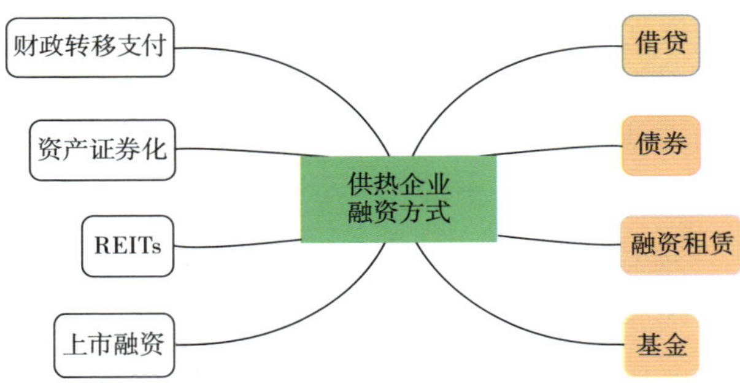

图4－1　供热企业的融资方式

供热行业涉及民生，供热企业为社会提供供热服务，为供热设施提供维修和保养工作。供热建设项目的资金很多是通过融资得来的，包括权益资金融资、债务资金融资（银行、非银行、企业债券、融资租赁）和政策补贴等其他方式（见图4－2）。资本市场使用债务融资的方式概率比较高，包括利润债券和证券投资资金等，该融资方式在城市基础设施建设中发挥重要作用。债务融资会出现一定程度的融资风险，供热企业要高度重视，并采取措施化解。

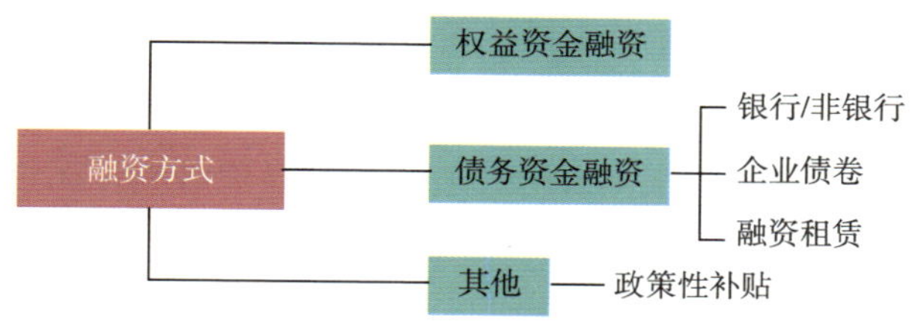

图 4 – 2 供热项目建设资金的融资方式

供热企业的建设与改造资金来源可以是多渠道的，渠道包括：中央财政补贴、地方财政补贴、业主产权人出资、银行贷款、房地产开发商、节能服务公司、供热企业自筹和居民等（见图 4 – 3）。

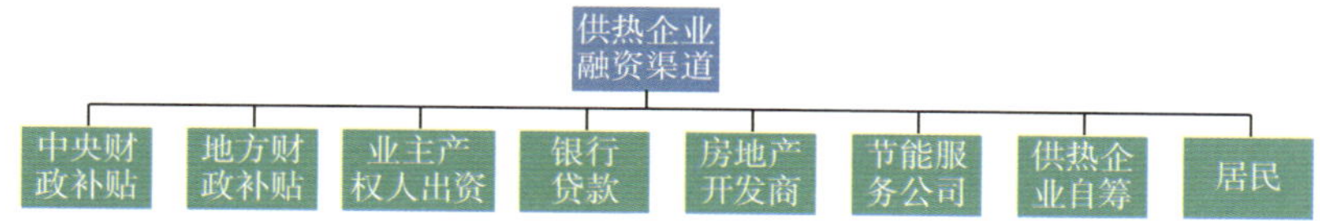

图 4 – 3 供热企业建设与改造资金来源

利用政府的公信力和政府调节的“有形的手”完善投融资体系，引导政府资金促进企业融资，发挥财政资金杠杆的作用，通过阶段参股等方式促进供热企业发展。创新担保机制，尝试国家、省、市共同担保机制，组建政府部门隶属的信用担保公司，整合社会资源，扩大担保规模、增强担保能力，利用大数据、区块链等先进技术，构建综合融资服务平台，整合信用系统和金融信贷系统，有效整合、精准对接企业融资需求与银行等各类融资服务机构资本供给，缓解企业融资和企业发展难题。

地方政府债券的类型包括一般债券和专项债券。地方政府债券和地方融资平台公司债是中国地方公债的主要构成部分，其中 80% 以上是专项债券，主要投向基础设施领域，也有部分投向老旧小区改造。

银行贷款一直是地方融资平台公司的重要融资方式，以地方财政收入为担保，容易获得贷款，贷款利率也相对较低。

股权融资也是地方融资平台筹措资金的重要选择，包括整体上市和借壳上市。

信托是间接融资，以金融机构为中介，由信托公司向借款人融资的活动，根据银行是否参与其中分为银信合作和集体信托。银信合作是指由银行发行理财产品，购买信托公司的信托产品，目的是为地方融资平台公司的股权和债权进行投资。集体信托是由受托人集中管理，运用多个委托人提供的信托资产，如动产、不动产和知识产权等。集体信托有三种方式，一种是股权投资，一种是信托贷款方式，还有一种是结构化方式，即兼具股权设计和债权设计。

2023 年，全球经济增速放缓，经济面临衰退的风险，中国经济全年增速为 5% 左右。在一系列政策支持下，房地产领域的风险逐步得以释放，双碳和数字经济活跃。2023 年，全球通胀水平或仍处于高位，全球经济增速继续偏低，我国经济企稳复苏，稳增长政策力度加大，货币政策稳中趋松，财政政策更加积极。由于受供热企业自身发展及金融市场体系等因素的制约，资金供应不足长期制约供热企业的发展，“融资难”也成为中小供热企业发展中的痼疾。

中国基础设施投融资模式不断溯本清源、守正创新，促使基础设施项目更加关注财政预算空间与项目收益质量，推动行业进行规范化可持续发展，财政资金和社会资本合理联动将发挥巨大效能。

融资模式选择中，需要结合供热企业资金流动情况以及具体供热量等内容，根据实际发展方向选择理想的融资模式。通过 ABS 模式开展资金筹集，资产证券化；由 PFI 赋予其特许权，通过 BOT 方式进行相关项目建设与运营；融资租赁是一种创新性融资方式，融资成本相对较低，可以更好地提升项目资金的使用率与利用率。采用何种模式进行融资，应对相关因素进行综合性、全方位考虑。

股权融资从外部寻找融资来促进企业运行发展，可以为供热企业带来更多的经济效益。供热企业的融资模式主要分为内源性与外源性两种，企业管理者要协调好两者关系。

我国企业的融资方式主要分为内源、债务及权益投资，而供热企业多选择留存收益再投资方式或以债务融资模式为主。企业融资模式也有多种创新，且在不同融资模式的帮助下公共基础设施建设取得了一定的成果，但是国内供热企业的融资还没有统一的标准及完整的体系。

二、供热基础设施公募 REITs

1. REITs 概念

(1) REITs 定义

REITs 是不动产信托投资基金（Real Estate Investment Trusts）的英文缩写，是指通过汇集投资者资金持有并经营收益性不动产，将投资综合收益按比例分配给投资者的一种信托制度，同时具备金融机构性质和管理机构性质。REITs 的发行和投资在海外市场已较为成熟，REITs 也是大类资产配置中的重要品种，美国作为最成熟的 REITs 市场拥有 4.5 万亿美元的不动产资产，其中在纽交所上市的 REITs 股票市值为 1.086 万亿美元（截至 2023 年 1 月）。

(2) REITs 特点

①锚定资产的权益融资。

REITs 不同于债券，属于权益融资性质，没有到期还款概念。此外，REITs 作为一种金融产品脱离了主体信用而以资产为投资逻辑。

②交易成本低。

一般 REITs 无须缴纳企业所得税。投资者买卖 REITs 只需要支付交易佣金，和买卖股票一样不用支付其他高额税费，税费成本明显低于不动产直接交易。

③定期强制高分红。

各国的 REITs 普遍要求每年至少要把净收入的 90% 分配给投资者，REITs 每年都能给投资者带来持续的现金流。

④流动性强。

REITs 大多将完整不动产资产分成相对较小的单位，并可以在公开市场上市或流通，降低了投资者门槛，拓宽了不动产投资退出渠道。另外，买卖 REITs 像买卖股票一样方便，在交易时间内随时可以卖掉变现。

⑤风险分散。

与单一项目的不动产信托投资不同，REITs 投资的是一类不动产资产池，且REITs与股市、债市的相关性较低，是一种很好的风险分散手段。

⑥专业化管理。

公开交易的REITs，大多具有主动管理型机构，会积极参与项目管理；同时和上市公司一样拥有完整的治理结构。

⑦收益率相对较高。

REITs总收益由资本利得和分红派息两部分构成，兼具股票和债券的优势，既可获得资产增值带来的资本利得又可通过租金收入分配获取较稳定的期间现金流，长期内REITs收益表现同时优于权益和债券，与股市、债市的相关性较低，REITs过去十年全球REITs收益率均值为10.27%。

⑧杠杆较低。

2020年8月7日，证监会发布《公开募集基础设施证券投资基金指引（试行）》，对基金负债限制适度放宽，要求总负债不得超过总资产的28.57%。

（3）REITs分类

按照资产组成和投资收益来源的不同，REITs可以分为权益型（持有资产产权）和抵押型（持有资产的抵押贷款债权），其中权益型REITs处于市场主流，以美国为例，REITs市值整体规模中权益型占比达95.6%。

按照募集方式，REITs可分为公募型和私募型。从国际经验来看，目前普遍要求REITs以公开募集、上市交易为主。纵观全球REITs市场，多数国家均是在经济转型或经济面临困境时推出公募REITs这一金融产品，这是因为公募REITs与资产证券化一样属于边际货币政策，是定向货币供给的金融产品，可以为国家经济需要的领域和产业定向增加货币供应。

2. 我国REITs的发展及相关政策

（1）发展初期的类REITs探索

我国REITs市场前期经历了私募REITs的探索和尝试，国内在既有法律框架下开发了具有相似功能的类REITs产品。其中，在2017年国家发展改革委和证监会发布《推进PPP项目资产证券化相关工作的通知》后，首批4单PPP项目资产证券化正式挂牌，拉开了基础设施类项目通过资产证券化方式及进行盘活的序幕，为后续基础设施类公募 REITs 的推出打下了基础。

目前，我国市场发行的类 REITs 与公募 REITs 相比具有如下主要区别:

在发行方式上。公募 REITs 为公募发行，类 REITs 产品则大多为私募发行，不在公开市场上进行交易，与公募 REITs 相比灵活性和流动性较低、风险性更高；公募 REITs 可以通过证券交易退出，而类 REITs 只能持有到期通过主体回购或资产处置退出或开放期赎回。

从管理模式来看。公募 REITs 可以投资于多个资产，采取主动管理模式，对基础资产享有控制权，因而资产较易出表，但同时对 REITs 的管理模式和管理能力有较高的要求。而类 REITs 底层资产往往为单一物业，管理模式为被动管理，资产出表难度大。

存续期限方面。公募 REITs 一般为永续或长期限，类 REITs 则有明确存续期且有效期相对较短。

在增信方面。公募 REITs 一般不需要承诺收益差额补足等增信条件，类 REITs 则多有收益差额补足增信，且一般要进行主体回购承诺作为对本金偿付的增信。

对投资者而言。公募 REITs 股性较强而类 REITs 债性强，类 REITs 的产品结构划分为优先级和次级，优先级享受固定收益，次级享受剩余收益。类 REITs 的次级占比反映了其股性强弱，次级占比越高，股性越强，而根据以往发行的类 REITs 产品来看，其次级占比大多低于40%，甚至有的不足5%。

（2）基础设施公募 REITs 试点启动

纵观全球 REITs 市场，多数国家在经济转型或经济面临困境时推出公募 REITs 这一金融产品。这是因为公募 REITs 与资产证券化一样属于边际货币政策，是定向货币供给的金融产品，可以为国家经济需要的领域和产业定向增加货币供应。我国的公募 REITs 作为一种金融创新产品，也是在增强基础设施投资建设运营水平、化解地方政府债务的大背景下与相关投资、财政、金融体制的改革完善同步推进发展的。

①我国公募 REITs 的定义和范围。

根据现行政策规定，我国的 REITs 是以基础设施领域作为主要投资方向，以合法合规及稳定现金流作为底层项目要求，以公开募集证券投资基金为发行载体，以“公募基金+资产支持专项计划”的双 SPV 为结构，以网下机构投资者询价作为主要定价参考的沪深证券交易所集中竞价交易的公募金融产品，产品名称为公开募集基础设施证券投资基金。

目前 REITs 试点阶段可作为底层资产发行 REITs 的基础设施范围有：交通基础设施，包括收费公路、铁路、机场、港口项目；能源基础设施，含风电、光伏发电、水力发电、天然气发电、生物质发电、核电等清洁能源；能源项目，含特高压输电项目，增量配电网、微电网、充电基础设施项目，分布式冷热电项目；市政基础设施，包括城镇供水、供电、供气、供热项目，以及停车场项目；生态环保基础设施，包括城镇污水垃圾处理及资源化利用环境基础设施、固废危废医废处理环境基础设施、大宗固体废弃物综合利用基础设施项目；仓储物流基础设施，应为面向社会提供物品储存服务并收取费用的仓库，包括通用仓库以及冷库等专业仓库；园区基础设施，主要指位于自由贸易试验区、国家级新区、国家级与省级开发区、战略性新兴产业集群的研发平台、工业厂房、创业孵化器、产业加速器、产业发展服务平台等园区基础设施，其中国家级与省级开发区以《中国开发区审核公告目录（2018 年版）》发布名单为准，战略性新兴产业集群以国家发展改革委公布名单为准；新型基础设施，包括数据中心类、人工智能项目，5G、通信铁塔、物联网、工业互联网、宽带网络、有线电视网络项目，智能交通、智慧能源、智慧城市项目；保障性租赁住房，包括各直辖市及人口净流入大城市的保障性租赁住房项目。

增强消费能力、改善消费条件、创新消费场景的消费基础设施，优先支持百货商场、购物中心、农贸市场等城乡商业网点项目，保障基本民生的社区商业项目。

探索在其他基础设施领域开展试点，包括具有供水、发电等功能的水利设施；自然文化遗产、国家 AAAAA 级旅游景区等具有较好收益的旅游基础设施，其中自然文化遗产以《世界遗产名录》为准。

②公募 REITs 的制度建设。

2020 年 4 月，证监会与国家发展改革委联合发布《关于推进基础设施领域不动产投资信托基金（REITs）试点相关工作的通知》（证监发〔2020〕40号），明确了基础设施REITs试点的基本原则、试点项目要求和试点工作安排，标志着中国境内基础设施公募REITs市场正式开启。9月，证监会发布《公开募集基础设施证券投资信托基金指引（试行）》（证监公告〔2020〕54号），就产品定义、参与主体专业胜任要求、基金份额发售方式、投资管理与项目运营管理、信息披露、监督管理等方面进行了规范。

2020年9月，国家发展改革委办公厅发布《关于做好基础设施领域不动产投资信托基金（REITs）试点申报工作的通知》（发改办投资〔2020〕586号），明确了基础设施申报的具体要求，标志着中国基础设施公募REITs试点工作正式进入实操阶段。2021年6月，国家发展改革委印发《关于进一步做好基础设施领域不动产投资信托基金（REITs）试点工作的通知》（发改投资〔2021〕958号），进一步扩大了基础设施公募REITs的试点区域范围与资产范围。与此同时，基金业协会、证券业协会、沪深证券交易所等机构发布了REITs发行与交易相关的系列规则与规范文件，共同构成了公募REITs发行的制度保障。

2023年3月，国家发展改革委发布《关于规范高效做好基础设施领域不动产投资信托基金（REITs）项目申报推荐工作的通知》（发改投资〔2023〕236号），在此前政策文件基础上进一步夯实了项目发行要求、申报流程、回收资金使用、运营管理等六大内容，进一步拓宽了基础设施公募REITs的政策空间，将消费类基础设施纳入底层资产类型，并明确了回收资金的用途和使用进度，积极促进有效投资，还优化了项目发行要求，增加了合格资产的数量，扩大了发行规模，有利于化解地方政府债务风险。在此基础上，证监会、沪深证券交易所等机构对REITs发行与交易相关规则与规范文件进行了相应修订。

此外，2023年国务院及多个部门均在有关政策发文中提出鼓励促进公募REITs的发行，7月，国家发展改革委发布《关于进一步抓好抓实促进民间投资工作努力调动民间投资积极性的通知》。8月，国家发展改革委等部门发布《关于实施促进民营经济发展近期若干举措的通知》，均提出扩大基础设施领域REITs发行规模，推动符合条件的民间投资项目发行基础设施REITs，进一步扩大民间投资。8月，证监会有关负责人接受媒体采访表示，要加快推动REITs常态化发行和高质量扩容。11月，国务院办公厅转发国家发展改革委、财政部《关于规范实施政府和社会资本合作新机制的指导意见》、国家发展改革委发布的《基础设施和公用事业特许经营管理办法（修订征求意见稿）》均提出积极支持符合条件的特许经营项目发行基础设施领域REITs。12月，证监会、国务院国资委发布《关于支持中央企业发行绿色债权的通知》，提出支持央企开展绿色领域基础设施REITs试点，支持新能源、清洁能源、生态环保等领域基础设施项目发行REITs，拓宽增量资金来源，完善绿色融资支持。

③公募REITs市场发展。

2021年5月17日，首批9只公募REITs基金正式获得证监会批复，公募REITs正式面向公众发售。截至2023年12月底，全市场已发行的公募REITs共30只（其中底层资产类型包括产业园区9只、高速公路8只、保障房5只、仓储物流3只、清洁能源3只、生态环保设施2只），完成扩募4只。市场规模方面，已发行的公募REITs首发项目规模达到1000亿元，扩募项目规模共50.64亿元。

随着公募REITs发行的不断扩容，REITs投资市场规模也在持续增长，目前REITs市场的投资人包括机构与个人，其中公募基金、保险投资、资产管理等机构投资人为市场主力。2023年，FOF基金、养老金、社保基金向后公布将公募REITs纳入投资范围，预计可为REITs市场增加源头活水达2.6万亿元。由于目前REITs市场以机构投资者配置型投资为主，投资者认购REITs的热情高涨，发行配售比例的最低纪录不断被突破，甚至达到了“一REIT难求”的程度。

3. REITs运作模式

（1）REITs发行

①REITs架构。

我国的基础设施REITs试点采取了“证券投资基金+专项计划”的总体交易架构，也就是大家常说的“公募基金+ABS”（见图4-4）。一个公募 REITs 项目自上而下一般会涉及“公募基金—专项计划—项目公司”这三层最基本的架构层级。除此以外，还可能基于项目自身的资产重组、税收筹划等考虑，在专项计划与项目公司之间构建 SPV 层级。

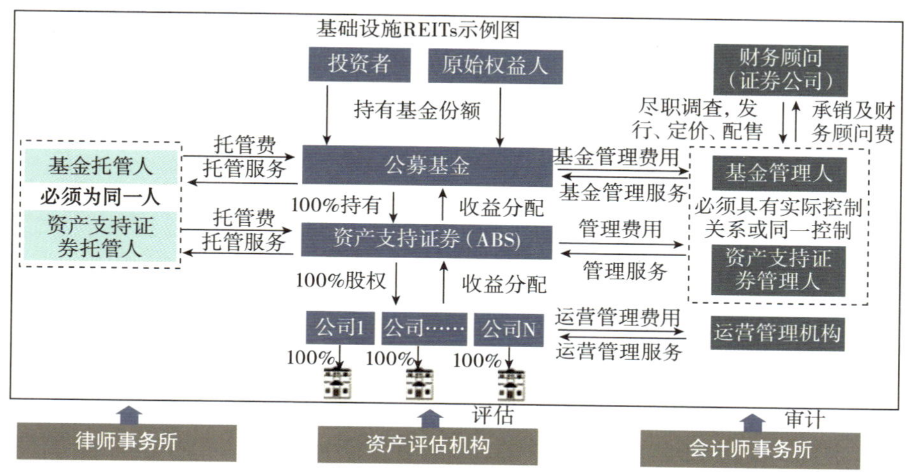

图 4－4 公募 REITs 典型架构及各方主体

②发行公募 REITs 的主要条件。

第一，项目权属清晰。要求原始权益人持有资产且持有资产的权属不能有瑕疵。

第二，土地使用合法、依法合规。要求资产所在地要有土地证，要求自规局等政府部门要出具同意土地转让的无异议函。

第三，可转让性。公募 REITs 要有资产划转的安排，从企业持有资产最终变为由公募 REITs 持有资产，因此资产需要具有可转让性。此外，企业可能存在一些资产质押抵押情形，因此在推进前还要获得相关债权人、抵押权人的同意，后期才能完成重组安排。

第四，项目成熟稳定。主要是指收益性要求：

原则上资产运营不低于 3 年。实际上不是指资产运营一定要满 3 年，而是说资产要达到一个充分稳定运营的状态。估值按照收益法进行，基于过去历史数据对未来进行预测。

经营性净现金流为正。经营性净现金流为正并不是指利润为正，很多资产可能因为折旧、财务费用等会使报表利润为负，但这并不代表公募REITs不能推进，公募REITs上市后考核的是现金流，而在计算现金流时不需要扣除折旧、摊销、财务费用等，因此虽然很多资产报表的利润为负但现金流为正，便可以推进REITs。

产权类资产的现金分配率要求为3.8%，经营权类资产IRR不低于5%。

第五，资产规模不低于10亿元（指按照收益法的评估值），并且要有2倍规模的扩募储备资产。

第六，募集资金使用途径要符合标准。公募REITs回收资金不是强监管逻辑，但更多的资金要用于项目建设，目前要求60%的资金要用于项目建设，然后30%的资金用于盘活存量资产，盘活存量资产指的是可以进行收并购，另外10%可以用于补充流动资金。

③发行公募REITs的申报流程。

发行基础设施的项目由国家发展改革委和证监会两个部门共同主管，共同审议，主要申报流程见图4－5。

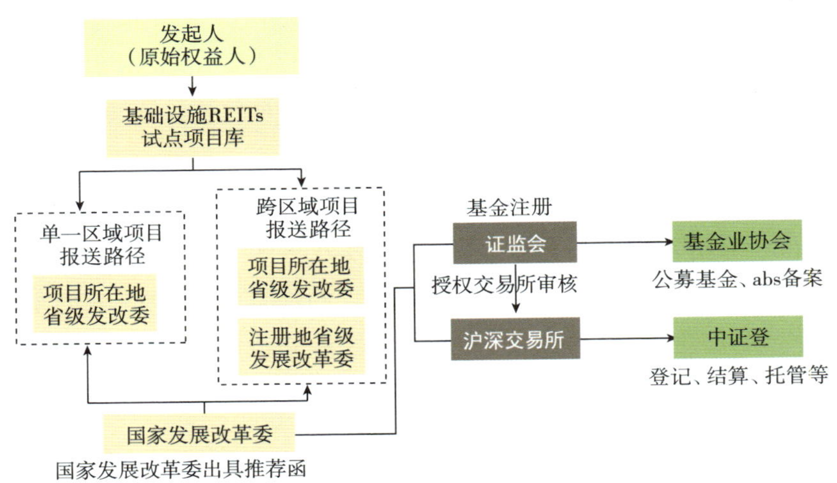

图4－5 发行公募REITs的申报流程

（2）Pre－REITs运作

①Pre－REITs的概念与模式。

Pre－REITs是指在基础设施公募REITs正式设立和发行之前成立的，

用于投资、收购、培育，具有发行公募 REITs 潜力的基础设施的基金。其目的是对合适的基础设施进行运营、孵化，并通过发行公募 REITs 的形式实现退出。其表现形式主要是私募基金。

我国基础设施规模庞大，但符合发行条件的基础设施项目相对较少，往往需要进行投资改造才能满足 REITs 发行要求。因此，通过 Pre - REITs 收购、运营、培育基础设施项目，并进行改造、重组，使其满足发行条件，有助于缩短申报、审批时间，加快盘活存量资产的速度。通过 Pre - REITs 在 REITs 发行前介入也有利于投资人提前锁定优质项目。Pre - REITs 的基本架构及运作方式见图 4 - 6。

Pre - REITs 可以是有限责任公司，也可以是有限合伙。因其灵活性，实践中以有限合伙为主。Pre - REITs 成立后，可以从原股东受让项目公司的股权，以便间接持有基础设施。原股东或其关联方可以作为 LP 认购 Pre - REITs份额，并继续运营和管理基础设施。

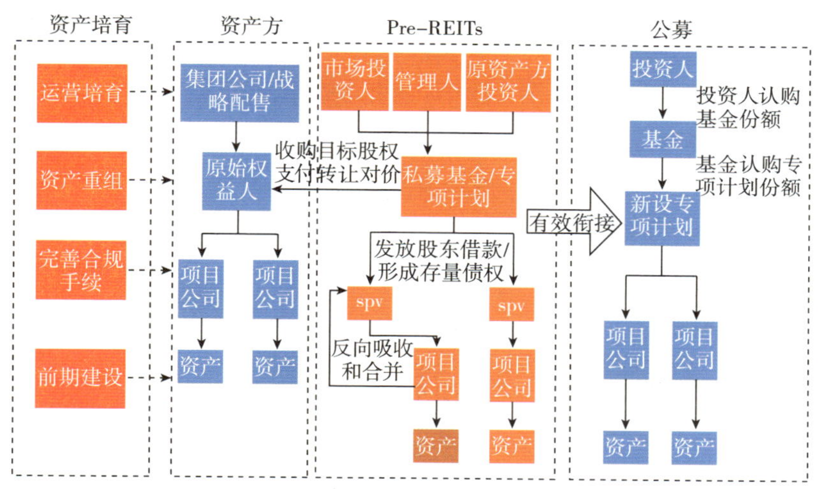

图 4 - 6 Pre - REITs 的基本架构及运作方式

Pre - REITs 最理想的退出方式是在资产培育成熟后通过公募 REITs 退出，即通过资产的上市实现真正的退出。但对于 Pre - REITs 的投资人来说，通过大宗资产整售、续发或新发资产支持专项计划、私募基金与资管产品形态转换等方式都可以实现资金的回笼和退出。

2023 年 2 月，中国证券投资基金业协会发布《不动产私募投资基金试点备案指引（试行）》，允许符合要求的私募股权基金管理人设立不动产私募投资基金投资基础设施项目、商业经营用房和居住用房，并放宽了基金在借款、担保、扩募及融资等方面的限制。

②典型案例。

张江光大园 Pre - REITs 私募基金是我国境内首单通过“Pre - REITs + 公募 REITs”实现退出的案例。

公开资料显示，2016 年 5 月，上海张江集成电路产业区开发有限公司与光控安石（北京）投资管理有限公司设立上海光全投资中心（有限合伙）（以下简称光全投资），光控安石（北京）投资管理有限公司为执行事务合伙人，上海张江集成电路产业区开发有限公司持有 81.15% 有限合伙份额。同年 9 月，光全投资获得上海安恬投资有限公司（以下简称安恬投资）99% 的股权，同年 12 月，中京技术有限公司将其持有的上海中京电子标签集成技术有限公司（以下简称中京电子）100% 股权转让给安恬投资。随后，安恬投资以张江光大园为抵押物，自身股权为质押物，获得并购借款 4.04 亿元。经过近 5 年的培育，华安张江光大产业园形成了稳定的现金流，满足了公募 REITs 对基础设施项目的发行要求，最终于 2021 年 6 月通过华安张江光大产业园 REIT 成功上市。张江光大公司 Pre - REITs

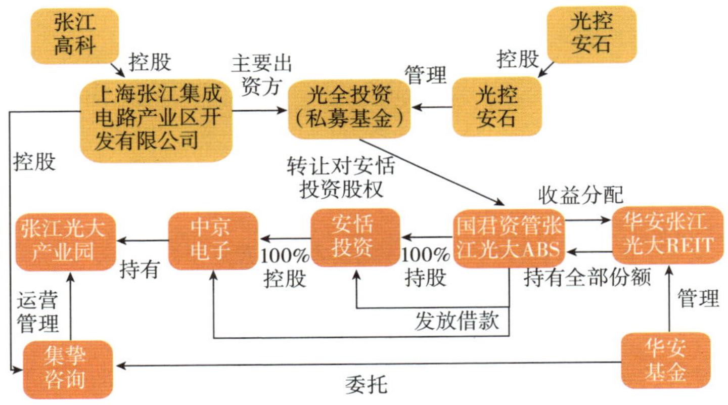

图 4 - 7　张江光大园 Pre - REITs 运作模式

资料来源：公司官网，平安证券研究所。

运作模式见图 4 – 7。

Pre – REITs 出资方通过 REIT 上市成功实现资金退出和债权替换。在该运作模式下，通过公募 REITs 发行获得的退出收益高达 1.98 亿元。

4. 供热产业 REITs 的发展趋势

（1）供热 REITs 的进展情况

我国供热产业总产值据估算在 2023 年已达到 9200 亿元，在北方集中供暖地区，供热基础设施在城镇运行中发挥重要作用。按照 2023 年末供热产业 9200 亿元存量资产测算，假设其中 5% 通过公募 REITs 盘活，在原始权益人回购 51% 基金份额且不考虑既有负债情况下，将回收资金约为 500 亿元，作为 20% 资本金投入新建供热基础设施，或带来约 2500 亿元增量投资，如果考虑到在公募 REITs 带动下的 Pre – REITs 基金投资，则引入的增量社会资本规模还将放大数倍，将有效支撑供热基础设施未来升级建设的资金需求。

在目前已发行的公募 REITs 中，供热 REITs 尚处于空白。哈尔滨哈投投资股份有限公司（简称哈投股份）于 2021 年 12 月发布公告，拟选取哈尔滨哈投投资股份有限公司供热公司（简称哈投供热）及哈尔滨太平供热有限责任公司（简称太平供热）持有的供热业务相关资产及权益作为公募 REITs 底层资产进行基础设施公募 REITs 的申报发行工作。哈投供热 REITs 项目是供热产业目前公布的第一单拟申报 REITs 的项目，引起了业内的关注。

根据 2023 年 10 月哈投股份最新发布的相关公告，哈投供热 REITs 拟定名称为“平安哈投股份供热封闭式基础设施证券投资基金”，基金期限为 22 年，原始权益人为哈投股份及太平供热。

哈投供热 REITs 的底层资产安排为：哈投供热项目入池资产包括哈投供热持有的供热项目经营收费权以及供热项目资产（主要为管网和换热站）。供热规模为核定建筑面积 2118.76 万平方米。截至 2022 年 12 月 31 日，哈投供热经审计净资产 22452.32 万元。太平供热项目入池资产包括太平供热持有的供热项目经营收费权以及供热项目资产（主要为热源、管网和换热站）。供热规模为核定建筑面积 1027 万平方米。同时，太平供热拥有16台热源锅炉设备，其中包含2台116兆瓦循环流化床热水锅炉、4台64兆瓦燃煤热水锅炉、6台14兆瓦燃气热水锅炉和4台29兆瓦燃气热水锅炉。截至2022年12月31日，太平供热经审计净资产23063.74万元。

哈投供热REITs操作计划为：太平供热拟出资新设项目公司，并以其持有的供热业务相关资产、权益及人员通过增资的方式至新设项目公司；哈投股份拟将哈投供热持有的供热业务相关资产、权益及人员以增资的方式至新设项目公司。

在申请发行REITs获得批准后，哈投股份及太平供热将持有的新设项目公司100%股权转让给专项计划，专项计划分别向哈投股份及太平供热支付新设项目公司股权转让价款。最终将由公募REITs通过专项计划持有新设项目公司股权，并实际取得基础设施项目的完全所有权。基于股债比搭建的需要，新设项目公司将通过股东借款、减资等方式构建对资产 支持专项计划管理人（代表专项计划）的负债。

原始权益人在公募REITs发行后，拟通过战略配售等方式认购不低于51%的公募REITs份额，通过会计并表处理的方式对底层供热资产实现控制（见图4－8）。

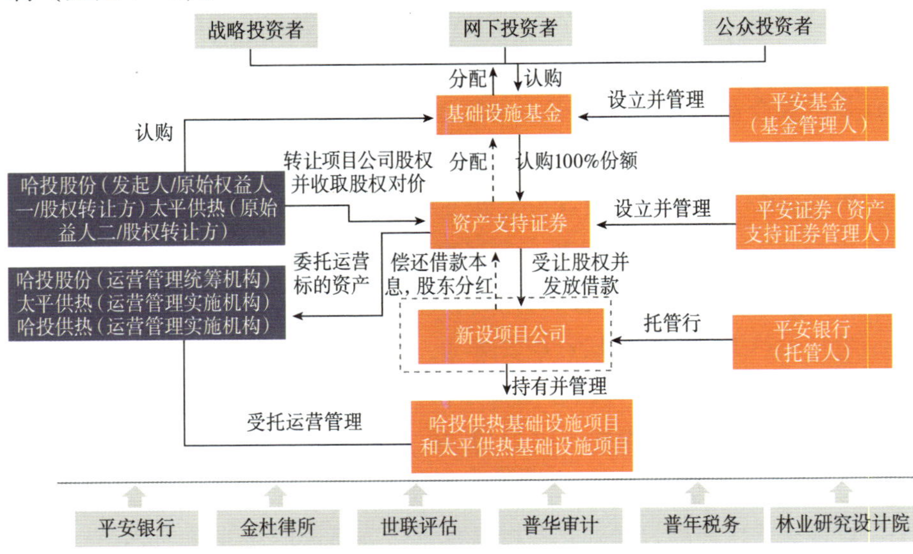

图4－8　哈投供热REITs拟发行结构

拟由哈投股份作为基础设施 REITs 的运营管理统筹机构，由哈投供热和太平供热同时作为运营管理实施机构，未来接受基金管理人的委托及哈投股份统筹对项目公司进行运营管理。

新设项目公司的现金流拟通过支付专项计划借款利息、股东分红等方式支付或分配给专项计划。经过专项计划及公募基金的逐层分配后，最终向公募 REITs 投资人进行分配。此外，作为运营管理机构的主体拟定期收取运营管理费用。

（2）供热产业发行 REITs 面临的挑战

相比纳入 REITs 试点的其他基础设施类型，供热资产的 REITs 化推进明显偏慢。在供热产业面临新一轮技术创新叠加改革政策驱动的产业升级大背景下，作为具有较强重资产特征、投资回收期较长的供热运营产业，通过资产证券化打通资产盘活与对接金融市场活水的通道，显然对供热产业升级所急需的增量投资是至关重要的。

根据基础设施 REITs 试点的相关政策规则，我国供热资产目前在发行 REITs 方面可能存在如下挑战。

①权属瑕疵。

在监管机构和资本市场一般观念中，供热资产属于依据特许经营权进行经营获得收益的经营类资产，因此根据 REITs 规则要求底层资产需要取得完整的特许经营权审批手续。而现实中，各地存在制度和执行方面的差别，如有的地方通过发放供热许可证等方式进行管理，存在未明确许可期限或根据与开发商签订的合同取得小区分布式供热经营权等情形，在适用经营权类资产的权属完整性认定方面可能存在障碍。

此外，根据资产的建设手续规范性要求供热资产的热源设备应有完备的报批报建手续，红线外一级管网的建设报批手续完备，红线内一二级官网及换热站设备的产权或使用权应该明晰、依据充分、无争议，如果是开发商自行建设则热企应与开发商进行合同明确约定。

②经营现金流水平。

在 REITs 中，经营现金流水平直接影响到资产估值定价，也影响到发行的收益率门槛阈值。在资产运营指标中，收入、成本、应收账款账期是三项比较重要的现金流驱动要素，可以进一步理解为资产的经营毛利水平与运营商业模式价值。

在排除因资产所处区位社会经济条件（影响热价水平、开通率、收费率等）等客观因素外，目前影响供热资产现金流水平的挑战因素包括供暖费定价机制与执行问题；刚性的按面积结算热费模式问题；供热系统能效水平较低，能耗过大问题；供热资产季节性闲置问题；热网设备设施技术水平与运行状态问题（影响未来运维及更新改造成本）；热系统运营精细化水平与效率问题；用户服务满意度及缴费及时率问题。

③收益稳定性。

收益稳定性问题本质上也是资产未来收益预测的合理性与把握性问题，作为经营类资产，按照 REITs 发行条件规则，需要对剩余经营期限内的未来收益进行合理预测，并对资产的建设运营进行相应合理安排以保障收益稳定。

目前供热行业的发展受困于价格机制、结算收费模式、能耗与能源价格敏感性、补贴依赖与政府财政能力、保供与客户满意度/舆情等矛盾较为突出的问题。与此同时，面向供热产业的数字智能、新能源、节能等领域技术创新不断落地，清洁供暖、计量收费等改革政策持续颁布推行，在矛盾驱动和改革创新引领下供热产业正在跨入转型升级的历史窗口期。因此，如何在资产现状基础上对影响资产未来收益的技术、政策、商业模式变化情况进行有效的预测和合理规划安排，有效应对、控制有关政策、舆情、供应链等风险因素，也成为供热资产发行 REITs 需要解决的重要问题。

④资产规模。

基础设施 REITs 发行条件对于底层资产的估值规模和储备项目规模设定了底限。考虑到供热行业的现状条件，供热企业需要同步考虑资产收益率和资产结构问题。即行业内具备规模体量的企业既需要在控制的供热资产中筛选收益率水平满足甚至超过发行标准的优质项目，也需要建立资产池以纳入更多具备收益提升前置的储备资产，这不仅是为了满足发行时的扩募储备要求，对于确保首发 REITs 底层资产规模在发行审核时达标也有重要意义。

⑤主体意识。

从发行端看，以城镇集中供热资产为核心，有近六十年发展历史的供热产业在融资工具的应用方面普遍比较传统，对于市场已较为普及的股权上市、债类资产证券化等工具的应用比例仍然不高。而很多具备规模体量的供热企业管理层缺乏属于创新范畴的公募 ERITs 的了解或缺乏信心，这也影响了 REITs 在行业内的推广。

从投资端看，由于供热企业对接公开资本市场的案例较少，且由于供暖涉及民生，在传统的技术局限与体制机制下经常造成企业亏损和客户矛盾的负面舆情，因此导致资本市场监管机构和投资者对于供热企业运营水平和资产价值容易形成负面影响，不利于供热 REITs 发展。

（3）发展供热 REITs 的意义与建议

基础设施 REITs 能有效盘活存量资产，填补当前金融产品空白，拓宽社会资本投资渠道，提升直接融资比重，增强资本市场服务实体经济质效，为基础设施项目建设开辟一条全新的投融资渠道。

供热基础设施具有典型的资本密集属性，其价值具有长期性，回报周期也比较长。而且由于能源价格上涨、成本无法全面传导等原因造成行业内普遍出现亏损现象，使供热企业陷入融资难困境。而供热产业正处于转型升级关键时期，通过落实改革政策、推动系统节能来提升供热企业经营效益并实现绿色低碳的社会效益，亟须增量的长期资金投资支持供热基础设施的升级改造。

在此情况下，将优质供热资产打包发行 REITs，将缺乏流动性的基础设施资产转变为流动性强的标准化权益性金融产品，吸引更多社会投资者参与，可有效解决基础设施项目资金投入量大、回报周期长，无法短期变现等问题，是推动供热产业改革转型、资产升级改造的有效途径。

同时，REITs 对于资产质量以及规模和扩募的要求，也有利于推动资产运营质量提升，有助于促进优秀企业进一步做大做强，能提高投资的规模效益，实现产业整合与市场格局的优化。

为了加速 REITs 在供热产业的推广，保证供热 REITs 有效运作和良性发展，化解影响供热 REITs 发展的不利因素，提出如下建议。

供热企业在筹备发行 REITs 时，应注意与监管机关的沟通协调。与国家行业政策机关保持密切沟通，提高对行业政策及改革方向的了解把握，在项目方案设计过程中充分考虑行业政策的影响，保证发行材料内容、项目的建设运营安排与有关政策导向和要求相契合，确保 REITs 的发行与后续建设运营得到政策机关的认可支持。与地方管理机关进行有效协调，尽早完善项目资产的建设手续和权属证明。

有关监管机关应结合供热产业发展现状与改革方向，组织制定供热 REITs 的操作指引，并组织行业培训辅导，帮助企业加强对 REITs 的认知，提高供热 REITs 发行的操作效率。

供热企业应重视 Pre - REITs 在加速资产盘活和孵化，推动其在 REITs 发行中的重要作用，通过设立 Pre - REITs 基金引入社会资本来加速供热 REITs 资产池的建立和项目改造提升，壮大优质资产规模，为供热 REITs 高质量发行和滚动扩募提供保障。

三、一级市场融资

清洁供热产业主体，近年来在“源、网、荷、储”的供热全系统解决方案领域有了较多突破，出现了一批产品和服务覆盖较多城市的代表企业，并且得到资本市场的认可，成为具有稳定预期的投资标的。

三项一级市场投资标的的情况如下。

1. 云谷科技

(1) 基本情况

杭州云谷科技股份有限公司（以下简称云谷科技）成立于 2011 年，是一家专注于城市集中供热信息化产品和数字化服务领域的国家级高新技术企业。云谷科技的产品和解决方案旨在满足北方地区供热市场的需求，创造专利技术“L 值平衡控制算法”，结合需求端能源调度算法的平衡热量表设备形成“源、网、荷、储”的全自动热能调度闭环，构建起全域协同热能管理平台。公司自主研发平衡热量表技术，加快完善了室内温控、末端分户热计量和调节装置，且依托末端热能需求数据实现了供热系统从源端到末端的闭环控制，填补了供热系统的空白。

平衡热量表技术的创新不仅体现在硬件设备，还包括内部嵌入式软件。云谷科技技术团队针对北方地区供热水质的特点，结合热能调控的要求，采用了人工智能、边缘计算、大数据、碳纤维材料等技术，研发历时8年。平衡热量表技术解决了传统热量表存在的寿命短、室温调控困难、平衡控制算法薄弱等多个技术难题。其核心技术包括电磁式流量传感器、表阀一体专利结构、人工智能室温软测量技术以及能源协同能源调度技术等。

（2）产品服务

云谷科技主要产品为ENGRID智慧供热系统，该智慧供热系统由应用系统、数据系统、通信系统和平衡系统等子系统构成。通过换热站平衡、单元与楼栋平衡、户间平衡三个层级的热平衡技术，同时结合手机App交互平台、WEB交互平台以及节能优化系统、管路诊断系统、能耗分析系统、设备管理系统、统计报表系统等，以个性供热、舒适供热为目标对供热系统进行全数字化的监控和高度智能化的管理，实现系统监控、节能降耗、客户管理、人员管理、设备管理、资源管理等综合管理功能，从而提升热网运行的综合效益。

智慧供热系统子系统包括：

①应用系统。

应用系统由实时数据库应用软件、智慧供热平台应用软件、国家供热能耗监测平台应用软件、WEB应用软件和App应用软件组成。

②数据系统。

数据系统由过程参数实时数据库、智慧供热关系数据库以及分布式应用数据库组成，分布于国家级数据中心、区域级数据中心、企业级数据中心，构成国家、供热企业、服务平台等一体化的供热数据应用系统。

③通信系统。

平衡系统采用Enbus总线，并通过集抄器由无线网络传输至运营商数据中心，并由广域网实现国家供热能耗监测平台、区域供热能耗监测、供热企业智慧供热平台、运营服务供应商、热用户等之间的海量数据互联。

④平衡系统。

平衡系统采用三级热平衡技术，以热用户室内温度为目标，结合智能测控终端、单元平衡阀、管网数据和换热站数据，通过流量指数和热量指数的调节，实现供热系统水力平衡和热力平衡，从而达到二次网平衡的目的（见图4－9）。三级平衡技术具体为：

一级热平衡即换热站平衡。通过换热站设备的自动化改造对换热站的一次网和二次网部分的进回水温度、压力、流量实施监控，并根据热量指数调节一次网的流量，实现二次网的质调节，并根据流量指数调节二次网流量实现二次网的量调节，以此实现换热站总体平衡。

二级热平衡即单元平衡。通过楼栋或单元平衡阀调节楼栋或单元流量，从而控制楼栋或单元的供热量，通过流量和回温等参数使各楼栋或单元的供热负荷保持均衡，避免供热系统的水平失调，以此实现单元平衡。

三级热平衡即户间平衡。在热用户的入户端安装平衡热量表或智能测控终端，通过L值平衡控制算法自动调节入户流量，从而实现户间热量的合理分配，避免供热系统的水平和垂直失调，以此实现户间平衡。采用室温软测量技术获取室内温度，可控制室内温度的调节，从而实现舒适化、个性化供热。

（3）融资情况

2023年10月，云谷科技获得数千万元的B＋轮融资，该轮融资由吉电国贸和浙江能源集团领投，融资资金将用于研发、生产、市场营销等。公司历史投资人还包括源码资本、容亿投资、核聚资本等。

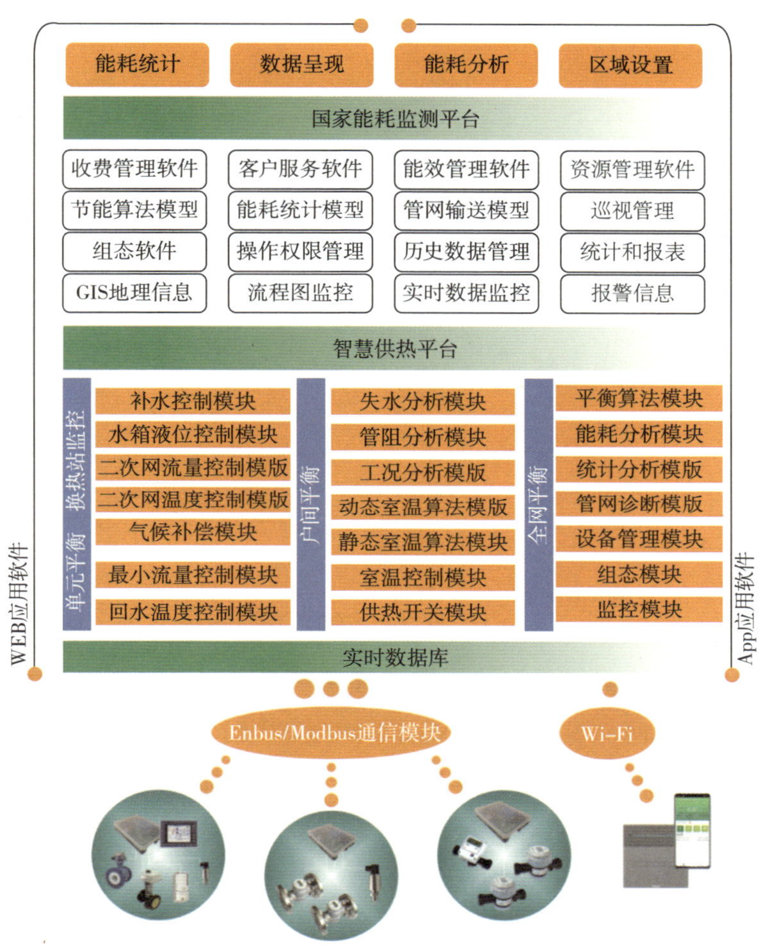

图 4-9 平衡系统功能模块

2. 暖流科技

（1）基本情况

北京暖流科技有限公司（以下简称暖流科技）成立于 2015 年，深耕智慧供热领域，利用“AIoT”和“数字孪生”技术改革传统供热行业，是一家智慧供热 SaaS 运营服务商。暖流科技自主研发了适应供热系统全场景的智能无线传感器、智能集控器等工业物联网硬件和工业互联网架构，以及集合 3D 快速建模技术、在线仿真技术、AI 算法的数字孪生体系，建立

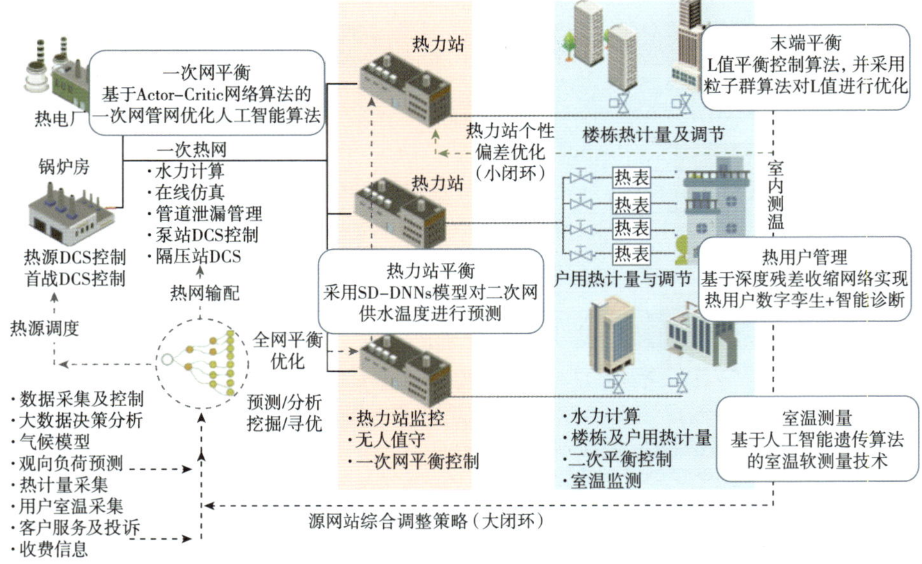

图4－10　源网站三级平衡调整策略

起以数据和人工智能技术驱动的智慧供热“AIoT＋SaaS”平台，为供热企业提供“源、网、站、端”全系统解决方案，以及“生产、收费、客服、维修”等全流程业务系统，形成一站式的SaaS服务体系，帮助能源企业实现智能化服务升级，节能减碳、降本增效。

（2）融资情况

2022年2月，暖流科技完成数千万人民币A轮融资，该轮融资由创新工场领投，飞凡创投和盛景嘉成联合投资，所获资金将用于产品生态链的完善和市场的拓展，公司的历史投资人还包括中关村前沿基金等。

3. 英集动力

（1）基本情况

浙江英集动力科技有限公司（以下简称英集动力）成立于2014年，是由浙江大学常州工业技术研究院孵化并获得政府“双创”计划支持的国家高新技术企业。英集动力拥有发明专利29项，获省部级奖项4项。公司主要从事智慧城市供热系统运行状态监测、故障诊断、调度决策支持、先进控制的软硬件产品技术开发及系统集成，以及供热系统运行维护及规划设计咨询服务，致力于提供能源数字化智能运营管理解决方案。

英集动力自主研发了 viHeating 系列“源—网—荷—储”全过程智慧供热仿真分析及优化调控产品，运用物联感知、建模仿真、机器学习、实时优化等新一代信息技术解决低碳城市供热系统的自主优化运行调度控制难题。

（2）融资情况

2023 年 9 月，英集动力完成数千万元 A＋轮融资，该轮融资由金蚂投资领投，浙江大学无锡校友会基金跟投，所获资金将主要用于产品研发与行业市场拓展，公司的历史投资人还包括鲁信创投、常州高新投等。

四、二级市场投融资

1. 供热行业产业链梳理

城市供热产业链中，中游城市供热企业是主要参与者。城市供热产业链上游为能源供应及零部件生产，其中能源供应主要以煤炭、油、燃气、生物质等作为主要燃料，目前火电、热电联产企业为其主要的能源供应商。中游企业为城市供热企业的主要参与者，主要经营热力生产以及管网布置等业务，通过热力管网将产出的热能输送分配给热用户。下游热用户按照用途可分为居民、商业和工业用户等。我国城市供热产业链见图 4－11。

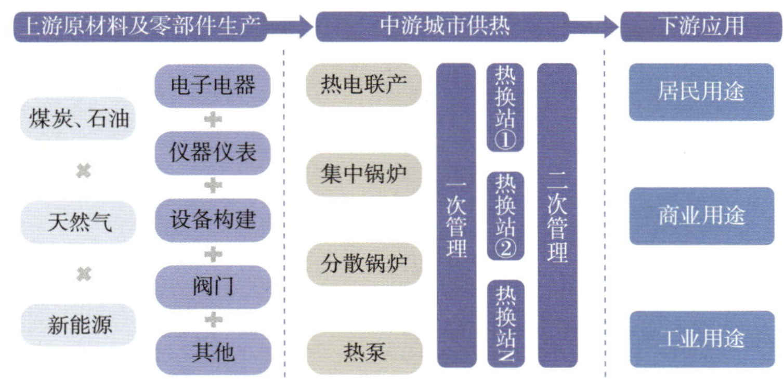

图 4－11　城市供热产业链

资料来源：前瞻产业研究院。

2. 城市供热相关企业梳理

城市供热上市公司大部分成立及上市时间较早，具有投资规模大、投资回报周期长、开展业务需要特许经营资质、普遍具有区域垄断的特点。城市供暖是现代化城市的重要基础设施，因此相关企业往往成立较早，以市场化原则实施特许经营有利于保障公众利益，提高运行效率。相关企业主要通过市场竞争取得经营权，在供热许可经营期内完成相关基础设施建设投入运营，并依据政府定价向终端用户提供供热服务。同时，供热企业对城市供热设施依赖程度高，具有较大的设备改扩建及维护资金需求。当前城市供热行业上市公司主要有10余家，见表4-1。

表4-1　城市供热主要上市公司

公司简称	股票代码	要点	产品与服务类型	供热业务概况
春城热力	1853. HK	吉林省最大的供热服务供应商	主要业务是为城市提供供热同时提供建设维护及设计服务	主要通过为房地产开发商、建筑公司、供暖企业提供供热相关的建设、维护及涉及服务来形成营业收入
*ST 惠天	000692. SZ	在沈阳城市供热基础建设规划中发挥着主导作用	主要业务是为居民及非居民用户提供供热及工程服务	供热范围覆盖沈阳市内和平、沈河、大东、东陵、皇姑、铁西、于洪七区及棋盘山国际旅游风景区、大连经济技术开发区和法库县。供热规模达5100万平方米
金房能源	001210. SZ	国内知名的暖通节能服务提供商	主要产品及服务包括供热运营服务、节能改造服务、节能产品	重视供热节能技术和产品研发，坚持自主创新，围绕节能技术、节能运营和节能服务形成了成熟的自主研发体系，掌握烟气余热回收、供热管网输配能耗控制等多项技术
宁波能源	600982. SH	具备丰富的热电联产运营管理经验	主要产品是热力与电力，通过燃煤产生蒸汽提供给工业用户，同时通过汽轮机发电直接接入电网	围绕综合能源发展定位，以热电联产为基础，大力发展清洁能源技术，提供市政清洁能源供暖服务

续表

公司简称	股票代码	要点	产品与服务类型	供热业务概况
联美控股	600167. SH	立足辽宁沈阳，通过“自建+收购+运营管理”三重模式进行全国集中供热布局	主营业务为清洁供热为主的综合能源服务和高铁数字媒体广告经营业务	在清洁燃煤集中供热与热电联产、再生水源热泵供热、生物质雷丹联产、天然气分布式冷热电三联供等多能利用、多能供给和智能管控等方面形成了独特发展优势，围绕城镇居民供热制冷、产业城、产业园和城市大型公共建筑等多能用能需求提供综合能源解决方案、智慧运营和管理服务
京能电力	600578. SH	北京地区最大的火力发电企业	主营业务为燃煤火力发电和供热，同时涉及综合能源服务、煤电联营等	44台运营发电机组中，供热机组台数占比达86%
杭州热电	605011. SH	浙江省最早建成的区域性热电联产、集中供热环保节能型企业	提供的主要产品为蒸汽与电力。生产的蒸汽供应工业园区内的工业用户，电力出售至国家电网	在抓好热电产业生产能力扩大和节能环保技术创新的同时，充分发挥雄厚的热电专业技术和管理人才作用，不断向外开拓，跨地区输出技术服务和投资建设新项目，延长主业产业链
京能热力	002893. SZ	城市小区“供热投资运营”模式的先行者，是北京市首批实施合同能源管理服务的供热企业	主营业务为热力供应、节能技术服务	已成为集“供热项目投资、供热托管运营、合同能源管理、供热节能技术研发、供热管理顾问服务”于一体的专业化供热公司
东方环宇	603706. SH	专注于城市燃气供应、城市集中供热的公用事业综合服务商	主营业务为天然气销售业务、天然气设施设备暗黄业务以及天然气供热业务	城市燃气供应、城市集中供热的公用事业业务包括CNG汽车加气、居民生活用气、工商业客户用气，覆盖燃气供应管网建设、围绕燃气市场开发的设备安装以及城市集中供热业务

续表

公司简称	股票代码	要点	产品与服务类型	供热业务概况
大连热电	600719. SH	多元投资主体的热电联产、集中供热的集团	主要承担向城市居民、企事业单位提供汽/暖产品，向电业部门提供电力产品	充分发挥高温水网的“错峰蓄热”功能，在供暖单耗、发电单耗、投入产出等主要生产运行指标等方面取得显著效果
哈投股份	600864. SH	管理水平和盈利能力居哈尔滨市中上游	主营业务是热电业务和证券业务	热电业务是电力、热力生产供应，主要产品是电力、蒸汽和集中供热
渤海股份	000605. SZ	为京津冀地区提供水务、清洁能源服务	主营供水、环境治理、清洁能源三大板块	采用热电联产、相变储能等清洁能源技术，提供市政清洁能源供暖服务
协鑫能科	002015. SZ	结合算力发展数字能源业务及清洁能源业务	主营业务为数字能源业务和清洁能源业务，加持算力高科技产业支持，致力于成为领先的移动数字能源科技运营商	立足长三角、珠三角、京津冀等经济发达地区，为苏州工业园区、广州经济技术开发区等数十个国家级、省级工业园区提供热电冷多练功服务，服务热用户2000余家，用户覆盖医药、化工、制造等行业
富春环保	002479. SZ	国内大型的环保公用及循环经济型高新技术企业	主营业务为固废和危废处置、节能环保服务及环境监测治理业务	节能环保服务业务主要是热电联产业务，根据能源梯级利用原理将煤、天然气等一次能源发电，发电后余热用于供热的先进能源利用形式，是异地（并购）复制、构建区域能源网络的基础性业务
廊坊发展	600149. SH	廊坊市覆盖区域最大的供热企业	主要为城区、园区及小区居民、商业和工业用户提供供暖及蒸汽等服务，并开展供热系统的统一规划、设计、建设和运营	2023年上半年实现签约供热面积3.58万平方米，累计签约面积1058.22万平方米，实际供热面积516.92万平方米；截至2023年上半年，公司供热经营区域面积超100平方千米，是廊坊市覆盖区域最大的供热企业

资料来源：各公司年报，Wind。

从业务结构来看，热电联产模式逐步受到重视。热电联产利用热机或发电站同时产生电力和有用的热量，具有能量应用高效、低碳清洁等优势。上市时间较晚的公司大多采用这一模式进行热力生产，供热业务营收占比较小（见表4－2）。

表4－2 城市供热主要上市公司上市时间及业绩梳理（按上市时间排序）

公司简称	股票代码	上市时间	总营收（亿元）	供热业务占比（%）	供热业务营收（亿元）	归母净利润（亿元）
哈投股份	600864. SH	1994年8月9日	25. 62	57. 65	14. 77	-9. 74
大连热电	600719. SH	1996年7月16日	8. 07	66. 95	5. 40	-1. 57
渤海股份	000605. SZ	1996年9月13日	17. 53	38. 86	6. 81	0. 16
＊ST惠天	000692. SZ	1997年2月27日	19. 96	99. 28	19. 82	-19. 39
联美控股	600167. SH	1999年1月28日	34. 50	62. 57	21. 59	9. 44
廊坊发展	600149. SH	1999年10月14日	2. 13	97. 67	2. 09	-0. 08
瀚叶股份	600226. SH	1999年11月16日	6. 02	61. 36	3. 69	4. 86
京能电力	600578. SH	2002年5月10日	304. 85	6. 63	20. 21	8. 03
宁波能源	600982. SH	2004年7月6日	92. 97	26. 01	24. 18	3. 64
协鑫能科	002015. SZ	2004年7月8日	106. 83	37. 74	40. 32	6. 80
富春环保	002479. SZ	2010年9月21日	47. 91	44. 62	21. 38	2. 59
迪森股份	300335. SZ	2012年7月10日	11. 43	51. 86	5. 93	0. 71
京能热力	002893. SZ	2017年9月15日	10. 29	100. 00	10. 29	0. 31
东方环宇	603706. SH	2018年7月9日	10. 57	48. 88	5. 17	1. 37
春城热力	1853. HK	2019年10月24日	16. 55	92. 93	15. 38	1. 15
杭州热电	605011. SH	2021年6月30日	36. 29	56. 08	20. 35	2. 12
金房能源	001210. SZ	2021年7月29日	8. 71	100. 00	8. 71	0. 96

资料来源：各公司年报，Wind。

城市供热行业盈利能力受能源价格波动影响较大。从成本端来看，供热行业成本中燃料成本比重高，容易受到能源价格波动影响。从收入端来看，供热行业下游用户主要为工商业和居民用户，前者经营压力较大，后者则有民生保障要求，因此供热价格压力难以传导。以2022年为例，受2021年下半年以来煤价出现历史级别大幅上涨影响，企业业绩受到影响甚至出现亏损，从2020—2021年A股部分上市热力企业金房能源、富春环保、京能热力、联美控股、大连热电扣非归母净利润情况看，高煤价下供热企业基本均出现不同程度的利润下滑，业绩稳定性有待提升（见图4－12）。

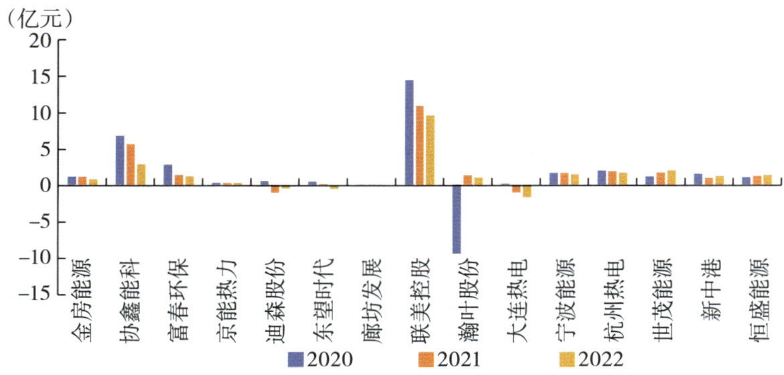

图4－12　2020—2022年国内主要供热上市公司扣非归母净利润

资料来源：Wind。

3. 供热企业现存挑战

（1）化石能源热源占比高

当前城市供热行业燃料仍以煤炭为主，高煤价下企业业绩频频承压，行业盈利稳定性较弱。2021年，煤炭行业受供给侧改革、下游用电需求高增等因素影响，煤价不断走高；2022年俄乌冲突爆发、煤炭新增产能释放有限，煤价持续高位运行，受此影响主要供热上市公司业绩下滑甚至出现亏损。

（2）热力平衡调节困难

供热系统应当根据室外气候变化及时调整热量供给，实现热量供需平衡。但当前我国集中供热缺乏精细化的调控手段，过量供热和供热不足并存，系统灵活性不足，难以实现按需供热要求。由此导致能源利用率较低，热量损耗量大，在我国供热体系运行中，常出现热量损耗，包括热源损失、一次管网热损失、缺乏及时调节造成的热损失、二次管网热损失、楼栋间不均匀热损失、楼内不均匀热损失等。

（3）管理粗放、智能化水平低

当前我国供热系统仍大量采取人工调节运行方式。由于供热管网设施多数建在地下，大多情况下因检测手段不足难以获得实际有效的检测数据，无法实现全面智能化、一体化的高效调度和优化供热。多数地区仍通过在换热站派驻人员值守以避免意外事件发生，存在热力公司人力工作强度大、效率低等问题。

4. 供热上市公司融资动态

（1）主要融资事件梳理

从城市供热企业投融资事件来看，目前被投资企业大部分规模较小，投资集中在供热节能、智慧供热、供热服务等细分领域，主要投资形式为IPO上市和定向增发（见表4－3）。

表4－3 城市供热公司融资梳理

时间	公司名称	公司简介	轮次	金额	投资方
2023年10月31日	京能热力	专业化供热企业	主板定增	4.26亿元	京能集团
2022年8月8日	工大科雅	智慧供热全面解决方案提供商	IPO	7.68亿元	公开发行
2022年7月15日	普赛通信	供热节能系统提供商	新三板定增	2500万元	济南科投、中国风投
2022年6月9日	豫能控股	火力发电及热力生产供应商	主板定增	8.31亿元	UBS AG、洪仲海等
2021年11月2日	瑞纳智能	供热节能产品研发商	IPO	10.25亿元	公开发行
2021年7月29日	金房能源	供热运营服务提供商	IPO	6.36亿元	公开发行
2020年12月30日	东方环宇	天然气供应商	主板定向增发	3.47亿元	新疆东方环宇
2020年12月18日	青岛积成	公用事业自动化和信息化	新三板定增	2500万元	创势仁和资本、长春汇泽
2019年10月24日	春城热力	供热服务商	IPO	/	公开发行
2019年8月2日	宏日股份	清洁能源供热服务商	新三板定增	999万元	长春汇泽投资
2017年6月13日	弘益热能	公司主要从事区域供热项目	新三板定增	4842万元	龙德文创基金、共青城宁磊投资管理

续表

时间	公司名称	公司简介	轮次	金额	投资方
2017 年 3 月 13 日	博达股份	供热企业应用管理软件开发运营	新三板定增	3967 万元	亦庄互联基金
2017 年 1 月 4 日	吉电股份	热电服务提供商	主板定向增发	35.57 亿元	银瑞信基金管理有限公司、平安大华
2016 年 11 月 17 日	德联科技	工业暖通能源设备生产制造商	新三板定增	4985 万元	江苏新华发集团
2016 年 1 月 22 日	天罡股份	整体供热节能解决方案提供商	新三板定增	2497.5 万元	广发证券、招商证券
2015 年 12 月 31 日	中能股份	区域供热产品和工程服务提供商	新三板定增	5000 万元	哈尔滨投资集团
2015 年 12 月 31 日	山东北辰	换热器及压力容器研发制造商	新三板定增	未披露	黄河三角洲产业投资基金管理
2015 年 12 月 24 日	金山股份	能源发电服务提供商	主板定向增发	28.57 亿元	华电能源、辽宁能源

资料来源：各公司年报，Wind。

(2) 主要兼并重组事件梳理

城市供热行业近几年兼并重组事件较少，基本上分为中游横向扩大型兼并重组与上游前向一体化兼并重组两类（见表 4－4）。

表 4－4 城市供热公司兼并重组事件梳理

时间	被收购方	收购方	兼并重组类型	事件分析
2023 年 4 月 21 日	宜川宝信（45% 股份）	金房能源	上游前向一体化	宜川宝信在当地经营供热业务多年，有一定的运营经验和竞争优势，目前发展遇到瓶颈；金房能源是国内知名的暖通节能服务提供商，专注于节能供热领域，公司具有一支专业化且稳定的管理团队，在运营管理、节能开发、技术创新等方面具有优势。此次收购前金房能源持有宜川宝信供热有限公司 55% 股权，收购完成后持有其 100% 股权，实现全资控股

续表

时间	被收购方	收购方	兼并重组类型	事件分析
2022 年 7 月 16 日	华通热力	京能集团	中游横向扩大	国企混合所有制改革向纵深推进，京能集团成为北京华远意通热力科技股份有限公司单一股份表决权比例最大的股东，后续定向增发完成后将实现控股。通过此次收购，京能集团将增强服务，提升保障首都供热的能力
2021 年 11 月 7 日	赫普能源（51% 股份）	杭锅股份	上游前向一体化	赫普能源是国家高新技术企业、国家级专精特新“小巨人”企业，致力于新能源消纳和火电机组灵活性调峰储能改造解决方案。该次交易共 15.3 亿元，有力促进杭锅股份快速进入火电企业灵活性改造的巨大市场，确立了市场先发优势。赫普能源发展稳定，收购完成后将纳入杭锅股份合并报表范围，成为该公司新的盈利增长点
2021 年 12 月 15 日	江阴热电（50% 股份）	华光环能、江阴电力	上游前向一体化	江阴热电股东华光环能和江阴电力拟对江阴热电同比例现金增资共计 1.95 亿元，其中华光华能增资 9750 万元，江阴电力增资 9750 万元。该次增资有利于落实国家能源政策，推进燃气轮机创新发展，为江阴热电建设 1 * 9F 级燃气发电工程项目筹措资金
2021 年 7 月 23 日	无锡蓝天燃机热电（20% 股份）	华光环能	中游横向扩大	华光环能出资 7471 万元现金收购协鑫智慧（苏州）能源电力投资有限公司持有的无锡蓝天燃机热电有限公司 20% 的股权。该次交易完成后，华光环能将持有无锡蓝天 55% 的股权。华光环能将无锡作为公司热电运营服务的重点区域，同时也将继续推进管网互联互通建设，将智慧热网打造为全国领先水平
2020 年 9 月 8 日	城市万德福热力	怀化勤能	上游前向一体化	国华全资子公司怀化勤能就收购重组应付的投资额为人民币 1.1 亿元。城市万德福热力主要从事使用燃煤锅炉透过集中管网向运城管理委员会独家许可的地区提供集中供热。收购事项有望与国华集团现有的业务产生协同效应，巩固集团提供供热服务的能力

资料来源：各公司年报，Wind。

(3) 投融资及兼并重组总结

城市供热行业企业二级市场投融资及兼并重组活跃度较低，行业发展较为成熟。兼并重组事件从类型来看，当前以上游向前一体化兼并重组居多（见图4－13）。未来随着城市供暖行业进一步发展，预计区域供热重点公司仍需进一步深耕本地服务。各区域主要供热企业上游向前一体化兼并重组数量有望上升，届时大型企业的本地供热服务能力将持续提升。

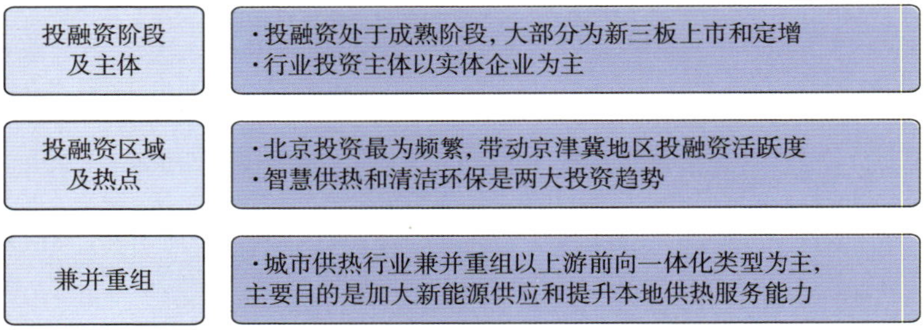

投融资阶段及主体	·投融资处于成熟阶段，大部分为新三板上市和定增 ·行业投资主体以实体企业为主
投融资区域及热点	·北京投资最为频繁，带动京津冀地区投融资活跃度 ·智慧供热和清洁环保是两大投资趋势
兼并重组	·城市供热行业兼并重组以上游前向一体化类型为主，主要目的是加大新能源供应和提升本地供热服务能力

图4－13　城市供热公司投融资总结

五、智慧供热上市公司

智慧供热产业链包括软件平台和硬件设施两部分。软件主要为智慧供热应用平台，包含热源监控、热力站监控、二级网监控、用户监控等各项监控系统及智能分析、收费管理、客户管理等一体化集成系统。硬件设施主要分为数据采集、数据传输、反馈与执行三类，天罡股份招股说明书中智慧供热板块核心设备包括热量表、流量计、室内温控器、智能控制阀、数据集中器等。

智慧供热领域的上市公司侧重方向有所不同，工大科雅、同方股份等公司侧重于智慧供热AI算法以及软件研发，汇中股份、天罡股份、迈拓股份、新天科技侧重于热量表等硬件产品的研发与销售，瑞纳智能为软硬件一体化的智慧供热产业链解决方案提供商（见图4－14）。智慧供热领域上市公司基本情况见表4－5。

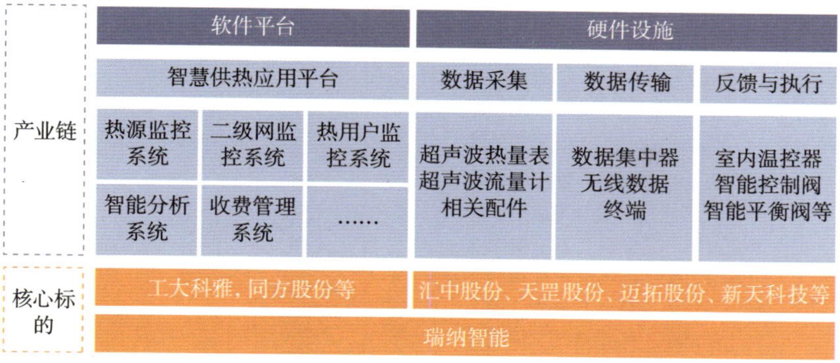

产业链

软件平台

智慧供热应用平台

热源监控系统 | 二级网监控系统 | 热用户监控系统

智能分析系统 | 收费管理系统 | ……

硬件设施

数据采集 | 数据传输 | 反馈与执行

超声波热量表 超声波流量计 相关配件 | 数据集中器 无线数据终端 | 室内温控器 智能控制阀 智能平衡阀等

核心标的

工大科雅，同方股份等

汇中股份、天罡股份、迈拓股份、新天科技等

瑞纳智能

图 4－14　智慧供热板块产业链及核心上市公司

表 4－5　智慧供热领域上市公司基本情况

公司简称	主营业务情况	上市时间	归母净利润（亿元）		市值（亿元）（2023 年 12 月 17 日）	PE（TTM）
			2021 年	2022 年		
瑞纳智能	为供热节能行业的整体解决方案提供商。收入主要来自供热节能系统工程、智能模块化换热机组、智能物联平衡阀和超声波热量表	2021 年 11 月	1.71	2.01	35.75	20.57
工大科雅	向政府供热主管部门、热力企业、建筑工程施工单位提供智慧供热应用平台以及热网智能感知与调控系统及系列化产品，也为热力企业提供供热托管服务与合同能源管理等供热服务	2022 年 8 月	0.86	0.41	22.96	53.31
同方股份	主要产品包括安防安检设备、CNKI 知识数据产品、大数据应用、楼宇智能化及节能化应用、城市热网、轨道交通的智能化、热泵节能产品、照明以及科工装备等	1997 年 6 月	－18.79	－7.72	263.00	－46.18

续表

公司简称	主营业务情况	上市时间	归母净利润（亿元）		市值（亿元）（2023 年 12 月 17 日）	PE（TTM）
			2021 年	2022 年		
天罡股份	专业研发生产供热、供水行业超声智能计量仪表及节能整体解决方案，已覆盖北方主要供热省市，提出以热量表计量数据为基础的供热计量收费、供热计量温控一体化系统、标准化热力站自控系统等一系列供热解决方案	2023 年 6 月	0.60	0.57	10.93	18.05
汇中股份	是集“产品 + 方案 + 服务”为一体的智慧供水、智慧供热整体解决方案提供商，主要产品包括超声水表、超声热量表、超声流量计及相关智慧管理系统，产品口径范围为 DN15 ~ DN15000	2014 年 1 月	1.55	1.09	24.07	25.80
迈拓股份	涵盖智能水计量、智能热计量两大主线、覆盖管网/户用全口径范围，主要产品包括超声水表、超声流量计、智能消火栓、超声热量表、智能衡流阀及其配套产品等	2021 年 6 月	1.40	1.09	24.51	24.18
新天科技	产品包括物联网智能水表、智能燃气表、智能热量表以及工商业智能电磁流量计、智慧水务、智慧农业节水、智慧水利、智慧热力、云服务等，广泛应用于水务公司、燃气公司、热力公司、物业公司等	2011 年 8 月	4.13	2.46	42.81	19.57

资料来源：各公司年报，Wind。

1. 瑞纳智能

瑞纳智能自 2008 年成立以来一直深耕智慧供热领域，专业从事供热节能产品研发与生产、供热节能方案设计与实施，能为热力客户提供涵盖能源计量与数据采集、能源智能控制、数据交互与分析管理、节能服务的完整产业链服务，已成长为行业内稀缺的涵盖智能软件、智能硬件，提供“产品＋方案＋服务”一体化智慧供热整体解决方案的公司。2021年，瑞纳智能正式在深交所上市。

瑞纳智能的收入主要来自供热节能系统工程、智能模块化换热机组、智能物联平衡阀、超声波热量表四大板块，收入占比分别为39.44%、20.66%、11.74%、11.1%。其中，公司超声波热量表销售量从2018年的6.34万台增长至2021年的8.21万台，2022年超声波热量表市场需求减少，销量为6.47万台。公司下游客户分布较广，在山东省市占率较高，山东省是我国集中供暖重点地区，智慧供热改造市场空间巨大。从业绩表现看，受益于下游供热企业降本增效内生驱动及“双碳”目标下的节能减排需求，公司营业收入从2019年的1.6亿元增至2022年的6.47亿元，年复合增速为32.2%，归母净利润从2019年的0.3亿元增至2022年的2.01亿元，年复合增速为46.3%（见图4－15、图4－16）。

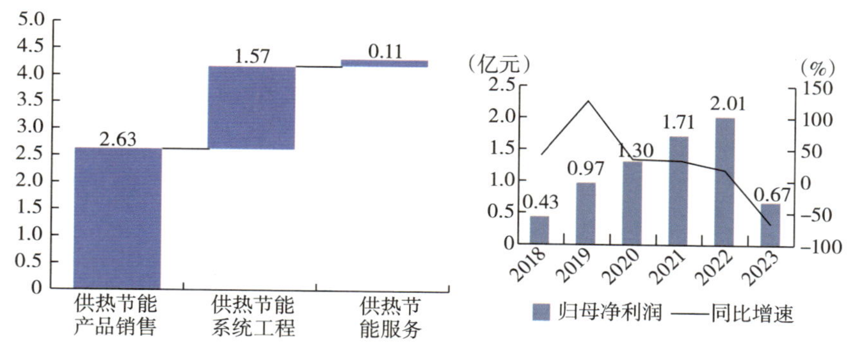

图4－15 2022年瑞纳智能收入构成　　**图4－16 近六年瑞纳智能归母净利润及同比增速**

资料来源：瑞纳智能年报。

2. 工大科雅

工大科雅成立于2002年，2004年首次在国内提出通/断式供热控制模式和Q式供热调控系统，经过多年发展公司形成了具有自身特色的“解决方案设计＋系统集成产品＋专业技术服务”的复合业务模式，致力于降低企业及相关客户能耗及运营成本，从而提高其经济效益。2022年8月，公司在深交所创业板上市，是A股首家专注于“智慧供热”的软件和信息技术服务行业上市公司。

工大科雅的业务包括智慧供热解决方案和智慧供热服务两大类，两大业务板块可细分为热网智能感知与调控系统、智慧供热应用平台、供热托管服务、合同能源管理四类产品与服务，其中热网智能感知与调控系统的贡献最大，2022年收入为2.15亿元，占总营业收入的68.77%。从业绩表现看，工大科雅的营业收入从2018年的2.8亿元增长至2022年的4.03亿元，归母净利润从2018年的0.59亿元增长至0.86亿元，年复合增速分别为12.9%和13.4%（见图4-17、图4-18）。

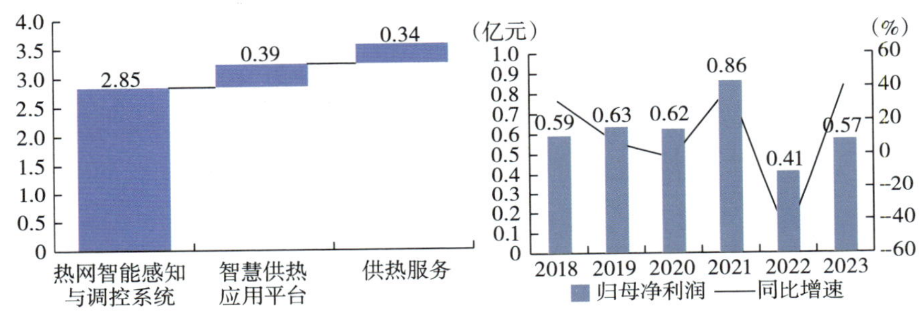

图4-17 2023年工大科雅收入构成　　**图4-18 近六年工大科雅归母净利润及同比增速**

资料来源：工大科雅年报。

3. 同方股份

同方股份是1997年由清华大学出资成立的高科技企业，同年在上海证券交易所挂牌上市。2019年，中核集团与清华大学共同推进校企改革合作，中核集团以股权并购方式成为同方股份控股方。

同方股份主营的数字信息、智慧能源以及核技术应用三大板块，2022年收入占比分别为46.56%、23.86%和21.52%。在智慧能源领域公司以热泵产品和热能生产为根本，形成贯穿城市清洁能源、能源生产、能源输配、能源消费和能源智慧化的全产业链布局，在全国的智慧供热服务面积已超过14亿平方米，实施的热泵项目面积超过4亿平方米。从业绩表现看，2021年起公司始终处于亏损状态，但亏损逐年减少，2023年前三季度归母净利润为-6.22亿元。2022年，公司设立同方智慧能源集团，成立中核集团碳达峰碳中和研究中心、同方碳中和创新研究院，推动“双碳”目标下的能源智慧绿色转型发展，公司智慧能源领域投入有望进一步增加（见图4－19、图4－20）。

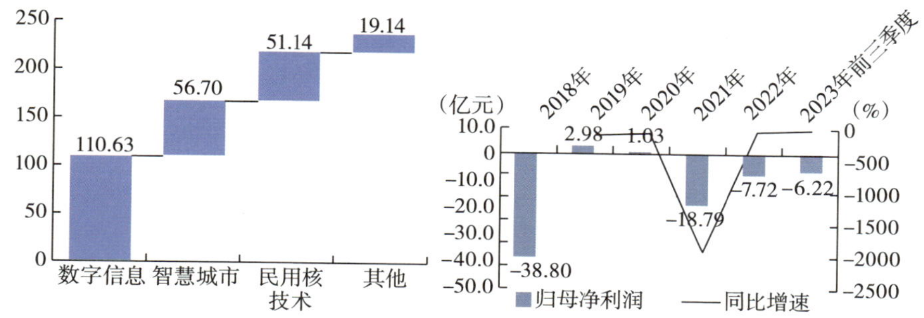

图4－19　2022年同方股份收入构成　　图4－20　近五年同方股份归母净利润及同比增速

资料来源：同方股份年报。

4. 汇中股份

汇中股份创立于1994年，自成立之初就重点聚焦超声测流领域，并逐渐形成集智能超声测流产品研发、生产、销售、服务为一体的专业研发生产制造商。2003年，汇中股份制造出我国第一台超声热量表和第一台超声水表，打破国外垄断，开启超声计量的新时代。2014年成功在创业板上市。汇中股份深耕超声测流领域近30年，为国家级专精特新“小巨人”企业。

汇中股份的核心业务包括超声水表及系统、超声热量表及系统和超声流量计及系统，2022年三大业务板块的收入占比分别为59.8%、20.2%和9.7%。从过去的业绩表现看，2018—2022年汇中股份的营业收入与归母净利润复合增速分别为16.1%、7.4%，2022年营业收入为5.08亿元，归母净利润为1.09亿元。2022年汇中股份热量表业务收入达到1.03亿元，在行业内位于第一梯队。未来随着“热计量”政策的推进以及智慧供热的发展，公司热量表业务有望放量（见图4－21、图4－22）。

5. 天罡股份

天罡股份创始于1988年，于2015年5月在新三板挂牌，是一家主要

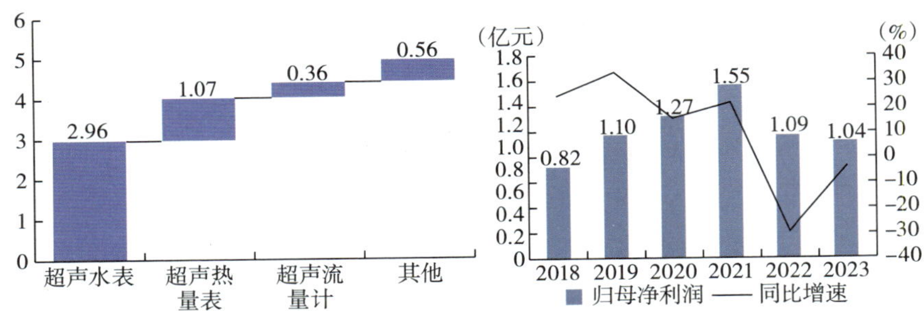

图 4-21　2023 年汇中股份收入构成　　　图 4-22　近六年汇中股份归母净利润及同比增速

资料来源：汇中股份年报。

从事超声波热量表、超声波水表等物联网超声计量仪表的研发、生产与销售的国家专精特新“小巨人”企业及国家火炬重点高新技术企业。公司的超声波热量表是国内少有的获得德国 PTB 认证的产品，且全系列产品在欧盟地区获得 MID 认证。2023 年 6 月，公司在北交所上市，同日从新三板摘牌。

天罡股份的核心业务包括超声热量表及系统、超声水表及流量计以及智能调控终端。2022 年三大业务板块收入占比分别为 48.09%、29.78% 和 10.27%。从过去的业绩表现来看，2018—2022 年天罡股份的营业收入与

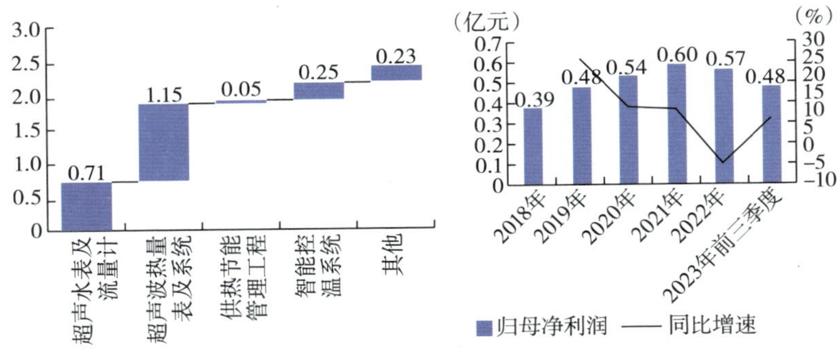

图 4-23　2022 年天罡股份收入构成　　　图 4-24　近五年天罡股份归母净利润及增速

资料来源：天罡股份年报。

归母净利润复合增速分别为 8.2%、10.7%。天罡股份为国内超声波热量表龙头，2022 年超声热量表收入为 1.15 亿元（见图 4-23、图 4-24）。

6. 迈拓股份

迈拓股份创立于2006年，专注从事智能超声水表和热量表系列产品的研发、生产和销售，并通过构建软硬件相结合的一体化产品生态为智慧水务、节能供热提供系统解决方案。迈拓股份是国内较早自主成功研发超声热量表的企业之一，2010年开始加大对智能超声水表的研发投入，成为国内最早向市场推广户用智能超声水表的企业之一。公司于2021年6月在深交所上市。

迈拓股份的核心业务包括智能超声水表和智能超声热表两大板块，2022年两大业务板块的收入占比分别为87.43%和10.77%。从过去的业绩表现看，2018—2022年迈拓股份的营业收入与归母净利润复合增速分别为17.4%、10.7%。2022年，迈拓股份共销售97.21万只仪表，营业收入为3.585亿元，归母净利润为1.09亿元，其中超声热量表的收入体量为3862万元（见图4－26、图4－26）。

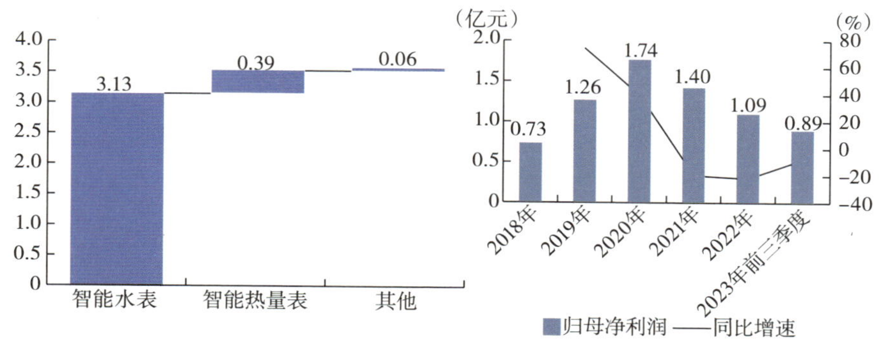

图4－25　2022年迈拓股份收入构成　　**图4－26　近五年迈拓股份归母净利润及增速**

资料来源：迈拓股份年报。

第五篇　案例篇

一、案例选择原则

清洁供热是重大民心工程、民生工程，自 2017 年实施北方地区冬季清洁取暖五年规划以来，北方地区清洁取暖成效显著。实现碳达峰碳中和，供热是一个重要领域，近年来我国清洁供热技术在全国各地有很多具有先进示范意义的应用案例。本篇主要从项目概述、主要技术及创新点、商业模式、可推广性分析、综合示范效益 5 个方面展示案例先进性，共介绍 8 个具有代表性的清洁供热典型案例。

1. 技术先进性

“双碳”背景下，我国将构建清洁、低碳、安全、高效的新型能源体系。我国能源升级无法效仿西方国家路径，而要逐步提升非化石能源消费比重，不断提高消费端电气化水平，压缩能源转型升级时间；坚持安全降碳，将经济社会发展和人民群众改善生活的能源需求放在重要位置；坚持节能优先，将节能放在重要位置；能源开发利用必须减少对生态环境的不利影响，降低二氧化碳等温室气体排放强度；以居民可承受为前提，不能脱离中国国情、超越发展阶段，推动煤电从基础性电源向基础性和系统调节性电源并重转型，实现能源安全、高效、清洁、低碳、可持续发展。

技术先进性应坚持减污降碳，促进供暖电气化和可再生能源供暖。具体来说，热源侧包括热电机组深度解耦技术、核能供热技术、工业余热供热技术、热泵技术、生物质利用以及跨季节储热技术、中深层无干扰地热供热技术等“零排放”“分布式”“可再生”能源利用技术；热网侧包括热力平衡调控、先进热计量技术以及供热系统管理平台等；用户侧包括超低能耗建筑、近零能耗建筑、零能耗建筑以及按需供热、热计量收费等。随着新能源大规模并网以及终端电气化率的不断提高，未来产能建筑和高效用能设备也将登上历史舞台。

2. 转型示范性

在“双碳”目标背景下，终端用能电气化是大方向。在供热领域，绿色低碳转型理念将贯穿全产业链环节。短期来看，在城镇集中供暖区优先选择工业余热、热电联产、地热等方式；农村地区要因地制宜，尽量采用分布式采暖，并探索洁净煤炉具，鼓励生物质供暖、分散式生物质成型燃料＋专用环保炉具、“太阳能＋”、水源热泵等多种方式。长期来看，清洁的可再生能源电力供热是最终方向。北京大学能源研究院数据显示，2021年光伏发电的上网电价再创新低，降至0.1476元/千瓦时，随着技术进步未来将降至0.07元/千瓦时甚至更低，为电供暖奠定基础。我国要大力提高电能在终端能源消费中的比例，从目前的占比约26%提高到50%以上。应充分利用各地的屋顶资源建设分布式光伏，将可再生能源的分散特性与户用采暖的分散性相结合，降低供热管网等基础设施投资。同时，可以利用先进热计量技术，提升清洁电力供暖的经济性，实现清洁供暖的商业化。

3. 综合效益性

清洁供热作为重大民生、民心工程，要坚持“以供定改、先立后破”的原则，因地制宜推广“煤改电”“煤改气”、清洁燃煤集中供暖、工业余热供暖以及地热、生物质、太阳能等可再生能源供暖方式，实现环境、社会、经济的综合效益。

环境效益方面，北方地区冬季清洁取暖是保障百姓温暖过冬、减少环境污染、打赢蓝天保卫战的重要举措。国家和地方政府高度重视清洁取暖工作，自2017年《北方地区冬季清洁取暖规划（2017—2021年）》发布以来，清洁供热对大气主要污染物减排贡献显著。展望未来，一方面清洁取暖工作仍需要不断巩固取得的成果；另一方面未来应以减碳为发展方向和重要抓手，推动减污降碳协同增效，促进全社会绿色转型发展。

社会效益方面，清洁供暖长期稳定运行是推进工作中的重中之重。在能耗双控并逐步转向退发票控制背景下，要进一步挖潜增效，提高系统供热效率，深度回收低碳热源、开发零碳热源，加快调整热源结构。加快节能降耗、提质增效、减排降污技术的开发与应用是供热企业竞争力的一个非常重要的体现，供热企业需要尽快实现高效、智慧、精细化运营。

经济效益方面，改造成本是政府选择技术路径的主要因素，而运行成本是用户考虑是否持续使用的主要因素。优秀的清洁供热技术方案和典型案例要保障清洁供热长效机制的建立。

未来一段时间内燃煤热电联产集中供热占比会不断下降，但仍要承担基础性热源的保障功能，尤其是在严寒、寒冷地区。在2060年前碳中和目标下，我国电力装机结构中仍会保留一定量的热电机组，相应碳排放由负碳源抵消；为适应新能源为主的新型电力系统，热电机组会继续推进热电解耦，进一步提高机组出力调节范围和爬坡速度，增加供热能力，降低上网电量，相应地，电供热占比会持续增加，尤其是蓄热式，既增加电力系统灵活调节能力，又可提升稳定供热能力（虽牺牲了局部时间的能源利用效率，但提高了系统价值）。

在北方农村地区以分户式采暖为主，包括生物质户式采暖炉具、燃煤户式采暖炉、热泵、电暖器、热风机、燃气壁挂炉、地热等。要统筹考虑经济性和低碳环保性，北方农村地区应优先就地或就近利用生物质供热，发展农村循环经济模式；电供暖（优先考虑热泵等高能效电供暖方式）与分布式光伏充分结合，洁净煤短期内仍是严寒、寒冷等地区不可或缺的重要兜底保障能源，其他热源作为补充热源进行因地制宜地利用。

4. 模式推广性

中国工程院院士杜祥琬认为，未来一次能源的主流可以概括为核聚变。核聚变有两类：第一类是太阳上的核聚变即太阳能。广义的太阳能包括光伏、光热。实际上，风能、生物质能都来自太阳能。它们是清洁、低碳、零碳和可再生的。第二类是地球上的受控核聚变也称为人造太阳。目前是裂变核电站在支撑核电，业内正在突破人造太阳受控核聚变。

清洁供热产业仍处于快速发展阶段，化石能源供热比例将会有所下降，电、地热、生物质等清洁能源供热比例会进一步提高。在能耗双控背景下，优秀清洁供热典型技术案例需要进一步挖潜增效，提高系统供热效率，深度回收低碳热源、开发零碳热源，加快调整热源结构。加快节能降耗、提质增效、减排降污技术的开发与应用，同时供热企业需要尽快实现高效、智慧、精细化运营。

二、典型案例

1. 四季沐歌河北省南宫市纯水岸小区集中供暖项目

关键词：CAS 系统、空气源热泵、集中供暖

（1）项目概况

南宫市位于河北省南部、邢台市东北部，南与威县、广宗县相连，西与巨鹿县接壤，北和新河县、衡水市冀州区、枣强县毗邻，东南隔清凉江与故城县、清河县相望。东南—西北向最长 60 公里，西南—东北向最宽 20 公里，总面积 863.3 平方公里。南宫市属暖温带亚湿润大陆性季风型气候区，气候四季分明，昼夜温差较大。春季干旱多风，夏季炎热多雨，秋季晴朗凉爽，冬季寒冷少雪。全年平均气温 13.1℃，1 月平均气温 -3.7℃，3 优秀供热案例集极端最低气温 -20.8℃（1971 年 12 月 21 日），7 月平均气温 27.1℃，极端最高气温 42.7℃（1968 年 6 月 11 日）。日均气温 0℃以上持续时间 273 天。无霜期 203 天，年日照时数 2471.8 小时；光照充足，雨热同季（见图 5-1）。

图 5-1　纯水岸居民住宅实物图

该项目主要热源为超低温空气源热泵，辅助热源原则上为供暖系统的稳定、高效运行提供更加可靠的保障，同时尽可能地降低项目的初投资。因地制宜，按需供暖。采用环保型产品，无任何废气、废水、废渣排放，绝对环保。使用寿命长的设备，减轻政府能源补贴负担。针对项目的相关

特点，以用户的安全使用、系统的稳定运行、能源的高效利用以及对环境友好为设计理念进行方案设计。纯水岸小区热负荷情况见表 5－1。空气源热泵系统见图 5－2。

表 5－1 纯水岸小区热负荷情况

小区名称	建筑名称	建筑面积 m^2	热指标 W/m^2	热负荷 kW
纯水岸	住宅	71766. 81	31	2224. 8
	商铺	6983. 67	55	384. 1
	别墅	14249. 52	40	570. 0
	合计	93000	126	3178. 9

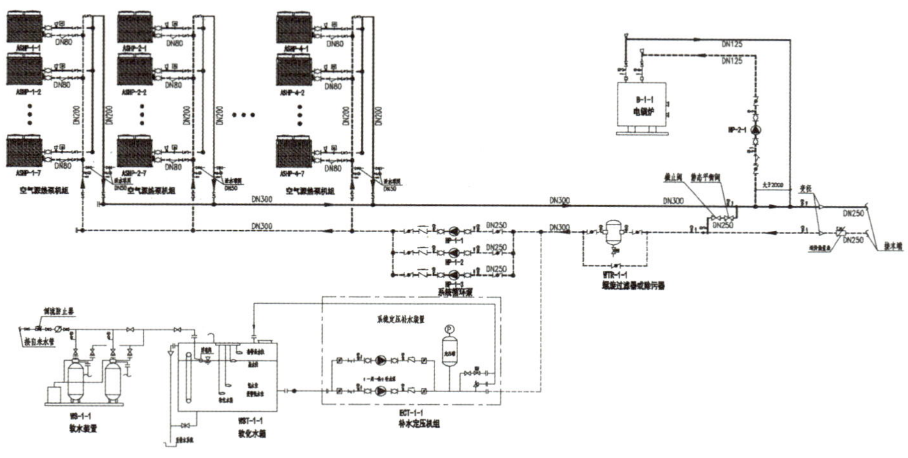

图 5－2 空气源热泵系统

安全：这里指用户安全即实际使用者的安全，该项目的实际使用者是居民，对居民来说最实际的安全即保证其环境的舒适、适宜、恒定。

稳定：指设计方案所用技术是稳定成熟的，系统能够稳定运行。这里既包括所选设备的成熟，也包括系统控制逻辑的成熟。

高效：能源的高效利用主要体现在系统的节能，节能有三方面，一是利用先进的技术，二是采用清洁的能源，三是设备之间相互耦合运营，即"围追、堵截"。所谓"围追"，即以先进的技术、系统（比如空气源热泵、多能耦合系统等）来发挥可再生、清洁能源的利用效率。同样的能源消耗，更高的能量输出，提高能源利用的性价比；“堵截”即设备之间互补，降低建筑物需求能量与设备供能之间的不协同导致的能量损耗，实际上也是对能源的一种高效利用。

环境友好：所用技术不仅需要注重效率的提升，还要兼顾环境友好原则，比如减少碳排放等。空气源热泵室外布置见图 5－3。

图 5－3　空气源热泵室外布置

（2）主要技术及创新点

①主要技术——CAS 智慧控制系统。

热源系统由空气源设备、电锅炉两大主要设备组成，辅助系统包括补水泵、软化水器、软化水箱。当地采用清洁能源供暖具有电价优惠政策。日常以空气源热泵为主，空气源热泵提供系统所需主要热量，辅助电锅炉在极寒天气或是空气源热泵故障等供热不足时启用，加热对象为循环管道中的供水。供暖中期，12 月和次年 1 月，晚上室外环境温度低于设计工况下温度启动电锅炉，且电锅炉处于峰谷电价运行期间运行费用较低。居民室内温度为控制因子，设定最低温度 18℃，最高温度 24℃，通过室外温度和供回水温度以及循环水量进行调控。供热季开始时，首先开启空气源热泵作为热源，根据室外环境温度设定 T1（可设定），每 30min 根据室外环境温度调节一次供水温度，监测补水点压力，高于 250kPa 时补水泵停止，低于 200kPa 补水泵开启。

②CAS 控制逻辑。

概况及控制原则：

A. 系统由 28 台空气源热泵机组 +1 台 600kW 电锅炉组成；

B. 热源的启动优先次序是空气源热泵机组、电锅炉，故障和被禁用设备跳过，停止顺序相反；

C. 根据室外环境温度调节供水温度，自动加载和卸载；

D. 加卸载原则遵循满足水温的控制范围要求，能适应开机或者负荷变化的需求，避免频繁启动和停止的振荡状态；

E. 设置远程视频监控系统分别监控主机及机房；

F. 控制系统可远程在线监测并设置各参数。

逻辑控制总则：

A. 先启动水泵 HP－1－1/2（HP－1－3 为备用泵，可手动/自动切换），30s 后再启动低环温空气源热泵；

B. 先启动水泵 HP－2－1，30s 后再启动电锅炉；

C. 7 台空气源热泵设置一个水流开关；

D. 空气源热泵最多 2 台同时启动，顺次启动时间间隔 30s（可设定）。减机时逐台递减，时间间隔 30s（可设定）；

E. 机组具备待机防冻功能，防冻模式下联动水泵启动；

F. 监测末端供水温度 T1，回水温度 T2，监测低环温空气源热泵总管供水温度 T3，监测每台低环温空气源热泵出水温度 T4；监测锅炉出水温度 T5，监测室外环境温度 T6；

G. 空气源热泵预留 RS485 通信接口，modbus 通信协议；

H. 电锅炉预留 RS485 通信接口，modbus 通信协议；

I. 设置温度传感器监测水系统管道各点温度，温度传感器精度 0.1℃。设置压力传感器监测各点压力，压力传感器精度 100Pa；

J. 环境温度传感器精度 0.5℃；

K. 设置远传峰谷电表计量水泵、空气源热泵、电锅炉运行电量及运行时间，设置远传热量表计量总供热量，设置远传水表计量系统补水量。

表 5-2 CAS 系统温度补偿算法运行参数

时间	环境温度	开启台数	设定温度	末端供水温度	末端回水温度	末端供水压力	末端回水压力
	℃	台	℃	℃	℃	MPa	MPa
8：00	-6	10	43	43.1	38.6	0.45	0.28
10：00	-1	8	43	42.3	38.1	0.47	0.30
12：30	-1	6	43	42.3	37.8	0.46	0.30
18：00	0	8	43	40.6	36.4	0.45	0.28
23：15	-2	8	44	40.9	36.9	0.50	0.33
2：45	0	10	44	40.5	36.5	0.47	0.30
8：00	-7	10	44	42.5	37.9	0.47	0.29
用电量：9620 K·Wh			天气情况：-8~2℃ 多云			日期：1月3日	

(3) 商业模式

根据合同，南宫市纯水岸一、二期供热项目由四季沐歌筹措资金，自主建设、自主经营、自负盈亏，经营期限为15年，起始时间为合同签订时间。四季沐歌按照规定价格收取用户采暖费，政府给予补贴。

住宅供热按20元/平方米收费，商业供热按25元/平方米收费，可以根据政府物价部门价格变动进行调整，采暖建筑每个采暖季的采暖面积按照房本或购房合同面积计算，费用根据当地市场及政府物价部门规定调整。

(4) 可推广性分析

该项目积极响应落实《大气污染防治行动计划》等文件精神，空气源热泵+电锅炉清洁能源联合系统立足先进节能技术，低成本、高能效、零排放的解决供暖问题，增加了供暖的稳定性、降低系统投资、运行节能、设备寿命延长，具备良好的经济价值和环保效益，对“推进清洁能源、减少雾霾天气”有着积极的示范意义，也为严寒地区空气源热泵耦合其他能源升级改造提供了借鉴，工程实践主要体现在以下几个方面。

采用电锅炉补热技术对空气源热泵采暖升级改造具有良好的可行性和经济性。根据南宫市纯水岸、丽滨嘉苑小区供暖前期采暖运行数据监测对比分析，空气源热泵+电锅炉系统供暖效果明显优于单一空气源热泵供暖效果，实践证明空气源热泵耦合其他能源供暖技术方案可行并可靠。另外，通过采用复合能源进行优化升级可避免空气源热泵能效随着室外温度降低而降低时导致的供热不足问题，空气源热泵能效较低时，电锅炉正处于峰谷电价时段。对供暖前期运行数据进行分析，空气源热泵耦合电锅炉系统稳定可靠，运行费用和空气源热泵单独运行费用相差不明显，经济性可接受；相较于单一能源供暖的方案耦合系统的技术方案在供暖效果、设备寿命上都提升了20%以上，综合性能增强，证明这种技术方案可推广复制。

电锅炉补热空气源热泵系统在严寒低温天气条件下能实现稳定的高温供暖。供暖前期数据分析表明，在严寒低温天气以及低温雨雪环境下，电锅炉补热空气源热泵系统供水温度能够稳定满足50℃的高温供暖，末端暖气片供暖可达到22℃。

电锅补热系统优化了设备技术性能，延长了设备使用寿命。电锅炉补热改变了空气源热泵出水工况，使压缩机设备运行的冷凝温度和冷凝压力降低，设备的技术性能充分发挥，始终在稳定高效区间运行。通过COP值推算排气温度可降低30%左右，大大降低了低环温条件运行时压缩机烧毁的风险，并且大大延长了设备的使用寿命。

电锅炉补热系统实现大温差供暖更适应地暖采暖特性。电锅炉补热系统的温度提升使供回水温差增加，相应的循环水流量减少，可实现大温差小流量运行，降低了热网循环泵运行功率。以南宫纯水岸为例，设计理念是供热末端循环温差为10℃，通过压差旁通阀一部分循环水流量进入空气源热泵，机组循环温差为5℃，而热网循环泵设置在压差旁通阀上游导致循环水泵运行功率非常大，如果设计循环温差为10℃，那么运行功率减半或者一台泵循环即可满足设计需求，这样有利于节能和满足末端用热需求。

在同等供热效果条件下复合系统总投资低于空气源热泵系统。从以往的空气源热泵供暖系统运行效果、投资费用等方面来看，常见的空气源热泵系统若达到同等供热效果需大量增加机组数量，按该项目的现有情况测算，耦合系统总投资低于空气源热泵系统。与常见的空气源热泵相比，耦合系统从技术上大幅减少了设备维护投入。图5－4为四季沐歌科技集团获得的荣誉证书。

图 5－4　荣誉证书

（5）综合效益

①经济效益分析。

空气源热泵供暖期平均 COP 达到 2.7，每平方米年耗电量 26.88 千瓦时；系统供暖采用质调节、定流量运行，水泵耗电量为 0.75 千瓦时；供暖期建筑平均每平方米耗电量为 27.63 千瓦时。

供暖前期监测数据表明，居民室内温度参数均达到预期效果，最冷时间点日耗热量为 0.409 千瓦时/平方米。2020—2021 采暖季电费 359114.80 元，单位面积 13.63 元，平均每天 0.1134 元/平方米。项目运行前两个月耗电量见图 5－5。项目综合效益指标见表 5－3。

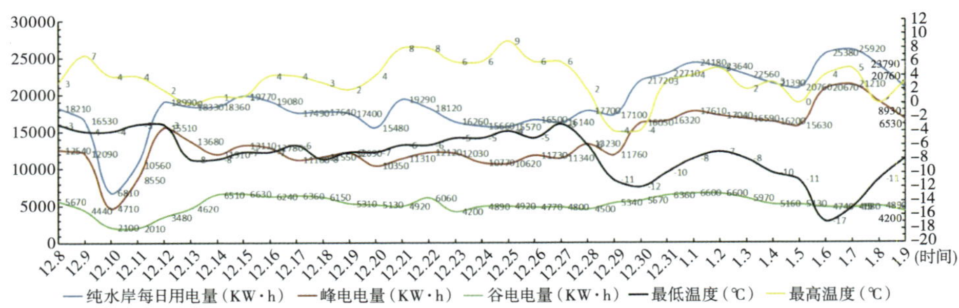

图 5－5　项目运行前两个月耗电量

表 5-3 项目综合效益指标

序号	项目	结果
1	节约电量（千瓦时）	1687835
2	节约热量（吉焦）	41682
3	二氧化碳减排量（吨）	550.94
4	节约标准煤（吨）	223.88
5	年节约费用（元）	675134.32
6	投资回收年限（年）	5.61

②社会效益。

节能减排。空气能采暖系统高效利用空气中的热能，能源利用率远高于传统的燃煤、燃气等采暖方式。这种节能效果有助于降低能源消耗，减少温室气体排放，是落实国家节能减排战略的有效手段。

环境保护。空气能采暖不直接燃烧燃料，因此不会产生烟尘、废气等污染物，极大减轻了对大气环境的负荷，有利于改善空气质量，符合国家对生态文明建设的要求。

安全可靠。空气能采暖系统的工作原理是闭路循环，无火焰、无明火，避免了火灾和煤气中毒等安全隐患，为公众提供了更安全的生活环境。

提高生活质量。空气能采暖能够提供温度稳定、分布均匀的暖气，有助于提高室内舒适度，改善居民生活质量，满足居民对美好生活的向往。

促进经济转型。空气能采暖产业的推广与发展有助于推动传统能源结构向清洁能源转型，促进绿色经济和循环经济的发展，带动相关产业链的增长。

支持“煤改电”工程。在国家推进的“煤改电”工程中，空气能采暖作为重要的替代技术有助于减少北方地区冬季对煤炭的依赖，改善农村地区的生活环境，提升农村基础设施水平。

智能家居的融合。随着技术的进步，空气能采暖设备可以与智能家居系统相结合提高采暖系统的智能化、网络化水平，推动家居行业的现代化发展。

推广空气能采暖是实现可持续发展和构建美丽中国的重要举措，对提升公共福祉、促进社会和谐具有深远的影响。

（6）单位简介

四季沐歌成立于2000年，是一家专注于热水和采暖系统解决方案的企业，致力于为客户提供全方位的热水、采暖产品和服务，覆盖从单机到系统、从城市到乡村、从家庭到商用的广泛应用场景。

作为沪市A股主板上市企业，四季沐歌一直秉持着高质量、高可靠性的原则，为客户提供最佳的产品体验。公司拥有强大的研发团队，不断推动技术创新，以满足市场和客户的需求。

四季沐歌的产品线丰富，包括集成热水机、太阳能、空气能、电热水器、燃气热水器、壁挂炉等全系列热水、采暖产品。这些产品不仅具有高效节能的特点，还能够提供舒适温暖的生活体验。

四季沐歌在中国市场拥有广泛的客户基础，产品出口到德国、美国等100多个国家和地区。四季沐歌连续多年成为中国房地产500强首选供应商，并入选中国品牌价值500强、全球新能源500强榜单，还获得了全国售后服务十佳单位和中国最佳雇主等荣誉。

2. 北京盛昌益态园林垃圾处理和资源化利用项目

关键词：园林垃圾 生物质颗粒 零碳能源 清洁供暖

（1）项目概况

北京盛昌益态新能源科技有限公司投资的园林垃圾处理和资源化利用项目位于北京市延庆区康庄工业开发区，项目原有规模为年产生物质成型燃料12万吨，其中包括木质颗粒燃料1万吨、秸秆颗粒燃料1万吨、生物质型煤10万吨；2022年项目经过技术升级改造后，能够有效处理园林垃圾13万吨，生产生物质颗粒10万吨。生物质颗粒燃料产品性能稳定，不结焦，低灰分高热值，在国内许多行业领域得到应用。

项目采用先进的技术工艺将园林垃圾变废为宝，实现减量化、资源化。园林垃圾通过筛分、粉碎、烘干、制粒、打包等一系列工序，制备成生物质颗粒燃料。产品可直接用于现有城市居民供暖项目，也可以向外提供清洁蒸汽或直接销售给能源需求用户。图5-6为现场图片。利用园林垃圾生产生物质颗粒工艺流程见图 5－7。

图 5－6　现场图片

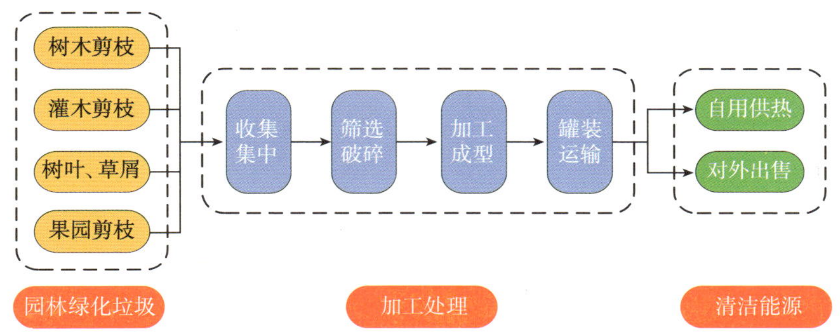

图 5－7　园林垃圾制备生物质颗粒工艺流程

（2）主要技术及创新点

①主要技术。

园林垃圾制备生物质颗粒主要工艺包括原料粉碎系统、烘干系统、熟料储存与细粉系统、制粒系统、成品处理与打包系统、散装系统、辅助系统等。

粗粉工段。园林垃圾破碎的主要设备包括刀片式破碎机、破碎机进料输送带、破碎机进料缓存仓（包含双轴绞龙）和去磁滚筒。破碎机起到了粗粉的作用，把较大型的废料破碎成 6～7 公分，宽 3～4 公分（合格率不小于 90%）的木片。粉碎工段的设备包括粉碎机振动上料地坑、粉碎机进料输送带、粉碎机和粉碎机出料输送带。待粉碎原料进入振动上料地坑，粉碎机进料输送带把原料送入粉碎机进行粉碎，粉碎好的粉料根据含水率差别由输送带输送至不同原料堆场。生产线示意见图 5－8。

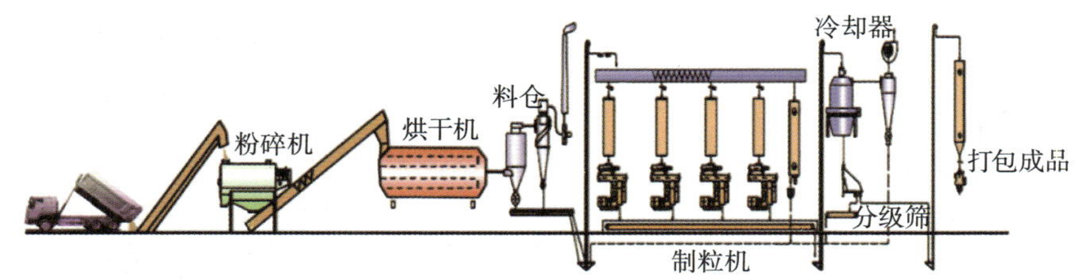

图 5－8　生产线示意

烘干工段。烘干工段设备组包括：烘干机振动上料地坑、上料输送带、烘干系统（热风炉、热风炉燃料系统、烘干机、沙克龙、风机、管道、喷淋除尘、沉降池）、烘干机出料绞龙、提升机、分料绞龙。

制粒工段。制粒成型方式为模辊式挤压成型，包含设备有上料绞龙、制粒机、出料输送带、电柜箱、操作台、专业拆装工具、主机安装包（用于主机的安装材料）、制粒机除尘和制粒机智能水冷却系统。

环模制粒机工作原理：生物质原料由强制喂料器喂入制粒模腔中，制粒磨腔是由环模和压辊组合的模辊结构。环模在主电机驱动下转动，物料在离心力的作用下附在环模内表面一同旋转。当物料进入压辊和环模组成的楔形空间时受到模辊的挤压力，压辊自传；随着物料不断地涌入，挤压力逐渐变大，高压下摩擦力增大、温度升高，物料中的木质素成了黏合剂将物料黏结在一起，并被挤进环模表面上的制粒孔，然后不断增加的压力致使物料呈长条状挤出模孔，最终被刮刀切割成生物质颗粒。

成品打包工段。冷却好的成品颗粒通过提升机输送进成品仓，并由成品仓出料口出料，然后自行打吨包（或者采用选配设备自动打包称定量装包），然后采用选配设备（堆垛机）进行摆放，等待装车。

②技术创新。

因材施“教”。原材料根据不同的含水率，进入不同的粉碎车间，在湿粉车间粉碎后的湿料进入烘干系统，烘干后与干料混合制粒。根据原料含水率的不同，粉碎方式和后续粉料处理工艺都有所差别，针对含水率采取不同的工艺流程处理原料可以做到“因材施教”，能有效地节约成本、提高设备利用率。

自产自用。项目烘干系统采用生物质燃料，自产自用，清洁环保，热效率比锅炉高很多，可节约大量的燃料。

多级筛分降低成品灰分。原料粉碎后，经过多级筛分除去树皮、树根等携带进粉料中的灰分，尽量降低成品灰分，目前产品灰分可以控制在5%以下。

原料独特性。项目主要原料为园林垃圾，既解决了园林垃圾难处理难题又做到了变废为宝，提供了清洁能源，同时实现能源零碳循环，兼顾了垃圾处理、能源开发和环境保护。图5－9为现场图片。

图5－9 现场图片

（3）商业模式

利用园林垃圾为原材料，通过生物质颗粒制备技术生产可再生的清洁颗粒用作供暖、蒸汽及其他能源需求燃料，从而实现资源的有效利用，同时通过外销生物质颗粒进一步拓展市场、增加销售收入。整个过程，将园林垃圾转化为高附加值的能源产品，实现垃圾减量、资源化和无害化处理的“循环经济模式”，不仅解决了垃圾处理问题还为社会提供可持续的能源供应，实现了环境效益、社会效益和经济效益共赢。

（4）可推广性分析

随着城市扩张以及人们对生态环境的重视程度越来越高，城市绿地面积呈逐步增长趋势，在绿地养护、苗木花卉生产过程中园林垃圾产生量不断增加。调研发现，目前我国园林垃圾处理方式多样，主要包括随生活垃圾填埋或焚烧，粉碎形成有机覆盖物，堆肥生产有机肥、土壤改良剂等产品，压制形成生物固体燃料，作为木质材料进行再加工等。若将这些富含有机质的所谓垃圾进行填埋或随生活垃圾焚烧处理，会造成极大的资源浪费，也不利于生态系统的稳定健康发展，因此科学有效地资源化处理园林垃圾尤为必要。我国开展园林垃圾资源化处理和利用相关工作的城市较少，整体资源化利用水平较低，推动园林垃圾资源化是如今城市绿化建设的重中之重。

作为住建部在延庆区园林垃圾资源化利用的试点项目，利用园林垃圾生产生物质颗粒探索了园林垃圾资源化利用的新方向，是实现延庆煤改生物质，实现山区清洁供暖的有力支持。项目能够消耗园林垃圾 13 万吨，节约标煤 5.71 万吨，生产生物质颗粒 10 万吨，可有效替代化石能源，降低化石能源的消耗，保障我国能源安全和国家能源结构调整。

城市园林垃圾妥善处置是城市发展亟待处理的问题，该项目可以在园林垃圾完全处理的基础上将垃圾变废为宝，实现园林垃圾减量化、资源化；清洁颗粒作为煤改清洁能源的有效替代燃料，可促进北京清洁供暖进程；项目完全实现绿色低碳环保，是践行“绿色低碳循环可持续发展的生产生活方式”不可或缺的部分，是低碳能源的主要发展趋势。

（5）综合效益

①环境效益。

园林垃圾随意堆放焚烧，容易造成空气污染、病菌的传播、饮用水的污染及焚烧地地表微生物的死亡、土壤平衡的破坏等问题，通过集中处理能有效降低对环境的污染，改善居住环境，抑制病菌传播，保护土壤结构。园林垃圾生产的生物质颗粒属于清洁能源，生物质能源中有害物质（硫和灰分）的含量仅为煤炭的 1/10 左右，与燃煤相比其燃烧能够减排颗粒物85%、二氧化硫77%、氮氧化物18%，可有效降低空气污染，保护大气环境。园林绿化植物生长过程中吸收二氧化碳，提供热能过程中释放吸收的二氧化碳，全生命周期内属于净零排放，相比化石能源，能够有效降低二氧化碳排放。

②社会效益。

该项目能够将北京及周边地区的园林垃圾转化为经济效益，将带动清洁能源产业，改善生态环境，促进经济发展。项目因地制宜，立足本地丰富的生物质资源大力发展生物质成型燃料等替代化石能源，既符合国家能源战略发展方向也符合城市建设规划。项目能够带动园林垃圾的收集、运输、加工等，提高参与者、服务者收入，提高就业水平，推动健康、环保产业发展。项目是集废弃物处理、能源化利用、生态环境保护、双碳助力、能源安全为一体的综合工程，是国家大力提倡的循环经济的具体实践，必将对城市建设发展起到示范作用。

（6）单位简介

北京盛昌益态新能源科技有限公司（以下简称盛昌益态）成立于2012年10月11日，位于北京市延庆区康庄工业开发区，注册资本4500万元，总部位于北京。创建初期，公司先后建造了先进成熟的型煤、蜂窝煤及生物质颗粒生产线，年利用生物质原料约20万吨，年替代标煤量约6.3万吨，年二氧化碳减排量约16.3万吨。技改升级后以园林剩余物制备生物质颗粒，采用先进的新技术、新工艺、新材料确保工程质量、进度、安全，确保园林剩余物综合利用。

盛昌益态积极响应国家双碳政策，不断加快推进企业技术改造和节能减碳工作。并与清华大学、中国农业大学、北京林业大学林学院等国内多所大学及国家部委建立合作关系，获得10余项专利，获得了多项荣誉、多种证书，先后通过质量、环境、职业健康安全等管理体系认证，确保公司研发、生产高标准，管理精细化，连续多年实现安全管理零事故的目标。公司多次被地方政府及行业部门评为“守信用优秀企业”。

盛昌益态生物质颗粒燃料产品性能稳定，不结焦，低灰分高热卡，目前在国内许多行业领域得到广泛应用，主要应用于清洁供暖、发电、烘干、气化燃烧、化工及工农业生产等行业，公司系国内较大规模的生物质颗粒燃料企业。

3. 启迪绿能源网荷储一体化离网智慧运营调控系统应用项目

关键词：离网系统、多能互补、频率安全、PID 控制

（1）项目概况

通辽开鲁生物医药开发区源网荷储一体化项目按照可再生能源“源网荷储”思路设计，具体建设内容包括新建风电装机 40 万千瓦、集中式光伏 15 万千瓦、电极锅炉 200 兆瓦、电熔盐锅炉 200 兆瓦，熔盐储热换热供热系统 200MW ×10h 及其配套设施。为解决新能源波动特性与制药生产慢工艺特性的配合问题，使之既可避免新能源发电给电网带来额外的功率平衡负担，又能解决制药生产过于依赖电网化石能源的问题，该项目探索新能源发电的大规模就地消纳转化开拓了一条新路。为提高项目运行的灵活性和经济性，减少对大电网的依赖和约束，系统总体设计采用离网弱联网运行方式。为完成园区的能源智慧供给，配置离网智慧运营系统及其配套设施，此系统是源网荷储一体化项目的调度运行控制中心，运营调度管控的对象包括开发区综合能源供应站（含电加热系统、供热管网、用户变电站），40 万千瓦风电和 15 万千瓦光伏以及配套建设的 220 千伏升压站和送出线路；运营监测协同的对象包括开发区热用户、开发区公用热源。通过该系统对开发区实施综合能源调度一体化运营，针对新能源消纳带来的随机性问题以及负荷侧波动性问题充分发挥热储能设施的消纳新能源作用能力和传统供热设施供应侧灵活响应能力，根据热力需求实时调节热网中煤锅炉、燃气锅炉的供应规模以适应供应新能源电力波动的情景。通过利用一体化的智慧运营系统技术实现不同调节手段的互补运行和灵活控制，达到灵活调节的效果，并最大限度地利用风光资源和减少化石燃料消费，实现多种能源的运行管理、能效管理、协同控制的综合能源服务功能，进一步提高效率效能为综合能源基地集约化、数字化、智能化发展提供智慧大脑。离网智慧运营系统见图 5 – 10。

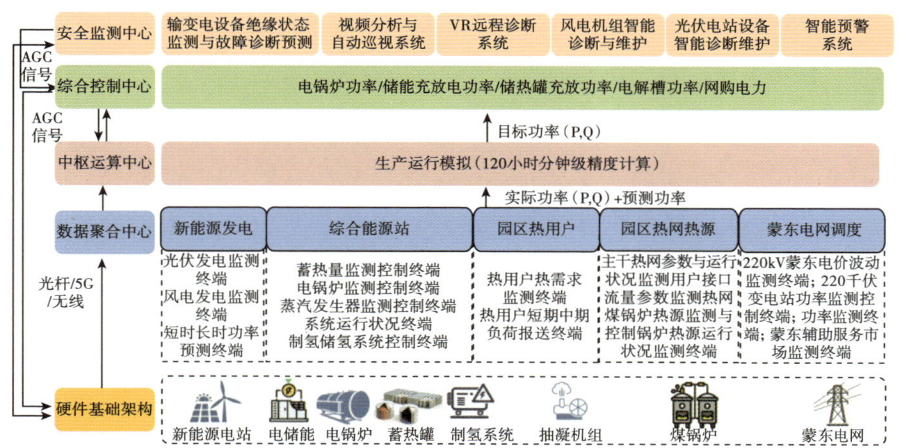

图 5－10　离网智慧运营系统框架

(2) 主要技术及创新点

①新能源离网多模式运行稳定性分析和研究。

项目从新能源离网系统的电压、频率、功率控制等方面分别进行了研究，总结和分析出影响离网安全稳定运行的主要因素。

频率安全稳定性分析。离网系统频率安全稳定很大程度上取决于系统的惯量响应能力，对于新能源来说基于传统跟网型控制的新能源机组几乎不提供惯量响应。其中光伏发电系统不含机械旋转部件，无法提供类似同步机组的转动惯量；直驱风机经背靠背换流器并网，网侧换流器将电机的运动过程与电网完全隔离；双馈风机的转子采用交流励磁，使定子频率恒定为工频，电机的运动过程与电网频率几乎完全解耦。因此，新能源微网的弱惯量特性是影响频率动态稳定的主要因素，而新能源出力的不确定性还会影响到系统的频率稳态调节性能。

电压安全稳定性分析。离网运行系统在电压支撑特性方面，同步发电机的内电势幅值受转子磁链的制约对端电压提供支撑作用，其励磁系统中的自动电压调节器可以通过控制磁场电压随之控制磁场电流，从而灵活地调节同步发电机发出感性或容性无功功率，使得发电机的输出在连续容量内变化时能维持机端电压的稳定。而新能源电力电子换流器的无功功率输出能力受到视在功率及逆变器最大电流的限制，这导致新能源机组在协同遭受故障时的动态无功功率支撑能力较弱。此外，高比例新能源会降低系统的短路容量和强度，使得系统应对无功冲击的能力和电压调控的能力下降。

②构建基于需求侧高效连续产出为目标的多能互补、能量优化管理新模式。

基于风/光互补系统能源形式复杂，具备独特的安全稳定运行边界，其高效性与安全性对系统的运行维护提出了更高要求。该项目将以负荷侧生产高效为主要优化目标，通过大规模示范构建覆盖风、光、电、热全链条，涵盖多时间尺度，包括能量流、信息流、收益流多层次的能量互补、优化运行新模式，构建系统的运维模型，可在风光预测电量偏差下实现高效生产，形成风/光发电和储能联合运行控制与调度应用技术体系，建成运行管理和决策支撑平台。

③突破适用于风/光微网系统的高效电力电子变换装备关键技术。

该项目提出适应离网运行及直流微网接入的风电、光伏控制技术，为满足风光宽功率波动特性提出具有高变比、快速响应特性、高效率 DC/DC 变流模块的设计技术。

④协同控制系统方法快速控制创新方法。

监视通信端口是否有新的风电/储能站无功功率总指令；

以 20ms 为周期，从快速同步采集装置获得并计算当前风电/储能站总无功功率，计算无功功率总指令与风电/储能站总当前无功功率的偏差$\triangle Q$；

从快速同步采集装置获取当前母线电压，计算当前母线电压与目标电压的偏差，根据偏差和系统阻抗求取应补偿的一次调压量$k\triangle u$；

无功功率控制偏差$\triangle Q_c = \triangle Q + k\triangle u$；

根据逆变器和就地无功补偿装置的调节容量裕度分配无功调节量；

计算各风电/储能 PCS 和无功补偿设备的目标无功；

形成无功组播控制指令；

采用组播或者广播的模式将控制指令下发到风电/储能 PCS 或者无功补偿设备。

⑤离网运行期间，快速协同控制系统对各电源点发电机组进行实时一、二次调频、实时二次调压控制，维持系统频率、电压的稳定。该系统

基于广域 PID 控制和就地 PID 控制系统完成对频率、电压、联络线功率的实时跟踪控制，主逻辑见图 5 –11。

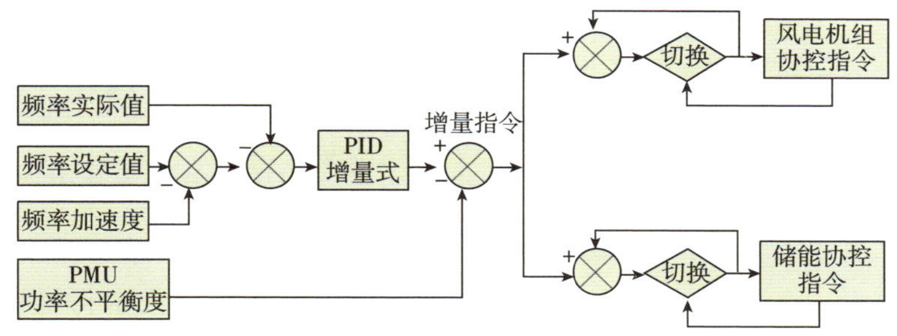

图 5 –11 快速协同控制决策主逻辑

注：每种电源点有一个对应当前功率的跟踪反馈值。

(3) 商业模式

该项目采用科研项目 + 工程项目商业模式，由国电投内蒙古公司投资建设，电规总院做技术支撑，启迪绿能提供离网智慧运营系统及相关软件，同时提供运维服务。离网运营平台的商业模式主要有三种：能源服务，为用户提供能源供应、能源管理、能源交易等服务。系统集成，为用户提供新能源系统的设计、建设、维护等服务。运维服务，为用户提供新能源系统的运维和管理等服务。能源服务是新能源离网运营平台最主要的商业模式。新能源离网运营平台可以为用户提供清洁、稳定、可靠的能源供应，并提供能源管理、能源交易等增值服务。系统集成是新能源离网运营平台的另一个重要商业模式。新能源离网运营平台可以为用户提供从系统设计、建设到维护的全方位服务，帮助用户快速、高效地建设新能源系统。运维服务是新能源离网运营平台的潜在商业模式。新能源离网系统的建设成本较高，运维服务可以帮助用户解决能源再利用等相关问题。新能源离网运营平台的商业模式需要根据具体的市场情况进行选择和设计。

在选择商业模式时，需要考虑：用户需求，用户的需求是决定商业模式的关键因素。市场竞争，市场竞争格局也会影响商业模式的选择。平台自身能力，平台自身的能力也需要与商业模式相匹配。

新能源离网运营平台的商业模式还处于发展阶段，随着技术的进步和市场需求的变化，商业模式也会不断创新。

（4）可推广性分析

离网智慧运营系统的可推广性分析主要包括以下几个方面：

①技术可行性。

新能源离网运营系统需要采用先进的技术才能满足用户的需求。新能源离网技术主要包括新能源发电技术（包括太阳能、风能、光伏、生物质能等技术），储能技术（包括电池、超级电容、飞轮等技术），控制技术（包括能量管理、负荷控制等技术）。

这些技术的不断发展，为新能源离网运营系统的建设提供了技术支撑。离网技术已经取得了较大进步，能够满足大多数用户的需求。

②经济可行性。

新能源离网运营系统的建设成本较高，需要进行经济分析，确保其经济可行性。国家能源局的数据显示，2021 年我国光伏发电度电成本下降至 0. 29 元，风电发电度电成本下降至 0. 33 元。随着技术的进一步发展，新能源发电成本将进一步下降，新能源离网运营系统的经济可行性正在逐步提高。

③市场需求。

新能源离网运营系统需要满足一定的市场需求才能实现推广，目前我国新能源离网的需求正在不断增长，尤其偏远、海岛等地区。

国家统计局的数据显示，2021 年我国农村地区的用电量占全国用电量的 60% 以上。偏远农村地区的能源基础设施较为薄弱，新能源离网可以为偏远地区提供清洁、稳定、可靠的能源供应。此外，海岛的资源有限，新能源离网可以为海岛提供能源保障。

④政策支持。

新能源离网运营系统的推广需要政策的支持，国家已经出台了一系列支持新能源发展的政策，有利于新能源离网运营系统的推广。

国家能源局发布《关于加快构建新型电力系统的指导意见》提出，到 2030 年我国可再生能源发电装机容量达到 12 亿千瓦以上，占全社会用电量的 30% 左右。

(5) 综合效益

离网智慧运营系统的综合效益主要包括以下几个方面:

①经济效益。

新能源离网运营系统可以降低能源成本,提高能源利用效率。新能源离网运营系统可以通过减少能源消耗,也就是新能源离网系统可以利用清洁能源发电,减少化石能源的消耗获得效益。主要表现为新能源离网系统可以采用先进的控制技术,提高能源利用效率。

②环境效益。

新能源离网运营系统可以减少碳排放,改善环境质量。根据国家统计局的数据,2021 年我国能源消费总量达到 49.5 亿吨标准煤,其中化石能源消费占比为 80% 以上。化石能源燃烧会产生大量的二氧化碳等温室气体,对环境造成污染。新能源离网系统采用清洁能源发电可以减少化石能源的消耗,减少碳排放,改善环境质量。

③社会效益。

新能源离网运营系统可以促进能源结构的转型,提高能源安全保障水平。新能源离网系统可以为偏远、海岛等地区提供能源供应,促进能源结构的转型。此外,新能源离网系统可以提高能源安全保障水平,减少对外依赖。

总体而言,新能源离网运营系统具有较好的综合效益。随着技术的进步、成本的下降、市场需求的增长和政策的支持,新能源离网运营系统将在未来得到更广泛的推广。

(6) 公司简介

北京启迪绿能有限公司是一家创新型科技企业,由清华大学、启迪清洁能源集团、核心研发团队组建成立(以下简称启迪绿能)。公司致力于综合能源高效利用和零碳园区新模式的搭建。启迪绿能通过 AI 算法 + 能源 MIS 系统研发出智慧平台并定义为能源大脑,通过智慧型的能源大脑实现多种类别、多层级的能源优化利用,助力国家“双碳”目标的实现。

①核心业务。

启迪绿能为传统能源 + 绿色能源高效结合和综合利用提供完整的解决

方案，并对冷、热、电、储多种能源利用率进行智能评价。通过能源和负荷精准预测完成对能源供给侧和需求侧的优化决策，最终提高综合能源利用率。启迪绿能通过能源大脑联合兄弟企业共同构建零碳生态链，在清洁能源的方案设计、产品创新、实施运营方面携手共进，共创零碳园区。

②技术优势。

启迪绿能已经具有核心专利技术 1 项，专属软件著作权 3 项。

启迪绿能技术核心团队具有多年的电力和能源行业的经验，能独立完成光伏、风电等绿色能源和传统能源的多层级调控和综合能源优化。研发出智慧能源优化决策系统（能源大脑），助力各个能源企业完成综合能源的优化决策。

4. 吉林智慧节能科技东阿智慧供热项目

关键词：智云热网　热计量系统　智云热网 App　两部制

（1）项目概况

吉林智慧节能科技有限公司致力于供热事业发展，以发展智慧供热为抓手、以热计量服务为核心竞争力，打造专业化节能运维服务团队。2022 年 9 月，公司在东阿开发智慧供热项目。东阿县位于山东省聊城市东南部，地处路西平原、黄河之滨，辖 2 个街道、8 个镇，总面积 40.17 平方公里。至 2022 年末，东阿县常住人口 34.11 万，城镇化率 57.11%。年平均气温 13.5°C，1 月最冷，平均气温为 −2°C，极端最低气温可达 −22.3°C。

该项目位于聊城市东阿县，以东阿吉电为热源，新增合丰、海韵余热水管线，通胶城大道、香山大道、商业街、环球路为主干道的枝状供热管网。东阿县城区在网面积 830 万平方米，涉及用户 6.76 万户，实供面积 475 万平方米，热用户 3.89 万户，采暖热负荷 195 万吉焦/小时，年采暖天数为 120 天。该项目推广小区房屋类型为民用商品住房，大部分为节能建筑，住户室内采用地暖进行供热。

该项目覆盖东阿县城区内 106 个小区，对小区二次网进行分户计量和调控节能改造。建成以东阿县域为监控目标的智慧供热信息化系统，实现了城市集中供热从末端分户计量及平衡调控、信息联网与联网平衡控制、节能运维、数据分析、设备及人员管理等监控与管理功能，有效提升了城市智慧化管理水平。图 5 - 12 为项目小区现场。

图 5 - 12　项目小区现场

（2）主要技术及创新点

公司自主研发的智云热网管理平台具有智能运维、高效便捷、独特创新等特点。

①主要技术。

智云热网管理平台是全国首个融入热源与换热站、楼宇、用户三网平衡结构自主研发的管理平台，是首个在用户侧使用热计量模式的平台；也是集热量预测、供热过程监控、供热平衡、应急管理、报警管理和能耗分析为一体的智慧化信息管理平台。平台通过热量预测和能耗分析功能降低企业运营成本，通过供热过程监控和紧急管理功能提升生产运行的管控效率，通过供热平衡提升热用户的满意度。

②创新点。

智云热网监控平台具有较强的热量预测能力和热量平衡能力，能实现区域内热量的提前预测和热量分配的智能化，减少供热不足和供热不均衡的问题。智能热网驾驶舱展示平台见图 5 - 13。

公司还自主研发热计量系统，开发了智云热网 App。

①主要技术。

热计量系统为供热公司提供智能供热系统解决方案，应用大数据系统

图 5－13　智云热网驾驶舱展示平台

与物联网、AI 人工智能，实现远程室温控制、欠费停止供热、故障诊断和报警、运行数据分析和实时数据监控等功能，通过对制热、供热、用热三个环节的信息化管理、智能硬件设备数据采集，进行多维分析并整合应用。解决制热、供热、用热用户的热损耗、热网监管难、高耗能、高排放、供热质量差等问题，最终形成制热有依据、供热可联网、用热可操控的最优解决方案。热计量系统见图 5－14。

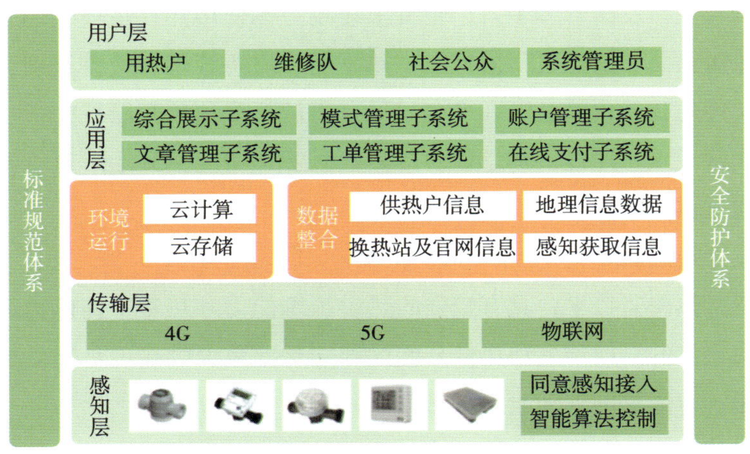

图 5－14　热计量系统

②创新点。

智云热网 App 与热计量系统相连接，通过在 2022—2023 供暖季走访、了解居民用户在传统供热模式下的习惯进行研发。当前用户可通过智云热网 App 进行主动选择调控房间，根据自身需求设定目标温度或使用智能模式，实时观察房屋温度信息、耗热信息、金额信息，并可在 App 内主动反馈报修工单传输至热计量系统，反馈到供热管家工单 App 端。片区供热管家会第一时间根据工单为用户提供电话或上门服务，用户也可以第一时间了解供热公司发布的新闻消息。智云热网 App 还响应国家碳减排计划，根据用户用热情况，计算碳减排量，实行“碳积分”换购心仪商品，为用户提供更多福利反馈。

智能云网 App 还针对不同人群开发出多种模式便于操作使用，见图 5－15、图 5－16。

图 5－15　智云热网 App 操作界面

01.老人模式
针对人群：居家老年人用户
功能说明：根据老年人生活习惯，上午及夜间温度高于中午时段

02.工作模式
针对人群：日间外出工作用户
功能说明：工作时间段家中无人时自动控制温度到较低水平

03.外出模式
针对人群：短时间外出用户
功能说明：家中无人居住时，室内温度维持到较低水平

04.休息模式
针对人群：居家时间较长用户
功能说明：全天温度设置为舒适温度全关阀门

05.全关阀门
针对人群：长时间外出或家中无居住用户
功能说明：家中无人居住时，阀门保持关闭状态手动模式

06.手动模式
针对人群：所有用户
功能说明：根据自身需求，在任意时段设定理想室温

图 5－16　智能云网适用不同人群的多种模式

(3) 商业模式

公司创新商业模式，为供热企业提供节能运维服务，约定节能保底收取服务费，节能增加部分按比例分成。公司为东阿吉电项目提供节能运维服务，节能率达25%。

公司首创新型热计量收费模式，以节约、按需、灵活供热为目的，有序开展按热量收费的商业模式。供热费＝基本供热价（30%面积收费）＋计量热费，缴费上限不高于按面积缴纳的热费。首创最低交纳500元计量热费即可开栓用热模式，实行用热计量收费，用户可按需交费，余额不足时短信通知，供暖季结束存在热费余额可结转下年或申请退还。新型收费模式降低了热用户的用能成本，增强了用户自主节能意识，使得用热兼有便捷、节能、省钱优点。

(4) 可推广性分析

公司从供热市场需求出发，以“服务”为中心，提供节能运维服务，约定保底节能率，节能增加部分按比例分成。主要提供热费收取及宣传服务、终端用户服务、智慧管理平台服务及其他定制服务。

热费收取及宣传服务包括热费收取的宣传、收取、热计量使用宣传、注水供汽通知、帮助维护企业公众号、需求方其他业务宣传的需求。

终端用户服务包括热计量节能设备投入、安装、调试、运行维护，授权热计量App使用，辅导App功能使用，终端用户用热服务、故障诊断、故障处理等。

智慧管理平台服务免费提供智慧供热管理平台软件，包括AI智能客服、故障报修、设备管理、负荷预测、供热数据分析等，涉及换热站等一、二网改造，由需求方投资建设，公司提供平衡控制策略，并在智慧供热管理平台实现智能化管理与控制。

其他定制服务包括根据用户的需求增加管理平台功能、用户其他业务的需求、量身定制服务内容等。

(5) 综合效益

①经济效益。

2022年公司在东阿县城区内推广智慧供热系统并试点安装平衡热量表

0.36 万户，2023 年全县域推广，截至供暖季开始，共计安装平衡热量表 2.9 万户、使用 2.17 万户，涉及用热面积 246.62 万平方米。用户使用智云热网 App 自主调控，选择适用的用热模式，使热计量小区节能率达 25%，供热企业节约成本 1155.91 万元，减少二氧化碳排放 1.9 万吨。签约热计量收费用户 1.77 万户，签约率达 81%，其中 90% 的热计量用户节省热费支出金额达 950 万元。项目节能降耗情况见图 5－17。

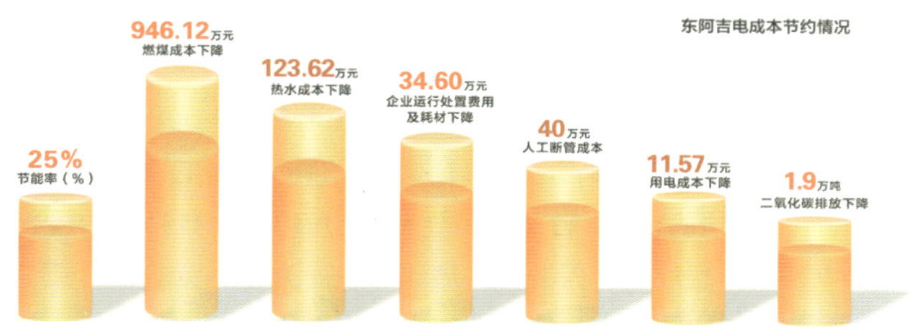

图 5－17　项目节能降耗统计

新型供热企业节能运维模式的推广降低了热用户的用能成本，增强了用户自主节能意识，打通了热力系统“最后一公里”，实现了“源—网—荷”闭环控制，精准供热和按需用热，全面提升智能化水平和热力系统能效。

②社会效益。

首先，智慧供热指在“双碳”目标导向下，依托现代网络信息技术、互联网技术、人工智能技术，将供热系统运行监控、生产调度和能耗管理分析、GIS 地理信息系统、运行分析系统、室温采集系统、热计量系统、客服系统、收费系统集成一体，满足未来发展需求。通过新一代信息技术与供热系统“源—网—荷—储”全过程的深度融合，实现按需供热和精准供热的新型供热系统。

其次，推进智慧供热系统建设最大的社会效益就是减少污染、净化空气、减少碳排放。我国北方地区供暖耗热量约 60 亿吉焦，对应每年碳排量约 7 亿吨，约占全国碳排放总量的 7%。冬季采暖基本依靠煤炭作为主要燃料，大量的煤炭消耗已成为城市大气环境的主要污染源。作为节能潜力最大的能源之一，稳步推进智慧供热建设势在必行。

最后，随着人民生活水平的日益提高，用户侧个性化和提高舒适性的要求越来越迫切。在传统的供热系统中，用户处于被动状态，室内温度由供热单位进行调节，这种单一调节不能满足不同用户的需求，且会造成资源浪费。实施热计量可以满足用户根据自身需求对室内温度进行调节的要求，达到节能降碳惠民的目的。

（6）单位简介

吉林智慧节能科技有限公司（以下简称智节科技），为吉林省吉电国际贸易有限公司（以下简称吉电国贸）全资子公司，吉电国贸为吉电股份（上市公司，股票代码000875）参股的混改公司。智节科技致力于供热事业发展，以发展智慧供热为抓手、以热计量服务为核心竞争力打造专业化供热计量运营管理团队，目前管理东阿吉电能源有限公司、蛟河市吉电能源有限公司两个网源一体公司，管理500兆瓦风光发电项目，拥有热网1000万平方米，热用户7万余户。

智节科技以精准供热等新型智慧供热系统实现节能、环保、低碳、数字化、智慧化以及优质终端服务的目标，构建安全低碳、清洁高效的新型智慧供热系统，全面提升供热系统能效与智能化水平，助力全社会碳达峰碳中和。公司以“数字创造人居和谐”为使命，奉行“理想、乐业、协同”的核心价值观，倾注智慧、奉献社会，在顺应全球降碳的同时智节科技遵循“领先一步的产品和服务，为客户增效，与合作伙伴共赢”的战略方针，坚持颠覆式的创新技术革命，为人类社会美好未来作出应有的历史贡献。

5. 盛烨热电集团林口盛烨供热计量智慧调控示范项目

关键词：清洁供热　智慧供热　热平衡　智能调控　热计量

（1）项目概况

对林口县现有65个换热站、95个换热机组44559户居民进行技改，通过换热站智能化改造、二次网平衡调控改造、末端供热计量改造及配置协同智慧供热系统筹建成林口县行业内领先的智慧供热管控系统。以供热系统智慧化、精准化、可持续性发展为指导方针，契合智慧供暖、精准供热发展方向，重点进行智慧供热和热计量改造，把建设以智慧供热技术为主体的零碳排放智慧清洁能源供热、热计量系统作为发展目标，为林口县规划一整套智慧供热、热计量系统方案。通过建设智能换热站、楼栋热平衡、户内温控、户用热量表等技术实现精准供热、老百姓按需用热且达成供热系统“可调、可控、可计量”的技术要求，改建成新的智慧供热、热计量系统。根据实际供热负荷需求，经过精密热需求计算，合理设计后对原有供热系统进行全面改造，同时提升换热站自动控制水平。完成改建后，预计每年节约标准煤 1.6 万吨。项目现场见图 5 – 18。

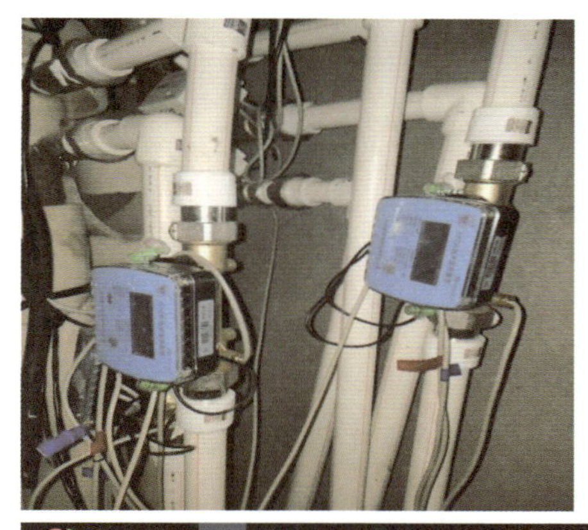

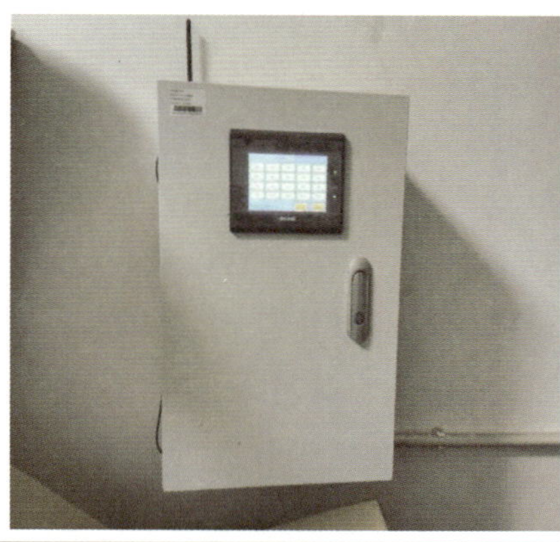

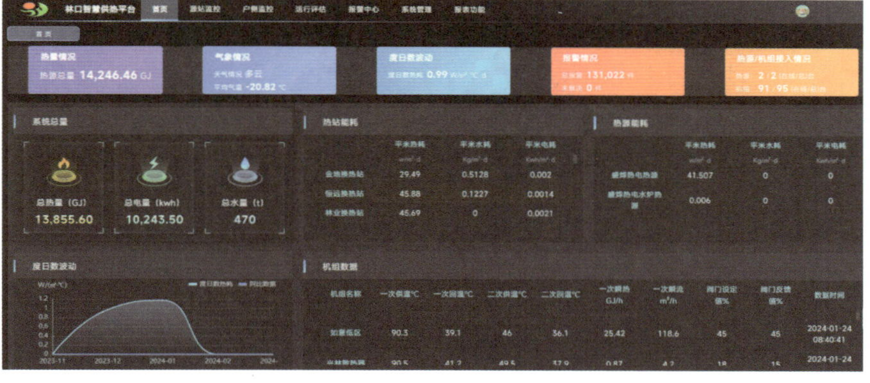

图 5 – 18　现场图片

(2) 主要技术及创新点

随着林口县城市化建设的不断推进，现有供热系统已无法满足日益增长的供热需求。2020 年，林口县拆除了小型燃煤锅炉房，建设了热电联产的热电厂，大大提高了林口县的供热水平和供热能力。供热是冬季人民群众最关心的生活大事，是民生问题的重要组成部分，采取煤炭高效利用的清洁能源技术供热，既解决了传统供热方式环境污染、能源浪费等问题，也满足了人民群众对高品质供热服务的需求，是现今及未来供热行业发展的大方向。

2022 年，引入了具有清华大学技术背景的烟气余热回收技术把锅炉烟气排放温度降至 25℃，从而实现了余热全回收和烟气“消白”，取得了节能、环保、节水多重效果。

供热输配管网的节能应用占整个供热系统的 30% 的权重，如何提高源网联动、管网输配和换热站联动的效率，以及泵站热力平衡楼栋间热力平衡调节匹配，涉及智慧供热的核心。

所谓智慧供热是指基于信息基础设施的应用，通过人工智能、云计算、“互联网”等技术，通过对供热相关数据采集及分析，对热源、热网、末端的各个供热环节进行智能调控，从而进一步实现热网资源的配置优化，提高热网输送的能力的形式。

智慧供热的宗旨是在保证供热设备安全运行的前提下，使用大数据、云计算等自动控制来完成供热、制冷全方位的操作和控制，最大限度地实现节能环保。智慧供热系统具有可监测、可调节、可计量、可预测的特征，能够实现系统的绿色、安全、经济、高效运行。

具体来看，智慧供热主要包括智能调度、智能调节、智能控制、智能诊断、智能维护、智能管理及智能服务等方面。

建立具有远程监控功能的智慧供热系统，提高系统的自动化控制、智能化管理和信息化数据分析水平可以提供稳定、可靠的高质量热源，解决民生问题，改善人居环境条件，用户可以通过手机端自主调节用热量、查询热量及热费等信息，还可以节约能源，降低能耗，减少温室气体排放，用户主动参与节能预计节能在 20%，保护了生态环境。智慧供热系统同比降低电耗热耗情况见图 5－19。

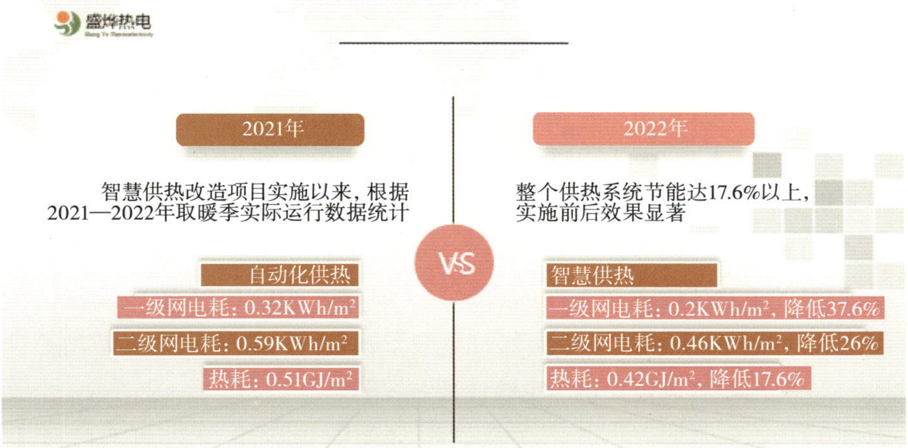

图 5－19　智慧供热系统同比降低电耗热耗情况

建筑能耗是建筑运营碳排放中的关键数据。建筑节能以建筑能耗基本数据为基线，通过主动、被动技术手段降低能耗数据，并向低能耗、超低能耗甚至近零能耗水平靠拢。在建筑运行能耗中，供暖空调能耗比重最大，一般能占到建筑总能耗的 40% ~50%，且受气候影响明显。

碳中和目标的实现和供热行业息息相关，因此从全局出发科学高效地制定并实现智慧供热方案，节能降耗、减碳低碳，为碳中和、碳减排贡献力量是供热行业的发展趋势。

（3）商业模式

独立投资。从原来热企不知道用户用多少热，用户不知道热企供了多少户的背靠背的“摸黑供热”模式，向面对面的按需供热模式转变，用多少热交多少钱，符合市场运营规律，缓解了供需矛盾，提高了用户满意度。

（4）可推广性分析

2020 年 9 月 22 日，习近平总书记在第七十五届联合国大会上发表重要讲话，指出“中国 CO_2 排放力争于 2030 年前达到峰值，努力争取 2060 年前实现碳中和”。这是中国提出的“全球命运共同体”倡议下向全世界做出的庄严承诺，是诚信的中华民族实现伟大复兴的必由之路，“碳中和”目标必定深远影响我们未来的产业发展。

集中供热系统是支撑我国人民生产生活的重要能源基础设施，是构成生态文明社会和特色新型城镇化的重要内容。在“智慧城市”“智慧能源”“能源互联网”“工业互联网”“中国制造2025”等相关概念的带动下，“智慧供热”被正式提出，并已成为供热行业关注的焦点。2011年，财政部、住房和城乡建设部推出《关于进一步深入开展 北方采暖地区既有居住建筑供热计量及节能改造工作的通知》（财建〔2011〕12号)。2018年，《中华人民共和国节约能源法》修订第三十八条为“按照规定安装用热计量装置，室内温度调控和供热系统调控装置”。

2017年底，国家十部委联合印发《北方地区冬季清洁取暖规划(2017—2021)》，明确指出“温暖过冬、减少雾霾”是重大民生、民心工程，并提出了到2021年底，综合清洁取暖率需从2016年的34%提升到70%的重大任务。

（5）综合效益

经初步测算，林口县智慧供热实施方案执行后全县环境改善效果非常显著，年可节约能源折合标煤量1.6吨，可使SO_2、NOx、CO、VOCs、PM10和PM2.5分别减少3372.6吨、729.2吨、63850.6吨、1823.0吨、6152.6吨和4922.1吨；减少二氧化碳排放量4.256万吨，有效实现碳减排，助力碳达峰重点工作的完成。

（6）单位简介

林口盛烨热电有限责任公司（以下简称林口盛烨热电）隶属盛烨热电集团有限责任公司，始建于2019年3月，同年10月竣工投产。项目总投资4.5亿元，占地面积9.13万平方米，建设规模为2台130吨高温高压循环流化床锅炉，1台50兆瓦背压式汽轮发电机组，以及热力、电力、燃料、水处理、脱硫脱硝等附属工程。设施装备和控制理念在黑龙江同行业、同规模企业中遥遥领先，为供热行业项目建设树立了标杆。

林口盛烨热电秉承“装备一流、经济高效、绿色可靠”的理念，实现了当年建设、当年投产的热电建设史创举。目前一级管网45公里，二级管网159公里，总供热面积400万平方米，年发电量1.8亿千瓦时，完成城区内74个换热站合并，取代15个供热区域原有的分散小锅炉，改写了林口县非集中供热的历史。公司积极响应国家双碳战略目标，高度融合物联网全新技术，投资5000万元建设了烟气余热回收系统，年可回收热量17万吉焦，节约燃煤5780吨。实现节能降耗、降本增效相结合，减少环境污染，提高了城区居民环境质量和幸福指数。

热网实现林口城区智慧供热全覆盖，采用“热源、管网、换热站、楼宇、用户”五级智能调控新模式，实现供热数字化、自动化、智能化。节能降耗的同时实现用户自主可调的供热模式，从根本上解决了供需之间的矛盾，大大提升用户满意度。

6. 济南蓝天热电菏泽单县南城家园供热项目

关键词：热量收费　灵活缴费、自主调节　费用日清日结　像用水用电一样用热

（1）项目概况

菏泽单县南城家园安置房供热项目是当地重要的民生工程，2022年济南热电集团同单县人民政府签订特许经营权协议，为南城家园南、北两个小区进行供暖，供热面积约为52万平方米，服务用户约4638户。热源为34台120千瓦和13台65千瓦燃气空气源热泵，用户端采用济南蓝天热电自主研发生产的“情暖万家”产品，包括热计量表、电动调节阀、采集控制器等。软件方面搭建生产调度平台、热计量收费系统、智慧热网管理平台、供热计量数据管控系统、经营管理系统及移动端服务平台。

该项目实现了居民用热按需使用、按需缴费，费用日清日结、日账单日发送，全时全域灵活缴费自主调节的热计量收费模式，即“热源‘节能稳供’、热网‘稳调输送’、换热站‘远程控制’、楼宇‘流量自适应平衡’、居民的‘智能自主调节’‘像用水用电一样用热’”的新型供热模式。项目运行成果表明，像用水用电一样用热的新型供热模式能达到最大限度的节能、经济、环保、安全运行。现场见图5-20。

图 5－20　现场图片

（2）主要技术及创新点

按面积收费和传统热计量计费方式均存在较多弊端，如收费方式不灵活、资源浪费严重、用户投诉量大、供暖灵活性差等。如果用热可以像用水用电一样即开即用，即关即停，这些问题就迎刃而解了，由此济南热电集团有限公司提出了“像用水用电一样用热”的热计量计费模式。

“像用水用电一样用热”的热计量计费模式是在传统供热收费的基础上进行优化，用户不用热即不收取基础热费，热用户可以依靠手机端远程控阀实现用户根据自身喜好调节阀门、控制温度，多用热多收费、少用热少收费、不用热不收费。

用户预交一定费用后，根据自身需求及喜好通过自主控制的方式开启阀门，开始用热，热表像电表、水表一样计费，用户预交的费用便会随着使用热量的递增而减少，费用接近用尽时会通过手机短信或微信小程序提醒用户续费，阀门也会在预交的热费用尽时自动关闭停止供热，直到用户续费后才能继续供热。热费可根据用户自身需求，随时用随时缴，用户缴费即可开通供热，欠费即停止供热。

不同需求的热用户，可随时通过微信公众号、小程序调节暖气的温度控制阀开度，对室内温度进行设定，达到满足用户多样化用热需求的目的，节省了用户热费，同时也达到了降低耗热量的目的。热用户上班、外出时可将整个房屋的温度调低，下班、回家前可提前远程将房屋的温度调高。

为更好地发展“像用水用电一样用热”，平台支撑必不可少。从生产运行、供热运行、二网调节、入户服务各个环节都以信息系统建设为有效支撑，实现生产调度、智慧热网管理、二网平衡等智慧供热系统，结合用户侧公众号、微商城管理、经营收费、客户服务等智能服务板块为供暖用户提供便捷服务，实现用户缴费、报修、线上调节、推广自主品牌供热产品、设计供暖方案等一体化供热服务。

用户可通过关注公众号，按照“经营收费”板块录入的用户基本信息匹配绑定热表，绑定后即可通过公众号进行调节温度、查询热费使用情况、缴纳热费等线上业务。用户调节舒适度后发送指令，通过“智慧热网管理”控制电动调节阀开度实现调控。用户还可通过400客服热线和公众号进行报修、咨询等，热线人员通过“客户服务”及“微商城”将诉求形成工单，派单至供暖管家，供暖管家使用“师傅端App”上门为用户解决一系列供暖问题，形成供热智能化闭环管理（见图5－21、图5－22）。

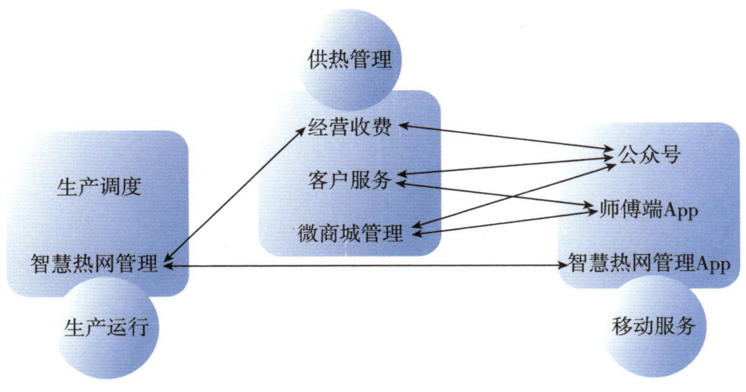

图5－21　系统逻辑

图 5－22　App 示意

(3) 商业模式

该项目采用建设—拥有—运维模式，济南蓝天热电有限公司拥有特许经营权 30 年。项目由济南蓝天热电有限公司独立投资建设，搭建项目专属运营平台和智慧供热平台，提供户用终端热计量产品。济南蓝天热电有限公司依托济南热电集团企业优势，凭借 40 余年供热经验，打造"像用水用电一样用热"试点项目，项目前期规划、中期建设、后期运维投入大量人力、物力，最终取得成功，给南城家园热用户提交了一份满意答卷。

（4）可推广性分析

计量收费在煤气费、电费和水费等早已实施并形成制度，而产生于计划经济时期作为福利制度的集中采暖系统一直未按计量收费，而是以居住面积为基准收费。这种热费与热耗相脱节的买卖关系，使采暖用户没有节能的积极性从而造成了能源的极大浪费。

采用技术革新提高锅炉效率、科技进步更新门窗、时代发展户外保温等手段达到节能的目的已趋于饱和，供热行业要提高质量、降低能耗、打破市场制约不仅需要在技术革新上实现突破，更重要的是居民要主动节能，居民才是实施计量收费、节能降耗的原动力。集中供热计量收费的最终落脚点不是供热企业而是用户，是居民。居民是否有节约意识，是否旋动电动调节阀，是企业能否成功实施计量收费的关键。

“像用水用电一样用热”的供热模式对企业来说提高了热源配置效率，一方面用多少热便供多少热、产多少热；另一方面多余热力可以输送给其他亟须用热小区，以实现用热效率最大化，从而实现节能减排，避免能源浪费。

对用户而言，三档调节灵活自主，根据需求的理想温度设置不同档位，达到了智能舒适的效果，节省了家庭开支。单县供热数据表明，大部分用户未达到按面积收费的价格。通过客服端、微信小程序实现网上签订电子合同、缴费、打印发票等，减少群众“跑腿次数”。当热被赋予商品的属性就成了单纯的买卖，用户从被动节能变成了主动节约，提高了节能意识，避免供暖纠纷。

（5）综合效益

习近平总书记提出的“双碳”目标是我国对全世界的承诺，是全社会、全国人民的重要任务。传统的按照采暖面积收费的标准模式落后、不科学，造成了巨大的能源和资金浪费，同时也加剧了空气污染，增加了不必要的碳排放，实施推进“像用水用电一样用热”的新型供热模式可实现节能减排，为科学合理用能提供新方法。

在单县南城家园项目中，自智慧供热系统上线运行起，全年平均热耗为 0.32 吉焦/平方米。对比济南市章丘区、长清社区自管站，计量收费在用热率较低的情况下依然可以取得较低的热耗值，相对传统面积收费运行模式更节能，见表5-4。

表5-4 站点供热相关情况

序号	站点	收费方式	用热面积（万 m^2）	用热率（%）	平均低温（℃）	平均高温（℃）	平均热耗（GJ/m^2）
1	南城家园站	计量	6.76	24.22	-3	7	0.37
2	章丘某社区站	面积	3.14	42.49	-2	5	0.41
3	长清某社区站	面积	3.24	39.61	-2	5	0.44

综合试点项目经验和成果来看，“像用水用电一样用热”供热模式较传统供热模式而言可节约20%~30%的能源消耗，用户的用热费用也降至原来的70%左右，社会效益、经济效益非常明显。

（6）单位简介

济南蓝天热电有限公司（以下简称济南蓝天热电）始建于2000年，位于济南市天桥区新赵路1650号，是济南热电集团有限公司具有规模化、系统化的全资子公司，公司注册资本3770万元，下设7个部室，拥有从业人员56人，大专及以上学历职工52人，具有专业技术职称人员43人，先后取得17个专利及3个行评证书。

济南蓝天热电是一家专业从事新能源开发利用、户用终端热计量的国有企业，以新能源的开发应用及用户热计量为发展目标，集供热产品研发、销售、服务于一体，致力于用信息化助推供热行业发展，打造高端供热产业链产品。2016年以来，公司深耕热计量及新能源领域，服务供热企业超过60家，推进了整个供热行业热计量进程，在新能源开发利用、户用终端计量、智慧供热领域已成为国内首屈一指的企业，生产、技术、管理力量雄厚。目前公司供热用户已经遍布湖北、贵州、河北、海南、山东等地，产品完全兼容各地区的供热政策，服务品质已经成为行业内的标杆。同时，济南蓝天热电积极推进供热系统数字化和信息化运维管理，实现了热源节能稳供、热网稳调输送、换热站远程控制、居民的智能自主调节与流量自适应平衡的新型供热模式。

济南蓝天热电旗舰产品是“情暖万家”系列品牌热计量产品及供热智慧管控系统，延伸的产品和服务包括供热“温温暖暖”App、网上服务大厅等。

济南蓝天热电获全国文明单位、全国五一劳动奖、山东省企业管理优秀单位、省富民兴鲁劳动奖章等荣誉称号，是中国中小企业协会清洁供热产业委员会副主任委员单位、中国城镇供热协会常务理事单位、山东省燃气协会副主任委员单位。

7. 杭州云谷科技＋中国华能北方联合电力包头第二热电厂智慧供热二次网分户平衡技术研究项目

关键词：新型智慧供热　平衡热量表　二次网　室温软测量　L值平衡控制算法

（1）项目概况

包头市位于中国内蒙古自治区西部，室外年平均气温一般为2.3～7.7℃之间。1月份最冷，平均气温为－17～5℃。极端最低气温可达－31℃。

该项目热源为包头第二热电厂供热热水，总供热面积为26234.2平方米，供热住户数量为304户，房屋类型为2019年始建的节能建筑，民用商品房，住户室内采用地暖进行供热。

该项目采用包头第二热电厂热水供热，供热管网长，二次网供热管路存在水力和热力失衡现象，为保证远端用户室温满意，整个供热季换热站二次网供温普遍较高，导致中间套用户普遍过热且存在较严重的开窗放热现象，热能浪费严重。

2021年，对御景江山小区（见图5－23）高层304户居民住户安装平衡热量表（见图5－24），系统采用热计量表阀＋无线传输＋智慧供热平台的模式进行。解决了制热、供热、热用户的热损耗、热网监管难、高能耗、高排放、供热质量差等问题，最终形成制热有依据、供热可联网，用热可操控的最优解决方案，实现了用户室温智能调控、故障诊断和报警、运行数据分析和实时数据监控等功能。

（2）主要技术及创新点

①技术先进性。

表阀一体化设计功能集成度高，安装简单、便利，维护方便；电磁式流量传感器，测量精度高；传感器环境和水质适应性强；流线型矩形流道

图 5－23　项目现场小区（部分）

图 5－24　户用平衡热量表现场安装

设计，管路压损小；室温软测量模型，测温免入户；先进的平衡控制算法，实现二次网水力热力平衡。

②技术创新点。

全球首创的表阀一体结构，拥有多项发明专利，具有体积小、功能强的特点，见图 5－25。

图 5－25 平衡热量表优势

国内首创的户用电磁式热量表具有精度高、抗硬水的特点，使用寿命长、可靠性高、维护少；垂直 V 形阀体结构能有效改善小开度下的流量控制性能，优于普通球阀的调节性能；全球首创的室温软测量技术实现免入户室温测量，为换热站调控提供依据，有力促进系统节能（见图 5－26）；领先的 L 值平衡控制算法相对于回温和控制、流量控制等常规控制算法，能实现更好的水力平衡和热力平衡，实现全自动平衡控制。

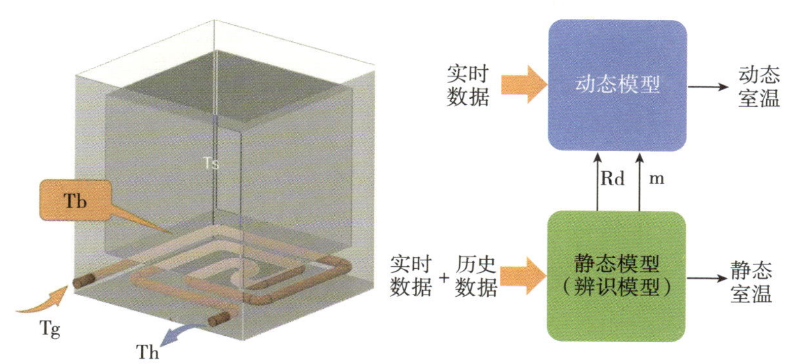

图 5－26 室温软测量技术原理

表阀一体式结构平衡热量表口径涵盖 DN15、DN20、DN25、DN32、DN40、DN50、DN65、DN80、DN100 等系列，可应用于绝大多数集中供暖场景。

③关键技术。

电磁式流量传感器技术。已经完成电磁式流量传感器的技术研发和产业化，技术成熟，性能稳定，可进入批量生产。云谷科技是行业内唯一突破电磁式流量传感器在热计量领域应用并进入批量生产的企业，居于全球领先地位，解决了中国供热水质环境下的传感器寿命问题，使传感器寿命从原来的2～3年延长到10年，代表着未来热量表的发展趋势。传感器采用自主研发的特种材料制造，具有知识产权的特殊生产工艺，并具备多项国家发明专利。

表阀一体技术。已经完成表阀一体技术研发和产业化，技术成熟，性能稳定，可进入批量生产。该技术是平衡热量表的关键技术，通过该技术实现了热量表和调节阀的一体化设计，达到了产品的一体化、小型化，降低了制造成本和使用成本。相对于传统分体结构可降低30%～40%的成本，且性能更优异、使用更方便。云谷科技是该类表阀一体产品的行业标准制定者、发明人，具有行业领先地位，其核心技术具备多项国家发明专利。

室温软测量技术。已经完成室温软测量算法模型的构建，进入实用阶段，其测量精度可替代室温传感器且可靠性、稳定性及测量成功率均高于常规的测量方式。云谷科技是室温软测量技术的发明人，拥有全部知识产权，目前算法还处于保密阶段，领先竞争对手至少5年。室温软测量技术通过人工智能自学习技术实现室温免入户测量的一项核心技术，解决了困扰行业20年的室温测量问题。

平衡控制算法。云谷科技是L值平衡控制算法的发明人，相对于传统平衡控制算法，该算法具有全自动平衡控制能力，成功实现了室温调控，为热用户提供个性化和舒适化供热，实现了热力公司节能减排的目的。该算法已经成功经过现场考验，进入实用阶段。同时被浙江大学、同济大学、天津大学等多个知名学府认可，未来将成为智慧供热末端调控的标准算法。

基于GIS地理信息全息感知和检测系统的智慧供热驾驶舱监控软件。通过该软件实现平衡热量表的联网监测、室温软测量、平衡控制等功能，并通过全域协同平衡控制策略将传统的粗放式“能源生产为导向”的“推动式”供热模式，转变为智慧型精细化的以“负荷需求为导向”的“拉动式”供热模式，达到节能降耗的效果。

（3）商业模式

传统 B2B 模式。

（4）可推广性分析

平衡热量表取得了计量产品生产许可证，生产工艺成熟，已进行大批量生产并投放市场，年生产量达 10 万台以上。公司执行严格的质量管理体系，并取得 ISO 9001、ISO 4001、ISO 45001 等体系认证。

2013 年，产品的原型机首先在上市公司长春亚泰热力试用，之后经过不断地改进和提升，已经在山西、内蒙古、吉林、辽宁、天津、山东、河北、陕西等地热企得到广泛的应用，受到了用户一致好评。使用情况的数据统计表明，节约的热能达到 15% ~20%，电能达到 20% ~30%。

此外，平衡热量表是当前市场上唯一的第三代终端设备，凭借监测调控一体化的特点受到关注，其内置的室温软测量及 L 值平衡控制算法能够在实时监测室温的同时将数据传输到供热管理平台，有助于热力公司精准调控供热量，避免了供热不足或热量过剩导致的能源浪费，还能及时对居民反馈的供热问题进行处理。双碳战略背景下，供热公司将面临更严格的碳排放和能耗限制，解决能耗问题势在必行。住建部与行业协会也积极倡导大力发展新型绿色智慧供热，减少供热能源消耗，并出台系列政策支持企业绿色转型，在这种大环境大背景下平衡热量表具有巨大的推广潜力。

（5）综合效益

该项目研究的“二次网分户平衡应用”节能成果显著，如在北方城镇集中供暖中广泛推广应用，进行供热管网热力、水力平衡调节，一般情况下可以节省 20% 左右的总能源消耗。每年如果推广 100 万户供热居民使用该技术需投入 10 亿元，每户供热成本下降 400 ~600 元，两年左右可收回投资成本。全国现有 250 亿平方米的供热面积，其中有 1 亿户居民使用集中供暖。随着城市化进程以及供暖南移，将有更多的居民采用集中供暖，如果推广普及该技术，全国每年可以减少能源成本 400 亿元，减少大约 0.7 亿吨煤炭消耗，将极大降低碳排放，经济效益和社会效益显著。包头项目单位能耗对比见图 5 –27。

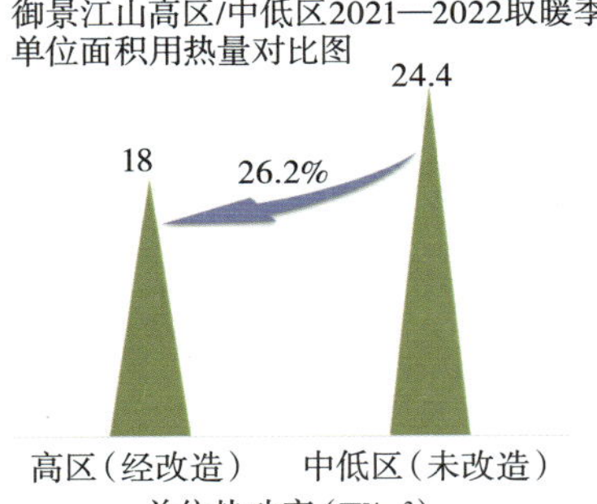

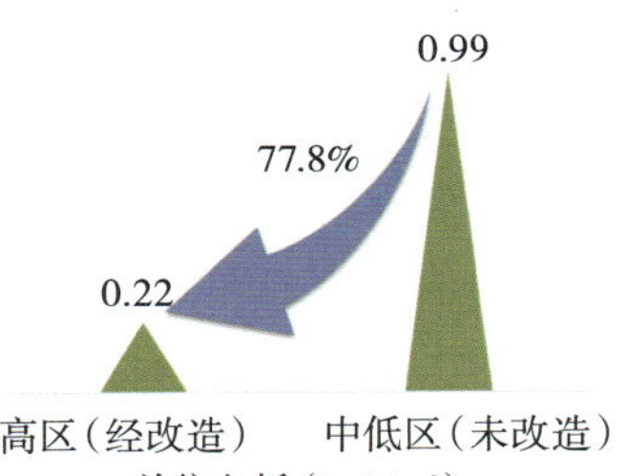

图 5－27　包头项目单位能耗对比

(6) 单位简介

杭州云谷科技股份有限公司（简称云谷科技）成立于 2011 年 3 月，总部位于杭州市滨江区白马湖畔，是国家级高新技术企业和软件企业。云谷科技致力于通过物联网 + 人工智能（AIoT）技术，基于工业互联网产品构建热能全域协同模型，围绕人工智能技术打造“TEMPED 全域协同热能管理 SaaS 平台”，以数字创新支撑国家“碳达峰、碳中和”战略。

聚焦政府能源双控、热企高效运营和人居环境改善，为城市、工厂、建筑、家庭的热能管理赋能，实现政府监管的“人治”到“数治”、服务热企的“人控”到“智控”、人居环境的“人感”到“智感”的全域协同，构建了双碳背景下“政府可治、企业可控、百姓可感”的创新型能源动态平衡基础设施。

云谷科技以“数字创造人居和谐”为使命，通过不断的产品和服务创新，构建ENGRID®系列产品和服务，通过“源、网、站、户”的全域管理，全过程数字孪生、人工智能与 loT 智能产品等创新技术解决低碳供热系统优化调度、全域协同等技术难题。

云谷科技奉行“理想、乐业、协作”的核心价值观，倾注智慧、奉献社会，“让每个家庭减少 1 吨碳排放”是云谷人的行动目标。在顺应全降碳的同时，云谷科技遵循“领先一步的产品和服务，为客户增效，与合作伙伴共赢”的战略方针，坚持颠覆式的创新技术革命，为人类社会美好未来作出云谷人应有的历史贡献，努力成为杰出的“碳路人”。

8. 创今智能北京市延庆区清洁取暖智慧服务项目

关键词：清洁取暖 智能控制 智慧服务 长效管护

（1）项目概况

截至2023年取暖季，北京市延庆区清洁取暖项目改造已覆盖14个镇、198个村、10多万台取暖设备，共涉及45个品牌。政府监管难度大、投诉率直线上升等众多问题逐渐显现。延庆区政府为保障取暖用户用热权益并积极响应《2022—2023年度取暖季北京市农村地区冬季清洁取暖后期管护工作方案》，设立了清洁取暖长效管护服务中心，建立了清洁取暖智慧服务体系，以清洁取暖智慧服务平台（见图5－28）为基本手段，管理本区域清洁取暖项目。

图5－28 延庆区清洁取暖智慧服务平台

（2）主要技术及创新点

该项目以智慧化平台为核心，运用“互联网＋清洁能源”技术对延庆地区不同类别清洁取暖设备进行不同程度管护。对采用地源热泵、空气源热泵等集中式系统的公共建筑建立了一套完整的智能控制体系，主要依靠大数据、人工智能、节能控制等技术优化设备运行能效；对采用空气能、燃气壁挂炉等采暖的农村散户建立了长效管护体系，建设了服务中心，形成了主管部门、取暖用户、设备企业等多方协同的工作机制。

①建立智能控制体系。

清洁取暖智慧服务平台是在传统智慧供暖平台的基础上叠加物联网大数据、云计算、人工智能等新型技术，实现海量异构数据汇聚与建模分析、供暖知识软件化与模块化、创新应用开发与运行，支持供暖智能决策、智能调度、智能调节、智能控制、智能诊断、智能维护、智能管理及智能服务的软件集合。

服务平台立足互联网节能产业，通过网络将分布在各现场的终端设备连接，实现清洁取暖工程全流程管理、运行跟踪、异常预警、远程调控、故障分析、智能运行优化等功能，借助大数据、人工智能和节能控制技术，分析建筑结构、用户习惯、气象参数机组运行数据、末端控制等因素，以功能舒适和节能并举为最佳目标，通过大数据人工智能技术，制定多因素耦合控制策略，自动调节设备运行参数使设备保持高能效运转，降低能耗，减少排放。地源热泵智慧控制系统见图 5 - 29。

图 5 - 29　地源热泵智慧控制系统

②建立长效管护智慧服务体系。

建立长效管护智慧服务体系，全面整合设备企业、服务机构、应急维修队伍及部分驻村管护等人员，统一监督、统一管理、统一调度，并进行审核、考核及评估评价，实现工作整体可管理、资源可调度、应急有措施、管理有手段、全程有跟踪、结果有反馈、服务有评价。

通过智慧服务平台对延庆区改造户、新增户、遗留户进行全面的数字建档和逐级审批，并将基础档案信息、设备档案信息进行系统性分类、汇总，作为巡检、指挥调度、自主申报、补贴发放的重要数字依据，实现安全存储、快捷检索、轻松调取的数字化管理。

服务平台与12345市民服务热线无缝衔接，打通群众服务的“最后一公里”。建立“接诉即办”快速响应机制，在群众拨打12345热线的几分钟内，诉求第一时间下沉到各镇、村服务站，维修人员第一时间接单并将处理结果及时反馈，做到服务过程、处理措施、服务结果清晰完整，服务一次性完成，实现“10分钟内派单响应、2小时上门、4小时维修”的工作要求。

设备巡检工作在智慧服务体系的管理下得到升级，巡检人员全程定位跟踪，并将取暖季重点报修用户、12345投诉用户等作为重点巡检对象，调度中心全面管控巡检标准、流程、进度，实时掌握巡检情况及统计分析数据，大幅度提高巡检工作严谨性和可靠性。

通过易修App和美乡村App及服务平台实现百姓一键报修，维修人员高效上门、服务结果及时评价。服务平台自动分析研判，定位农户地址、附近维修人员、设备厂家型号、运行情况、故障码，实现就近派单、直接导航、全程跟踪。

根据清洁取暖设备专业化程度高、技术标准复杂、故障检测与问题处理需要多方协同等特征，通过应用物联网技术，构建民生服务科技大脑，实现辖区范围内设备运行效果、售后维修过程等信息实时监测，随时跟踪报修工单状态、维修进度，并在移动端App上对服务进行评价，数据平台也可依据设备监控数据启动预警、报警功能，实现“未诉先办”见图5－30。

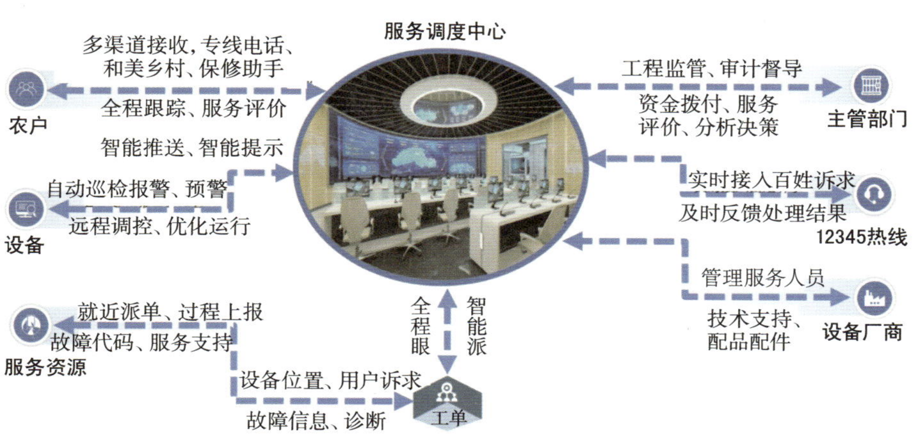

图5－30 智慧服务体系架构

（3）商业模式

投资建设+运维服务。

（4）可推广性分析

2016年，在能源结构升级和大气环境污染治理的双重驱动下，国家开始大力推动清洁取暖行动，目前清洁取暖已经是我国北方地区主要的供暖方式。清洁取暖智慧服务体系是保障清洁取暖长效运行的重要手段，未来市场需求巨大。项目智慧服务平台除了具备基本的监测、控制功能外，对智慧服务功能延伸进行了深入开发，形成了集产品质量监管、设计施工监管、资金补贴监管、平稳高效运行监管，长效服务监管于一体的智慧服务平台，完全契合现在及未来很长一段时间清洁取暖行业的发展要求。

（5）综合效益

①经济效益。

智慧服务体系通过智能化控制优化运行效果提高设备效率、降低能源消耗和减少人工成本，显著降低用户的运营成本。同时，智慧化平台还可以通过精准控制和个性化服务提高用户的满意度和节约用户的费用。从长远来看，智慧控制体系的建设还可以带动相关产业的发展，促进经济增长。

②环境效益。

清洁取暖智慧服务体系采用先进的技术和设备，可以大幅减少燃煤、燃气等传统能源的使用，从而降低温室气体和污染物排放，改善空气质量和生态环境。此外，智慧化平台还可以通过智能调度和优化运行提高能源利用效率和减少能源浪费，从而进一步降低对环境的负面影响。

③社会效益。

清洁取暖智慧服务体系的建设可以改善居民的生活质量，提供更加舒适、安全的居住环境。同时，智慧化平台还可以通过智能服务和数据分析提高供热服务的针对性和个性化，满足不同用户的需求，提升用户满意度。此外，智慧服务体系的建设还可以带动就业、培养人才，为社会的可持续发展作出贡献。

（6）单位简介

北京创今智能科技有限公司为高新技术企业，是国内领先的综合能源智慧服务商，致力国家双碳目标实现，致力能源清洁高效供给与产业高质量发展。公司基于互联网、大数据与人工智能技术，融合清洁能源，建筑环境，工农业生产等领域专业技术与算法，面向能源系统用户、能源设备产销企业、政府部门、工程设计、科研机构、维护服务等机构提供综合能源数字化、智慧化服务。为众多企事业单位提供先进完善、智慧高效的产品及方案，提升客户经济效益，促进行业发展；使万千终端用户有了更舒适的生活环境；为国家节能减碳、绿色环保产业作出了更多的贡献。

第六篇　创新篇

绿色低碳技术创新是实现绿色发展的重要动力，是实现“双碳”战略目标、推动高质量发展的重要支撑。《科技支撑碳达峰碳中和实施方案（2022—2030年）》明确提出加快培育颠覆性技术创新路径，引领实现产业和经济发展方式的迭代升级。

本篇绿色低碳重大创新技术重点聚焦能源行业绿色低碳转型面临的瓶颈问题及产业现实需求，鼓励推广关键技术有效突破、应用成本大幅下降、核心技术自主可控的绿色低碳新工艺、新技术、新装备，包括先进的技术产品、装备、算法以及系统解决方案等。年度遴选技术涉及新型储能、新材料、高效节能、余热利用等细分领域核心技术。

一、绿色低碳重大创新技术遴选标准

绿色低碳重大创新技术是指以资源的高效利用为基础，是以减少或消除二氧化碳及其他温室气体排放为特征，改善生态，促进生态文明建设，实现人与自然和谐共生的新兴技术，并不是特指某一特定领域的技术，而是涵盖了利用科技创新来实现减污降碳、改善环境质量与应对气候变化目标的所有技术类别，包括能源、工业、建筑、交通、农业等领域，涵盖生产、消费等诸多环节。

党的十八大以来，我国系统部署绿色技术创新工作提出构建市场导向的绿色技术创新体系，清洁低碳技术被认定为我国七大战略性新兴产业之一。2019年，国家发展改革委、科技部联合印发《构建市场导向的绿色技术创新体系》，提出到2022年基本建成市场导向的绿色技术创新体系的目标。近年来，我国高度重视绿色低碳技术创新，多次提出狠抓绿色低碳技术攻关，推进绿色低碳技术研发和推广使用。《中华人民共和国国民经济和社会发展第十四个五年规划和2035年远景目标纲要》提出要构建市场导向的绿色技术创新体系，实施绿色技术创新攻关行动。国务院印发的《2030年前碳达峰行动方案》明确提出加快推广应用先进适用绿色低碳技术、开展示范应用。我国绿色技术创新能力、引导机制、平台建设、制度环境等都取得了很大的进展，绿色技术创新活力显著提高，在绿色生产和绿色生活中发挥了愈加显著的作用。以风能、光伏和先进核能为代表的非化石能源利用技术逐渐成为主流，工业、建筑、交通等领域终端能源高效利用与节能技术不断优化完善，生物质制氢造气发电等燃料及原材料替代技术逐步迈向规模应用。绿色专利申请数量从2008年的4.3万余件，增长到2021年的15万余件。但总的来看，我国支撑绿色低碳变革的重大创新技术仍存在一定的短板。在技术成熟度方面，绿色低碳技术总体成熟度不高，大量技术尚在研发阶段；在技术自主度方面，多数绿色低碳关键核心技术仍集中于发达国家，我国掌握仍占少数；在市场化应用方面，现有绿色低碳技术应用的成本较高，规模化应用依然受限。

因此，本篇遴选的年度绿色低碳重大创新技术重点聚焦我国绿色低碳重点领域面临的短板瓶颈问题及产业现实需求，鼓励推广实现关键技术有效突破、应用成本大幅下降、核心技术自主可控的绿色低碳新工艺、新技术、新装备，具备大规模、低成本、高可靠、高安全地支撑我国能源绿色低碳转型以及节能降碳潜力，为相关企业、研究机构开展绿色低碳重大创新技术研发、推广和产业化提供方向，为政府相关决策提供借鉴。

主要遴选标准包括：

绿色低碳性。主要指技术应用能够显著支撑能源绿色低碳转型，具备较强的节能、降碳和扩绿能力，包括但不限于新型能源体系中源—网—荷—储各环节，通过技术未来在行业内能达到的推广比例以及预计形成的节能量（预期节能率）、预计贡献的二氧化碳减排量等进行测算。

重大创新性。主要指技术相对于行业内同类技术或上一代技术的技术参数及性能先进程度，具备解决行业关键问题的能力度，通过专利数、专利的后向引用数（该专利引用其他专利）以及技术性能评估参数、商业化示范项目验证、经过第三方或者国家专业协会评估、具备大规模推广应用的价值。

经济收益性。主要考察技术的经济社会价值，包括静态投资回收期、单位节能量投资额、单位二氧化碳减排量投资额、预期产业规模等进行测算。

二、绿色低碳年度颠覆性创新技术

1. 云储新能源：面向5G通信基站储能备电的数字能量处理与计算技术

专家推荐理由：数字储能技术历史上首次改变传统固定的电路结构，通过高频mos开关阵列实现动态可重构电池网格系统，通过电池网络拓扑的毫秒级动态重构、微秒级故障电池单体/模组的在线精确隔离等技术，实现以电池为载体的精准能量综合管控，并且根本上解决了电化学储能系统“短板效应”问题和本质安全问题，是目前唯一能够解决电池系统（非单体电池）本质安全问题的技术方案，属于颠覆性创新技术。

（1）技术背景、行业痛点难点

随着5G、新基建的建设以及国家“双碳”目标的提出，以新能源为主体的新型供电系统将成为ICT系统的供电来源。为了有针对性地解决5G网络供电的典型应用场景中的难点问题，实现数字技术在5G网络供电中的大规模应用，云储新能源科技有限公司技术研发团队结合中国移动集团所属福建、河南等地500个5G基站典型场景的技术特点和应用需求，开发、设计了基于数字能量处理与计算技术的5G通信基站储能备电系统，并完成广域范围内的5G通信基站的数字能源部署与改造。有效解决了基站新能源发电接入和高效消纳、极大提升了广域内大规模电池储能备电产品的可用性和安全性、灵活激活了基站储能备电电池系统面对电网峰谷调控的经济价值。

（2）解决的核心问题

5G具有高速率、低时延、大连接等特征，是支撑能源转型的重要战略资源和新型基础设施。5G与能源领域深度融合，将有效带动能源生产和消费模式创新，为能源革命注入强大动力。国家“双碳”目标驱动下，迫切需要探索通信行业“碳中和”路径。面对通信运营商拥有的海量存量电池资源，解决电池资产闲置经济性差、基站位置分散运维工作量大、新能源交直流多次转换接入利用效率低、备电系统无馈网功能网储荷互动弱等现实问题，是基于数字能量处理与计算技术的5G通信基站储能备电系统的主要任务。

为了针对性解决5G网络供电的典型应用场景中的难点问题。该应用使用的数字能量信息化技术是一种软件定义的动态拓扑可重构的能量交换系统。不同于传统方法控制电流的思路，动态可重构电池网络的核心思想是通过控制电池的充放电时间来调节电池充放电容量，实现以电池为载体的精准能量综合管控（见图6-1）。

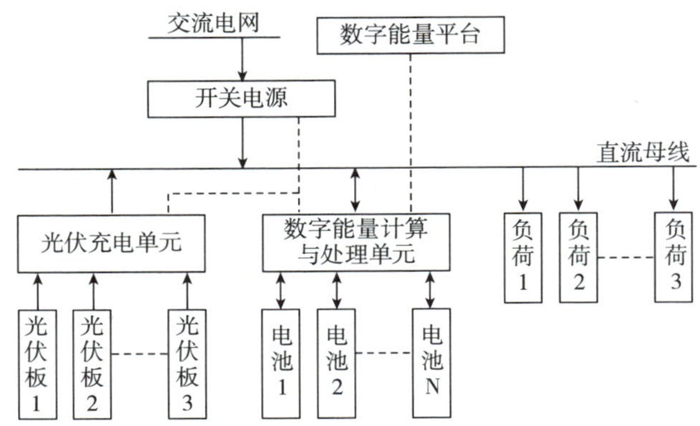

图6-1　数字能量技术改造的5G基站“光储荷”绿色微网综合应用

一方面，可以及时地消纳接入直流母线的新能源发电；另一方面，可以灵活响应电网峰谷政策，动态调整本地负荷供电情况；同时数字能量技术改造还使基站储能备电设备提质增效、开源节流，实现更为绿色、安全、经济的用电模式。

（3）主要技术原理

基于数字能量处理与计算技术的5G通信基站储能备电系统，使用了基于能量信息化技术的一种软件定义的动态拓扑可重构的能量交换系统。该系统由数字能量计算单元、数字能量处理单元、柜体等部分组成。该技术产品可实现5G基站“光储荷”绿色微网综合应用（见图6-2）。

①核心设备。

数字能量计算单元是基于数字能量技术改造的5G基站“光储荷”绿色微网综合应用的装置核心，负责整个系统的能量调度、高级策略执行以

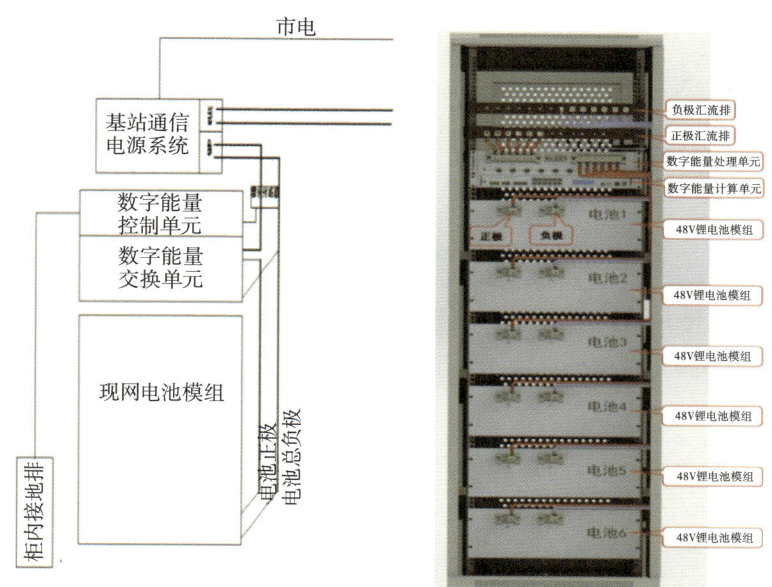

图6－2 48V基于数字能量处理与计算技术的5G基站储能备电系统框图

及通信管理的综合管控单元；负责采集各电路工作状态，分析、判断和执行相应的系统管理策略；负责上传系统各部分必要的数据信息；负责协调调度关联第三方系统（如动环监控、电源系统）；并可根据系统状态和上级调度指令执行相应动作。根据管理策略执行数字能量处理单元内数字功率节点的控制；负责对数字能量处理单元的数字功率节点并联拓扑结构的在线动态重构；并执行对数字能量处理单元的数字功率节点异常情况的探测和保护动作。

数字能量处理单元是基于数字能量技术改造的5G基站“光储荷”绿色微网综合应用中的信息能量耦合装置，即高速控制设备。内置6个独立的数字管控节点，通过数字管控节点的物理组合实现不同的应用功能，每个数字管控节点均具有电池模组的充放电驱动开关，响应数字能量控制单元的指令配置，为数字能量控制单元提供数字化接口（见图6－3）。

数字能量处理与计算系统具有支持开路电压SOC计算，通过动态可重组技术，采集各电池模组的开路电压并以此估算电池模组的SOC参数等功

图 6-3 数字能量计算单元、数字能量处理单元示意

能。故障电池模组隔离，系统能够在 10ms 内检测出此电池位置并对其进行主回路隔离，在执行复位动作前不再接入网络。电池模组和系统级电压采集精度≤±0.5%（FS）；系统电流采集精度应≤±0.5%（FS）；系统温度采集精度为±2℃。综合能源管控功能。光伏消纳模式、峰谷电费优化模式等。

②数字能量计算单元。

数字能量计算单元是数字能量处理与计算装置的整体能量调度、高级策略执行以及通信管理的综合管控单元。用以采集各电路工作状态，分析、判断和执行相应的系统管理策略；上传系统各部分必要的数据信息；协调调度关联系统（如电源系统）；并可根据系统状态和上级调度指令执行相应动作。根据管理策略执行数字能量处理单元内数字功率节点的控制，数据采集、判断、转发等；执行对数字能量处理单元的数字功率节点并联拓扑结构的在线动态重构；并执行对数字能量处理单元的数字功率节点异常情况的探测和保护动作。

③数字能量处理单元。

数字能量处理单元是能量单元的高速控制和数据采集设备。内置 10 个独立的数字管控节点，具有电池模组的充放电驱动开关，响应数字能量计算单元的指令配置。每个数字能量管控节点的主回路采用低内阻设计方案，在 130A 电流通流情况下仅有 23W 左右的损耗。

（4）总体应用效果

①通信站点供电保障提质增效。

采用基于通信基站 48V 数字备电系统的应用方案，使基站的电源形式更加多样化，更具可扩展性。包含数字能源处理与计算装置、数字电池管控单元、光伏直流接入单元，均采用模块化装配，随站扩容的改造或建设方式降低了建设成本，丰富了基站或数据中心的能源供电形式，提高了能源利用效率和经济效果。

②通信站点供电保障实现本质安全。

由数字化储能技术改进的基站可以实现电池能量的离散化和数字化处理，通过微秒级或毫秒级电池网络拓扑动态重构实现电池单体层面的充放电均衡、故障电池单体在线检测和自动隔离等功能，克服电池单体差异性带来的系统短板效应这一行业痛点问题，延长电池系统有效寿命、提升充放电效率、可靠性、可维护性。

③通信站点构建电网辅助服务能力。

采用基于通信基站 48V 数字备电系统，通过数字能源的负荷优化管控与广域集群调度，将分散的储能资源与负荷需求整合为统一特性的智慧负荷，优化用电成本的同时减缓了基站负荷对电网的压力。将广域基站群或大型数据中心的负荷与电网调度完美融合，提高了电网系统供电的可靠性和电网结构的稳定性。

（5）商业化进展程度

该技术获得 57 项专利，已完成产品化设计定型。相关产品已通过 CNAS 检测认证，处于批量示范阶段。位于山东省烟台市数字能源产业园的云储新能源高端装备制造基地可实现 3GW 产品交付能力。该技术产品获评中国信息通信领域十大重大科技进展（2021）、巴黎国际发明博览会银奖（2023）、日内瓦国际发明展金奖（2023）。2021 年，云储新能源联合提出并主要编写制定中国通信行业标准《通信基站用动态管控储能系统》（项目号：2022 - 1135T - YD），明确规定了适用于直流母线电压为 48V 的通信基站用动态管控储系统的术语与定义、系统架构、技术要求等内容。

（6）示范项目

云储新能源科技有限公司 5G 基站（中国移动）备电微电网数字能源改造项目结合中国移动集团下属河南、福建等地 500 个 5G 基站典型场景的技术特点和应用需求，建设光伏发电 300kW，2.5MW/25MWh 广域内群控群调分布式储能备电系统，完成广域范围内5G基站数字能量技术改造，解决5G通信基站配套电源容量扩充难、新能源消纳效果差、网—储互动功能弱等问题，见图6－4。通过数字能量处理与计算系统将光伏发电组件、电池储能备电、负荷的相关能量进行有机管控，实现广域内的5G基站能源设备的绿色、安全、高效的协同运行。

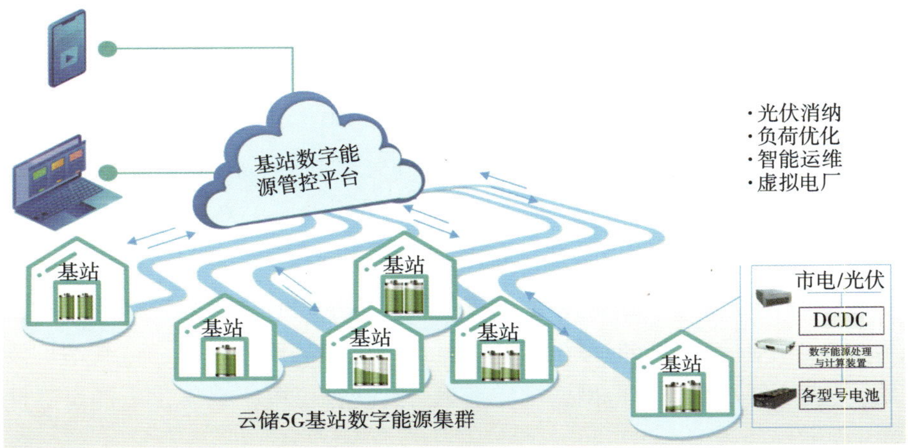

图6－4　云储5G基站项目示意

该项目批量部署了云储新能源科技有限公司针对5G基站能源场景研制的数字能量处理与计算装置。数字能量处理与计算装置是基于动态可重构电池管控技术和能源互联网应用技术的一款用于电池管控产品，实现不同品牌、不同程度新旧电池的混合使用。通过动态可重构电池管控技术，屏蔽电池模组之间的物理和化学差异，保证任一电池模组不过充/不过放；同时可检测出故障电池模组并快速隔离，从而极大提升电池系统的安全性、可靠性和可维护性。

数字能量处理与计算装置部署于基站低压直流母线上，对基站为电网内“源、网、荷”设备进行有机管控，是基站微电网的能量流、信息流的融合节点。可以根据基站内“负荷用电峰谷”“光伏发电波动”“电池电能存量”“开关源效能”实施优化调整基站内用电效率，如提升基站叠光就地消纳率、降低峰电价时段用电成本等。

该项目实现了500个中国移动基站进行数字化能源管控升级，构成了广域内群控群调、分布式储能备电系统，总装机量2.5MW/25MWh，达到了分布式光伏发电就地消纳率100%、基站负荷自调节能力100%的效果。较传统基站备电设计，有效降低了20%初始投资成本、30%全生命周期运维成本；通过调峰服务服务参与电力市场交易，每年可获取经济收益47.5万元；云储5G基站项目通过延长电池使用寿命30%、全额消纳光伏发电、峰谷电价优化等方式，节约电量120万千瓦时/年、节标准煤约480吨/年、减少二氧化碳排放约119.7吨/年，同时节约电费255.6万元/年。

为针对性解决5G网络供电的典型应用场景中的难点问题，云储5G基站项目使用的数字能量信息化技术是一种软件定义的动态拓扑可重构的数字能量处理与计算系统。不同于传统方法控制电流的思路，动态可重构电池网络的核心思想是通过控制电池的充放电时间来调节电池充放电容量，实现以电池为载体的精准能量综合管控。一方面，可以及时地消纳接入直流母线的新能源发电；另一方面，可以灵活响应电网峰谷政策，动态调整本地负荷供电情况；同时数字能量技术改造还使得基站储能备电设备提质增效、开源节流，实现更为绿色、安全、经济的用电模式。具体体现在：

一是通信站点供电保障提质增效。采用基于通信基站48V数字备电系统的应用方案，使基站的电源形式更加多样化、更具可扩展性，包含数字能源处理与计算装置、数字电池管控单元光伏直流接入单元均采用模块化装配，随站扩容的改造或建设方式，降低了建设成本，丰富了基站或数据中心的能源供电形式，提高了能源利用效率和经济效果。

二是通信站点供电保障实现本质安全。由数字化储能技术改进的基站，可以实现电池能量的离散化和数字化处理，通过微秒级或毫秒级电池网络拓扑动态重构实现电池单体层面的充放电均衡、故障电池单体在线检测和自动隔离等功能，克服电池单体差异性带来的系统短板效应这一行业痛点问题，提升电池系统有效寿命、充放电效率、可靠性、可维护性。

三是通信站点构建电网辅助服务能力。采用基于通信基站48V数字备电系统，通过数字能源的负荷优化管控与广域集群调度，将分散的储能资源与负荷需求整合为统一特性的智慧负荷，优化用电成本的同时，减缓了基站负荷对电网的压力。将广域基站群或大型数据中心的负荷与电网调度完美融合，提高了电网系统供电的可靠性和电网结构的稳定性（见图6－5、图6－6、图6－7）。

图6－5　站点改造前　　　　**图6－6　站点改造后**

图6－7　站点照片（增容）

云储5G基站项目具有良好的规模化推广前景。根据通信行业运营商需求规划，可形成地市级、省级的规模分布式的数字储能备电集群，实现智能运维、群调群控、虚拟电厂等具体功能，将海量基站储能管控纳入公司综合能源和需求响应等系统，从高弹性电网出发，响应需求、灵活调整，实现储荷的“一键控制”联动；将储能基站整合形成统一的“虚拟聚合”，开实现5G基站“可观、可测、可控、可调”，形成具有信息能源融合特色的广域虚拟微电网系统。

（7）综合效益（经济、环境、社会效益）

①直接经济效益。

相比于传统方案，本案例的经济效益体现在两个方面：

一是可有效减少初始投资成本和运维成本。初始投资成本（Capex）方面，数字能量技术有能力管理品质不一、差异性较大的电池可选用非大厂电池也可采用A-品电池、B品电池，有效降低了电池采购价格，从而将Capex降低20%以上。运维成本（Opex）方面，传统方案下需在电池10年生命周期内进行多次人工运维；而本案例中由云平台执行日常在线巡检，仅需在偶尔发现电池故障时进行人工上站运维，极大地节省了人力成本，Opex降低约30%。

二是未来可参与电力市场交易，获取经济收益。随着电力市场改革的逐步深化，基站备电资源有望得以盘活，参与电力市场交易、提供电力辅助服务。参考2021年《甘肃省电力辅助服务市场运营暂行规则》（征求意见稿），独立储能提供调峰辅助服务可获得不超过0.5元/千瓦时的补偿；提供AGC调频服务可获得0~15元/MW的补偿。调峰服务按每日一充一放、每年运行200天、补偿价格0.3元/千瓦时进行测算，每年可获得收益15万元。调频服务按照日调频容量10MW、中标1个时段（1h）、每年运行200天、补偿价格10元/MW测算，每年可获得收益2万元。通过提供电力辅助服务，每年共可获得收入17万元。备电设备变纯成本项为收入项。

②节能降碳效益。

该项目节约电量120万千瓦时/年、节标准煤约480吨/年、减排CO_2约119.7吨，同时节约电费255.6万元/年。主要来自三个方面：

延长电池使用寿命。锂离子电池是5G基站的主要能量储存设备，电池作为一种工业品，其生产过程需要使用大量能源。因此，延长电池使用寿命或减少电池使用数量，将直接减少因电池制造带来的碳排放。项目技术通过动态可重构电池网络，可以延长电池使用寿命 30% 以上，同时可以减少维修维护中新电池的使用量。根据调研数据，每生产 1 千瓦时的电池产品，需要 1000 度电的生产能耗。项目使用 25MWh 的磷酸铁锂电池，实证验证了电池在先进技术手段下的有效寿命延长、降低维护用量。按照通信基站供电系统设计寿命为 10 年考虑，该项目等效每年的节能减排电量计算：Q1 = 25000 × 1000 × 30% ÷ 10 = 75 万千瓦时

全额消纳光伏发电。光伏发电直流接入 + 储能动态存储是本项目新能源发电消纳的主要手段，通过储能电池调节新能源发电的波动性，实现光伏发电的 100% 消纳。即在发电高峰时通过储能电池系统对超出就地通信负荷接纳能力的光伏发电量进行临时存储；在发电低谷时将存储的能量供负荷使用，总体达到防止新能源发电的弃用、减少能量浪费的作用。按照典型通信基站光伏装机量 2kW，150 个基站（本项目光伏渗透率 30%），辐照度 1500W/m^2，该项目每年的节能减排电量计算：

Q2 = 2kW/站 × 150 站 × 1500 小时 = 45 万千瓦时

峰谷电价优化。利用电网峰谷电价价差，减少电费支出。在低谷电价时段以较便宜的电价对储能系统充电；在尖峰或高峰电价时段由数字储能设备和电网同时供电，利用峰谷电价差降低用户用电成本。5G 通信基站电池最大负荷为 5 千瓦，备电小时数一般为 8 ~ 10 小时，设定其中 2 小时备电全功率参与峰谷电价优化。按照福建省电价政策一天两个高峰、价差为 0.7 元/千瓦时。该项每年的节省电费计算：

P1 = 5kW × 2h × 2 次 × 0.7 元/千瓦时 × 365 天 × 500 站 = 255.6 万元

根据每节约 1 度（千瓦时）电，等效减排 0.997 千克“二氧化碳”或减排 0.272 千克“碳”。相应地节约了 0.4 千克标准煤，同时减少污染排放 0.272 千克碳粉尘、0.997 千克二氧化碳（CO_2）、0.03 千克二氧化硫（SO_2）、0.015 千克氮氧化物（NOx）的计算标准（见表 6 - 1）。

表6－1　总体减排计算

序号	项目	光伏消纳减排量	“降低电池用量”减排	合计
1	节电，万千瓦时/年	45	75	120
2	节标准煤，吨/年	180	300	480
3	减排 CO_2，吨/年	44.9	74.8	119.7

2. 华驰动能：飞轮储能技术

专家推荐理由：电力级磁悬浮储能飞轮产品覆盖秒级、分钟级、小时级的全系列产品，完全满足电力系统一次、二次调频需求，产品连续调频时长由秒级跨越到15分钟级及更长，引领全球飞轮技术革命，具有颠覆式创新意义。飞轮储能技术在电力调频领域具有巨大的潜力和广阔的应用前景，是现阶段电力调频技术的最优选择，在保证响应速度及精度前提下飞轮储能将全生命周期单次充放电度电成本的价格优势转化为调度优势，对于维护大电网安全、促进消纳新能源、加快构建新型电力系统具有深远意义。

（1）技术背景

华驰动能北京科技有限公司主要从事物理储能技术和系统的研发、推广应用，并完成了磁悬浮储能飞轮、磁悬浮电动机和卫星姿控动量轮三类产品的研发和生产线建设。7.5～1000千瓦时/10～4000kW系列磁悬浮储能飞轮产品为公司自主研发，拥有全部自主知识产权。公司各项知识产权共104项，其中发明专利81项、实用新型10项、外观专利2项、软著11项。产品在电力辅助调频、特种电池、数据中心UPS电池、储能式轨道列车、地铁和高铁制动能回收等领域有广泛的市场和迫切的需求。

2006年，在国家863计划项目支持下，公司开展了高温超导磁悬浮储能飞轮技术研究，完成1千瓦/1千瓦时，额定转速5000转/分高温超导磁悬浮储能飞轮。2009年，《针对财政部重大科技成果转化项目——大功率高速高能量密度电动机项目》公司技术部门开展大功率高速磁悬浮电机及其控制技术研究，完成100千瓦/30000千瓦/分和315转/20000转/分高速磁悬浮永磁电机研制，为大功率储能飞轮研制奠定了坚实的技术基础。2018年5月，北航物理储能创业团队（华驰动能前身）突破了大储电量、重型转子五自由度高可靠磁悬浮轴承及其控制技术、高结构强度高速高效同极型感应子电机及其控制技术。2022 年，公司研发和生产的以五自由度全磁悬浮轴承及其控制系统为核心的电力级磁悬浮储能飞轮涵盖秒级、分钟级、小时级的全系列产品通过科技查新和科学技术成果鉴定，技术指标达到国际领先水平，引领全球飞轮技术革命。

（2）行业难点

技术瓶颈。飞轮储能技术涉及多个学科领域，如机械、电力电子、控制工程等。尽管国内外在飞轮储能技术方面已经取得了一定的进展，但仍存在一些技术难题需要解决。例如，如何提高飞轮储能设备的能量密度、如何降低设备成本、如何提高设备可靠性等。

产业链不完善。飞轮储能行业的发展需要整个产业链的支持，包括材料、制造、销售等环节。国内飞轮储能产业链尚不完善，缺乏专业的材料供应商和设备制造商，同时销售渠道也相对较少。

政策支持不足。飞轮储能作为一种新兴的技术，需要政府的大力支持。然而，国内政府对飞轮储能行业的支持力度相对较小，缺乏相应的政策扶持和资金支持。

市场认知度低。由于飞轮储能技术仍处于发展初期，市场认知度相对较低。许多人对飞轮储能技术的了解仅停留在概念层面，对其实际应用和优势缺乏了解，这导致飞轮储能技术在市场推广方面存在一定的难度。

成本较高。飞轮储能设备的制造成本仍然较高，这限制了其在一些领域的应用。虽然随着技术的不断进步和规模化的生产，成本有望逐渐降低，但短期内仍难以实现广泛应用。

受转子轴承支承技术限制，无论采用碳纤维复合材料转子还是金属转子，随着单体储电量的增大，转子重量相应地线性增大，在重力方向上如何实现转子的本质安全稳定无接触支承是研制单体超大储能量飞轮的技术瓶颈。

国外大电量储能飞轮技术路线，下径向和重力方向支承均为机械轴承，存在机械磨损。

公司采用转子支承方式为五自由度全磁悬浮轴承技术，即上径向和下径向永磁偏置混合磁轴承；轴向 HALBACH 多环多向充磁永磁轴承。技术难点为数十吨级本质安全磁悬浮转子轴向磁轴承电磁设计技术、重型磁悬浮转子强陀螺效应模态解耦控制技术和五自由度磁悬浮转子模态解耦控制技术。

（3）解决的核心问题

飞轮储能技术可以解决电力系统的核心问题之一，是提供快速响应的能量存储和释放。飞轮储能系统利用高速旋转的飞轮来存储能量，当电力需求增加时飞轮可以快速释放能量以满足需求。这种快速响应能力使飞轮储能系统能够有效地平抑电力系统的峰谷差，提高电力系统的稳定性和安全性。

此外，飞轮储能技术还可以解决电力系统的其他问题，如提高电力系统的可再生能源利用率、降低能源浪费、提高电力系统的可靠性和经济性等。

总之，飞轮储能技术是一种具有广泛应用前景的电力系统储能技术，可以有效地解决电力系统的核心问题，提高电力系统的稳定性和安全性。

（4）主要技术原理

磁悬浮飞轮储能系统是一种机电能量转换的储能装置，突破了化学电池的局限，用物理方法实现储能。通过电动/发电互逆式双向电机，电能与高速运转飞轮的机械动能之间的相互转换与储存，并通过调频、整流、恒压与不同类型的负载接口。在储能时电能通过电力转换器变换后驱动电机运行，电机带动飞轮加速转动，飞轮以动能的形式把能量储存起来，完成电能到机械能转换的储存能量过程，能量储存在高速旋转的飞轮体中；之后，电机维持一个恒定的转速，直到接收到一个能量释放的控制信号；释能时，高速旋转的飞轮拖动电机发电，经电力转换器输出适用于负载的电流与电压，完成机械能到电能转换的释放能量过程。整个飞轮储能系统实现了电能的输入、储存和输出。

（5）总体应用效果

飞轮储能系统在多个领域都有应用，其整体应用效果主要体现在以下几个方面：

火电机组或者核电机组调频。储能容量机组功率 3%，风电光伏的一次调频、曲线跟踪，风电需要配置 6% 的比例满足一次调频需求，对 30 兆瓦以上新能源场站一次调频根据《并网电源一次调频技术规定及试验导则》（GB/T 40595—2021）提出要求。电网侧全飞轮独立储能或者混合储能及共享储能。火电机组的灵活性升级，落实国家发展改革委和国家能源局发布的《关于加强新形势下电力系统稳定工作的指导意见》文件要求，积极推进新型储能建设。充分发挥电化学储能、压缩空气储能、飞轮储能、氢储能、热（冷）储能等各类新型储能的优势，结合应用场景构建储能多元融合发展模式，提升安全保障水平和综合效率。

节能效果。飞轮储能系统具有高功率密度和高效率的优点，与轨道交通系统完美契合。在城市轨道交通中，飞轮储能装置可以回收可再生的制动能量，实现牵引能耗节约 15%。在其他领域，飞轮储能系统也有助于减少能源浪费，提高能源利用效率。

稳定能源。飞轮储能系统在微电网中有重要应用。微电网中的分布式电源普遍受外界环境因素影响，所发出的电能具有随机性、不稳定性等特性。飞轮储能系统可以通过能量管理系统实现主网、分布式电源和储能系统之间的协同控制，从而平稳分布式能源的波动，提高微电网的稳定性。

促进可再生能源利用。飞轮储能系统可以平滑可再生能源发电的波动，提高可再生能源的利用率。如在风力发电和光伏发电中，飞轮储能系统可以在风力或光照条件不足时提供稳定的电力输出，从而保证电力供应的连续性和稳定性。

改善电力质量。飞轮储能系统可以用于改善电力质量。如在电力系统中，飞轮储能系统可以用于调节频率、电压等参数，提高电力系统的稳定性和可靠性。

环保。飞轮储能系统作为一种无污染、零排放的储能方式，对环境友好。在城市轨道交通中，飞轮储能装置可以减少对环境的污染，提高城市环境质量。

飞轮储能在保障常规供电、供热、热电联供功能的同时，显著提升电厂机组 AGC 调频辅助服务能力，进一步提升传统火电厂的灵活性和经济效益。

飞轮储能系统的整体应用效果主要体现在节能、稳定能源、促进可再生能源利用、改善电力质量和环保等方面。

（6）商业化进展程度

飞轮储能发展阶段演示见图6－8。

图6－8 飞轮储能发展阶段演示图

（7）示范项目

2021年5月，承接国能宁夏灵武发电有限公司在2×600兆瓦火电机组配置22兆瓦/4.5兆瓦时飞轮储能调频。36台630千瓦/125千瓦时储能飞轮地井式安装，总占地面积约5000平方米，提高火电机组精准灵活性，是全球首个火电机组配置飞轮储能的规模化项目。截至2023年4月底，一次调频合格率在93%以上。

2022年7月，中国华电集团山西朔州热电有限公司2×350兆瓦循化流化床火电机组配置2兆瓦/0.5兆瓦时飞轮＋6兆瓦/6兆瓦时化学电池组成混合储能系统进行联合调频，其中2兆瓦飞轮系统由4台600千瓦/125千瓦时/15分全磁悬浮飞轮组成飞轮阵列、预计每年的调频辅助服务收益在2000~3000万元，于2023年2月投运。

2023年4月，协合新能源山西原平独立混合储能项目，配置华驰动能30兆瓦/1兆瓦时飞轮阵列调频系统，共8台单体4兆瓦/125千瓦时磁悬浮储能飞轮。12月底投运。

2023年9月，国家能源蓬莱发电有限公司是国家能源集团山东电力有限公司控股企业，一期工程建设两台300兆瓦亚临界热电联产机组，是山东省2005年的“十大”应急电源项目。建设规模为12兆瓦/3兆瓦时储能系统，3台4兆瓦/1兆瓦时磁悬浮飞轮。

①项目的示范效果。

目前华驰动能已实现125度电大飞轮产品的成熟验证，全球唯一，并且已推出单体1000度电功率4兆瓦的超大飞轮产品，保持了技术上的巨大领先优势，达到国际领先水平。凭借极具竞争力的创新产品，华驰动能率先实现了在大型能源客户中的项目落地，并展现了优异的性能和项目收益。全球首个总功率规模最大磁悬浮飞轮储能项目——国能集团宁夏22兆瓦/4.5兆瓦时磁悬浮飞轮储能项目自2022年投运两年以来，5秒以上的一次调频累计充放电次数近10万次，5秒以下每天动作次数达3千次以上，飞轮一次调频累计充放电次数超过一百万次，每月AGC调频动作次数1万多次，调频电量15万千瓦时左右，实现年综合收益约3000万元。华电集团山西朔州飞轮储能系统项目是国内首个飞轮和锂电池混合储能辅助火电机组参与电网ACE调频的实际应用。经过几轮能量管理策略优化，研发出模态匹配的自适应方案，实现储能配比小于3%（2.28%）下的尽限调控。山西电网ACE模式指令2分钟动态变化下kp指标均值超过4.7（比常规下垂控制等提升超50%，原机组kp为1.36）。通过精细化管理和控制协同，锂电池寿命衰减较优化前少20%。经济效益可观，纯调频辅助市场奖励超2000万/年，还有电量补贴以及免除两个细则考核。

②项目的示范意义。

华驰采取大功率磁悬浮飞轮储能进行AGC调频，对于发电集团及电力系统具有重大科技创新意义。朔州电厂磁悬浮飞轮电池储能项目将成为中国首个飞轮储能电池辅助调频项目，也是全球首个火电机组配置规模飞轮储能解决调频的项目，对发电集团及电力系统是全新科技创新，具有重要的示范意义，将引领我国火电机组灵活性改造取得重大技术创新。目前，全国包括山西、广东、福建、江西等各省进行的火电AGC储能辅助调频都取得了非常好的效果，都是采取锂电化学电池的方式进行。但从全球看，美国、加拿大等国家已经采取飞轮储能技术进行电网的调频工程应用，且取得了良好的效果。

③项目的可推广性分析。

飞轮储能是一种非常绿色低碳的储能技术，它有助于实现可持续发展和减少对环境的影响。飞轮储能的绿色低碳性体现在环保性。飞轮储能是一种物理储能方式，其储能过程不涉及化学反应，因此不会产生任何化学废弃物，对环境无害。高效能。飞轮储能具有高能量密度和长寿命，这意味着它可以存储和释放大量的能量，而且使用时间长，有助于减少资源浪费。可回收。飞轮储能设备的部件和材料大多是可以回收再利用的，有助于减少对环境的影响。无污染。飞轮储能的储能介质是飞轮，它在旋转时不会产生任何的废气或废水。扩展性。飞轮储能系统可以很容易地进行扩展，以满足更大规模的应用需求，这有助于实现更大规模的绿色能源存储。

飞轮储能系统具有较高的安全性和可靠性。作为一种物理储能方式，飞轮储能通过高速旋转的飞轮转子实现能量存储，且没有燃烧和爆炸的风险。其安全性能主要体现在以下几个方面：

首先，飞轮转子采用复杂的轴承支撑结构，可以在轴向采用磁悬浮轴承支撑，将转子悬浮在真空中运行，从而减小转子旋转的能量损耗。这种设计可以避免转子脱落等安全隐患，提高系统的安全性。

其次，飞轮转子在高速旋转状态下，如果发生轴承失效，转子从悬浮状态中脱落，可能会与底部或外壳结构发生剧烈接触摩擦，消耗转子动能，造成结构高温或整个飞轮本体移动倾倒。但飞轮储能系统通常配备有安全防护装置，如过载保护和短路保护等，可以在发生异常情况时及时切断电源，防止事故扩大。

此外，飞轮储能系统还具有良好的耐久性和稳定性。由于飞轮的旋转速度相对较低，且飞轮材料具有较高的强度和刚性，因此飞轮不易损坏或出现失效。这种稳定性使得飞轮储能系统可以长期稳定运行，减少维护和更换部件的需求。

飞轮在能源储存、机械动力、高速旋转机械以及工业自动化等多个领域都具备很好的应用价值。储能应用。飞轮储能是一种物理储能技术，通过高速旋转的飞轮将能量储存起来，并在需要时释放出来。这种技术具有储能密度高、响应速度快、寿命长等优点，因此在电力调频、不间断电源、轨道交通等领域具有广泛的应用前景。动力机械应用。飞轮在动力机械中起着重要的作用，如汽车、船舶、飞机等。通过调节飞轮的转速和转动惯量，可以改善机械的动力性能和稳定性，提高其运行效率和经济性。高速旋转机械应用。飞轮作为高速旋转机械中的重要组成部分，如离心机、压缩机、离心泵等，能够承受高转速和高应力，提高机械的稳定性和可靠性。工业自动化应用。飞轮在工业自动化领域中也有着广泛的应用，如飞轮电池、飞轮驱动器等，它们可以作为自动化设备中的动力源和能源存储装置，提高设备的稳定性和效率。

（8）综合效益

①社会效益。

形成了一套灵活可行的技术路线，可在集团、全国推广；开发出一套具有自主知识产权的光火储耦合的控制系统及监控平台；基本无工业废气、废水排放，对周围环境的影响很小；辅助火电机组进行电力调频服务和电力调峰服务，降低火电机组提供电力辅助服务过程的碳排放水平。

②经济效益。

每次动作一次调频积分电量为14.4千瓦时，全年动作电量126.63万千瓦时。目前辅助服务细则规定，一次调频积分电量补偿15元/千瓦时，全年新增储能一次调频补偿金额为4000万元。宁夏属太阳能资源一类区域，全年日照时数2800～3200小时。按照年发电利用小时数1533.6小时、电价0.244元/千瓦时进行计算，6兆瓦光伏系统年发电收益224.5万元。

③生态效益。

有助于电网实现高比例接入和大规模消纳新能源的目的，对推动高效清洁热电联产机组与大规模新能源协调发展具有重要意义；通过促进大规模可再生能源消纳实现电力行业绿色低碳发展，为电力系统低碳转型和高质量发展开拓一条重要途径；符合我国能源行业2030年前碳达峰、2060

年前碳中和的发展要求，生态效益显著。

（9）专家评审意见和第三方鉴定测试报告

科技成果登记证书见图6－9。

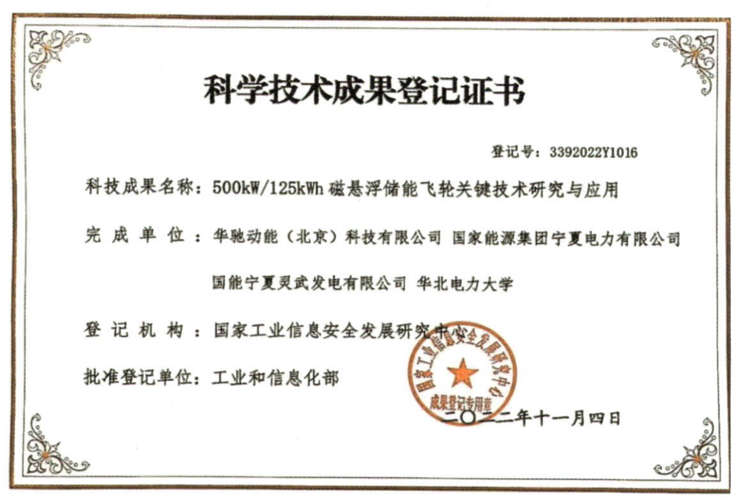

科学技术成果登记证书

登记号：3392022Y1016

科技成果名称：500kW/125kWh磁悬浮储能飞轮关键技术研究与应用

完成单位：华驰动能（北京）科技有限公司 国家能源集团宁夏电力有限公司 国能宁夏灵武发电有限公司 华北电力大学

登记机构：国家工业信息安全发展研究中心

批准登记单位：工业和信息化部

二〇二二年十一月四日

图6－9 科技成果登记证书

3. 常州优纳：介孔绝热材料节能技术

专家推荐理由： 纳米孔绝热材料导热系数仅不到传统材料的二分之一且不易燃，具有很高的热稳定性，更加节约能源、节省空间、节约辅材，在生活、工业、建筑、国防、军工以及航空航天等方面具有广阔的应用空间。

（1）技术背景、行业痛点难点

二氧化碳等温室气体主要来源于化石燃料燃烧，与能源的生产与利用密切相关，主要包括火电、热力的生产和供应业，石油加工、炼焦及核燃料加工业，黑色金属冶炼及压延加工业等高能耗工业生产，还包括汽车尾气、人们在日常生活中使用的空调及采暖等产生的建筑能耗。这些都将产生大量的二氧化碳等气体，为了实现“碳中和”的目标，除了发展清洁能源外，加强工业生产以及日常生活中节能减排也是一项非常重要的举措，而绝热材料在以下领域中，如火电、石化、水泥、钢铁、窑炉、建筑等，均对节能发挥着巨大作用，因此，采用节能效果更加优异的绝热材料对各类高能耗的管道、设备、设施进行隔热保温，可以有效地降低能源的损耗，节约能源，从而降低二氧化碳等气体的排放。对实现碳达峰、碳中和的目标，有巨大的意义。

目前市场上的绝热材料主要分为传统绝热材料和节能效果更优异的纳米孔绝热材料，其中纳米孔绝热材料又分为传统无序的纳米孔绝热材料和新型有序的介孔绝热材料。

传统的绝热材料按材质分类，可分为无机绝热材料和有机绝热材料，无机绝热材料主要包括硅酸铝纤维、陶瓷纤维、矿棉、硅酸钙、膨胀珍珠岩等；有机绝热材料主要包括发泡聚氨酯、EPS、XPS 等材料。有机类绝热材料虽然导热系数较低，但是通常不能在超过 100℃ 的高温下使用，易燃且强度较低、易老化，使用寿命较短，需经常更换，一旦发生火灾将会给人们的生命财产安全带来极大的威胁。无机类绝热材料由于不燃，其安全性有了很大的提高，但导热系数较纳米孔材料高通常节能效果不佳，需要增加厚度来提升绝热效果，导致辅材用料增加且占据更大空间；而且传统无机材料吸水率较高，一旦吸水绝热性能将大打折扣，并且容易松散脱落、使用寿命不长，从而浪费能源，增加成本，甚至不利于工况稳定。

传统绝热材料有各种不足，因此无序纳米孔绝热材料进入市场 10 余年后便逐渐崭露头角，在越来越多的领域开始应用，并取得客户好评。纳米孔绝热材料导热系数低、节约能源，工况下的导热系数（200～500℃）仅不到传统材料的 1/2 且不燃；从而更加节约能源、节省空间、节约辅材，已经在生活、工业、建筑、国防、军工以及航空航天等方面得到了较多的应用，目前市场上纳米孔绝热材料多为无序的绝热材料。虽然现有的无序纳米孔绝热材料有诸多优点，但因其无序的孔径及工艺原因，在经济性、安全性、应用场景存在一定不足。

①经济性不佳。

现有无序纳米孔绝热材料成本高昂，造成经济性不佳。这是由于其工艺复杂，生产过程中需要采用超临界干燥工艺或者多次溶剂置换的常温常压工艺，因此，设备投资大；因采用大量溶剂，在溶剂的处理过程中也会产生高昂的成本，而且对环境也有一定潜在影响。

②安全性不足。

首先烟毒性较高。由于纳米孔材料孔道丰富，比表面积可达1000平方米/克，通常会有较多有机物残留，燃烧等级只能达到A2级，尤其在密闭空间中、高温下使用时将产生二氧化碳和一氧化碳，具有较大的烟毒性，危害环境及人体安全。若生产环节有疏漏，有机物残留过多，甚至有起火隐患；其次，现有的无序纳米孔绝热材料由于纳米孔材料强度低，经储运后将产生大量颗粒，部分颗粒可小于1μm，能轻易进入人体呼吸系统肺部，会对施工及绝热材料使用现场人员的身体健康造成损伤。再者，在其制备过程中需使用大量有机原料，易燃易爆，且生产过程中使用高温高压等装备和工艺，生产制造环节安全性较低。此外，无序纳米孔材料热稳定性较差，主要体现在高温下的导热系数下降，如在400℃以上使用时一段时间后材料绝热性能会有所衰减，500℃使用时会在短期内造成材料导热系数严重衰减，导致绝热效果变差、散热损失变大的不良后果。现有无序纳米孔绝热材料会在高温条件下（如500℃）出现较大的线收缩，从而产生热桥，进而降低隔热保温体系和绝热效果。

③应用场景受限。

现有的无序纳米孔绝热材料由于热稳定性差，应用场景非常受限。首先，高于500℃的工业管道设备如超超临界蒸汽管道、高温窑炉、消防等，由于高温导致绝热性能衰减及较大的线收缩不宜选用。其次，对烟毒性及防火性能有要求的军工、航天等领域，由于现有无序纳米孔绝热材料具有烟毒性且有起火隐患也不宜选用。最后，由于现有无序纳米孔绝热材料只有毡的形式，也不能满足多数建筑领域对于绝热板材的要求。

国内的无序纳米孔绝热材料生产企业，追踪国外的生产技术进行生产，但是核心专利仍由欧美公司掌控，出口及技术深入研发受限。

为解决以上问题，均匀有序的介孔材料被引入绝热领域。介孔材料于1992年首次发明，因其孔尺寸、分布非常均匀，孔径、孔壁可调，经近30年发展，已成为国际研究热点，多种新应用开始涌现。

常州优纳是首家将复合介孔材料用于绝热材料研发及产业化的公司，具有独立自主的知识产权。在传统模板法的基础上进一步优化，在机理上进行了创新，在模板剂种类、孔调控等方面均有突破，独立设计配方、生产工艺及设备。

该项目技术将有序的纳米孔结构——介孔材料作为绝热核心，并辅以纤维以及添加剂制备成一种新型的介孔绝热材料。与其他无序纳米孔材料一样，工况下具有比传统绝热材料更低的导热系数，更优异的节能性能。优纳新材料采取新颖的孔合成机理、独特的工艺、自主研发的设备，生产过程环境友好，工艺绿色无污染，原料无毒无害，无废水废气产生，生产成本大幅降低；同时，耐温性能大大提高，最高长期使用温度分别为650℃和1200℃（耐高温系列），而其他无序纳米孔绝热材料最高使用温度多为550℃（长期使用温度通常比最高使用温度低100～150℃）。

该纳米介孔绝热材料弥补了现有纳米孔材料的不足，不仅节约能源、节省空间、节约辅材，同时兼具经济性，安全性高，应用场景广泛、维护成本低等优点。

（2）解决的核心问题

绝热材料的优异性能主要体现在其绝热能力以及结构稳定性上，要使材料具有这些优异的性能就需要对材料的微观孔结构包括孔尺寸、孔壁厚度、孔径分布、孔道结构、孔隙率进行设计，使其不仅拥有一个较强的绝热性能还要具有很高的热稳定性。

针对以上需求，介孔材料采用独特的分子聚集体为模板，通过自组装机理进行合成，可以对孔结构进行设计，建立起良好的构效关系，从而优选出同时具有优异的绝热保温能力和很高热稳定性的新型纳米孔绝热材料。介孔相的结构可以由很多因素来调控，仅以模板剂为例，模板的种类、浓度、有机扩孔剂等都会对介孔结构产生影响；又以高浓度表面活性剂作为模板为例，生成的液晶相是介孔相形成的模板。具有双亲基团表面活性剂胶束在水溶液中预先生成六方有序排列的液晶相结构，溶解在溶剂中的无机物种通过静电作用填充在胶束外表面，即胶束液晶相的缝隙中，再进一步聚合固化构成孔壁，见图6－10。

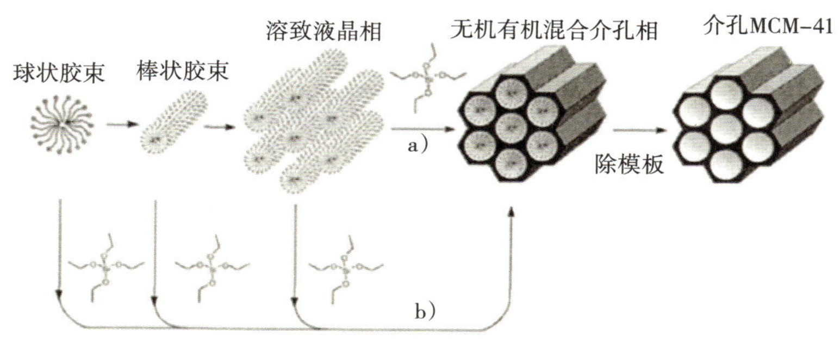

图 6-10 液晶模板机理

①选择不同的模板剂。

通过选择不同的模板剂（如表面活性剂），调整不同的浓度、配比，选择不同的合成工艺，还可以使介孔材料的微观结构发生改变。几种典型的介孔材料结构见图 6-11。

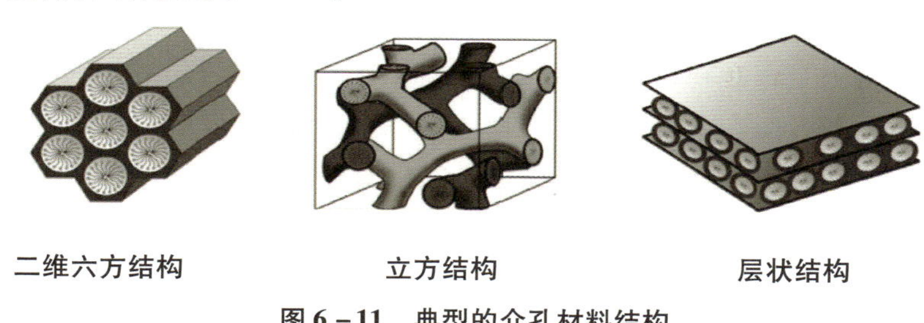

图 6-11 典型的介孔材料结构

可以明显看出，介孔材料可以针对性地对微观孔结构包括孔尺寸、孔壁厚度、孔径分布、孔道结构、孔隙率进行设计，从而获得具有优异绝热保温性能以及较强热稳定性的新型纳米孔绝热材料，而这种独特性能是现有纳米孔绝热材料所没有的。

介孔材料主要特点包括材料的孔径为 2～50nm（空气自由程为 70nm），且孔径分布单一，孔道长程有序；具有很高的比表面积（高达 1000 平方米/克）；具有很高的孔隙率，可达 80% 以上；具有极低的导热系数（热面 300℃ 时导热系数 ≤0.033W/m·K，500℃ 时导热系数 ≤0.047W/m·K）；具有较强的孔道骨架结构以及较高的热稳定性。与传统保温隔热材料相比，拥有更优异的保温隔热性能；具有节能降耗、节约空间、节约辅材、使用寿命长等显著优势。

②选择合适的无机纤维。

不同材质的纤维材料耐温性能与力学性能均具有较大的差异，同时纤维的直径、长度以及编织方式对于最终复合材料的抗拉强度、导热系数以及使用寿命均有较大的影响，公司经过大量的实验，优选了适合的纤维材质、尺寸以及编织方式，优化了介孔复合绝热材料的导热系数，增强了力学性能，延长了使用寿命。

③介孔材料与纤维的复合。

公司采用自主研发的专利技术，优化了工艺流程，并自主设计了生产线，更好地使介孔材料与纤维进行复合，制备出了更为优质的复合绝热材料，并且工艺简单、生产效率高、生产成本大幅降低。

该项技术首次将介孔材料应用于绝热领域研发并进行产业化，完全摒弃欧美纳米孔气凝胶绝热材料的制备工艺，新辟研发思路和工艺方向，打破国际老牌科技强国在这一领域的技术垄断，有效降低进口依赖，全面实现技术自有化、生产本土化。

目前，已攻克介孔绝热材料核心技术难题，从基础科学源头创新，从分子工程学层面上以模板和自组装机理合成独特的孔结构，突破介孔材料合成工艺关键技术，研发自动化程度较高的萃取反应系统，集介孔材料合成和模板剂去除工艺为一体，采用散状纤维与介孔材料复合成型的方式有效提升生产效率，同时降低了原材料成本和处理成本。生产工艺简单，产业化实施后材料成本仅欧美技术制备材料的1/4，市场前景广阔。

（3）主要技术原理

热量的传递主要有热传导、热对流以及热辐射3个途径，要获得优异的绝热性能，就要从阻断这三种热量传递方式入手。针对这三种途径，自主研发介孔复合绝热材料，利用其独特的介孔结构来对热量进行阻隔，从而达到良好的绝热效果。

①阻止传导。

热传导在材料中的传递还包括气体热传导和固体热传导。由于介孔材料的孔径在2～50nm，小于空气分子自由程70nm，因此气体分子间的碰撞被限制，从而抑制了气体的热传导。而传统保温隔热材料虽然也是多孔材质，但是其孔径或缝隙多数在微米甚至毫米级别，对于气体的热传导无法有效地切断，因而保温隔热效果较为一般。在固相传导方面，由于介孔的存在，热量在固相中只能沿孔壁传递，而优纳新材料自主研发的介孔材料的孔隙率达80%以上，孔的数量庞大，同时孔径为纳米级别，大量孔壁构成近似于“无穷长路径效应”，极大地减缓了热量的传递。通过配方与工艺的优化，得到更大的孔隙率与更优的孔道结构，从而近似于“无穷长路径效应”效果。

②抑制对流。

对于介孔材料来说，通过对流方式的热传递是比较小的，因为介孔材料中的气孔极小，仅为2～50nm，在这种小的孔径里，气孔内的空气分子几乎失去自由流动的能力，从而抑制了对流。

③阻断辐射。

热量总是从高温传向低温的，由于介孔绝热材料具备发达的孔隙结构且孔径在纳米尺寸，这样在数量庞大的纳米孔表面都会对辐射产生反射作用，从而大大削弱热辐射的传递。同时在介孔材料中添加合适的纳米遮光剂，可以更好地阻断不同温度下产生的热辐射，进一步提高材料的绝热性能见图6－12。

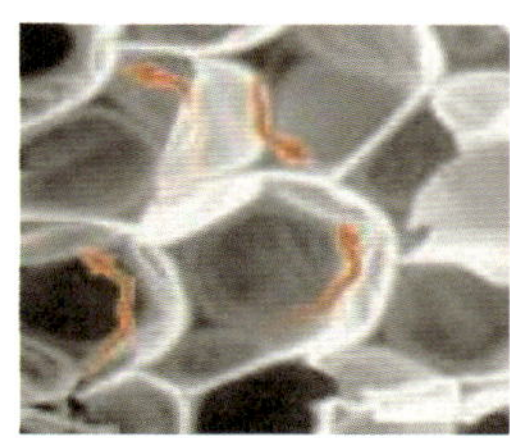

阻止传导

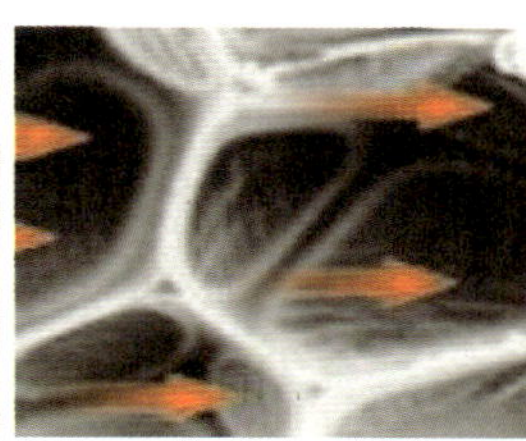

抑制对流

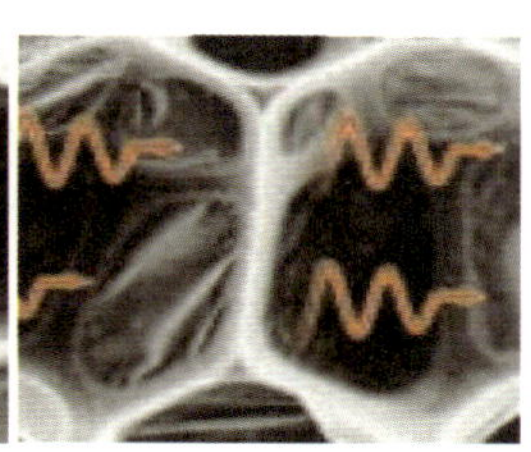

阻断辐射

图6－12 介孔绝热材料阻断辐射过程

介孔材料拥有独特的纳米孔道结构可以有效阻断热量的传递，使技术中所述介孔绝热材料拥有比传统绝热材料更为优异的绝热性能。

（4）总体应用效果

隔热保温材料是工业基础性材料，用途广泛，不仅市场巨大还能大大节约能源，自石油危机以来，许多国家将绝热材料看作继煤炭、石油、天然气、核能之后的“第五大能源”。

常州优纳新材料科技有限公司（简称优纳新材料）自主创新研发了有序的纳米孔结构即介孔材料，用于隔热保温。具体工艺为以具有独特孔结构的介孔材料为绝热核心，并辅以无机纤维以及添加剂制备。介孔材料是一种新型的无机纳米孔绝热材料，和其他纳米孔材料一样具有比传统绝热材料更低的导热系数，更优异的节能性能。优纳新材料采取了新颖的孔合成机理，工艺独特、设备专有，具有完全自主知识产权，工艺绿色无污染，原料无毒无害，整个生产过程无废水废气产生，核心材料成本仅为其他纳米孔绝热材料的1/10，生产复合绝热材料的成本是其他纳米孔绝热材料的1/3，成本大大降低，同时耐温性大大提高（长期使用温度高达1000℃，而其他纳米材料仅为550℃）。目前，该产品已经在石油、电力、化工、核电、消防、运输、窑炉、市政管网、建筑等领域进行了较多的应用，且经长时间稳定运行，保温效果良好。在石油、石化、核电、电力、长输热网、工业设备等不同领域的隔热保温应用案例已超400个。自2012年以来，优纳新材料已经为华能、国电、华电集团等几十家热电企业提供了纳米孔隔热保温方案，应用效果得到客户的充分肯定。在架空管、地埋管等管道以及热交换器等热工设备的包覆中，比传统绝热材料厚度大大降低。以硅酸铝纤维毡为例，厚度仅为其1/2到1/4，更加节约空间、节约辅材，并且具有更长的使用寿命。介孔绝热材料由于生产成本低，目前在工业绝热领域采用介孔绝热材料的工程总造价已经接近采用传统保温材料，具有较好的经济性，同时具有节能、节省空间、节省辅材、防潮、长寿命，安全可靠等显著优点，得到了客户广泛的认可，具备了大规模应用的基础，是传统隔热保温材料的升级换代产品，有望带动整个行业进入快速发展的窗口期。

（5）商业化进展程度

经由江苏省能源研究会组织，中国科学院院士及行业专家等组成的鉴定委员会鉴定，该介孔绝热材料技术创新性强，研发成果整体达到国际领先水平，建议加快推广应用。

鉴定专家组成员包括赵东元教授（院士、复旦大学），霍峰蔚教授（杰青、南京工业大学），鲁孟石博士（英国皇家化学会 Fellow），吴通好教授（原化学系主任、吉林大学），王培红教授（江苏省能源研究会副理事长、东南大学）等。专家组一致认定“介孔绝热材料节能技术及应用”项目有以下创新点：

该技术基于纳米孔材料的绝热理论，将功能介孔材料（一种无机纳米孔材料）应用于复合绝热材料的制备，研发了一种以功能介孔材料为核心、辅以各种无机长纤维以及添加剂的复合绝热介孔材料。该材料保温隔热性能优异（300℃热面导热系数≤0.033 W/m·K、500℃热面导热系数≤0.047 W/m·K），憎水率≥98%、体积吸水率≤0.6%，A1 级不燃。

该技术自主研发了常压下的水性生产工艺，实现了功能介孔材料的合成以及复合绝热材料的制备，产品工艺简单、快速、无污染、低成本，使用寿命长。

经第三方检测，产品各项性能指标符合技术要求，节能率大于 30%。

在当前的双碳政策下，节能已经成为化工、能源、建筑行业未来发展的主旋律。一直以来，传统材料或多或少都存在着节能效果不佳、占据较大空间、使用较多辅材、使用寿命较短等缺点。而介孔绝热材料相对于传统材料，不仅节能效果更加显著，还兼具节约空间、节省辅材、维护成本低的优势，行业需求将在双碳政策的推动下快速提升。

优纳新材料自 2013 年年产 750 立方米半工业产线投产，至 2015 年获选中核集团合格供应商资质后走上了快车道，介孔绝热材料系列产品，已广泛应用于核工业、军工、航天、石化、涉炉行业、LNG 储运、热网、电力、消防等领域，累计应用案例超 400 个。先后为石化、电力行业的企业、国家著名科研机构等提供绝热材料应用服务。

在新建全绿色产线年产 20000 立方米遥遥领先行业水平与公司首席科学家赵东元院士的带领下，优纳新材料未来 5 年的发展目标是帮助企业节碳 8000 万吨。据行业统计工业绝热材料市场预计，每年新增 1500 亿（中国)，石油化工、煤化工每年预估市场容量超过 100 亿；热电火电每年预估市场容量超过 200 亿；钢铁行业每年预估市场容量超过 600 亿。未来还有市场更广阔的新能源行业、建筑建材行业。

经过多方深入的技术交流，优纳新材料已与多家公司达成了意向合作协议，计划下一步将完成的规模较大项目包括山东钢铁集团日照有限公司的石化新建，预估合同金额为 2000 万元；中策橡胶集团股份有限公司二期扩建，预估合同金额为 6000 万元；福建古雷石化有限公司节能改造项目，预估合同金额为 8000 万元；首钢京唐钢铁联合有限责任公司节能改造项目，预估合同金额为 5000 万元。

隔热保温材料行业在国家环保政策推动、新技术新材料应用、工业和建筑行业需求增加等多方面的促进下，呈现出快速增长的趋势。而随着技术的持续进步和人们节能环保意识的不断提高，隔热保温材料行业市场前景将越发广阔。

（6）示范项目

宁波中金石化有限公司坐落于宁波石化经济技术开发区岚山片区，占地 2290 亩，是一家大型石化企业，为荣盛石化股份有限公司全资子公司。

荣盛石化股份有限公司位于杭州市萧山区，始创于 1989 年，注册资本 38 亿元，拥有一条涉及石化、聚酯、纺丝、加弹的完整产业链。目前，具备 PTA 1000 万吨以上、聚酯 100 万吨、纺丝 100 万吨、加弹 45 万吨的年产能。已经形成由荣盛石化股份有限公司及其下属的浙江盛元化纤有限公司组成的聚酯及涤纶长丝生产基地，其产业的自动化水平在同行业中处于领先地位。在宁波、大连和海南，先后部署了大型的 PTA 生产基地，是全球最大的 PTA 生产商之一。

①案例应用节能技术情况。

中金介孔绝热材料节能技术应用情况良好，在 PTA 管道保温，由原有的硅酸铝替换为介孔绝热复合保温后保温厚度降低，保温层外表面温度降低，散热损失降低，每公里温降减少。

②案例能耗监测情况。

案例监控 1 号炉主蒸汽管道（管内介质温度 535℃）的外表面温度，

案例为对比监控：同时监控包裹传统保温硅酸铝和改造后的包裹介孔绝热复合材料，对两种包裹后的外表面温度进行对比分析。

管径为DN325，原包裹方案为250mm厚的硅酸铝。测试结果为平均环境温度29.1℃的情况下，外表面平均温度为33.59℃。

现包裹方案40mm厚的介孔绝热材料+100mm厚的硅酸铝。测试结果为平稳环境温度28.6℃的情况下，外表面温平均温度为30.9℃。

③节能改造前用能情况。

管径为DN325，包裹方案为250mm厚的硅酸铝。测试结果为平均环境温度29.1℃的情况下，外表面平均温度为33.59℃。

④节能改造实施内容。

中金项目PTA蒸汽管道保温改造项目中有5种类别管道改造：

管道直径DN500，介质温度545℃，改造方案：4层介孔绝热材料（40mm）+150mm硅酸铝+1层高温铝箔反射层+1层纳米气囊反射层；

管道直径DN400，介质温度545℃，改造方案：4层介孔绝热材料（40mm）+150mm硅酸铝+1层高温铝箔反射层+1层纳米气囊反射层；

管道直径DN450，介质温度380℃，改造方案：2层介孔绝热材料（20mm）+100mm硅酸铝+1层高温铝箔反射层+1层纳米气囊反射层；

管道直径DN500，介质温度485℃，改造方案：2层介孔绝热材料（20mm）+150mm硅酸铝+1层高温铝箔反射层+1层纳米气囊反射层；

管道直径DN425，介质温度465℃，改造方案：2层介孔绝热材料（20mm）+150mm硅酸铝+1层高温铝箔反射层+1层纳米气囊反射层。

（7）项目的示范效果、意义、可推广性分析

①产品主要技术性能指标。

介孔绝热材料的主要技术指标包括如下几个方面：

导热系数。300℃热面导热系数≤0.033W/m·K、500℃热面导热系数≤0.047 W/m·K。仅为传统类保温材料的一半或更低。

燃烧性能。燃烧等级为A1级不燃，纳米介孔防火保温毡板由无机材料组成，具有低烟毒性，在火焰灼烧的情况下，不发黄，不冒烟。

憎水率。憎水率达到98%以上，体积吸水率≤0.6%。在日常使用环

境下，不会因为吸水导致性能下降。

耐高温性。可以耐受1000℃以上的高温，测试中采用纳米介孔防火保温毡板组装成的构件，1290℃火焰持续灼烧10h以上，材料不发生明显破损。

②示范效果及意义。

项目改造后，纳米保温材料厚度降低约44%，大大节省了空间，且纳米保温材料憎水性能优异，避免了传统材料吸水沉降、保温性能几乎失效的现象。另外，外表温度的降低，节能降耗效果也非常显著，得到业主的高度好评。

纳米孔绝热材料是高端的隔热新材料产品，导热系数低，工况下的导热系数仅为传统材料的1/2或更低且不燃。因此更加节约能源、节省空间、节约辅材，已经在生活、工业、建筑、国防、军工以及航空航天等方面得到了较多的应用。但是产业发展至今，还是整个隔热保温材料市场金字塔的塔尖部分，在整个隔热保温材料市场中的规模微不足道。一部分原因是其他的纳米孔绝热材料存在一定的不足，如耐温性差（使用温度在550℃以下）、结构强度低，相容性差等，因此应用场景受到了限制；其次设备投资大、工艺复杂，因而成本高，经济性差；最后，生产过程中需要采用超临界干燥或者常温常压下多次溶剂置换，有一定的有机废水产生，对环境也有一定的影响，因此限制了大规模的应用。

而优纳新材料创新性的使用介孔材料为核心原料制备的介孔复合绝热材料，不仅解决了以上的问题同时拥有自己的核心专利，具备了大规模推广的基础。优纳新材料坚持自主研发，拥有自主的核心技术，申报了20余项专利，工艺绿色无污染，原料无毒无害，整个生产过程无废水废气产生。生产介孔复合绝热材料的成本是传统纳米孔绝热材料的1/3，销售价格是传统纳米孔绝热材料的50%~60%，产品具有良好的经济性，具有极大的竞争力，性价比得到了客户的广泛认可。且不受国外技术的限制，可复制性强，对推动国内纳米隔热保温市场的发展有很大作用。

③可推广性分析。

介孔绝热材料目前在整个绝热材料市场中的规模很小，这说明介孔绝热材料仍然处于早期起步阶段，但同时又预示着其未来巨大的发展空间。制约纳米孔绝热材料市场拓展的最大障碍是高昂的价格，而介孔绝热材料的生产成本已经显著下降，随着市场规模的扩大产品生产会形成规模经济效应，销量会进一步扩大，预测将会较多地替代传统绝热材料（尤其是工况温度为 150 ~ 1000℃时）。实际上随着介孔绝热材料的推广，在工业绝热领域某些工况下采用介孔绝热材料的工程总造价已经接近采用传统保温材料，且具有节能、节省空间、防潮、长寿命等显著优点。某些工况下，虽然初始投资较传统材料较高，但通过节能，应用0.5 ~2 年之后将会收回投资。目前国内高端绝热材料在军用领域的需求主要集中在航天、兵器及舰艇等领域；民用领域在石油化工、轨道交通、电力工业、矿用井下救生舱和城镇热力管网已经形成一定的市场规模并快速增长，特种服装和帐篷、LNG 管线、建筑节能领域应用也开始少量试用，后期市场巨大。这时如果有国家政策支持和推广，介孔绝热材料快速发展的拐点将会到来，而市场将获得爆发式的发展。

④绿色低碳性。

绝热保温材料是工业基础性材料，用途广泛，不仅市场巨大还能大大节约能源。自石油危机以来，许多国家将绝热材料看作继煤炭、石油、天然气、核能之后的“第五大能源”。采用节能效果优异的绝热材料对各类高能耗的管道、设备、设施进行隔热保温，可以有效降低能源损耗，节约能源，从而降低二氧化碳等气体的排放，对实现碳达峰、碳中和的目标有着巨大的意义。

该项目材料采用独特的分子自组装技术合成，很好地弥补了传统绝热材料的不足，节能效果显著。介孔绝热材料的生产过程均在纯水性的条件下进行，完全采用绿色生产工艺，无废水、废气产生，环保、无污染，有效降低了对环境的压力。

公司产品已经形成系列化、规模化，可较传统保温材料节能 30% ~ 80%，大大降低企业用能成本，同时还可减少碳排放，推动传统企业向低成本、绿色、低碳转型发展。

⑤安全可靠性。

常州优纳新材料科技有限公司是国际首家产业化介孔绝热材料的创新科技型企业，拥有多项核心专利技术，具有完全自主知识产权，工艺绿色无污染，原料无毒无害，整个生产过程无废水废气产生。公司先后获“专精特新小巨人”企业，“能源科学进步一等奖”等荣誉，材料被工信部作为唯一节能绝热材料推荐列入《国家工业节能技术装备推荐目录》，并作为14个节能经典案例之一入选工信部《国家工业节能技术应用指南》。另外，公司还参与起草国家标准GB/34336、GB/50185及电力行业标准《火力发电厂绝热材料》（DL/T 776—2019）的修订。

⑥产业应用性。

公司主导产品为高效节能的介孔绝热材料系列产品，具有完全自主知识产权，且为国际首创，被鉴定为国际领先水平。产品具有卓越的保温、绝热、防火、防水等性能优势，更加节约能源、节省空间和辅材，经济性好，并且具有更长的使用寿命。既可用于石油、化工、电力、热网、核电、冷链、窑炉等工业领域，也可用于冷库、冰箱、建筑、交通工具、市政管网等民用领域，还可用在航空航天、军工等领域。产品的经济性和技术的成熟度已具备大规模推广的基础。

（8）综合效益

①经济、环境效益。

项目改造前每小时散热损失为9.93吉焦，改造后每小时散热损失为6.59吉焦，减少热量损失3.34吉焦/小时。按照标煤热值7000kcal/kgce、每年运行8000小时计算，年节约标煤912吨标准煤，年减少CO_2排放量2528.52吨。

年节能减排18240吨标准煤，减少50570.4吨CO_2的排放，为节能减排事业做出一定贡献。

②节能效益和投资回收期。

年节能费200.49万元；投资回收期7个月。

三、绿色低碳年度突破性创新技术

1. 智伟电力：燃煤发电机组汽轮机能效恢复及抗衰减技术

（1）技术背景、行业痛点难点

煤耗还能不能再降？还有哪些办法可以明显降低煤耗？是长期困扰煤电行业的痛点难点。一直以来，煤电都是我国电力生产的主力军，随着双碳目标的践行，尽管以风电和光伏发电为主的新能源占比逐渐加大，煤电对于保供和系统稳定发挥了巨大作用。在相当长时间内煤电的作用依然无可替代，如何优化煤电建设与运行，不断提升减少排放、提高能效成为整个煤电行业的重点和难点问题，煤电从业者兢兢业业、精益求精，努力在力所能及的范围内减排降耗，但对于煤耗的控制几乎已到极限，很难再有突破。

燃煤发电机组汽轮机能效恢复及抗衰减技术正是致力于节能降耗技术攻关，抓住汽轮机通流改造的薄弱环节，一方面通过独家研制的核心部件应用，既突破了“漏汽率”控制的天花板又成功解决汽轮机密封衰减问题；另一方面，通过改造修复过程的精准控制，大幅提升系统修复吻合度，实现用最好的技术装配最好的设备达到最好的效果。

燃煤发电机组汽轮机能效恢复及抗衰减技术核心包含拥有多项专利的导流式多级次减压汽封技术、汽轮机激光测绘和机器人智能检修技术的融合应用，三者相辅相成、缺一不可，共同实现煤耗的可靠下降和稳定保持。

（2）解决的核心问题

包含导流式多级次减压汽封、精准激光测绘和精密机器人加工三位一体的燃煤发电机组汽轮机能效恢复及抗衰减技术，可以缓解我国煤电行业节能减排的压力，极大程度解决目前火电机组漏气量不达标，高煤耗的问题。通过导流式多级次减压汽封，提高汽轮机本体的效率，降低汽轮机漏汽量。激光测绘技术和精密机器人加工技术，在汽轮机检修服务中的应用，精准、快速调节机组动静部件间隙，提高机组运行安全性，打破传统检修工艺，减少检修在过程中对大型部件起吊次数，降低安全风险，提高检修效率，加强安全生产。实现供电煤耗、污染排放、煤炭占能源消费比重“三降低”。经应用实测，燃煤发电机组汽轮机能效恢复及抗衰减技术系统应用后，可使改造机组降低发电煤耗5克/千瓦时以上，这对于依然是我国供电主力的煤电行业无疑具有重大意义。

（3）主要技术原理

燃煤发电机组汽轮机能效恢复及抗衰减技术原理包括三个方面，一是使用“导流式多级次减压汽封”突破常用汽封极限值，大幅降低高中压汽封漏汽率，提升蒸汽做功效率；二是使用汽轮机激光测绘技术，将汽轴封间隙调整精度控制在0.03mm范围，更好提升机组的经济性和安全性；三是机器人智能检修技术应用，由原来的人工精度0.50mm，提升至0.02mm以内，大幅减少工艺偏差，提升效率。

①导流式多级次减压汽封应用。

智伟电力独家研发、拥有多项专利技术的导流式多级次减压汽封，主要从5个方面做了技术上的创新改进：

扩容—改变腔室结构。为了使汽流更好地扩容耗散，在结构强度允许的情况下增加了汽封腔体的容积见图6－13。

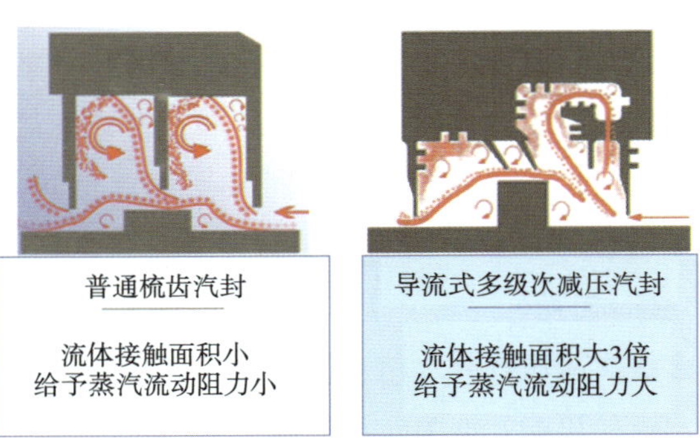

图6－13　扩容—改变腔室结构

增加热耗散。为降低汽流流速增加汽流阻力，在腔体内增加了较多的扰流小齿，消耗高速汽流由于惯性冲入腔体内的汽流动能，使汽流在涡流腔体内进行充分热耗散见图 6－14。

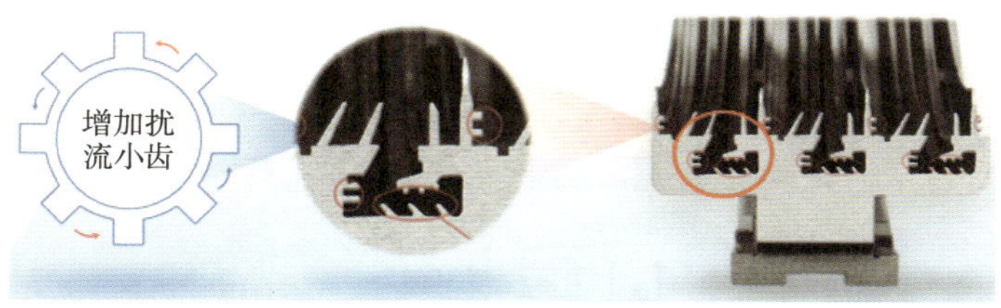

图 6－14 热耗散示意

降压—降低透汽效应。由于增加扰流小齿，涡腔阻力增大，使透汽效应增强。因此利用进汽口流速高、压力低的伯努力效应，迫使腔体内的汽体加速流动，形成涡腔的降压效果，促使涡腔内已经热耗散汽流流出涡流腔体见图 6－15。

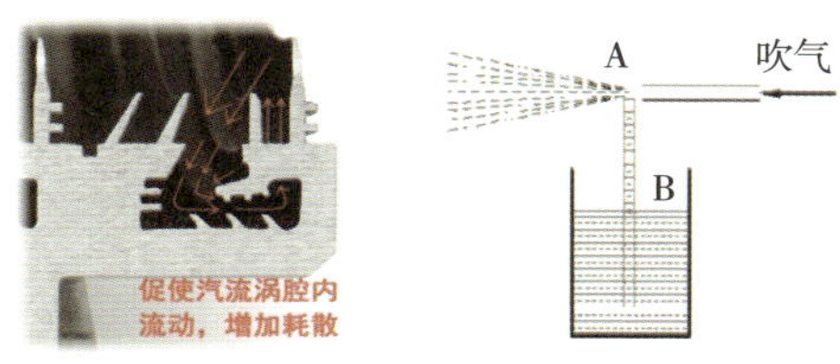

图 6－15 降压—降低透效应示意

利用汽流对流—抵消效果。汽流密度增加温度降低，由于流出涡流腔室内的汽流通过了涡腔的热耗散，进气阻力进一步增加，喷流出的汽流与高齿的进汽汽流形成 90 度夹角对冲，进气阻力增加见图 6－16。

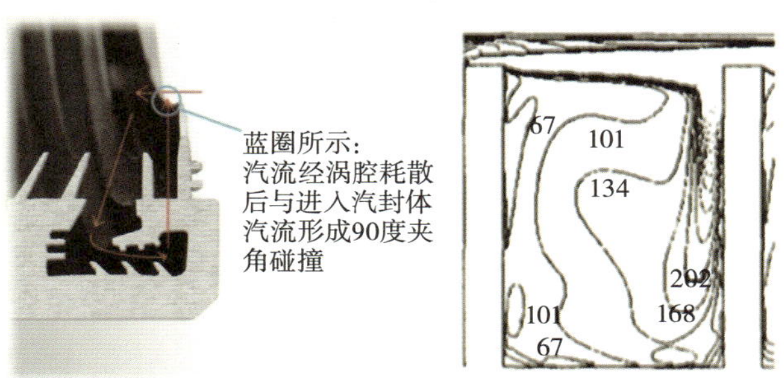

图 6－16 汽流对流—低消示意

倾斜齿应用。通过流体实验计算测出，倾斜齿的设计将阻汽最大化见图 6－17。

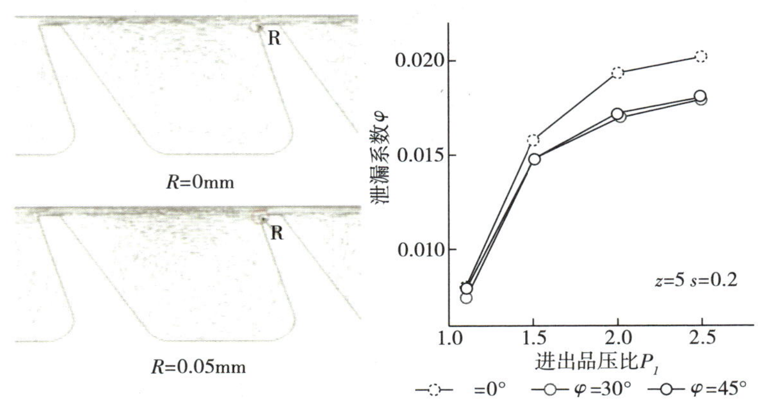

图 6－17　倾斜齿示意

②精准激光测绘应用。

激光测绘主要对转子扰度、每级通流部位的尺寸、半缸与全缸数据变化、各部件洼涡中心进行精准测量，以及在不扣全实缸的基础上快速测绘出全实缸汽封间隙。具体应用包括以下技术细节：

定位点的设定。根据现场环境及缸体结构，考虑跟踪仪摆放的位置能最大范围地测量到相应的数据，并且不受半缸、全实缸及转子半缸状态影响。一般每个轴承箱附近都需要设定一定数量的靶球定位点及靶枪定位点，每个轴承箱附近的靶球定位点不能少于 4 个，靶枪定位点作为辅助定位点，没有特定要求。靶球定位点应在不受他人作业影响的地方进行粘贴牢靠，并标记序号。

转子数据的测量。包括测量高中压转子数据，分为转子在缸外测量、转子在缸内测量；以及测量低压转子数据。

缸体数据的测量。包括汽封点、洼涡点、变量点的设定，半缸数据的测量，半实缸的测量，全实缸的测量。

数据拟合与整理。数据拟合可分为半缸、半实缸、全实缸拟合这三种拟合方式。其他方式还有缸外上半缸拟合到缸内上半缸（使用变量点拟合），但是由于拟合偏差大，使用也较少。拟合时需要使用偏差较小的点来拟合，拟合偏差较大的点需要剔除。拟合完成后建立圆柱坐标系查看数据。拟合完成后需要导出数据，导出的数据是凌乱的，需要对注涡点、变量点、间隙点、转子直径、转子挠度这些相应数据进行分类整理。

③精密机器人加工。

机器人吊装。吊装前寻找一块大小合适的平整地面，将吊环和吊带安装至机器人底座四个角的平衡螺杆吊装圆孔内；起吊时检查机器人吊起状态是否平稳；吊好放入地面后检查机器人是否有晃动，调整底座上的平衡螺杆，直至无晃动见图 6－18。

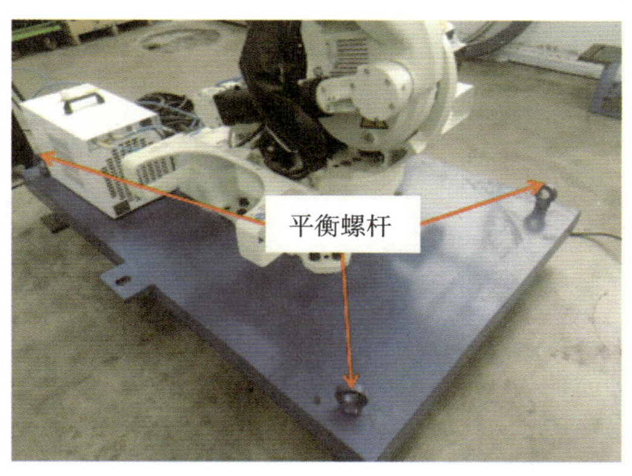

图 6－18 示意图

接口安装与测试。从外界电网接入交流三相 380V 到变压器后再经变压器接入 220V 到主控箱；安装示教器打开电源开关，等待开机后用示教器控制各轴运行检测是否有异常。

④示教器的使用与坐标系录入（见图 6－19、图 6－20）。

安装好顶针，抬入立式杆平稳摆放到大约机械臂居中位置，并放上立式顶针；调整机械臂使刀尖垂直对刀具刀尖，降低速度缓缓对刀尖，两个刀尖触碰到即可，确认后按记录键记录基准姿势 A1；A2、A3 分别调整对尖状态顶针倾斜呈大约 90 度角进行记录（校准后续三点时立式顶针都不能移动）；机械臂向前伸一段距离，按坐标键将模式调整为“Joint”；joint 模式下按 5/ry－调整单刃倾斜约 90 度角，按前三点方法记录 A4；点击登入键获取刚才记录的坐标，并记录下来。

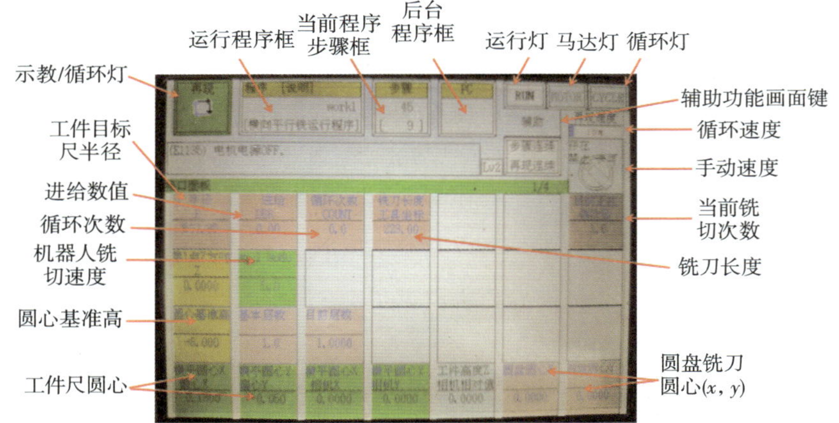

图 6－19　示教器使用示意

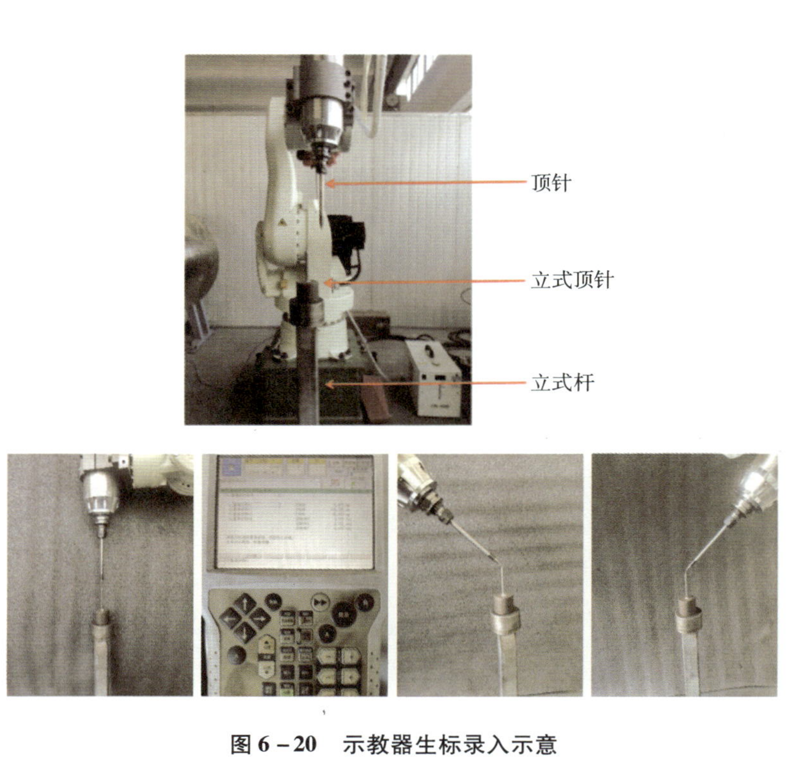

图 6－20　示教器生标录入示意

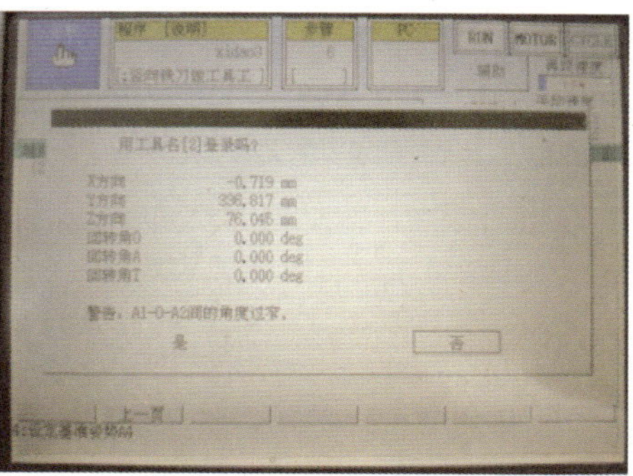

图 6－20　示教器生标录入示意（续）

⑤机器人运行（见图 6－21）。

找圆心点，确认坐标方向，运行前调整；机器人运行检查与自动运行。

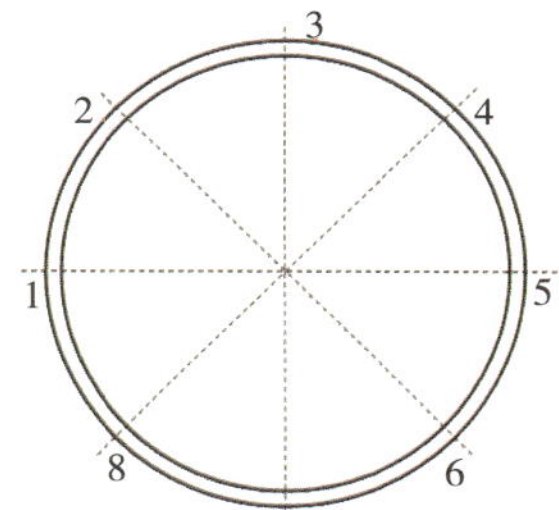

运行点位
整圆运行程序以圆心为基础将整园等比例分割为八份，分割线与圆相切的点称为运行点位。半园为五个点（过渡点除外）

圆心点位
选取以圆心为基础的0°、90°、180°、270°用作圆心的点位。分别对应运行点位的1、3、5、7点

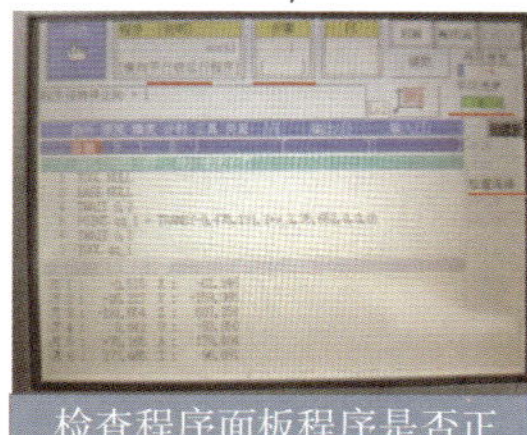

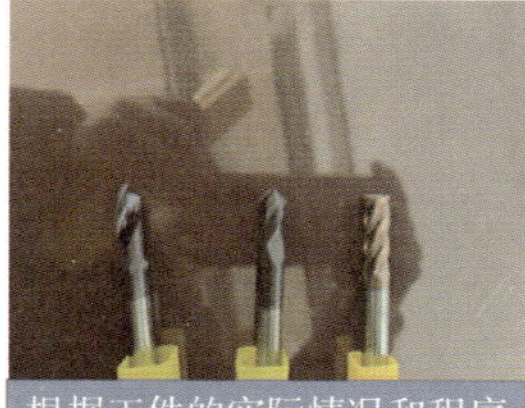

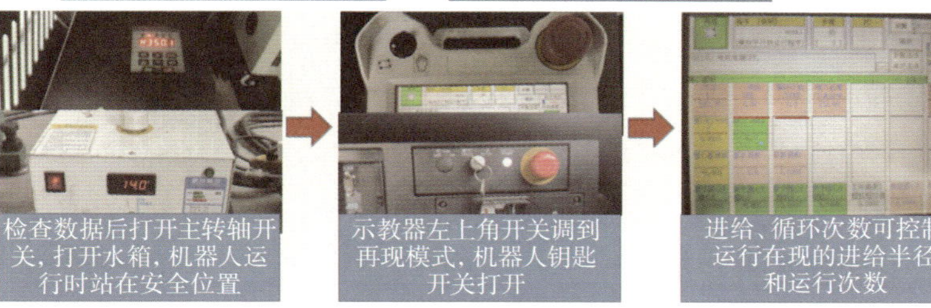

图 6－21　机器人运行示意

（4）总体应用效果

燃煤发电机组汽轮机能效恢复及抗衰减技术颠覆了传统的人工测绘技术和人工加工工艺，真正意义上实现了将汽轮机检修向智能化，数字化检修过渡。该应用能极大地降低了人工测量和加工成本，提高测绘和加工精度，同时不再要求苛刻的测绘环境条件，为汽轮机完成检修工作和高效运行提供了坚实保障。

①在运行安全方面。

导流式多级次减压汽封不以最大限度压缩汽轮机动静间隙为原理降低漏汽率，为汽轮机的间隙调整、检修调整和整体启机提供了容错空间，加上智能检修激光测绘和机器人加工带来的高效稳定且精密的检修工艺，可使相应误差缩小25倍左右，完全规避由人工加工带来的偏差。间隙调整与测量数据完全吻合，为机组启动提供坚实的保障。导流式多级次汽封结合上述类型汽封在实际运用中的优点，保障业主最为关心的检修安全性的同时以全新的工艺改进汽封腔室结构，极大地提高汽流热耗，提高汽封减少蒸汽泄漏的效果。

②在经济和环境效益方面。

经综合评测，燃煤发电机组汽轮机能效恢复及抗衰减技术对降低供电煤耗有明显贡献，将在传统的汽封改造效果上额外再降低煤耗4～6克/千瓦时。国家能源局发布的2023年1—6月全国电力工业统计数据表明，火电上半年平均发电小时数为2142小时，如动力煤价格以1000元/吨、火电机组年发电小时数为4400小时计算，以单台300MW机组为例，降煤耗以中位数5克/千瓦时计算，每年可降低煤炭消耗8400吨，为业主带来直接经济效益840万元/年，降低二氧化碳排放17820吨/年，相对应节省碳指标［参照2023年12月全国碳市场碳排放配额（CEA）挂牌协议交易价78～80元/吨］141万元/年。该技术为300MW机组每年带来总经济效益约981万元，环境效益降低碳排放1万～1.8万吨/年。600MW机组的效益将会翻倍增长。

③在技术成效方面。

经过数十台机组使用该技术后，根据实际测量，使用导流式多级次减压汽封可将过桥汽封漏汽率降低到2%以下，与检修前对比降低2~6个百分点。在使用较早的机组经过一个大修周期后，开缸检验发现导流式多级次减压汽封保持完好，无明显磨损缺失，验证了该新型汽封在维持阻汽、抗衰减方面的性能。

燃煤发电机组汽轮机能效恢复及抗衰减技术是目前国内唯一将激光技术应用于汽轮机汽封检修服务的技术，整体使用取得明显效果。通过激光精准测调能够将汽轴封间隙调整精度在0.03mm范围、节约工期3~5天。将导流式多级次减压汽封、随动悬浮式汽封和激光精准测调技术综合应用于汽轮机组改造，可有效提高机组安全性和经济性（见图6－22）。

图6－22　技术成效

④机器人应用效果。

燃煤发电机组汽轮机能效恢复及抗衰减技术也是目前国内唯一将机器人技术应用于汽轮机汽封检修服务的技术。使用机器人精准加工可大幅缩短工期，提高工作效率、加工精度，为设备的高效运行提供坚实保障。主要效果如下：

颠覆传统的加工工艺。改变现阶段人工加工工艺参差不齐的状态；

加工精准度提高，保证质量。精度控制在0.02mm以内，人工精度一般在0.50mm；

工作单位时长缩短，保证效率。单圈加工时间缩短30%~50%；

配合激光技术和数据。可根据数字激光数据进行高精度修刮，精准到位，从而提升汽轮机效率和性能。

（5）商业化进展程度

在技术研发不断创新的过程中，商业化进程不断提速，近年来，单纯使用导流式多级次减压汽封的火电机组超过80台，其中2023年商业应用达30台（60万千瓦级机组10台、30万千瓦级机组17台、15万千瓦级机组3台）。

对于日趋成熟完善、三位一体的汽轮机能效恢复及抗衰减技术，2023年商业应用的机组达到9台。就商业应用前景而言，由于每台机组可整体降低煤耗4～6克/千瓦时，单台300MW机组年节省标煤5280～7920吨（年利用小时数4400小时计算），减少二氧化碳排放1.32万～1.97万吨，按照1000元/吨标煤计算，节省燃煤成本528万～792万元/年；按含税80元/吨碳排放计算，节省碳排放费用106万～158万元，共计节省费用634万～950万元，相较于技术投入成本，仅半年即可收回投资费用，并在往后4年半到5年的周期内能持续带来经济效益。因此该项目所带来的经济性完全可以得到市场认可，具备商业推广条件。

（6）示范项目

宁夏英力特化工股份有限公司热电分公司2号机组改造项目。

宁夏英力特化工股份有限公司热电分公司现有两台2×150MW热电联产机组。汽轮机为哈尔滨汽轮机有限责任公司制造，型号为N150/C135—13.24/535/535/0.981型超高压、双缸、中间再热、单轴、双分流、单抽可调、凝汽式汽轮机，2号机组于2006年12月投产运营。

按照检修计划，2023年对2号机组开展A级检修工作。检修前对汽轮机进行热力性能试验经试验结果对比分析发现，汽轮机热耗率高、缸效低，需对通流汽封进行改造。经过准备，2号机组A级检修于2023年3月30日至2023年5月8日实施，同步使用智伟电力提供的汽轮机能效恢复及抗衰减技术。

检修期间将原高中压缸隔板接触式蜂窝汽封改造为导流式多级次减压汽封，高中低压轴封更换为导流式多级次减压汽封，低压隔板铁素体蜂窝汽封更换为导流式密集齿汽封，汽封本体材质为1Cr12Mo。同时将高中低压叶顶汽封全部拔除，重新进行镶齿，并调整。

导流式多级次减压汽封通过腔室扩容；增加扰流小齿使汽流增加热耗散；利用伯努利效应达到自密封、自循环的效果；改变高低齿的倾斜角度使得导流式多级次减压汽封安全性、密封性好，保效性强。

该项目使用激光测绘，快速在不扣全实缸的基础上测绘出全实缸的汽封间隙，通过测量发现高压进汽侧汽封大于设计值0.20mm，高压隔板汽封齿大于设计值0.35mm，中压后轴封大于设计值0.20mm，中压隔板汽封齿大于设计值0.30mm，低压缸内的通流间隙普遍大于设计值1.5mm。

使用机器人在现场更换阻汽片，根据数字激光数据进行高精度修刮，上下隔板合拢进行同心度矫正，提高工作效率的同时，精准地保证汽封间隙在设定值之内（0.50mm）。

（7）项目的示范效果、意义、可推广性分析

①效果与意义。

通过机组A级检修，使用汽轮机能效恢复及抗衰减技术对汽轮机汽封改造前后经济指标对比分析，汽轮机热耗率下降187.71千焦/千瓦时，影响煤耗下降7.41克/千瓦时；计算年节约标煤量约7676吨，年节约资金约614万元，经济效益明显，达到了改造要求。

②可推广性分析。

绿色低碳性。该项目通过使用导流式多级次减压汽封，精准激光测绘，精密机器人加工三位一体技术解决在役汽轮机组密封性差，漏汽量高的难题，提高煤电机组能效，为其在传统汽封（降低1~2克/千瓦时）的发电煤耗效果上额外带来大于5.4克/千瓦时的煤耗降低。极大程度解决目前火电机组高煤耗的问题，响应国家对火电节能减排的要求，顺应“双碳”目标，解决能源行业绿色低碳转型面临的瓶颈问题。

安全可靠性。目前对于整个煤电行业汽轮机检修行业来说，安全性永远是业主追求的基础要务。具象化到实际操作就是在汽轮机检修时，能否降低安全操作次数，能否降低安全风险；在检修完成时，能否安全启动机组，顺利进入生产。

由于传统的汽封形式大部分是通过减少汽轮机定子/转子间隙（动静间隙）来保障汽封效果的，加上传统的人工测量和加工工艺，因此在整体

的间隙调整的过程、检修验收和检修启机过程中，有很大的概率由于过小/不均匀的间隙而出现碰磨的情况，严重的甚至会导致启机跳机的情况，造成重大的安全事故。本篇提及的汽封形式不以最大限度压缩汽轮机动静间隙为原理降低漏汽率，稍微较宽的动静间隙代表了为汽轮机的间隙调整、检修调整和整体启机都在一定程度上提供了容错空间，加上智能检修激光测绘和机器人加工带了高效稳定且精密的检修工艺，误差缩小25倍左右，完全规避由于人工加工而带来的工艺质量下滑，让间隙的调整完全遵照间隙测量的数据执行，进一步为机组启动提供坚实的保障，降低运行风险。

产业应用性。目前在汽轮机检修层面上，该设备颠覆了传统的人工测绘技术和人工加工工艺，真正意义上实现了将汽轮机检修向智能化，数字化检修过渡。该应用能极大地降低人工测量和加工成本，提高测绘和加工精度，改善以往烦琐、耗时、粗糙且无法保障的低精度人工检修，同时不再要求苛刻的测绘环境条件，为汽轮机完成检修工作和高效运行提供了坚实保障。整体上为检修周期节约了时间和人工成本，提高了效率，带来经济效益。

因此，在近10年汽封市场发展较慢的情况下，导流式多级次减压汽封，精准激光测绘，精密机器人加工三位一体式技术将在节能减排的效果上实现倍数增长，一定程度上突破了现有汽封的发展瓶颈，将汽封密封效果、节能减排、绿色低碳带到一个新层面。

③综合效益（经济、环境、社会效益）。

该项目年节约标煤量约7676吨，降低二氧化碳排放1.9万吨/年，参照当地煤价测算，每年可为业主带来614万元直接经济收益。

（8）专家评审意见或第三方鉴定测试报告等支持文件

①示范项目改造性能试验。

2023年9月，国家能源集团科学技术研究院有限公司银川分公司正式出具《宁夏英力特化工股份有限公司2号汽轮机汽封换型改造后性能试验报告》（GNDKY－FW－YC－QJ－2023－035），结论如下：

流量平衡试验结果：145兆瓦纯凝工况时，机组不明泄漏量为1.98

吨/小时，不明泄漏率为0.41%。

过桥汽封漏汽率试验结果：145兆瓦负荷工况时，机组过桥汽封漏汽率为1.83%，实际中压缸效率为89.15%。

热耗率、缸效率试验结果：145兆瓦纯凝工况时，试验热耗率为9008.3千焦/千瓦时，经修正后热耗率为8670.2千焦/千瓦时，高压缸效率为76.24%，中压缸效率为90.18%。

130兆瓦纯凝工况时，试验热耗率为9092.7千焦/千瓦时，经修正后热耗率为8879.9千焦/千瓦时，高压缸效率为73.37%，中压缸效率为90.68%。

132兆瓦抽汽工况时，工业抽汽流量为47.64吨/小时，试验热耗率为8615.2千焦/千瓦时。折算至额定抽汽工况：135兆瓦负荷，工业抽汽流量为100吨/小时，一类修正后热耗率为7939.9千焦/千瓦时，二类修正后热耗率为7519.9千焦/千瓦时。

②导流式多级次减压汽封鉴定。

2021年10月23日，中国电力企业联合会在江苏省无锡市组织召开了对智伟电力（无锡）有限公司研制的“减压式涡流汽封（ZWWL－600LGSQ2106）”产品的技术鉴定会。鉴定委员会听取了研制单位所作的研制总结、技术经济分析、检测、查新、用户使用等报告，审查了鉴定资料，考察了生产现场并进行了现场抽测，经讨论形成鉴定意见如下：

提供的鉴定资料齐全、完整，符合产品技术鉴定要求；

研制单位对涡流汽封腔体内产生涡流的内齿进行了大量的计算和试验，得到了最佳齿形和齿位布置，并优化涡流槽设计及布局，有效提高阻汽效果。经江阴利港发电股份有限公司、江阴苏龙热电有限公司等单位的实际应用，效果良好；

研发的减压式涡流汽封（ZWWL－600LGSQ2106）通过了江苏澄信检验检测认证有限公司的检验、试验，各项性能均符合国家标准GB/T 1184—1996《形状和位置公差 未注公差值》以及企业标准Q/320206ZWDL01－2021《涡流汽封》的要求，现场抽测结果合格；

研制单位的生产及检测设备齐全，工艺完善，可以满足生产要求；

研制单位通过了 GB/T19001 －2016/ISO 9001:2015 质量管理体系认证。

鉴定委员会认为，减压式涡流汽封（ZWWL－600LGSQ2106）产品技术整体性能达到国内领先水平，同意通过产品技术鉴定，建议大力推广应用。

2. 优易材料：石墨烯红外辐射功能涂层材料应用技术

（1）技术背景、行业痛点难点

①电力行业方面。

近年来，中国电力行业迅速发展，行业规模大幅增长，在5G、物联网等高新技术的影响下，中国电力行业进入了转型升级的新时期。到2023年中国电力行业发电装机容量将达25.5亿千瓦，2025年将达28亿千瓦时。

火力发电和垃圾发电采用燃烧煤炭、燃油、燃气、垃圾等可燃性物质作为原料，这些原料构成复杂，含有水分、灰分、挥发分、硫氯等各类杂质和盐类，导致锅炉内部运行复杂，工况环境十分严苛恶劣。电厂大多数高温装备均为裸露的基材与工况环境直接接触，未采取有效的防护措施进行保护，导致在运行过程中出现各种各样的问题，使高温装备在运营过程中出现发电效率降低、设备运转不畅甚至严重损坏的现象。电力行业装备遇到的问题主要有积灰、结焦、磨损、腐蚀等问题，会对电力高温装备产生不可修复的损坏，直接导致发电效率大幅下降、热转化效率严重低下、频繁出现停炉检修和爆管等问题。针对高温装备的损坏，采取最多的方法是直接更换新的设备，或者采用常规的合金涂层和陶瓷涂层进行暂时的修复。前者设备资金投入巨大，后者涂层技术无法匹配各类不同环境下的高温装备导致使用寿命参差不齐，均无法有效地解决目前电力行业高温装备的问题，无法从源头上根治发电效率低下、热转化效率低的问题，导致大量的资源能源浪费，对节能减排工作产生很大的阻碍。

②钢铁行业方面。

钢铁工业存在着成本高、产量增速快、结构不合理、能源资源利用率不足等问题，环保及钢铁物流业也制约着钢铁工业的发展，使行业利润明显下降。我国的钢铁工业要走一条产业结构合理、科技含量高、资源消耗低、污染排放少、经济效益好、人力资源优势得到充分发挥的全面、协调、可持续发展的工业化道路。

钢铁行业工序分为焦化工序、炼铁及铁前工序、炼钢及连铸工序、轧钢工序等，从改革开放初期的小型焦炉、炼铁高炉和炼钢锅炉，逐步发展到如今的大型炼铁炼钢设备，近年来虽然钢企不断提升余热余能利用水平，热电工艺技术和装备逐步高效化、现代化，但仍然存在生产效率低、能耗高、成本高、环保水平低等综合问题。

目前钢企使用的焦炉、炼铁高炉、炼钢锅炉存在严重问题。钢铁厂使用煤作为燃料进行钢铁冶炼，对煤炭的需求极大，能源消耗占全国能耗的10%，煤炭中灰分、矿物质和硫氯元素等在燃烧过程中对钢铁高温装备产生积灰、结焦和腐蚀影响，导致高温装备换热效率低下、频繁停机检修和装备损坏，生产效率低下。工艺及技术装备机构不合理，我国钢铁企业装备能达到国际水平的装备不到25%，导致能耗高、成本高、生产效率低、热转化效率差。

③电热元件行业。

作为不可或缺的上游零部件，电热元器件在家电、新能源汽车、医疗等领域都有着广泛的应用。大宗原材料价格上涨，电热元器件企业的生产成本被不断推高。电热元件的生产量不断攀升，但铜、铝、钢材等价格不断上涨，导致电热元件企业被迫面对转型升级的选择，石墨烯陶金涂层具有高导热性能，在传热换热方面具备优异的性能，传统碳钢基材 + 石墨烯陶金涂层产生的热效能可达到和铜、铝电热元件一样，铜、铝电热元件 + 石墨烯陶金涂层热效率可提升至少20%。电热元件市场不但可以从原材料成本方面大幅减低，还可以提升热转换效率，为节能减排提供重大贡献。

（2）解决的核心问题

针对高温设备的防护和改进，主要通过材质的不断升级和结构优化来延长使用寿命，但效果差强人意。随着国家对环境保护力度的不断加大，2022年初，国务院发布《“十四五”节能减排综合工作方案》，计划到2025年，全国单位国内生产总值能源消耗比2020年下降13.5%，能源消费总量得到合理控制，化学需氧量、氨氮、氮氧化物、挥发性有机物排放总量比2020年分别下降8%、8%、10%以上、10%以上。重点行业能源利用效率和主要污染物排放控制水平基本达到国际先进水平。而能源行业作为高耗能设备主要聚集产业，也同样面临设备升级换代的问题。一方面，设备厂家可以通过不断优化设备，提高设备燃料利用率来达到要求，但这样做不仅成本高昂效果上也很难达到理想状态。在我们的实际生活中，传热的模式主要有对流、辐射、传导 3 种。其中，红外加热是基于许多材料易于吸收红外线的特点，将一般的热能转变为红外辐射能，直接辐射到被加热物体上引起物体分子的共振，从而达到以较低的能量与较快的速度把物体加热到要求的温度。高温下又主要以辐射传热为主，辐射传热是对流传热的 7 ~9 倍，且随着温度升高辐射换热量占总换热量的比例急剧增加，可以占到总传热量的 90% 以上。因此，增强高温下设备的辐射换热量对于提高其热效率有极大的现实意义。

深圳优易材料科技有限公司利用石墨烯自身强传热、高发射的性能特点，并结合已有的高温装备节能改造项目技术经验，经过调整优化，开发出具有高发射率的石墨烯特种涂层，其最高耐温性能可达 1600℃，具有优异的耐磨性、防黏结性、耐高温腐蚀性、高热导率和强传热换热效率，应用于工业高温装备基材表面，解决受热换热面腐蚀、结焦、氧化、磨损、热转化效率低等问题，为设备安全运行提供保障，同时提升设备表面红外辐射传热效率，为降低能耗、节约资源起到重大作用。

（3）主要技术原理

①通过元素掺杂实现石墨烯改性。

氟原子与氮原子都能通过化学吸附添加至石墨烯上改变其导电性，进而实现耐热性与润滑性等的改变。

经氟化后的石墨烯光性能、力学性能与物理性能都会得到有效改善，摩擦系数减小。采用氮元素掺杂的方式能改变石墨烯的碳晶格及电性能，进而提高力学性能与耐热性。

②无机物进行表面改性。

利用无机或金属的纳米级粒子来改性石墨烯，通过对实验参数的优化实现对粒子形貌及粒径进行有效控制，提高力学性能与耐热性。

③强防护效果。

石墨烯红外辐射功能涂层材料比表面积很大且具有良好的阻隔性，可以在涂层当中形成若干弯曲通道，避免腐蚀介质从涂层中透过后与基材接触，提升涂层的抗腐蚀性（迷宫效应）。纳米片层结构材料的特性，使涂层具备高光洁度和光滑壁面，具有优异的润滑性能，可避免灰尘、颗粒等与基材发生黏附和结焦，提升涂层的抗黏附性。涂层配方中陶瓷纤维、石墨烯材料的加入，起到显著的增强、增韧、耐磨效果，可有效防止飞灰、颗粒等杂质对基材产生撞击、冲刷，提升涂层的耐磨性能。

石墨烯红外辐射功能涂层材料具备优异的防护作用，防护适用于包括防腐蚀、防结焦、耐磨损等严苛的破坏性场景。

涂层具备优异的辐射换热性能，可大幅度提升设备热效率、缩短加热时间、提升能源利用率，达到节能环保的效果。

石墨烯红外辐射功能涂层材料结合了金属、陶瓷、石墨烯的综合性能具有以下特点：

可靠性好。与基材的结合力强，与基材膨胀系数一致，20G 钢材，600℃水冷热震 40 次涂层不脱落；

耐高温。耐温性 >1600℃，可以承受所有炉膛温度；

润滑性能好。高温下的表面能低，具有优异的润滑性；

发射率高。发射率 >0. 92，强化辐射换热能力；

热导率高。涂层热导率 45W/m · K，大幅提升热效率；

该涂层产品结合了金属、陶瓷、石墨烯的综合性能特点，与目前市场上常见的产品相比，具有明显的技术优势。

①优异的防腐蚀性能。

高温气氛腐蚀下石墨烯陶金涂层成分稳定。腐蚀后结果显示，石墨烯红外辐射功能涂层材料颜色没有变化，Inconel 625 合金涂层出现疏松腐蚀层，涂层的 XRD 测试对比显示石墨烯陶金涂层成分稳定，Inconel 625 涂层出现大量腐蚀产物（见图 6 – 23）。

高温熔盐腐蚀对比下石墨烯红外辐射功能涂层材料成分稳定。腐蚀后结果显示，石墨烯红外辐射功能涂层材料颜色没有变化，Inconel 625 合金涂层出现疏松腐蚀层，涂层的 XRD 测试对比显示石墨烯陶金涂层成分稳定，Inconel 625 涂层出现大量腐蚀产物（见图 6 – 24）。

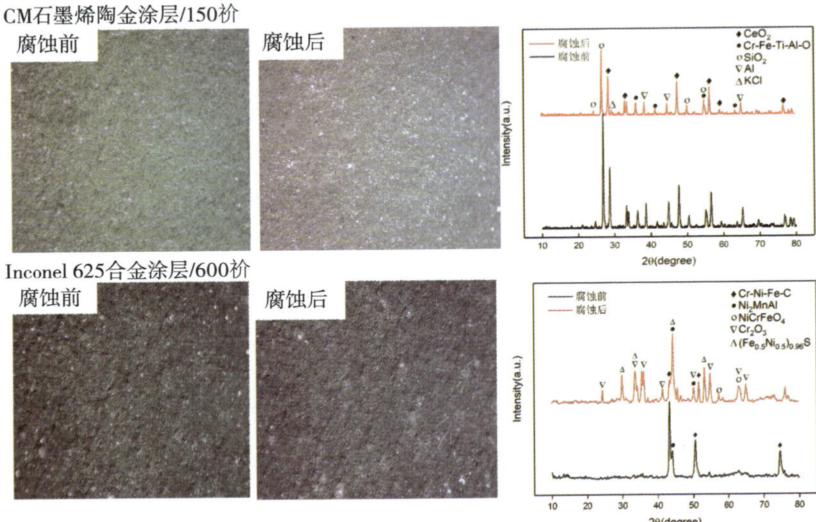

图 6-23　600℃高温下，$CO+H_2S+SO_2+HCl$ 气氛 720h 持续腐蚀测试

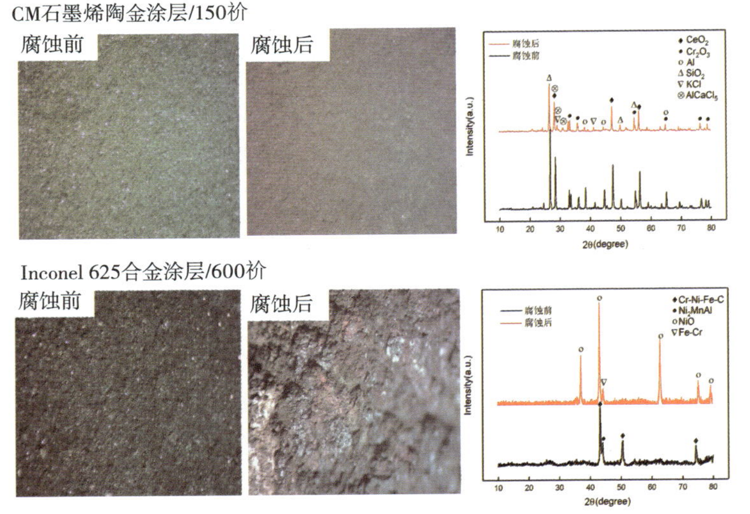

图 6-24　Na_2SO_4+KCl 混合盐腐蚀介质，600℃高温下，持续测试 720h

高温氯化钾腐蚀测试（取 1g KCl，平铺在涂层上，600℃恒温 2000h）。

阶段性观察，240h 时，Inconel 625 涂层腐蚀严重，石墨烯红外辐射功能涂层材料无异常，1000h 后 Inconel 625（500μm）涂层已经腐蚀透底，石墨烯红外辐射功能涂层材料 2000h 后涂层完好（见图 6－25）。

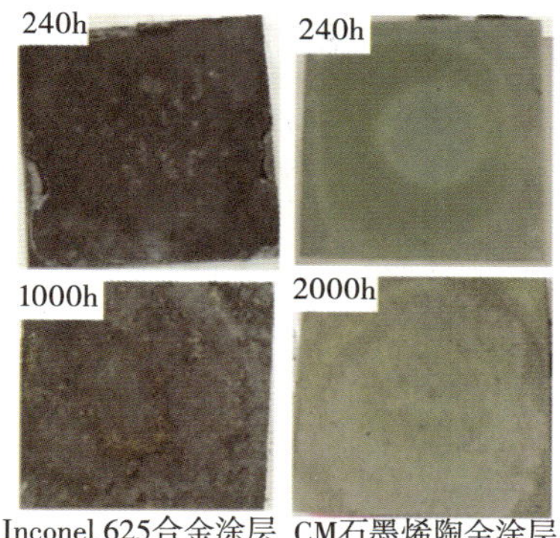

图 6－25　600℃恒温 2000h 涂层耐熔盐测试

②优异的防粘附性能。

750℃高温，SiO_2 ＋ Na_2SO_4 ＋ KCl 混合腐蚀粘结物，持续 144h 测试（见图 6－26）。

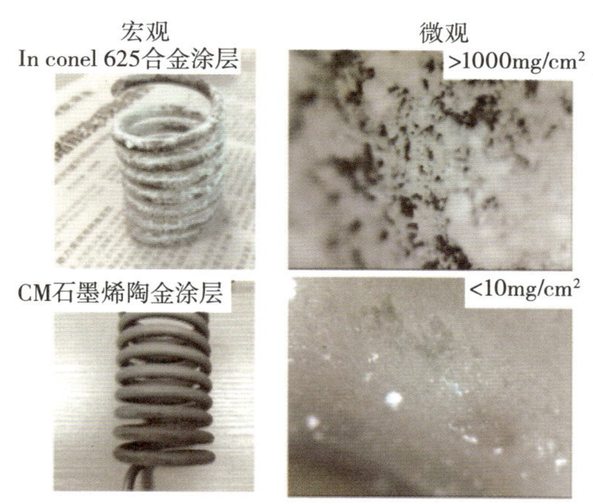

图 6－26　石墨烯红外辐射功能涂层材料体现出非常优异的抗粘附性能

③优异的防磨损性能。

石墨烯红外辐射功能涂层材料硬度≥90HRC；落砂性能指标≥30L/μm；磨损试验测试指标 50g 负重≥300 圈；高发射率＞0.92，具有优异的红外发射系数；高温下热振稳定，可抵御温度的急速变换而不会崩裂（见图 6－27）。

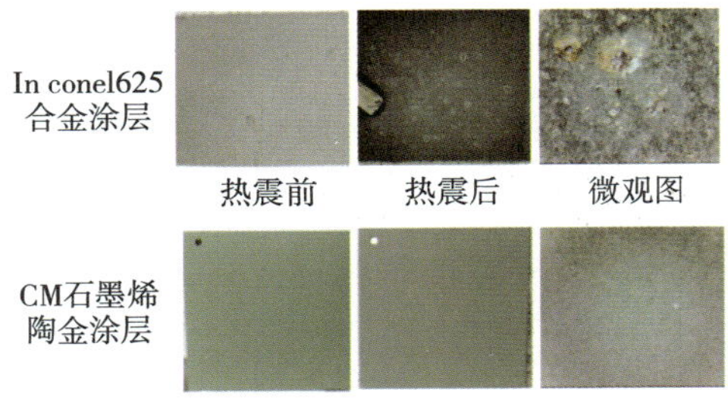

图 6－27　550℃，45 次热震后涂层表面形貌

（4）商业化进展程度

该产品实际应用于深能源、光大、国电投、福耀玻璃、万事泰等各大电厂、公司，并且都取得较好的应用示范效果，得到客户的广泛认可，项目汇总如表 6－2 所示。

表 6－2　项目汇总

序号	集团	项目	实施时间	应用效果
1	深能源	宝安发电厂 1 号炉	2023 年 1 月	防护效果好，腐蚀结焦少，提质增效
3		宝安发电厂 2 号炉	2023 年 2 月	防护效果好，腐蚀结焦少，提质增效
4		宝安发电厂 3 号炉	2023 年 3 月	防护效果好，腐蚀结焦少，提质增效
5		宝安发电厂 10 号炉	2020 年 12 月	防护效果好，腐蚀结焦少，提质增效
6		定陶发电厂 2 号炉	2020 年 5 月	防护效果好，腐蚀结焦少，提质增效
7		东部发电厂 6 号炉	2022 年 11 月	防护效果好，腐蚀结焦少，提质增效
8	东锅	射洪发电厂 1 号炉	2020 年 7 月	防护效果好，腐蚀结焦少，提质增效
9	杭锅	金洲纸业项目 1 号炉	2022 年 1 月	防护效果好，腐蚀结焦少，提质增效
10		桐庐新固源 2 号炉	2020 年 12 月	防护效果好，腐蚀结焦少，提质增效
11	中节能	平顶山发电厂 1 号炉	2022 年 5 月	防护效果好，腐蚀结焦少，提质增效

续表

序号	集团	项目	实施时间	应用效果
14	浙能	锦江萧山电厂 1 号炉	2022 年 10 月	防护效果好，腐蚀结焦少，提质增效
15	国能	国电丰城电厂 3 号炉	2019 年 6 月	防护效果好，腐蚀结焦少，提质增效
16		国华宁海电厂 4 号炉	2019 年 10 月	过热器防结焦效果明显，设备换热性能大幅提升
17		国华锦界电厂 2 号炉	2019 年 11 月	防护效果好，腐蚀结焦少，提质增效
18	大唐	阳城国际电厂 6 号炉	2021 年 5 月	防护效果好，腐蚀结焦少，提质增效
19		阳城国际电厂 2 号炉	2022 年 5 月	防护效果好，腐蚀结焦少，提质增效
20		阳城国际电厂 7 号炉	2023 年 4 月	防护效果好，腐蚀结焦少，提质增效
22		华电珙县电厂 2 号炉	2022 年 9 月	防护效果好，腐蚀结焦少，提质增效
23		华电邵武电厂 1 号炉	2022 年 6 月	防护效果好，腐蚀结焦少，提质增效
24		华电大龙电厂 2 号炉	2021 年 10 月	防护效果好，腐蚀结焦少，提质增效
25		华电青岛电厂 4 号炉	2021 年 10 月	防护效果好，腐蚀结焦少，提质增效
26		华电镇雄电厂 2 号炉	2022 年 8 月	防护效果好，腐蚀结焦少，提质增效
27		华电西港电厂 2 号炉	2022 年 12 月	防护效果好，腐蚀结焦少，提质增效
29		浙能台州电厂 8 号炉	2023 年 4 月	防护效果好，腐蚀结焦少，提质增效
30		浙能北仑电厂 6 号炉	2022 年 12 月	防护效果好，腐蚀结焦少，提质增效
31		浙能嘉兴电厂 8 号炉	2022 年 11 月	防护效果好，腐蚀结焦少，提质增效
32	粤电	湛江中粤电厂 1 号炉	2022 年 12 月	防护效果好，腐蚀结焦少，提质增效
33	福耀玻璃	钢化玻璃产线	2023 年 6 月	提高热转化效率，提质增效

续表

序号	集团	项目	实施时间	应用效果
34	万事泰	钢化玻璃产线	2023 年 3 月	提高热转化效率，提质增效
35	浙江聚能	燃气锅炉翅片管	2023 年 7 月	提高热转化效率，提质增效

（5）示范项目

①电厂锅炉水冷壁提质增效改善项目。

随着锅炉大容量高参数以及低 NOx 燃烧技术的应用，特别是以 SOFA 为代表的低 NOx 燃烧技术的广泛应用，高温腐蚀结焦问题居锅炉燃烧问题的首位。低 NOx 燃烧技术应用之前，燃煤含硫量小于 1% 的锅炉发生高温腐蚀的现象比较罕见；高温腐蚀主要发生在贫煤、无烟煤等低挥发分燃煤锅炉上，烟煤等高挥发分煤锅炉几乎不发生高温腐蚀现象；低 NOx 燃烧技术应用之后，燃煤含硫量小于 1% 的锅炉，高温腐蚀问题已经相当普遍。采用 SOFA 技术的大容量高参数锅炉，无论燃用什么煤种，炉膛水冷壁几乎都会发生高温腐蚀问题且程度比较严重，成为引发水冷壁爆管的一个不可忽视的因素。同时，低氮燃烧技术带来的另一个问题是炉膛内部局部还原性气氛的产生，还原性气氛存在降低灰熔点使高温受热面存在结焦风险，还原气氛下煤炭中硫燃烧后生成 H_2S，而 H_2S 在 >350℃腐蚀管壁中温度越高腐蚀越严重，低氮改造之后还原性气氛腐蚀变得尤为严重。同时还原性气氛增强，煤灰熔点降低，会加剧受热面结焦现象。受热面黏附的焦块，严重影响传热，管壁温度会升高，同时焦块在表面起到催化剂的作用将加剧高温腐蚀破坏。结焦和腐蚀危害燃煤机组的长周期安全运行，给安全生产带来危害。腐蚀与结焦产物附着高温受热面管壁，影响管壁与火焰的热吸收传导能力，降低了机组发电效率，与国家节能减排的宗旨背道而驰。

通过产品在不同电厂的实际应用取得了非常显著的提质增效效果。受热面全方位守护显著延长基材使用寿命，大幅降低后续维护的人力及经济成本。受热面具有抗结焦结渣性能，防超温爆管，防垮焦灭火；还具有耐高温腐蚀性能，防腐蚀爆管；能提高喷涂部位受热面 30% 换热效率，提升了能源利用率，降低了供电煤耗，实现喷涂部位受热面零吹灰或低吹灰；使用寿命 >3 年（见图 6－28）。

施工前　　施工后

未保护管材　　涂层保护管材

图 6－28　施工前后对比

②综合效益分析。

经济效益分析。以台州电厂 600 平方米施工项目为例，喷涂国产 PS45 防护周期按照 1 年计算，5 年质保期需要喷涂五次。换算下来，5 年每平方米价格在 8000～10000 元，使用石墨烯纳米陶瓷涂层 5 年以上质保期限总项目可以节省 200 万元以上。

环境效益。当前国家大力支持企业节能减排，力求尽快实现碳达峰、碳中和。喷涂镍铬合金涂层会影响管壁的热吸收传导能力，降低电厂发电效率增加单位电量煤耗，与国家节能环保原则背道而驰，不符合国家可持续发展政策。该方案不仅可以增加涂层辐射热吸收，还能提升管壁热传导及炉膛内部换热能力；同时高辐射率可以平衡炉膛内部温度场使燃烧更充分稳定，减少单位发电量煤耗，降低二氧化碳排放量（炉膛内部施工面积的大小会影响换热提升效率，小面积施工提升不明显）。

社会效益。通过涂层的增质提效改造，设备能源利用率明显提高，能更好地满足国家对节能减排的要求，助力国家达成节能减排目标。

3. 节度科技：烟气源热泵低品位余热回收技术

（1）技术背景、行业痛点难点

2021 年，全国火电厂余热约 30 亿吉焦，工业、数据中心、变压器等余热约 25 亿吉焦，热量耗散形式以烟气低品位为主，100℃以下以气态形式耗散的低品位余热占 50% 以上。余热回收的减碳效益明显，如果以 0.11 吨/吉焦（热力供应）折算，55 亿吉焦余热利用可减少约 6 亿吨 CO_2。余热回收的经济效益也很明显，如果以 20 元/吉焦经济效益、4 年投资回收期折算，55 亿吉焦余热利用每年可产生 1100 亿元经济效益，4400 亿元直接投资。

天然气是清洁能源，理应将其热能全部转化利用，但是天然气热能利用率的现状并不尽如人意，采暖锅炉的热能利用率普遍为 90% 左右，大型燃气轮机一次发电效率不超过 40%，燃气—蒸汽联合循环发电效率不超过 60%，有近 20% 的热能通过烟筒排放到空中，不但浪费了宝贵的能源，还对大气环境造成了影响。以北京为例，190 亿立方天然气、50% 锅炉或者燃气轮机消耗，余热损失约 3300 万吉焦。提高天然气的热能利用率是改善环境，消除雾霾，减排二氧化碳的有效措施，是实现我国未来能源可持续发展的重要途径。

溴化锂吸收式热泵、水源热泵 + 取热器可以将燃气电厂等大型项目烟气温度降低至 30℃左右，但其潜热大部分没有回收，显热仍有挖掘空间，“白烟”仍然明显；同时对于 10 吨以下的小型锅炉没有技术经济可行的余热回收技术。因此，研发将低品位的锅炉烟气温度降低至 15℃甚至 10℃以下，将烟气中的余热全部回收，技术产品具有技术经济性和消白作用，具有重要意义。现场见图 6 – 29。

（2）解决的核心问题

①混合降温器技术。

通过专利技术混合降温器的分流、混合，解决热泵稳定运行所需要的烟气温度和流量，使热泵始终在高效区运行，获得较高的能效比，并保证

图 6－29 现场图片

热泵的稳定连续运行工况。

②整体防腐增强换热技术。

热泵蒸发器与锅炉烟气直接接触，烟气温度降低至 15℃以下冷凝水大量析出，对于蒸发器的冷凝腐蚀尤为严重，项目采用材料、流场、表面处理等多项技术耦合，在解决防腐的同时增强了换热效果。

③主动智能控制技术。

热泵可根据烟气温度流量实时调节运行状况，使热泵运行处于高效状态，不影响锅炉运行。同时可以实现没有烟气的情况下在空气源状态下运行。

（3）主要技术原理

烟气源热泵是空气源热泵在余热回收领域（例如燃气锅炉、燃气轮机等细分行业）的创新型应用，利用逆卡诺原理，以极少的电能吸收烟气中大量的低温热能及水蒸气潜热，通过压缩机的压缩变为高温热能，克服了空气源热泵在低温下 COP 较低的缺点，是一种节能高效的热泵技术。

烟气源热泵供热节能技术采用三级降温两级换热的工艺流程，将燃气锅炉烟气中的热能梯级回收利用，特别是利用烟气源热泵吸收低品位热能特点将 60℃以下的烟气中的潜热回收，回用到供暖或供应热水，最终排烟温度降到 15℃，实现了烟气中的热能的全热（显热和潜热）回收利用（见图 6－30）。

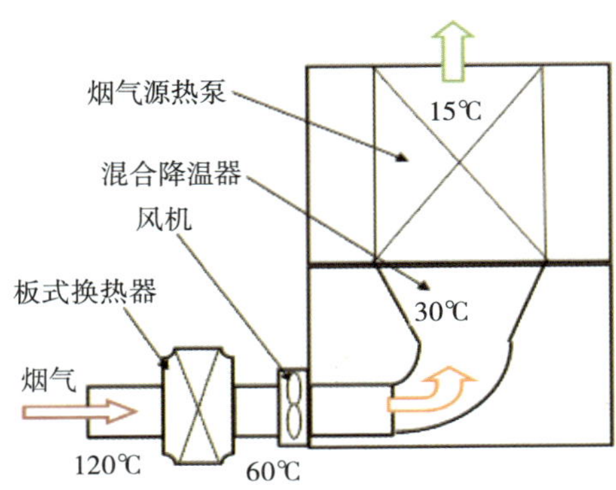

图 6－30　烟气源热泵系统工艺流程

（4）总体应用效果

①实现锅炉余热全热回收。

烟气源热泵低品位余热回收技术最终排烟温度15℃以下，天然气的热能全部利用，可收回锅炉负荷的15%～20%的热能，相应地节约天然气消耗量扣除电力消耗，可节约锅炉负荷的10%～15%的能源。

②促进新能源高质量供热。

该技术采用电力供能对烟气进行余热回收产生热量，属于北京市新能源供热范围，系统COP一般高于4，相关产品属于低碳热泵。冬季是北京市天然气用气高峰期，该技术可以消减15%～20%天然气消耗量，促进了北京市新能源高质量供热。

③供热成本低，具有技术经济性。

烟气源热泵系统用于采暖时具有较高的能效比：烟气温度120℃时，能效比为7；烟气温度100℃时，能效比为6；烟气温度80℃时，能效比为5。烟气温度80℃，每吉焦耗电53度，电价按照0.6元计算成本为32元，是天然气供热成本的40%。同时可以利用采暖锅炉的烟气余热加热生活热水，可以比锅炉加热成本降低80%以上，宾馆、学校、医院、泳池等有热水需求的单位可以大幅度降低热水供热的成本，产生显著的经济效益。该技术是目前唯一对10吨以下供暖锅炉余热回收有技术经济性的产品。

④节水减排。

由于烟气的温度降到常温，烟气中 90% 以上的水蒸气将凝结成水。据实测，一吨锅炉每天可以回收 1.2～1.4 吨冷凝水。这些冷凝水经过中和处理可以代替软化水补充到取暖锅炉的循环系统，满足系统的补充水需求。烟气在降温过程中有大量冷凝水凝结，部分二氧化碳和氮氧化物溶到冷凝水中，相应地减少二氧化碳和氮氧化物的排放。监测结果显示，最终排出的烟气中氮氧化物减少了 10%，因此该技术的实施将对北京的取暖季节的空气质量的改善起到一定的作用。

(5) 商业化进展程度

嘉兴节度科技有限公司已完成烟气源热泵低品位余热回收产品的研发、制造与示范，在北京供暖锅炉中已有示范项目，拟建立 500 套烟气源热泵成套设备生产基地，在京津冀地区推广实施该项技术，支持京津冀地区双碳目标的实现。烟气源热泵实物见图 6－31。

图 6－31 烟气源热泵实物

(6) 示范项目

①示范项目基本情况。

北京市西城区月坛北街两处锅炉房，供暖面积 104497.66 平方米，其中月东锅炉房供暖面积 52525.47 平方米，月西锅炉房供暖面积 51972.19 平方米。对项目进行升级改造，通过在烟囱尾部增加烟气源热泵深度回收烟气余热，达到节能增效的目的。

②项目的示范效果、意义、可推广性分析。

项目改造前后设备对比见表 6－4。烟气排放效果见图 6－32。

表 6－3 项目改造前后设备对比（参数）

分类	改造前	改造后
锅炉改造	2 台 4200kW 承压热水锅炉	2 台 3500kW 冷凝低氮模块化真空热水锅炉
热泵改造	/	2 台 50kW 电驱动烟气源热泵
管控系统改造	/	智慧供热能源管控系统

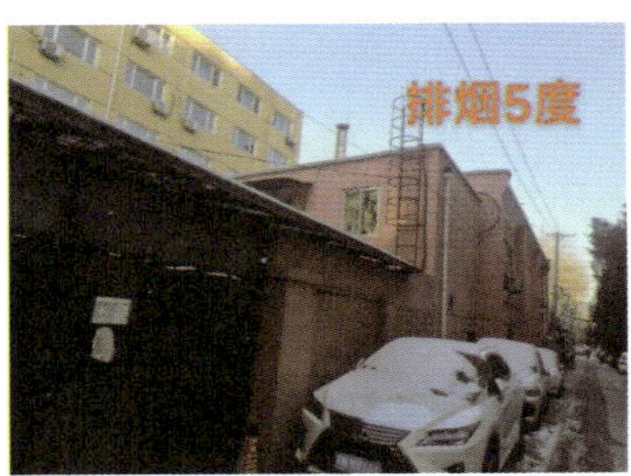

图 6－32　烟气排放效果图

改造后系统运行稳定，与原锅炉运行系统进行安全联锁，实现全工况安全运行，通过热泵人机系统可远程设置操控，实现无人化智慧供热，使系统高效稳定运行，系统运行画面见图 6－33。改造后供热能耗指标见表 6－4。

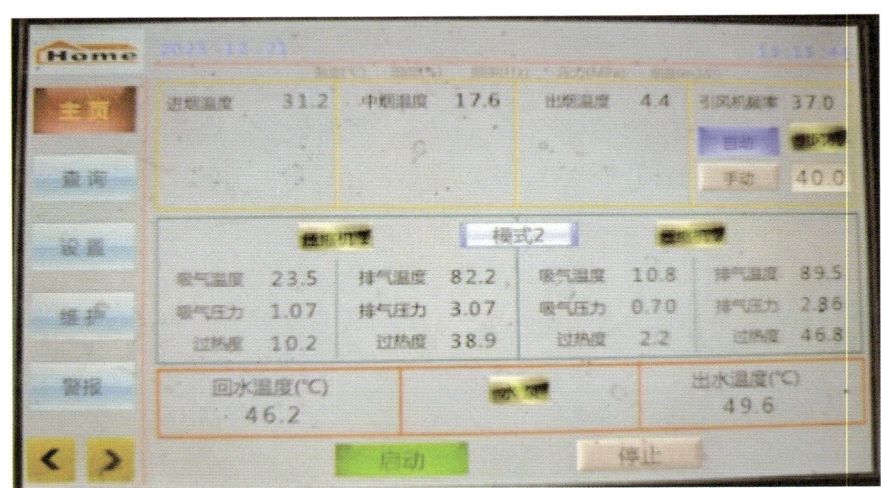

图 6－33　系统检测图

表6－4 改造后供热能耗指标一览表

能源品种	能源消耗种类	单位	实物量	建筑面积（平方米）	年能源消耗（吨标准煤）	单位面积能耗（千克标煤/平方米）
天然气	采暖	万立方米	72.85	104519	968.92	9.27
电力	采暖耗电	万千瓦时	54.38	104519	156.07	1.49

（7）综合效益

由于烟气源热泵技术改造前后项目燃气能耗由99.11万立方米/年下降为89.1万立方米/年，电耗由40.47万千瓦时/年上升为62.71万千瓦时/年，能耗水平由1434吨标准煤/年降低至1365吨标准煤/年，能耗水平降低5%，减排CO_2约40吨，按照气价3元电价0.6元每年节约费用16.7万，投资回收期4年，以最终运行数据为准。

由于排烟温度降低，烟气中的水汽冷凝后溶解部分氮氧化物，减少了10%的氮氧化物的排放，具有一定的环境减排效益。烟气中的水汽冷凝脱水，消除了烟筒冒白烟的现象。

4. 合一智控：面向使用者行为的边缘自控建筑节能管理系统

（1）技术背景、行业痛点难点

全国建筑运行阶段碳排放占社会总排放约22%。近年来，随着物联网技术的进步，智慧楼宇、智能家居行业得到较大发展，但智能楼宇至今仍主要解决建筑公共区域部分的智能化，如高效暖通机房、智能安防、梯控、公区照明集中控制等，面向非公区部分的空调、照明、插座等用能设备的智能管理几乎空白。而智能家居主要面向家庭，很少面向公共建筑提供解决方案，部分走进公共建筑的也仍然沿用一些语音控制、情景面板控制、手机控制等依赖于人工发出指令的初级智能模式，从而无法避免使用者行为原因带来的用能管理问题。

要彻底解决面向使用者行为的用能管理问题，就不能再依赖人工，只能通过技术去实现自动管理，即自动感知环境状态、自动进行管理决策、自动执行控制指令。但自动管理带来一系列困难，主要包括精准的人员存在感知。传统的摄像头存在隐私问题，传统的红外传感器精度很低，且两者都容易由于不同原因而受到干扰产生误判；准确的自动决策。不同的建筑空间存在不同的管理目标和不同的使用者习惯，不同季节的不同时间对控制存在不同的要求，简单的定时管理、集中控制无法满足千人千面的要求，因此只能应用在少数空间。标准化的控制器。存量建筑的节能需求更加迫切，但存量建筑中的各类传统设备如何接入物联网系统存在协议兼容、改造成本等各种挑战。

（2）解决的核心问题

利用大数据、人工智能、物联网、边缘计算等技术，打造一套面向使用者行为的边缘自控建筑节能管理系统，实现空间内用能设备的自动管理替代传统的人工管理，在保障空间舒适度的同时彻底避免建筑运行阶段的用能浪费，打通建筑节能的“最后一平方米”。该系统是一套低成本的标准化系统，适用于所有既有建筑改造，普遍节能20%以上（见图6－34）。

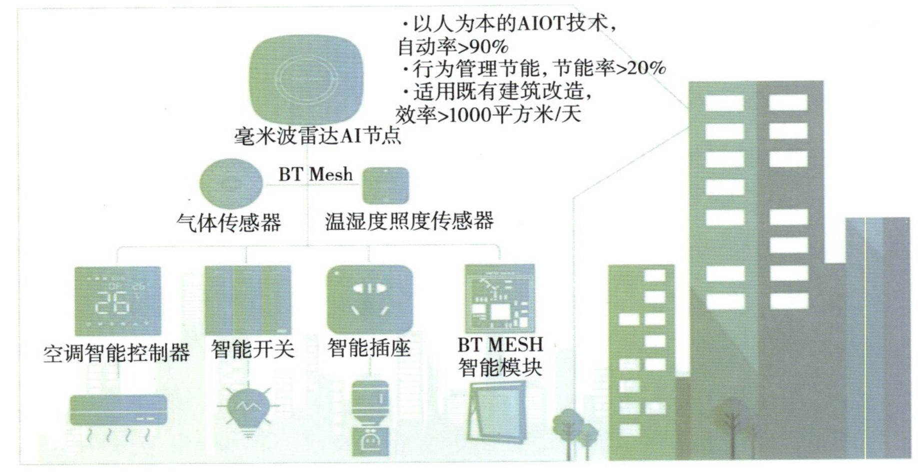

图6－34　系统示意图

（3）主要技术原理

边缘自控系统的主要工作原理为以人员是否在房间内以及人员所需要的环境状态为依据，通过人工智能系统自动打开、关闭、调整用电设备（空调、灯光、屏幕等）状态，去除虚假、多余的用电负荷，实现管理节能而非设备本身的节能。因此，该技术既能独立于传统楼宇自控、节能改造产品之外部署，也能与之互补。产品为极度简化的软硬件一体化系统，硬件分为感知层（传感器）、决策层（边缘计算节点，算法留存在本地）、控制层（智能开关、智能面板、智能控制器等），软件主要为嵌入式软件。系统工作方式为：一是精确判断每个房间是否有人（高精度智能毫米波雷达，人员静坐也能识别）；二是利用温、湿、照度和气体传感器感知捕捉环境参数；三是数据无线传输到边缘计算节点，人工智能算法自动确定空间内空调、灯光、用电设备的最佳状态，如设备开闭、窗户开闭，温湿度、亮度设定等，从而实现每个房间多个设备无须手控、声控或其他人工行为的全自动管理，设备自动率高于90%。系统架构见图6－35。

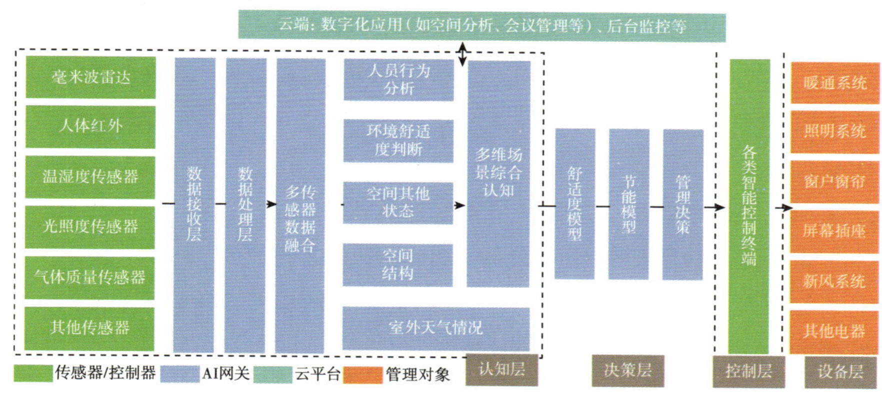

图6－35 系统架构图

（4）总体应用效果

多个案例数据表明该系统可实现20%～30%的节能率，能帮助客户在2年左右回收投资成本。每1000万平方米建筑预计每年可节约用电2亿千瓦时以上、碳减排量可超10万吨/年，如中广核某独栋建筑实现了28%的能耗下降，空中客车（AIRBUS）大中华区总部实现30%的能耗下降，节能当月见效。以上客户不到2年均已收回投资，且极大减轻了物业管理负担。

（5）商业化进展程度

该系统普遍适用于办公、政府、学校等空间，已经覆盖了全国10＋省份，100＋项目，包括宝马、三峡、华润、中广核、清华同方、启迪之星、通州发展等央国企、上市公司及多个地区的政府和高校。

（6）示范项目

①示范项目基本情况。

中广核集团二级单位中广核研究院有限公司位于大亚湾的某独栋办公楼，建筑面积约1万平方米，2017—2021年每年用电量基本维持在110万~120万千瓦时之间（不包含实验设备用电），耗电设备主要为空调、灯光和电脑等办公设备。以往这些设备的管理主要依靠员工自觉以及夜间保安巡逻，空调/灯光没有随手关闭、空调温度设定值过低或过高、一人加班开多台空调/灯光等浪费现象难以避免。

该项目在2021年11月实施了边缘自控系统，在楼内部署了人员存在、温湿度、光照度等传感器，升级了空调控制器和开关面板为智能终端，并安装了边缘计算AI网关。整个改造过程用时11天（7天仅晚上作业），未影响正常工作。

②项目的示范效果、意义、可推广性分析。

实施边缘自控节能管理系统后，2022年总电量（87.8万千瓦时）相比前三年均值（122万千瓦时）下降28%，节约电量34.2万千瓦时，节省电费29.4万元（平均电价0.86元），每年减少标煤109吨标准煤，减排195吨CO_2/（m^2·a），预计到2025年累计减少436吨标准煤，减排780吨CO_2。项目实验楼实施边缘自控节能管理系统前后用电量同比对比见图6-36。

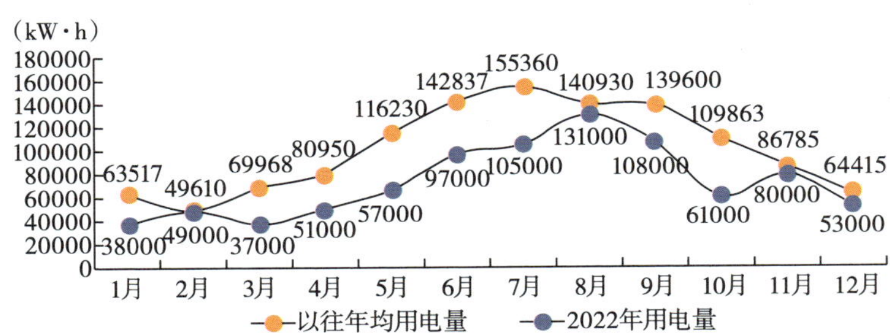

图6-36 项目实验楼实施边缘自控节能管理系统前后用电量同比对比

该系统运行至今已经超过2年，除节约能耗，还大幅降低了用能管理成本，不再需要保安巡逻关灯、关空调，得到客户高度认可。

③综合效益（经济、环境、社会效益）。

该项目的总投资额为36.37万元，年度节电29.4万元（平均电价0.86元），静态投资回收期为1.23年。按5年计算，单位节能量投资成本为834元/吨标准煤，单位二氧化碳减排量投资成本为466元/吨CO_2。

该技术每年可减排14.26千克CO_2/（m^2·a），按实施面积3500万平方米计算，每年可减排二氧化碳49.9万吨。同时该项目为企业、政府、高校等降本增效管理开拓新思路、引入新技术，充分体现了企业的社会责任和数字化管理水平，且大幅降低用能管理成本。此外，该产业属于新兴产业，涉及多个行业和领域，为相关的研发、设计、安装、运维等工作岗位提供了就业机会。

（7）专家评审

该项目已经进入国家发展改革委国家节能中心“第四届重点节能技术应用典型案例”最终名单，是全国22个典型案例之一，是深圳市唯一的典型案例，也是其中唯一的行为节能的典型案例。

四、绿色低碳技术创新企业目录

绿色低碳技术创新企业目录见表6－5。

表6－5　绿色低碳技术创新企业目录

2023年度绿色低碳颠覆性技术创新企业名单		
序号	企业名称	重大创新点
1	云储新能源科技有限公司	面向5G通信基站储能备电的数字能量处理与计算技术不同于传统方法控制电流的思路，动态可重构电池网络的核心思想是通过控制电池的充放电时间来调节电池充放电容量，实现以电池为载体的精准能量综合管控
2	华驰动能（北京）科技有限公司	电力级磁悬浮储能飞轮产品连续调频时长由秒级跨越到15分钟级及更长，完全满足电力系统一次、二次调频需求，引领全球飞轮技术革命，具有颠覆式创新意义。飞轮储能技术在电力调频领域具有巨大的潜力和广阔的应用前景，是现阶段电力调频技术的最优选择，在保证响应速度及精度前提下，飞轮储能将全生命周期单次充放电度电成本的价格优势转化为调度优先

续表

2023 年度绿色低碳颠覆性技术创新企业名单		
序号	企业名称	重大创新点
3	常州优纳新材料科技有限公司	技术研发制备的纳米介孔绝热材料弥补了原有纳米孔材料的不足，不仅节约能源、节省空间、节约辅材，同时兼具经济性、安全性，应用场景广泛、维护成本低等优点
4	吉林智慧节能科技有限公司	能实现区域内热量的提前预测和热量分配的智能化，减少供热不足和供热不均衡的问题
5	北京启迪绿能科技有限公司	构建基于需求侧高效连续产出为目标的多能互补、能量优化管理新模式。基于风/光互补系统能源形式复杂，具备独特的安全稳定运行边界，其高效性与安全性对系统的运行维护提出了更高要求
6	嘉兴节度科技有限公司	特别是利用烟气源热泵吸收低品位热能特点，将 60℃以下烟气中的潜热回收，回用到供暖或供应热水，最终排烟温度降到 15℃，实现了烟气中的热能的全热（显热和潜热）回收利用
7	深圳合一智控科技有限公司	利用大数据、人工智能、物联网、边缘计算等技术，打造一套面向使用者行为的边缘自控建筑节能系统，实现空间内用能设备的自动管理，替代传统的人工管理，在保障空间舒适度的同时，彻底避免建筑运行阶段的用能浪费，打通建筑节能的“最后一平方米”。该系统是一套低成本的标准化系统，适用于所有既有建筑改造，普遍节能 20% 以上
8	智伟电力（无锡）有限公司	包含导流式多级次减压汽封、精准激光测绘和精密机器人加工三位一体的燃煤发电机组汽轮机能效恢复及抗衰减技术，可以缓解我国煤电行业节能减排的压力，极大程度解决目前火电机组漏气量不达标，高煤耗的问题
9	深圳优易材料科技有限公司	开发出具有高发射率的石墨烯特种涂层，最高耐温性能可达 1600℃，具有优异的耐磨性、防黏结性、耐高温腐蚀性、高热导率和强传热换热效率，应用于工业高温装备基材表面，解决受热换热面腐蚀、结焦、氧化、磨损、热转化效率低等问题，为设备安全运行提供保障，同时提升设备表面红外辐射传热效率，为降低能耗、节约资源起到重大作用
10	四季沐歌科技集团有限公司	该项目主要热源为超低温空气源热泵，辅助热源原则上为供暖系统的稳定、高效运行提供更加可靠的保障，同时尽可能地降低项目的初投资。因地制宜，按需供暖。采用环保型产品，无任何废气、废水、废渣排放，绝对环保。使用寿命长的设备，减轻政府能源补贴负担

续表

2023 年度绿色低碳颠覆性技术创新企业名单		
序号	企业名称	重大创新点
11	北京盛昌益态新能源科技有限公司	北京市首个园林生物质项目。项目利用周边的园林绿化垃圾制备生物质成型燃料，降低了垃圾逐年增加的风险，符合国家可再生能源政策，变废为宝，助力国家能源结构调整。该项目与传统的焚烧和填埋处理相比，能够科学消纳园林绿化垃圾，不会造成二次问题；与现有粉碎覆盖、腐殖化等相比，能够解决腐殖化不成熟对植被的危害和不能大规模消纳处理的问题。采用生物质成型燃料进行供热，具有热效率高，节能效率明显，能源利用率提升，降低大气污染排放等优势；并且生物质具备零碳属性，还能够减少温室气体排放

第七篇　展望篇

一、发展趋势

1. 新型智慧供热是高质量发展要求

供热系统是现代化城市市政公用基础设施的重要组成部分，是城市综合能源供应体系的重要环节，也是推进美丽中国建设的重要内容。清洁供热解决了“有没有”，但距高质量发展、现代化产业体系的要求甚远，需进一步解决“好不好”的问题。供热系统目前普遍存在化石能源热源占比高、碳排放量大、热力平衡调节困难、过量供热及供热不足并存、系统灵活性不足、管理粗放、智能化水平不高、无法根据实际天气变化及具体需求灵活调节等问题，从而使得供热煤耗较高，能源浪费严重。

“十四五”及未来较长时期内，在全社会积极稳妥推进碳达峰碳中和、加快构建新型能源体系的背景下，供热行业在挖潜增效、深度回收低碳热源、开发零碳热源、优化热源结构的同时，应充分重视系统节能减碳、提质增效技术的开发与应用，通过新一代信息技术的融合加速构建新型智慧供热系统尽快实现行业的精细化运营，加快实现数字化、智能化、绿色化转型，逐步实现精准供热和按需供热。智慧供热将是实现供热高质量发展的主要途径，也是协同新型电力系统建设的重要环节。

构建新型智慧供热系统是一项系统工程，需要加强顶层设计、做好系统谋划，强化政策引领，破除体制机制界限，依托先进技术、装备和解决方案，鼓励科技创新示范，建立价格和市场化机制。

对于热源侧而言，要积极推广低碳供热技术，优先发展以生物质供热为核心的资源循环利用体系，积极推广工业余热、核电厂余热、地热、跨季节储热、多能互补的区域供热、电热泵供热等新型低碳或零碳集中供热技术。

对于热网侧而言，要持续推动老旧供热管网基础设施节能降碳改造，积极推广热网自动控制系统、管网水力平衡改造、无人值守热力站等节能技术措施，研发示范新一代高效、精准、长寿命、低成本、易安装维护的户用及楼宇热计量和调控装置。推广监测计量、优化调度等各级智慧供热系统及平台建设，供热技术与先进信息技术、智能设备、智能传感器等深度融合，实现源—网（站）—荷的可调可控以及闭环控制，提升供热的现代化水平。

对于用户侧而言，加快更新建筑节能标准，提高节能降碳要求，开展建筑能耗限额管理，深化可再生能源建筑应用，提高建筑终端电气化水平；全面普及供热计量调控，打通热力系统“最后一公里”和源—网—荷的“闭环控制”，实现“精准供热”和“按需送热”，全面提升智能化水平和热力系统能效；理顺供热价格机制，以节约、按需、灵活供热为目的，在完善智慧供热基础设施和依托先进技术装备的基础上，有序推进按热量收费。

云计算、大数据、物联网和人工智能等新兴技术的快速发展，也给传统供热行业的数字化转型带来了新的机遇和挑战。一是从热力公司的热源端到各个小区的换热站，再到用户端的千家万户，整个供热链路上存在多个独立分散的 IT 系统，形成了大量数据孤岛，无法做到数据的互联互通。二是本地部署的传统管控软硬件以及监测设备，在运维和监测过程中市场出现技术故障与稳定性难题，影响了供热服务的连续性与质量把控。三是随着物联网技术和智慧供热的发展，供热管网中海量设备逐渐联网上云后，如何实现高效云端集中管控与智能化运维成为供热行业需着重解决的问题。

我国部分省市已在供热系统关键环节推进了智慧供热技术建设和运用实践，当前主要技术包括室内温度采集、户用物联网智能阀、单元物联网智能阀和平台运维管理等。这些自动控制、远程调节和无人值守技术的应用可视为供热系统向智能化升级的有益尝试。

但从现有案例结果看，各地成效参差不齐，智慧供热技术运用暴露出一些问题，具体如下。

各类智慧供热的试点，主要集中在“源—网—站—户”的供热系统的某个环节，未能实现全系统的数字化、信息化和智能化管理；

部分智慧供热试点物联网设备应用较少，只是原有供给侧调控的优化；

大部分供热企业都是根据各自业务特点进行智慧供热探索，尚缺乏指导性、权威性的标准、规范及技术导则；

无线通信技术多种多样，还需经过实际工程检验和验证最适合供热系统的通信技术；

目前物联设备、智能化产品标准不统一，质量和性能良莠不齐，有待国家尽快制定相关标准。

当前，虽然我国供热行业广泛开展了数字化和信息化改造供热系统的日常管理，日益科学化和精细化，但也应明确信息化转型的实现并不等同于智慧化，要实现真正意义上的智能供热，核心技术仍需持续创新与完善。

一是要深入研究先进信息技术与控制方法，实现供热系统协调运行，充分利用供热系统中源网站户不同环节灵活性全面提升系统运行管理水平，有效发挥人工智能技术在供热系统负荷预测、故障诊断、异常情况识别等方面的作用。

二是要利用信息技术逐步实现从计算智能、感知智能到认知智能、决策智能的高水平智慧供热。

三是加强智慧供热系统集成和技术标准体系建设。通过大型企业或产业联盟牵头，制定行业标准，加强顶层设计，避免重复低质量建设。通过成功案例的推介，推进智慧供热更为广泛的应用和技术落地，实现清洁低碳智慧供暖。

未来，随着供热行业环境日益复杂，供热设备逐步实现智能化，智慧供热将成为供热行业发展的必然趋势。其发展可分为以下三个维度。

一是实现全系统智慧供热，达到供需侧双向调控。传统自控系统虽然在保障最不利用户热量供给方面有所优势，但难以适应其他用户需求的变化。智慧供热通过技术手段解决整个系统的联调联控问题，将热用户的需求反馈到控制系统，使整个供热系统实现自主适应和调控。

二是智慧供热将物联感知与AI相结合，实现运维一体化。通过分析与整合海量数据，智慧供热系统能够提供更精准、更及时的运行参数、室温情况、水力平衡度、水电热及燃料分析等信息。此外，智慧供热系统还能将先进的经验传承，避免人工管理模式的经验传递困难，降低系统运维成本。

三是数字孪生技术在智慧供热领域的应用。数字孪生具有灵活扩展能力，可以轻松地将各类子系统纳入数字孪生的范畴内，并方便地与其他系统集成。通过三维可视化引擎展示城市、热源、管网、楼宇、场站、热用户等设备的细节结构及物联网数据，智慧供热实现了供热系统的远程化、无人化、自动化、智能化控制。

2. 新能源与多能互补供热快速发展

在全球能源转型的大背景下，新能源供热作为一种清洁、低碳、高效的供热方式，已逐渐成为我国供热市场的重要发展趋势。尤其是在公共建筑、居住建筑和产业园区等多个场景中，新能源供热技术的应用不仅有助于减少碳排放，还能提高能源利用效率，实现绿色、可持续发展。如今，新能源供热技术已逐渐成熟，有望在未来清洁供热领域发挥更大作用，为我国能源结构优化和绿色低碳发展贡献力量。

一是公共建筑开展新能源供热。针对办公楼、学校、医疗、体育等，推广应用太阳能、地热、空气源热泵等技术，结合老旧市政基础设施、老旧小区改造等更新改造工程，推动开展现有低效供热设施替代工作。

二是居住建筑领域开展新能源供暖规模。鼓励各地在新建商品住宅、公寓等大型居住区推广先进的可再生水源热泵、地热供暖技术、生物质能供热等技术。

三是推动新能源供热与产业园区建设融合发展。推进光伏发电、太阳能光热与新能源供热系统协同建设、耦合应用，建设区域型综合能源站，构建综合能源供应服务体系。鼓励氢能热电联供、新型储热等技术在产业园区供热基础设施的先行先试。

当前，我国正深入推进能源体系转型升级，大力发展新能源是重要抓手。为有效满足不断增长的清洁取暖需求，推动多种能源共同作用、优势互补，建立安全高效、经济合理的现代供热格局，是应对能源安全和气候变化的必然选择。

未来新能源供热多元有序发展应从以下几个方面展开：

一是政策支持和顶层设计。国家政策和地方政府在清洁供热发展中的引导作用，通过制定清洁供热发展规划和政策，明确清洁供热的发展目标、任务和路径，为清洁供热产业提供良好的政策环境。

二是发展多种能源协同供应。我国清洁供暖能源主要包括太阳能、空气能、地热能、风电、天然气、电能、生物质等，各种新能源在资源分布、季节变化和地域差异等方面具有差异性和互补性，多种能源协同供应能够满足不同地区、不同时间段的清洁供暖需求。每种能源都有应用条件的限制，如太阳能、空气能受气候天气影响而不稳定、地热能会受到土壤热物性的影响、污水源会受到污水量多少的限制等。根据党的二十大发展报告，在积极稳妥推进双碳目标的过程中强化能源安全底线思维，先立后破，燃气锅炉作为供热热源之一，无论是作为新能源各类热泵的辅助热源还是集中供热的调峰热源，在多能源互补供热系统中都是不可或缺的，应结合项目情况（负荷需求、气候特点、能源价格等）因地制宜，根据资源条件，通过技术经济综合比较，确定适合的多能源互补供热系统的方案，做到节能与环保，兼顾经济与社会效益。

三是加强关键核心技术攻关。通过加大新能源供热系统集成技术研发，实现不同新能源之间的优化匹配与协同供暖，显著提升系统效能。通过深入开展储热技术创新，通过相变储热、化学储热等技术突破，延长储热周期，降低成本。通过加快热网配套技术升级，适应多种新能源接入，提高热网稳定性与经济性。通过突破热量计量技术难题，实现对不同能源供热量的精准统计，为多能源协同的经济运行提供支持。通过加大热源热泵技术创新，发挥多种新能源与热泵耦合的协同增效作用。通过积极开展其他技术攻关，如低品位余热回收技术等，持续增强我国新能源供热技术的整体自主创新能力。

3. 供热系统计量节能调控加速推动

过去20年，在国家各部门的通力合作下，我国供热计量取得了长足的发展。回顾过去我国供热计量发展脉络，展望未来发展方向，可大致将我国供热计量政策总结为起步阶段、全面推广阶段、供热计量技术信息化3个发展阶段（见图7－1）。

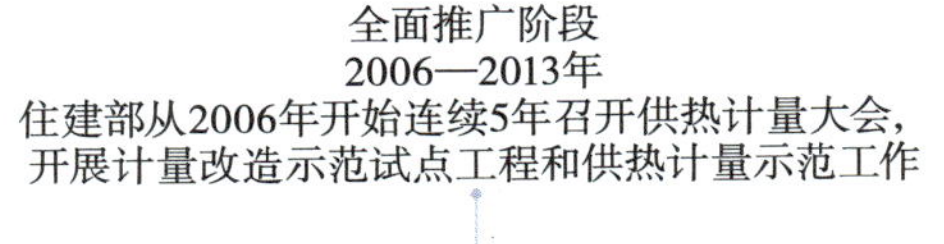

图 7－1　我国供热计量发展阶段

（1）起步阶段（2000—2005 年）

2003 年，《关于进一步推进城镇供热体制改革的意见》由原建设部、财政部、国家发展改革委等 8 个部委联合发布。这标志着供热计量工作全面启动。在此阶段北京市率先出台了北京市热计量标准，这对全国各个地区的热计量工程产生了积极的推动作用，引导各个地区相继出台了各自的地方标准。各个试点示范工程在供热计量工作全面推广和提高等方面取得了很大的成效。涌现出大量独具地方特色的供热计量方式及其相应的收费模式。河北省承德市的试点热计量收费工程，不仅取得了显著节能效果，同时还为河北省推广供热计量积累了宝贵的经验。

（2）全面推广阶段（2006—2013 年）

在全面推广阶段政府也全力引导热计量工程的实施，住建部从 2006 年开始连续 5 年召开全国供热计量大会，号召城市供热计量的实施。并在同期开展国家级的城市示范工作，选取 8 个城市开展既有居住建筑供热计量改造的示范试点工程和供热计量示范工作。

（3）供热计量技术信息化（2013 至今）

从 2013 年开始，供热计量信息化有了重大的发展，各城市都开始应用供热计量管理平台。与此同时，供热计量服务管理平台软件的开发与应用技术也在快速发展。从供热计量数据的远程传输到供热计量系统的故障报警、故障诊断、运行维护，供热计量技术发展进入一个全新信息化时代。

供热计量改革实施以来，我国在该领域取得了丰硕成果。现阶段，我国常用的热计量方法主要有热分配表法、户用热量表法、通断时间面积法 3 种，各种热计量方法使用情况见表 7 - 1。

表 7 - 1　供热计量方法使用情况

供热计量方法	使用情况
热分配表法	在欧洲的旧老建筑普遍采用，有成熟的经验可参照。在我国早已进行过试点；主要适用于既有供暖建筑，不能实现按户分环的垂直单管供暖系统。该方法用户可以通过调节每个散热器的阀门实现“室内温度调控”
户用热量表法	在欧洲作为成熟的分户计量方式，在新建集中供暖建筑中普遍采用。“户用热量表法”在我国经历了曲折反复。最主要的原因之一是户用热量表一直存在质量问题；直到 2016 年中国计量协会热量表工作委员会经过 3 年的努力，完成了对 40 几家中国生产的热量表按照欧洲标准进行的耐久性试验。试验参照国际标准（EN1434—2015）；执行新的《热量表》国家标准（GB/T 32224—2015）；结果表明，我国确有一批优秀企业，能够制造达到欧洲标准的、保证质量可靠的热量表。由此增强了中国热改主管部门，特别是各地的供热公司，对选用分户热量表法使用国产热量表的信心。实施中应保证所用的热量表必须达到《热量表》国家标准（GB/T 32224—2015）的技术指标；必须与供热系统合作合作建立一个计量、控制、管理一体化的系统；必须给热用户安装分室控温的装置
通断时间面积法	在过去几年，曾被大量采用。由于该方法必须建立一个配套的系统，必须让供热公司参与和了解各户用热情况，上传的数据有利于改善管理，还可以控制用户先交费再供热，而且实施的成本较低，所以特别受到供热公司的欢迎，取得了一定的节能效果。但是当涉及计量的科学性和真正落实到收费时，遇到了无法推行的困难

作为一个潜力巨大的节能领域，供热计量备受关注。通过供热计量改革，实施供热计量收费，老百姓可以通过节能实现增收，城市可以减少灰尘和污染空气的排放，国家也可以实现每年百万吨标煤和上千万吨二氧化碳气体的节能减排。这无疑是一件利国利民的好事，但是供热计量的发展也出现了一些问题：

一是供热系统的节能性不佳。要想实现供热计量的高效运行，供热系统的优化是关键。若供热系统不节能，供热能耗未降低，在实施计量后供热单位的节能收益有限，甚至可能出现盈利不佳的情况，这将降低供热企业对计量收费的积极性。因此，要想达到供热节能的目标，首先要对供热系统进行优化，使热源处的节能效益得以体现。

二是用户热能消耗和热分配存在不均衡。公平、合理的计量应体现在用户缴纳的热费与其实际采暖耗热量相符，即实现用量多少缴费多少。目前我国建筑采用外保温结构，户间传热现象严重，加剧了计量结果的离散性和不确定性。如何解决热量和热费在用户间分布不均的问题，需要进一步研究和探讨。

三是户间传热问题。由于热的特殊属性，热量会从高温向低温传递，这导致不像水、电、气那样用量多少就支付多少。在实行计量供热时，用户可以根据需求自行调温，但不同室温的用户之间会通过楼板、户间隔墙等传递热量。这会导致一些用户获得“免费热量”，从而给计量收费带来问题。

四是建筑节能效果对热计量收费有影响。建筑节能效果对热计量收费有很大的影响。如果建筑节能效果差、采暖能耗高，那么热计量收费会带来较大的费用负担，因此建筑节能效果的改善对于顺利推广实施供热计量改革至关重要。

未来供热计量的发展可以从以下几个方面深入推进：

①供热系统优化与节能。

供热系统的节能性对供热计量具有重要意义。通过提高供热系统的能效、降低能耗为供热计量提供良好的基础，这包括热源、热网、热用户设备的升级改造和技术创新，以降低运行成本；同时要积极发展智慧供热，实现按需供热、自主调节。

②完善热计量政策法规。

建立健全供热计量的政策法规体系。根据热能消耗、供热面积、供热时段等因素，制定合理的供热计量收费标准；明确供热计量的方法和技术要求，如采用热量表、温控系统等先进技术，确保供热计量的准确性和可靠性；建立供热计量监管机制，加强对供热企业的监督管理，确保供热企业按照规定开展供热计量工作。

③分类确定计量技术路线。

应按照经济合理、技术可行原则分类确定计量技术路线。公共建筑可全面安装热量表，实行计量收费；新建居住建筑可安装户用热量表和自动恒温控装置，实行分户计量收费；具备条件的既有居住建筑可安装楼栋热量表和分户计量装置，实行按楼栋计量、按计量装置分摊热费；不具备条件或计量改造成本与收益不匹配的既有居住建筑可安装楼栋热量表，实行按楼栋计量、按面积分摊。

④大力开展建筑节能工作。

强化建筑节能设计，提高建筑保温性能，通过采用节能型建筑材料和构造方式降低建筑能耗；还需对建筑节能设计与施工过程进行严格监管，确保各项节能措施的落实，为供热计量提供更为准确的基础数据。

⑤完善供热价格与收费制度。

供热价格体制改革也是当下迫切需要发力的环节，需要研究建立供热价格政策，并分步推进供热计量收费。随着以新能源和可再生能源为主的多能耦合供热系统的迅速发展以及碳排放交易体系下，可再生能源供热通过碳交易获得的收入比重将越来越高，需重新测算企业运营成本，供热价格机制需进一步完善。价格形成需统筹考虑新能源投资成本、社会承受能力、企业管理成本、财政补贴等众多因素，通过组织开展居民集中供热价格政策以及执行情况调研，研究建立包括基础民生保障性热价与居民个性化需求热价相结合的供热价格定价机制，出台配套的监管政策。

4. 供热管输更加高效规范运营管理

为实现清洁供热低碳化发展需要从多个方面进行综合考虑和推进，不仅要建筑节能化、热源低碳化、产品多元化还需要管输高效化。2030 年要实现碳达峰，必须在发展热源低碳化的同时更加重视管输高效化的发展，实施老旧管网更新改造，供热管网优化及供热规范化管理。

（1）实施老旧管网更新改造

随着城镇化的推进，国内各省市的集中供热事业发展迅速，供热能力也在不断加强，同时也产生出大量超期服役的供热管网。对于老旧小区来说，小区内供热管网由于设施运行年代较长，技术水平落后，跑冒滴漏、爆管现象时有发生，严重影响供热安全与供热质量，也增加了能源消耗和污染物的排放。目前，各地都在开展老旧供热管网更新改造的工作。

以北京市为例，自 2008 年开始，北京市开始对老旧供热管网分期、分批实施改造。到 2015 年，全市工改造老旧供热管网 4400 公里，1990 年以前建设的约 1900 个老旧小区全部改造完成。2016 年，启动新一轮老旧热网改造计划，2018 年完成 100 个老旧小区供热管网改造工程。这些项目投用后可以有效消除北京市供热管网安全隐患，实现节能降耗（节能 8% ~15%），提高供热质量。根据《北京“十四五”时期能源发展规划》，“十三五”期间北京完成老旧小区供热管线消隐改造约 3500 公里，惠及老旧小区 742 个；完成 147 个老旧小区配电网改造，惠及居民 9.6 万户；完成燃气管网更新改造 162 公里，更新燃气表、加装安全阀，惠及居民 101 万户；完成电力架空线改造 212 公里。为实现能源绿色低碳转型，建成坚强任性、绿色低碳智慧能源梯子，能源利用效率持续提升，北京市不断开展老旧供热管网改造工作。北京市发展和改革委员会在 2023 年 5 月印发《关于加大城市供热管道老化更新改造工作支持力度的通知》，鼓励对全市范围内使用年限较长、运行环境存在安全隐患、不符合相关标准规范的城市供热老化管道和设施进行改造，符合条件的项目可获市政府固定资产投资支持。按照计划，北京市将在 2025 年底前基本完成老化更新改造任务。

未来，老旧供热管网改造需着重解决以下问题：

部分小区管网由于架空敷设，缺少必要的维护，保温结构严重破损、管件及支架锈蚀，部分支架出现倾斜、错位；

老旧小区供热管网管径、用热负荷、设计参数等不匹配，管网水利失调严重，又缺少必要的控制和调节手段，造成各楼栋、各单元冷热不均。

由于供热体制改革滞后，个别小区仍是由物业或开发商自行负责供热，在前期供热管线建设过程中选用管材、保温、补偿器及阀门等材料时，并未按设计进行选材；在施工过程中施工单位偷工减料，未按国家相关标准进行施工，造成施工质量差，致使供热管网及设施在运行过程中，“未老先衰”，存在隐患。

老旧供热管网的改造牵扯许多因素和环节，良好的改造能够带来更多的经济性和舒适性。改造不仅仅带来了可观的节能效益，更是在保障群众民生与社会稳定性等方面发挥了重要作用。需要给予足够的重视，保障各个环节都能够做到安全可靠，有效防止能源的浪费，提高能源利用效率。

（2）供热管网优化

供热管网优化可分为三个方面，一是管线布局优化，二是管径设计优化，三是管理运行优化。把握好这三个方面的优化设计，将极大提高供热管网的运行稳定性、能源利用效率，同时也能为城市的科学规划奠定良好的基础。

①管线的布局优化。

供热管网在设计时，要按照小区热负荷情况进行总体规划，合理进行管网水力计算和管径选型，合理布局小区内供热管道走向。在规划过程中不仅要对当前的情况进行考虑，还要对未来进行预算和规划，在实际设计中要符合实际情况，但是也要给将来留下发展的余地。在供热系统的建设中，供热管网的投资占比最高，施工也最为复杂和繁重，应重视并做好供热管网网络形式的选择，这不仅关系到供热的可靠性，系统的机动性，还关系到运行的便利性以及管网的经济性。对供热管网进行布局的过程中不可和城市建设整体规划发生冲突，应在后者的指导下综合考虑热负荷分布情况、热源的具体位置、和其他管道或者构筑物之间的关系、水文特点以及地质条件等因素。管线的敷设方式也尤为重要，结合区域实际情况来选择合理的管道敷设方式，并且需要积极引进新型材料，如泡沫保温材料、钢管结构等，从而提升系统运行过程所带来的企业经济效益与基础社会效益。在保温材料选择方面，应结合具体应用环境情况进行选择，如在潮湿环境中应选择防水性能与保温性较强的材料作为主施工材料，从而降低供热成本。

②管径设计优化。

在管线布局、管径设计和管网运行这三部分中，管径的优选是优化设计的核心问题。在管径的设计优化过程中要根据工程实际给定管径的上限，使管径能在合理的范围内取值。管网设计时各管段的直径根据供热管网各管段的计算流量和比压降范围来选定，而流量大小最终由热负荷确定，管径确定前需要对各管段的现有热负荷进行准确计算，对负荷将来的增容进行合理预测。根据流动力学性质，管径越小产生的流动阻力越大，输送过程消耗越大，生产成本越高。相反，管径越大产生的流动阻力越小，生产成本越低，但由于使用较粗管道大大增加了基建投资。因此，衡量两种情况的得失，最终选择两者兼顾的方案。

③管网运行优化。

从我国各城市集中供暖的情况来看，经济性差、浪费严重是最显著的特点。而随着供暖技术的不断发展，各种新的供热系统被应用，供热管网的调节工作日益受到重视。目前，在调节工作中普遍遇到的问题是供热管网冷热不均的现象，这一现象的主要原因是水力失调所致。换句话说，管网内水力平衡是管网系统平稳运行的关键要素。消除水力失衡的办法是加装动态调控设备，利用其预设功能对各个环路进行调节。这种设备不仅实现了自动调控，还不影响其他环路的用热量，也不产生噪声或振动。但是不能过分依赖这种设备，有的时候可能因某些原因而出现稳态失调，所以使用动态系统时一定要注意对稳态失调的防范。

（3）供热管网规范化管理

供热管网规范化管理对于清洁供热和节能具有重要意义。规范化管理有助于提高供热管网的运行效率，减少热损失，从而实现清洁供热和节能的目标。但是由于供热管网覆盖面广阔，又多与其他地下管线交叉频繁，导致其管理存在较大难度。

目前供热管网管理存在的难点主要包括以下两个方面：

一是管网分散，点多面广。随着国家城市规模急剧扩大，城市新增的供热面积和负荷不断提高，管网集中程度越来越高。而在城市大气污染治理和能源利用率提高的事态下高能耗小型锅炉房、分散燃煤锅炉也逐步被取缔，随之而来的是管网负荷进一步增加、管网分支更加分散化。

二是地下敷设管网不利于隐患发现处理。随着城市化进程的加快，城镇供热管网越来越多地采用直埋敷设的方式，而直埋敷设管道发生泄漏时漏点位置确认难度较大，部分管网埋深甚至达到十几米，一旦发生泄漏很难立即发现漏水点，而且漏点排查处理和抢修成本都非常高。地下管网出现泄漏严重难以发现甚至可能导致长时间停热，严重时还有可能引起路面坍塌、烫伤、大面积停热等重大事故。

针对上述问题，提出几个未来供热管网规范化管理的发展方向：

一是制定统一的管理规范和标准。建立一套完整的供热管网管理制度，包括管网的规划、设计、施工、运行维护、报废等环节，使每个环节都得到规范化和标准化。

二是推广智能化管理。结合物联网、云计算、大数据等现代信息技术，实时监控管网压力、流量、温度等运行参数。应用AI和数字孪生等手段，进行故障预测、异常识别、精细化调度优化。通过信息化提升管网运维管理的自动化、智能化、精细化水平，确保管网安全高效运行。

三是完善供热管网的全生命周期管理体系。合理确定不同材质管道的设计使用年限，建立完备的管网运行维护档案。制订管道更新改造计划，确保如期更换衰老管段。采用GPS、GIS等手段精确掌握管网空间分布信息。加大管道防腐保温和在线检修力度，延长其安全运转年限。

5. 新型供热技术推动行业低碳转型

我国正处于能源产业转型的关键时期，供热行业作为高耗能行业，面临着加快实现“双碳”目标的历史性机遇。当前，水热同产、高效生物质转化、蓄热调峰等一系列零碳供热技术正在快速发展与应用，有力推动着供热系统的低碳化升级改造。这些技术的不断突破与创新，使得供热行业高质量发展指日可待。

提供几项新型供热技术，对行业转型升级提供借鉴和启发。

（1）水热同产技术

水热同产是一种新型的能源利用技术，它可以同时生产热能和电能，具有高效、环保、节能优点。水热同产技术的核心是利用水热反应产生的高温高压条件，将水转化为蒸汽，再通驱动涡轮发电机发电，同时还可以利用余热进行供热。水热同产的关键技术包括高温高压反应器技术、催化剂技术、燃烧器技术、热回收技术、氢气产生和纯化技术。

高温高压反应器技术是为水热同产反应提供高温高压的环境，这种反应器必须具有高温高压的稳定性和安全性，能够耐受极端温度和压力的腐蚀，还要能够满足能量转换的要求。

催化剂技术主要作用是提高反应速率和效率，将有机物与水转化为氢气和碳化物。

燃烧器技术是将水热同产反应产生的碳化物燃烧产生电能，这种燃烧器需要具有压力稳定、高效燃烧、低氮氧化物排放等特性，还需要能够适应不同种类的碳化物燃烧。

热回收技术是将水热同产反应产生的热能进行回收利用，以提高能量转换的效率。这种技术需要具有高效的换热特性和适应性，可以回收反应后的热量，并将其转化为电能或其他形式的能量。

氢气产生和纯化技术是将水热同产反应产生的氢气进行进一步的处理，以保证其纯度和质量稳定性。

水热同产同送技术的优势在于，其整合实现了传统单独产热供热、单独制水供水两套系统的功能，降低了建设投资和运行成本，提高了能源及设施利用率，该技术的应用场景也很广泛，既能应用于具有大体量清洁热源的核电基地，也可应用于具有可利用余热的滨海电厂及其他设施，还可通过小型化分布式应用于工业园区或居民社区。随着规模扩大及应用推广，经济性将有望不断提高。

2021 年由国家电投山东核电与清华大学联合建设的“水热同产同送”科技示范工程在海阳投运。该工程供能面积 1 万平方米，每日可提供饮用水 120 吨。该示范工程属于世界首创，通过对核能进行先发电、后制水、再供暖的三级高效利用，将海水直接变成 95℃的高温高品质淡水，首次实现了在“零碳”供热的同时“零能耗”制水，从源侧将水、热同步产出与供给，是我国核能综合利用领域科研攻关的又一次重大突破，充分验证了该技术在提高能源效率方面的先进性、水热同产同送的工程可行性，为同步解决我国北方城市清洁取暖和淡水需求等民生问题开辟了新路径，为世界“零碳”供热同时“零能耗”制水提供了中国方案。

（2）降低回水温度技术

无论是跨季节蓄热还是电厂余热回收，都要建立在低回水温度基础上。清华大学相关研究表明，降低回水温度对于热源、输配均有很大的好处。热源侧，对于热电联产而言降低回水温度会增大余热的供热量，随着回水温度从 60℃降至 50℃再降至 40℃，余热回收量越来越大（见图 7－2），回水温度决定了电厂能否充分进行余热回收。对于工业余热而言，工业余热在什么温度下释放，基本是由工业流程决定的，只有通过低回水温度才能回收低品位工业余热。通过对典型钢厂进行分析，当回水温度 50℃时余热回收率约为 70%，当回水温度 20℃时余热回收率为 100%（见图 7－3）。

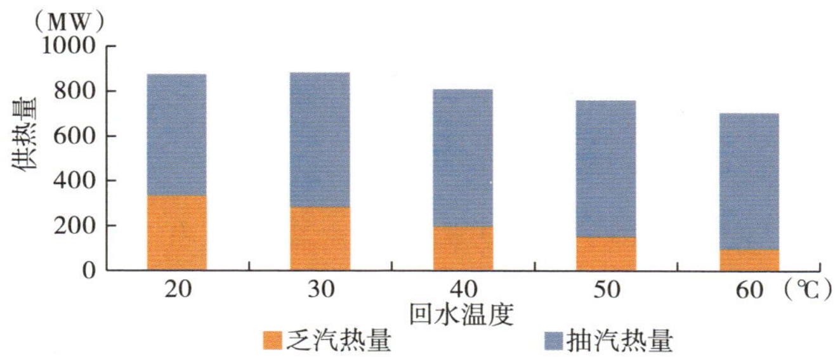

图 7－2　电厂余热回收效果与回水温度的关系

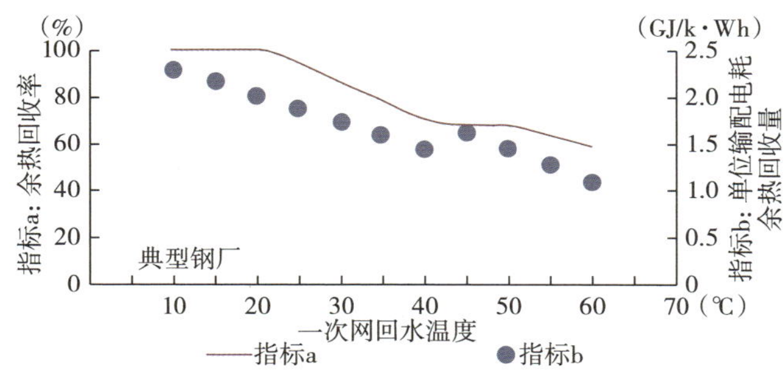

图 7－3　典型钢厂余热回收效果与回水温度的关系

热网侧，降低回水温度有利于提高热网输热能力、降低水泵能耗。在供水温度不变的情况下，回水温度降低可以增大温差。大温差供热技术就是通过降低回水温度把温差从原来的 60℃提高至 100℃及以上，从而大幅度提升输送效率。基于大温差的热电联产供热系统及时输送距离达到 300 公里以上与当地的天然气相比也具有较好的经济性（见图 7－4）。

未来清洁供热向零碳供热的转变，需要发展降低回水温度技术的研究与应用，如何降低回水温度，可通过吸收式换热器利用较高的供水温度实现低回水温度，也可以采用电动热泵直接提取回水的热量供热，并进一步降低回水温度。

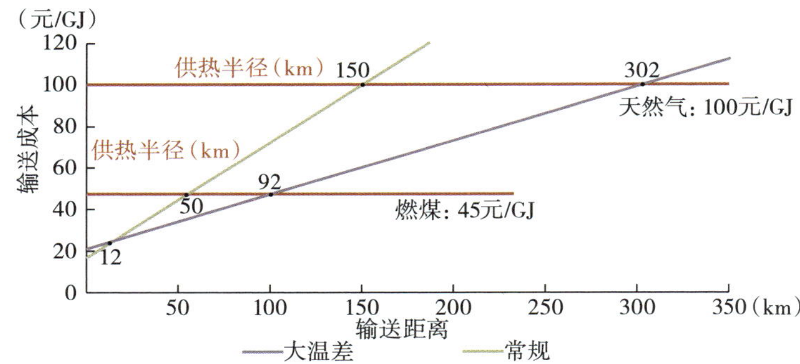

图 7-4 输送成本与回水温度的关系

(3)跨季节蓄热技术

在可再生能源领域,季节性和不稳定性问题是无法回避的挑战。随着风电、光电等可再生能源的广泛应用,两大矛盾日益突显:一是可再生能源供应的波动性与需求稳定性的冲突;二是太阳能的季节性分布与能耗需求季节性分布的不协调。

为解决这一问题,我们需要在可再生能源装机容量持续增长、火电逐渐沦为配角的情境下,发挥储能技术的优势。在众多储能技术中,具备"夏储冬用"特点的储热技术成为解决季节供需不平衡的关键。通过大规模储热技术,可以实现热电解耦,增强火电厂的灵活性,并将风电、光电、光热、热泵等多种能源有机融合,实现长期高效储存,从而达到清洁供热供电的最优化目标(见图 7-5)。

丹麦早在 1983 年即建立了世界首例 500 立方米大型储热水体,在学术界引起了轰动。2016 年底,丹麦的大型太阳能相变储热区域供热系统集热器安装量占全球该类系统的 80%,约 131.8 万平方米,总容量 922MWth,太阳能相变储热区域供热厂数量 110 个。此外,规划的太阳能相变储热区域供热集热器面积达到 269.2 万平方米。

丹麦的跨季节相变储热系统大多数属于热电联产锅炉 + 太阳能 + 相变储热 + 区域供热系统,实现太阳能的有效消纳和火电厂调峰负荷的降低。目前,丹麦大型相变储热区域供热技术发展较为成熟。

在我国双碳目标的引领下,跨季节蓄热技术具有巨大的发展潜力和应

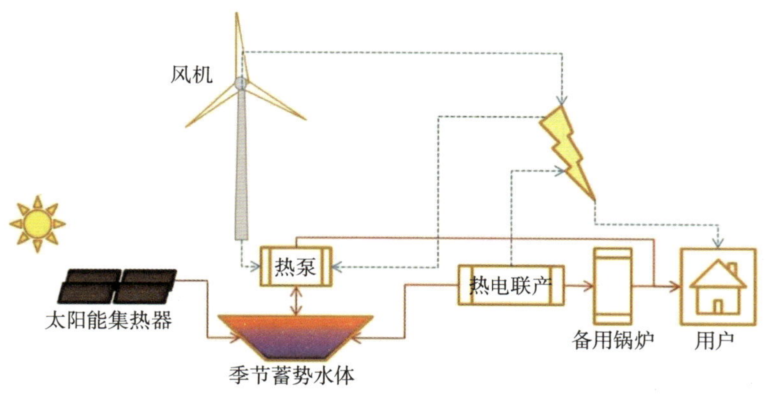

图 7-5 跨季节蓄热原理

用价值。目前，我国太阳能蓄热研究主要关注短期太阳能供热，但在优化蓄热水箱参数方面仍存在不足。在系统设计中，通常参照工程规范指标，采用较大的集热器面积与蓄热水箱容积比，从而造成资源浪费。此外，蓄热水箱的蓄水温度和供水温度控制也尚待完善。系统的高初始投资、较大的占地面积、稳定性和后期控制等问题仍然是跨季节蓄热技术普及的关键难题。因此，探索如何在经济性、土地利用和太阳能利用方面实现参数的最佳耦合，将是未来研究的重点。

(4) 长距离大温差输热技术

长距离输送供热技术的优点非常明显，可以将蒸汽管道输送距离延伸至 20～50 千米，同时降低输送温降压降和能耗，有效解决火电厂装机分布与热负荷分布存在空间不匹配的问题，有利于充分利用远离负荷中心的电厂和工业余热，替代城区落后的小机组、燃煤锅炉和散煤的使用。

长距离输送供热由于节能减排效果显著、经济性好，在北方地区得到迅速的推广应用，在太原、石家庄和银川已分别建设 4 项大温差长输供热工程。太原南部热电长输供热规模 3000 万平方米，石家庄西柏坡电厂长输供热设计规模 8500 万平方米，华能上安电厂长输供热设计规模达 1 亿平方米，银川灵武电厂长输供热设计规模 7719 万平方米。清华大学建筑节能研究中心统计结果显示，截至 2020 年底，全国规划和建成的长输供热面积为 11.2 亿平方米，已经建成规模 3.68 亿平方米，建成长输管网长度共 827.8 千米。截至

2020年底，全国长输供热建设情况和长输管网建成情况见表7－2。

表7－2　2020年全国长输供热规模和长输管网规模

长输供热工程名称	供热规模（万平方米）	长输管线长度（千米）	管径	实施情况
古交至太原大温差长输供热工程	7600	37.8	4×DN1400	2016年渐成，已供热
太原南部热电联产清洁能源集中供热工程	3000	42	2×DN1400	2015年渐成，已供热
西柏坡电厂余热入市长输供热管网工程	8500	27	4×DN1400	2017年渐成，已供热
华能上安电厂余热入市长输供热管网工程	10000	20	4×DN1400	2018年渐成，已供热
银川灵武电厂东热西送工程	7719	46	4×DN1400	2018年渐成，已供热
晋城阳城电厂至市区集中供热管网工程	3000	26.1	2×DN1400	2021年渐成，已供热
京隆电厂至大同市区长输供热管网	3500	35.9	2×DN1400	施工阶段
银川京能电厂东热西送	3500	39	2×DN1400	初步设计
呼和浩特托克托电厂至市区一期长输供热管网	9100	75	2×DN1400	初步设计
济南市西部“外热入济”长距离输送供热管网	10000	65	4×DN1400	初步设计
济南市东部“外热入济”长距离输送供热管网	9000	73	2×DN1400	可研阶段
济莱长距离输送供热管网	9000	83	2×DN1400	可研阶段
华能铜川照金电厂和美鑫电厂至西安市区长输供热管网	7500	117	—	可研阶段
乌鲁木齐信发热电厂至市区长输管网	6000	41	4×DN1400	可研阶段
山东海阳核电至青岛长输管网工程	15000	100	4×DN1400	方案阶段
合计	112419	827.8		

长输供热技术为供热领域低碳化提供了新的思路。依托长输技术能够消除对场地和空间的限制，形成多种新型供热技术。因此，长输供热技术应用前景广泛，有望催生出更多节能低碳技术。

6. 光伏＋生物质破局农村清洁供热

（1）屋顶追光，户用光伏为农村能源革命“充电”

“十四五”时期，乡村振兴进入新征程，绿色低碳理念深入人心，分布式户用光伏在农村推广普及，拓宽了农村集体和农民的增收渠道，让全国无数乡村蜕变成绿色、环保、经济的“低碳”地区。

农村地区拥有众多闲置屋顶资源，随着光伏发电的迅速普及，农民投资建设屋顶电站的热情日益高涨。户用光伏项目使农村地区的屋顶资产得以充分利用，为当地带来可持续的能源供应、新的经济收入、产业发展和环境改善。

一方面，光伏发电具有环保、安静的优势，提高安装率将持续优化农村能源供应和消费结构，助力打造绿色低碳的美丽乡村。另一方面，户用光伏电站运行周期超过25年，农户在此期间可通过销售绿电获得持久稳定的收益，为农民增收提供了新的选择。

我国政府高度重视可再生能源的发展，给予了农村屋顶光伏项目一系列政策支持，包括补贴、税收优惠等（见表7－3）。这为农村屋顶光伏项目的推广提供了有力保障，有利于项目的顺利进行。

表7－3 国家部分屋顶光伏政策

文件名称	具体内容
《加快农村能源转型发展助力乡村振兴的实施意见》	**三、培育壮大农村绿色能源产业** **（七）推动千村万户电力自发自用** 支持具备资源条件的地区，特别是乡村振兴重点帮扶县，以县域为单元，采取“公司＋村镇＋农户”等模式，利用农户闲置土地和农房屋顶，建设分布式风电和光伏发电，配置一定比例储能，自发自用，就地消纳，余电上网，农户获取稳定的租金或电费收益。支持村集体以公共建筑屋顶、闲置集体土地等入股，参与项目开发，增加村集体收入。项目开发企业为村民提供就业岗位，帮助脱贫户增收

续表

文件名称	具体内容
《“十四五”可再生能源发展规划》	**二、优化发展方式，大规模开发可再生能源** **（二）积极推进风电和光伏发电分布式开发** 千家万户沐光行动：结合乡村振兴战略，统筹农村具备条件的屋顶或统筹安排村集体集中场地开展分布式光伏建设，建成1000个左右光伏示范村
《户用光伏建设运行百问百答（2022年版）》《户用光伏建设运行指南（2022年版）》	官方规范农户屋顶光伏市场
《国家能源局 生态环境部 农业农村部 国家乡村振兴局关于组织开展农村能源革命试点县建设的通知》	**二、重点任务** **（一）推动农村能源供给革命，建立可再生能源多元供能体系** 推进可再生能源发电就地就近开发和利用。按照集中开发和分散发展并举的原则，大力发展多能互补，在保护生态的基础上加快风电、光伏发电建设开发。充分利用农村地区空间资源，积极推进风电分散式开发。结合屋顶分布式光伏开发试点工作推进，鼓励利用新建住宅小区屋顶、厂房和公共建筑屋顶、农民自有建筑屋顶、设施农业等建设一定比例光伏发电。因地制宜合理布局生物质发电项目，有效处理各类有机废弃物的同时，支撑试点县绿色电力持续、稳定供应

在碳中和目标引领下，农村地区发展屋顶光伏有助于实现清洁供热。通过充分利用农村地区的闲置屋顶资源，农户可以安装光伏发电设备，从而在满足自身用电需求的同时实现清洁供热的愿望。此外，农村地区的光伏发电设备还可以与电网互联，实现电力的高效利用。当光伏发电设备产生的电能超过农户自身需求时，可以通过电网将多余的电能输送到其他地区，从而实现能源的优化配置。

据统计，目前我国农村地区户用分布式光伏累计安装户数已超过500万户，带动有效投资超过5000亿元。农村地区人口分散，取暖方式以分散供暖为主。为实现农村地区清洁高效的取暖方式，分布式光伏发电具有独特优势。农村存在大量分散的建筑屋顶以及未利用土地，这可为发展户用光伏打下坚实基础。大力发展农村地区的户用光伏系统，将对推进农村地区清洁高效的分布式供暖，以及绿色能源体系建设发挥关键性作用。

（2）生物质秸秆打捆直燃技术助力农村实现清洁取暖

生物质能被誉为“零碳”能源，是我国落实“双碳”目标、大力发展新能源的重要途径，也是应对气候变化、保障能源安全和推动经济增长的重要方向。在生物质能的多种应用中，清洁供热方式备受关注。主要包括热电联产集中式供热、锅炉分布式供热和成型燃料户用炉具供热等。

近年来，我国政府不断出台各类政策（见表7－4），加大对生物质供热行业的支持力度，推动其快速发展。

表7－4　生物质国家相关政策

时间	政策	主要内容
2017年	《关于促进生物质能供热发展的指导意见》（发改能源〔2017〕2123号）	指出加快生物质发电向热电联产转型升级，提高能源利用效率和综合效益，构建区域清洁供热体系，为具备资源条件的县城、建制镇提供民用供暖，以及为中小工业园区集中供热，直接在消费侧替代煤炭供热，促进大气污染治理
2019年	《绿色产业指导目录(2019年版)》	将“生物质能源利用设施建设和运营”列为绿色产业
2021年	《国家能源局关于因地制宜做好可再生能源供暖工作的通知》（国能发新能〔2021〕3号）	明确提出加快生物质发电向热电联产转型升级，为具备资源条件的县城、人口集中的农村供暖，以及为中小工业园区集中供热，鼓励地方对生物质能清洁供暖项目积极给予支持，创造有利于生物质能供暖发展的政策环境
2023年	《关于组织开展农村能源革命试点县建设的通知》	明确指出依托生物质供暖服务站建设生物质“收储运”及成型燃料加工、生物质锅炉和地热供热
	《国家能源局2023年乡村振兴定点帮扶和对口支援工作要点》	继续推动通渭在生物质资源丰富的中心村、易地扶贫搬迁安置点建设生物质供暖项目，探索生物质资源开发利用新模式
	《关于加强新形势下电力系统稳定工作的指导意见》	明确提出，稳步发展生物质发电

近年来，秸秆打捆直燃作为新技术在我国东北地区逐步进入快速发展阶段。以黑龙江省为例，全省现有秸秆直燃供热项目48个、供热面积275万平方米、年供热户数4.2万户，年设计消耗秸秆能力约48万吨、年可替代燃煤约245万吨。利用该技术模式可有效降低农村采暖能耗成本，使区

域供热由传统能源消耗转变为可再生资源供热，从而促进区域能源消费结构的优化，补齐农业农村发展短板，从根本上解决秸秆露天焚烧导致的环境污染问题，提升了区域秸秆综合利用率，改善农村人居环境。

生物质原料是未来低碳转型的重要解决方案之一，具有固碳甚至负碳的属性，开发利用好生物质能是降低化石能源占比、推进能源转型的重要且不可替代的保障。目前我国生物质能的开发利用主要存在以下问题：

在认识上，对农林生物质资源尤其是林业生物质资源量及重要性认识不足；在技术上，单一能源化技术利用模式经济效益差；在环保上，传统直燃和气化技术存在废渣、废水污染等问题；在政策上，生物质是否属于清洁能源，存在较大争议，一些政策文件存在矛盾，有些部门和专家把生物质当作高污染性燃料来看待。

推动生物质清洁供热产业的未来发展，首要任务是加强生物质能在供热领域的优先保障与公平准入。要科学合理规划生物质能源的开发利用，切实推动其在供热中的应用。同时，需要着力化解相关管理部门在生物质利用过程中排放治理和环境影响评估等方面存在的认知误区。只有破除这些认识上的壁垒，生物质清洁供热才能取得重大突破与进展。当前，生物质清洁供热产业发展面临重要机遇。各地区政府应抓住机遇，做好生物质供热产业的顶层设计与规划引领工作。要与环保、农业等相关规划做好政策协同，形成系统规划设计，为生物质清洁供热描绘更加清晰、可持续的产业发展蓝图。

为推动生物质清洁供热的发展，需进一步完善价格与补贴激励机制。在设立补贴时，可建立统筹各类生物质资源及其利用方式的机制，为生物质供热设立明确的绿色申请通道，使其在锅炉改造及管网建设补贴等方面享受与煤改气、煤改电相当的政策支持。同时，还可进一步研究通过取消公共事业建设费附加、实施税收减免等方式，降低生物质供热的整体成本。在补贴方式上，可以试点差别化补贴，即对发展状况较好的生物质清洁供热项目，给予更多的倾斜性支持，通过差异化补贴的引导调节功能，促进生物质供热的持续健康发展。

7. 可持续发展与长效机制逐渐形成

当前，我国已初步建立清洁供热政策体系，并在很多地区开始实施。然而，受区域发展不平衡和用户群体多样等因素影响，现行政策与规划仍存在某些不匹配的现象，精细化程度有待提高。未来，我国清洁供热政策应朝着更加精细化的方向发展。

一是在各个层面特别是各类组织建立系统性的实施框架，以综合性整体解决方案为途径，挖掘低碳、可持续供热潜力。同时，强化政策评估和动态调整，组织开展政策落实情况评估，并根据实际情况进行动态调整。

二是中央和地方各级财政继续安排资金对试点城市的清洁取暖运行进行补贴，防止突然取消补贴导致居民采暖费用增加较多而出现“返煤”现象，对清洁取暖工程建设运行进行补贴，加大初始投资补贴，发挥财政资金的引导作用。

三是优化财政和税收支持政策。加大对清洁供热基础设施和运营企业的财政资金补助力度，并提供项目建设和运营期的税收减免政策，降低企业纳税负担，激发社会资本加大在清洁供热领域的市场化投资。

四是出台标准化政策。针对当前企业主体过多、经济下行、产能过剩以及亟待跨界创新的问题，出台能源系统一体化、能源产品标准化和批量化等方面政策，以解决企业运营管理规模化之间存在的矛盾。由于各地区经济发展不平衡，供热产业侧重点也不同，能源布局、热源生产、生态环境、技术指标、技术规范、经济成本等方面尚未形成统一的评价标准。标准化政策的出台将有助于形成统一的评价标准，并提高能源系统一体化、能源产品标准化和批量化，以及企业运营管理规模化之间的协调性。

二、发展建议

“十四五”及未来更长时期内，在全社会积极稳妥推进碳达峰碳中和、加快构建新型能源体系的背景下，供热行业在挖潜增效、深度回收余热热源、开发低碳零碳热源、优化热源结构的同时应充分重视系统节能减碳、提质增效技术的开发与应用，深度应用物联网、大数据、人工智能赋能供热行业，加速构建新型智慧供热系统，实现“清洁供热”到“智慧供热”的转型。

构建新型智慧供热系统是一项系统工程，既要立足当下，谋实策出实招，着力解决供热企业能源短缺、供热成本难以疏导的问题，完善价格及成本疏导机制，做好冬季保暖保供工作；又要着眼长远，加强顶层设计，做好系统谋划，强化政策引领，加快推动供热行业高质量发展。

1. 推进新型智慧供热转型，促进行业更高质量发展

（1）加快推进新型智慧供热系统建设

在我国北方地区加快推进智能供热工作建设，以采暖热用户为中心，以供热计量数据为基础支撑，构建多能互补清洁热源供给、“源、网、站、户”一体化智能调控、按需智能供热、优质便民服务的现代供热体系，广泛应用余热利用、多热源互补联网运行、基于计量数据驱动的系统实时调节等新技术，提升供热系统能效与智能化水平，实现供热节能降耗由“量”的变化转为“质”的提升，选择典型供热业务和智能供热系统建设超前的供热企业为代表，建成试点示范项目，并在此基础上推进智慧供热示范城市建设，为供热行业能耗和碳排放监控提供重要支撑和评估依据。

（2）提升智能供热基础设施管控水平

依托智能供热系统平台，做好老旧热力管网、热力站及终端热用户设备的升级改造，探索二次网平衡等节能技术应用，通过大数据分析建立精准供热调度调控方案。加强热网互联互通，形成多热源联合供热环状热网，提供热网安全可靠性。

（3）强化对标管控，实现两低两高

引进国内先进能耗管理经验，建立采暖度日数热耗、供热损失率、单位水耗、单位电耗等指标对标体系，制定智能供热系统设计导则和运营规范的企业标准，检验系统建设实效，促进供热企业的装备升级与系统节能减排，实现低碳、低能耗、高效率、高质量。

2. 强化供热系统调控节能，分类推进供热计量收费

坚持“分类施策、有序实施、保障安全”的原则推进供热计量工作。

（1）强化计量调控，注重节能实效

实际效果要达到供热系统平衡、计量和室温调控的要求。公共建筑必须安装热计量装置和温度调控装置，达到供热系统平衡、计量和室温调控要求，全部实行按供热计量收费。新建居住建筑必须安装户用热计量装置和户用温度调控装置，达到供热系统平衡、分户计量和室温调控要求，全部实行供热分户计量收费。

（2）坚持分类施策，优先分户计量

户用热量表反映的每户的流量、温度和压力是智慧供热控制到户所需要的关键参数，是解决末端水力失衡、居民冷热不均和过供欠供问题以及未来参与碳市场、适应新型能源体系的重要支撑，对既有建筑的供热计量改造，要因地制宜，分步实施，具备安装条件且达到平衡调控要求的既有居住建筑安装户用热量表和户用调控装置，鼓励实行供热分户计量收费；尚不能满足分户计量条件的既有居住建筑，可以按楼栋进行计量，按面积分摊；其他情况鼓励推行供热分户计量收费。

（3）推广计量收费，促进行为节能

鼓励新建建筑和具备条件的既有建筑实行供热分户计量收费，尚不能满足分户计量条件的既有居住建筑可以按楼栋进行计量、按面积分摊。打造“本质节能”供热理念，跳出“按面积收费”热价溢价舒适区，探索合同能源管理等节能服务模式，不断提高居民分户计量、节约能源的意识，引导用户侧节能，有效降低供热系统能耗，为规范两部制热价、按热量或蒸汽质量计费的实施做好准备。

3. 开展供热计量试点示范，完善财政税收支持政策

（1）开展试点示范

一是以（区）县城镇集中供热区域为单位每年开展供热计量示范项目建设，将示范项目纳入中央预算内投资资金支持范围，以节能量为基准给予资金补助及奖励。二是开展供热计量示范“领跑者”行动。以点带面，

加快先进计量方案推广应用。“领跑者”行动分为两类：一类是“装备领跑者”，鼓励创新，遴选并推广新一代全功能、长寿命、低成本、易安装和维护的户用及楼宇热计量和调控集成装置；另一类是“项目领跑者”，通过供热计量和智慧供热项目建设（含改造），实现供热系统节能效果和供热质量显著提升，形成可复制可推广的方案。

（2）完善财税支持政策

一是试点期间设立年度中央财政资金补贴，以节能量为基准设置补贴金额。二是供热计量系统改造费用通过配套资金、地方政府专项债和贷款贴息等方式给予支持。三是实行税收扶持政策。在加强税收征管的前提下，对供热计量产业采取适当的税收扶持政策。

4. 完善供热成本疏导机制，多措并举拓宽资金来源

（1）完善热价形成机制

在居民承受能力范围内兼顾考虑供热清洁化改造和运行成本，合理制定清洁取暖价格，疏导清洁取暖价格矛盾。采用阶梯热价、电热价组合等价格策略，鼓励用户多用热，以量补价提升供热效益，延伸供热产业链条。

坚持城镇集中供热是保障性民生工程的基本定位，坚持价格补偿和财政补偿相结合，理清企业、政府、用户的责任，各环节“市场的归市场，政府的归政府”，由“暗补”变“明补”；尽快研究建立供热价格形成机制，健全政府投入机制，确保热价在合理区间内联动，保障热力安全稳定供应。

（2）落实煤（气）热价格联动机制

针对近两年能源热力保供、煤价持续高位、热价疏导缺位的严峻形势，推动国家开展热力市场化改革，理顺各省煤炭（天然气）和热价关系，推进实施煤（气）热价格联动，优化配置各类型能源供热资源，规范热力产业发展。建立健全成本信息档案和有效成本约束，明确合理价格及联动标准，推动政府定价能够覆盖各环节成本，热价无法疏导的，积极争取和落实补贴政策，在履行社会责任的同时维护企业合法利益。鼓励具备条件的地区，在建立健全监管规则的基础上，放开非居民用气销售价格，减少供气中间环节，降低用气成本。

（3）多措并举拓宽资金来源

一是建议将新型智慧供热项目纳入国家节能降碳、老旧小区改造等中央预算内资金支持范围和地方政府专项债券支持范围，鼓励符合条件的供热基础设施项目发行 REITs 产品。二是建议政策性金融机构将新型智慧供热项目纳入城市更新项目给予低利率贷款支持。三是鼓励政府引导基金、央企产业基金、基础设施建设基金及其他社会资本投资供热节能项目，推动供热节能改造获得的能耗指标参与地方用能权市场交易。

5. 建立健全标准监管体系，激发各类市场主体活力

（1）建立健全标准监管体系

一是完善新建建筑监管制度。完善新建建筑工程规划、设计、施工、监理、验收和销售等环节闭合监管制度，新建建筑必须安装热计量装置和调控装置，达到供热系统平衡、分户计量和室温调控要求。新建建筑不符合供热计量要求的，不得予以验收备案、不得销售和使用。二是完善监督检查机制。加大“双随机一公开”检查力度，引入第三方开展考核评估。完善供热计量装置质量监管机制，建立计量装置“黑名单”制度，对违反供热计量强制性标准的规划、设计、监理、施工、房地产开发等单位，依法处罚，纳入信用信息平台。三是完善技术标准体系。增强设计、施工、验收、运行标准的协调性，增加覆盖建筑全生命周期的供热计量强制性条文，根据最新技术成果修订相关标准规范，如《建筑节能与可再生能源利用通用规范》。修订《热量表》产品标准，提高耐久性、电池寿命等关键性能要求，户用热计量法原则执行《热量表》标准，鼓励调控功能的热计量装置采用《平衡热量表》标准。

（2）开展能耗限额管理

一是开展供热系统能耗和碳排放限额管理，各地将供热能耗双控指标予以单列。**二是**加快推进居住建筑和公共建筑节能改造，逐步开展建筑能耗限额管理。

（3）鼓励各类主体参与

一是鼓励公众参与和监督。供热企业要与用户签订供热计量收费合

同，并在小区显著位置公示供热计量信息、计量价格、收费办法、监督电话等。鼓励银行、产业基金、租赁公司等金融机构，创新信贷产品，支持供热计量项目建设。**二是引入合同能源管理模式。**鼓励节能服务公司等社会第三方参与供热系统节能和计量改造；探索以换热站为贸易结算点，热网和经营权分开，由节能服务公司以特许经营的形式负责换热站运行管理、小区的供热服务和计量收费。**三是明确供热企业市场主体地位。**新建建筑的建设单位应与供热企业签订合同，由供热企业负责热计量装置和调控装置的选型、购置、维护管理、更换以及计量收费，费用纳入房屋建造成本。**四是鼓励源网一体化经营。**鼓励热电联产企业兼并、收购、重组供热范围内的热力企业，鼓励拥有供热锅炉、热力管网的热力企业采用多种投融资模式建设多能互补绿色低碳热源或热电联产机组，相应关停燃煤热源或小型供热锅炉。

（4）加强部门协调联动

国家发展改革委、住房城乡建设部会同国家市场监管总局、国家能源局等部门，建立健全部门联动机制。引导激励地方政府发挥主体作用，将供热计量改革纳入领导干部双碳工作综合考评体系。

6. 加强绿色低碳技术研发，形成多能互补发展格局

（1）加强供热低碳技术研发及应用

巩固清洁供暖成果，严控返煤风险，统筹推进节能改造、供热改造和灵活性改造，深挖存量机组供热潜能，因厂制宜采用打孔抽气、循环水余热利用、低真空供热、新型凝抽背供热、调峰蓄热等成熟技术，鼓励具备条件的机组改造为背压热电联产机组，努力提升机组供热能力和安全裕度；积极融入智慧城市建设，主动参与热力管网规划和改造，开展长距离供热、多热源联网等先进技术，将社会热源纳入全厂供热体系，实现网侧互联互通，提升热网经济性和安全性；积极研发应用新能源供热技术，建立可再生能源供热与传统供热方式融合渠道，开发风光供暖、太阳能供暖、地热能供暖、生物质供暖等清洁供热方式，千方百计开拓北方地区清洁取暖市场。

（2）促进传统供热向综合能源服务转型

在传统的热电联产、燃煤锅炉等为主的清洁供热基础上，充分利用现有体制机制和用户资源优势，以热网为基础、热力为中心拓展综合能源业务，积极拓展冷、热、电、水、气等多种负荷需求，在实现煤电、燃机等传统化石能源梯级利用最大化的同时，促进业务融合，构建清洁能源多能互补新业态。

7. 强化能源体系协同规划，确保供热能源安全底线

（1）确保民生供暖用煤全部纳入长协体系

一是继续落实将北方地区冬季供暖用煤全部纳入长协体系的政策，严格落实“3 个 100%”，民营供暖企业尤其是中小民营供暖企业要一视同仁，强化监管核查，确保履约率兑现率，妥善应对极寒天气、断供弃供等特殊情况，确保群众取暖不受影响。二是各地政府要尽快建立供暖企业尤其是中小民营供暖企业供暖工作台账并及时更新，及时掌握煤源落实、煤价保障等情况，各地加强对供暖用煤平衡测算分析，做到不虚报、不瞒报、不漏报。三是各省完善工作机制，加强对供暖煤炭保障的统筹协调，特殊情况可采取“一事一议”“一企一策”方式予以支持。

（2）充分发挥各企业清洁取暖工作积极性

做好北方地区冬季清洁取暖能源供应保障工作，开展风能供热、太阳能供热、地热能供热、长距离供热、调峰蓄热等方式支持北方地区冬季清洁取暖的项目，加大清洁供热专项资金支持力度，并在央企业绩考核中给予适当考虑。

（3）推动可再生能源融入常规供热体系

鼓励现有供热企业开展可再生能源供热工作，推动可再生能源与常规供热技术的互补集成，逐步提高供热体系中可再生能源比例，支持建设高比例可再生能源与常规能源互补的城镇供热体系。推动地方政府根据当地资源和用能需求，提出可再生能源供热发展目标，不断扩大清洁供热应用范围和规模。

（4）完善峰谷电价，推进电力辅助服务市场专项改革

扩大峰谷分时电价实施范围，降低低谷电价水平，设置合理的峰谷电

价比例，提升电蓄热锅炉经济性，充分发挥电价杠杆对客户能源消费的引导作用。充分加强与电网企业和有关市场主体以及地方政府的协调沟通，尽快组织研制适宜各地区的电力辅助服务市场规则，对辅助服务费用总额做好量化测算。

附录　建言献策及观点汇编

附录一　赵文瑛：新时代构建新型智慧供热系统的内涵与政策建议

当前，我国北方地区已陆续进入取暖季，可谓“又是一年取暖季，又是一年保供时”。近年来，面对复杂严峻的国内外形势和诸多风险挑战，我国能源绿色低碳转型面临着更加复杂的矛盾，能源安全被提至与粮食安全同等重要的战略高度，供热能耗在我国能源消费结构中占有较大比重，供热安全是能源安全的重要内容。

供热系统目前普遍存在供热系统化石能源热源占比高、热力平衡调节困难、过量供热及供热不足并存、系统灵活性不足、管理粗放、智能化水平不高、无法根据实际天气变化及具体需求灵活调节等问题，从而使得供热煤耗较高，能源浪费严重。为推动能源绿色低碳转型，加快构建新型能源体系，供热行业应充分重视系统节能降碳，全面提升供热系统能效与智能化水平、加快推动传统供热行业向现代供热的转变，构建安全低碳、清洁高效、经济智能的新型智慧供热系统，助力全社会碳达峰碳中和。

为贯彻落实《中共中央　国务院关于完整准确全面贯彻新发展理念做好碳达峰碳中和工作的意见》等相关要求，全面提升供热系统能效，保障热力安全稳定供应，确保群众温暖过冬，2023 年以来，国家发展改革委明确将北方地区冬季供暖用煤全部纳入长协体系保障，并会同住建等部门相继出台完善城镇集中供热价格机制以及深化供热计量改革等相关意见，加快推动供热行业高质量、健康可持续发展。

一、供热行业是新型能源体系的重要组成

建设新型能源体系要统筹好安全与发展，统筹好保供与转型，统筹好管好与放活，在多目标、多约束、多变量下解好新能源可靠替代的“多元方程”，实现“谋全局”与“谋一域”、“谋一世”与“谋一时”的有机统一，处理好系统与局部、长时与瞬时的协调有序，依靠创新驱动，在源—

网—荷—储全环节共同发力，形成降碳、减污、扩绿、增长协同发展的新局面。当前，建设新型能源体系仍面临着新能源发电可靠替代尚未形成、新能源供需在时空上不平衡矛盾突出、新能源消纳压力加大以及系统安全稳定运行难度增强等诸多挑战。随着终端电能消费比重不断提高以及极端天气频发，全国最高用电负荷增加明显，2023 年相比 2022 年预计增加 8000 万千瓦至 1 亿千瓦。

供热/冷已成为冬/夏尖峰负荷的主要成因。根据全国各地负荷特性分析，供热/冷是近年来最大负荷持续快速攀升的重要原因，对最高负荷增长的贡献率接近 50%，部分地区降温/采暖负荷占最大负荷比重已超过 1/3。根据《中国电力发展报告 2023》，2022 年夏季全国空调负荷最高约为 4 亿千瓦，同比增长 6000 万千瓦，空调负荷增量占负荷总增量的 80%；北京、上海、重庆等大城市空调负荷占比已超过 50%，长江流域多个省份占比也超过 40% 并不断提升。2022 年，迎峰度夏期间，全国平均气温每升高 1℃，全国电力负荷增加约 3500 万千瓦；迎峰度冬期间，全国平均气温每降低 1℃，全国电力负荷增加约 800 万千瓦。而随着电供暖比例增加，冬季负荷对气温敏感性会不断增加。尖峰负荷具有规模大、持续时间短、出现频次少等特点，若仅靠新增电力可靠装机（叠加容量电价机制）满足尖峰负荷的不断增长无疑是系统成本最高的方式，需要充分调动冷热负荷积极参与需求侧响应以及发展储热（冷）削峰填谷更为经济地满足尖峰负荷需求，因此未来冷热负荷必须充分参与电力市场，供热行业要把握好在全国统一市场体系以及新型能源体系建设中的新定位、新角色、新作用。

供热行业是能耗双控和能源转型难度较大的领域。供热行业是高能耗高碳排放的行业，供热是全球最大的终端能源消费领域，占全球终端能耗的 50% 左右。根据清华大学建筑节能中心数据，我国北方城镇供暖的能耗超过 2 亿吨标煤，碳排放量约为 5.5 亿吨，占建筑碳排放的 26%，占全社会碳排放总量的 5.7%，因此供热行业节能降碳工作对于全社会碳达峰碳中和具有重要意义。而在能源结构上，我国北方地区冬季供暖近六成是依靠化石能源，其中以清洁燃煤集中供暖为主，占比约 40%，天然气供暖次之，占比约 18%，电供暖占比不足 10%，可再生能源（以地热和生物质为主）、余热等其他热源仅作为补充。严寒地区如东北三省城镇地区基本全部依靠清洁燃煤集中供暖（占比约96%），在保障供热安全的前提下，受气候环境、资源禀赋以及技术适用性等条件限制，绿色低碳热源大规模推广困难。

热力系统为电力系统安全调节提供巨大缓冲池。电与热在平衡、稳定、储存等特性上具有较强互补性，如电能难以大规模储存，电力系统发输配用需要实时平衡，而热能容易大规模存储，热力系统具有非常强的热惰性，相比储电，储热（冷）实现了能源更低成本（储电的1/10～1/5）、更大规模（可实现数天～季节）、更高安全（不起火爆炸）存储且能直接简单利用。在我国能源体系中，热网系统是具有数亿吨标准煤量级的能量“存储池”“缓冲器”，可储存的能量相当于目前抽水蓄能总的储能能力的一半。热力系统通过自身数字化、智慧化升级建设，增强可观、可测、可调、可控性能，能够极大促进新型电力系统的整体优化，为新能源消纳腾挪空间，进而提高国家能源安全保障能力。

二、新型智慧供热系统的内涵

狭义的智慧供热主要是供热系统自身的升级优化，是指以供热信息化和自动化为基础，在现有的集中供热管网体系下，对“源—网—站—户”各环节进行智慧化升级改造，并通过智慧供热平台的综合调节，实现系统全过程的信息互联、供热调控的智能决策、基于模型和数据的科学决策。

新型智慧供热或者广义的智慧供热是在建设新型能源体系和构建新型电力系统的战略统筹下，供热行业不仅要“向内看”也要“向外看”，做到“见自己、见天地、见众生”的转型升级，做好源—网—荷—储全域协同、热力系统与电力系统协同、计量与调控协同，把握好在新型能源体系中的新定位、新角色、新作用。

新型智慧供热是指在双碳目标导向下，以节能降碳、提升供热安全保障能力为主要目标，以供热信息化、自动化和数字化为基础，通过新一代信息技术与供热系统“源—网—荷—储”全过程的深度融合，实现按需供热和精准供热，并适应新型能源体系的新型供热系统。其范畴涵盖积极推进煤电供热改造、供热管网节能降碳改造、建筑节能改造，推广多能互补、大数据调控调度系统及平台、供热计量，协同推进节能、减污、降碳、扩绿，全面提升供热系统安全高效、绿色低碳水平，保障居民清洁温暖舒适过冬。

构建新型智慧供热是供热行业实现高质量发展的主要途径。构建新型智慧供热，对于居民用户，可以解决冷热不均、过冷过热等问题，实现精准供热和按需用热，大幅提升舒适度、满意度和幸福感；对于供热企业，具有显著的节能效益，平均节能率超过20%，可以显著降低供热成本，提高供热能力，增加供热面积，提升供热安全保障能力和精细化管理水平；对于地方政府，可以显著降低地方财政补贴压力，提高能耗和碳排放管理水平；对于全社会，可以显著节约能源和减少碳排放，对于保障我国能源安全、实现碳达峰碳中和目标意义重大。

供热计量调控是构建新型智慧供热的必要环节。源—网—站—户各环节物料、热量、电耗、压力、温度等参数的计量是供热系统调控、能耗双控及碳排放双控的基础，供热计量对构建新型智慧供热系统具有基础性、战略性和支撑性的作用。据统计，热力系统中户端的热损失占整个供热流程的70%以上，主要原因是户端缺乏有效的技术装备来进行精确的热量计量，导致供热系统无法实现精细化调控和闭环控制。因此，未来解决户端的精细化调控，打通系统“最后一公里”至关重要。**供热计量并不等同于狭义的计量收费**，供热节能主要体现在系统节能，尤其是二次网至末端为主，供热计量核心在于采集并提供必要的调控数据，是智慧化的数据基础，而按供热计量收费仅是收费模式问题，主要目的在于促进行为节能，在节能方面贡献有限，长期来看，随着建筑节能水平的不断提高，供热能耗水平和供热成本不断降低，居民会优先选择计量收费模式，并且两部制热价有利于对供热成本进行疏导，建立更加科学的供热价格形成机制。

热—电协同是源网荷储一体化的重要举措。电能替代是终端能源消费环节发展趋势，预计2060年电能终端消费占比达到65%以上，年均提高约1.0个百分点，“十四五”期间电能替代新增用电量达到8000亿千瓦时以上，年均电能替代量在1500亿~2000亿千瓦时。热力系统具有较强的热惰性，电供热设备具有较快的响应速度，能够适应新能源波动性特点，对于终端用热场景可代替储能电池满足电力调峰需求和实现热电解耦。因此，供热（冷）负荷可以作为可调节负荷充分参与电力调峰调频，为新能源消纳提供负荷空间，尤其供热（冷）负荷与风电（光伏）在季节、日内的出力特性具有较好匹配性。

三、供热行业高质量发展政策建议

推动新型智慧供热系统建设，一方面，从全局来看，按照综合节能率15% ~20%、平均供热能耗12kgce/平方米、系统建设投资强度15元/平方米以及目前标煤价格进行粗略测算，假设城镇集中供热面积全部改造，则每年可节约3000万~4000万吨标准煤，减排二氧化碳7500万~1亿吨，总的投资2000多亿元，静态投资回收期6~7年，具体较高的社会效益、环境效益，而经济性对大部分企业吸引力偏弱，需要政府发挥一定的引导作用；另一方面，大部分热力公司近几年面临较大的热价倒挂问题，经营较为困难，投资能力较弱并缺乏融资渠道。

构建新型智慧供热系统是一项系统工程，既要立足当下，谋实策出实招，着力解决供热企业能源短缺、供热成本难以疏导的问题，完善价格及成本疏导机制，做好冬季保暖保供工作；又要着眼长远，加强顶层设计，做好系统谋划，强化政策引领，加快推动供热行业高质量发展。

（一）加强能源供给保障能力

建议加强供暖用煤、天然气供应和储备能力，不论企业规模和性质将北方地区民生供暖用煤全部纳入长协体系保障，严格落实“3个100%”，强化监管核查，确保履约率兑现率，妥善应对极寒天气、断供弃供等特殊情况，确保群众取暖不受影响。

（二）建立多能互补协同机制

热源侧推广多能互补系统，推进热电联产机组灵活化、耦合化、低碳化转型，因地制宜推广生物质、各类新型余热、电供热等低碳供热技术，实施“新能源+供热”模式，建立“政府—电网—新能源企业—用户”的四方协作机制，采取电量市场化交易和差别化输配电价，实现“政府要绿、企业要利、居民要暖”的多赢局面。

（三）完善供热成本疏导机制

坚持城镇集中供热是保障性民生工程的基本定位，坚持价格补偿和财政补偿相结合，理清企业、政府、用户的责任，各环节“市场的归市场，政府的归政府”，由“暗补”变“明补”；尽快研究建立供热价格形成机制，健全政府投入机制，确保热价在合理区间内联动，保障热力安全稳定供应。

（四）强化技术装备研发创新

鼓励技术创新和基础研发，加快先进供热计量调控技术和智慧供热系统解决方案推广应用，完善相关技术标准体系，推广新一代全功能、长寿命、低成本、易安装维护的户用及楼宇热计量和调控集成装置，开展项目示范试点工作，形成可复制可推广的方案。

（五）因地制宜推动供热计量

坚持“分类施策、有序实施、保障安全”的原则推进供热计量工作。

一是强化计量调控，注重节能实效，实际效果要达到供热系统平衡、计量和室温调控的要求。

二是坚持分类施策，优先分户计量，户用热量表反映的每户的流量、温度和压力是智慧供热控制到户所需要的关键参数，是解决末端水力失衡、居民冷热不均和过供欠供问题以及未来参与碳市场、适应新型能源体系的重要支撑，对既有建筑的供热计量改造，要因地制宜，分步实施，具备安装条件且达到平衡调控要求的安装户用热量表和户用调控装置。

三是推广计量收费，促进行为节能。鼓励新建建筑和具备条件的既有建筑实行供热分户计量收费，尚不能满足分户计量条件的既有居住建筑，可以按楼栋进行计量，按面积分摊。

（六）多措并举拓宽资金来源

一是建议将新型智慧供热项目纳入国家节能降碳、老旧小区改造等中央预算内资金支持范围和地方政府专项债券支持范围，鼓励符合条件的供热基础设施项目发行 REITs 产品。

二是建议政策性金融机构将新型智慧供热项目纳入城市更新项目给予

低利率贷款支持。

三是鼓励政府引导基金、央企产业基金、基础设施建设基金及其他社会资本投资供热节能项目，推动供热节能改造获得的能耗指标参与地方用能权市场交易。

（来源：中国能源报，2023 年 11 月 23 日；《能源决策与参考》。作者：赵文瑛，博士，正高级工程师，CHIC 秘书长）

附录二 綦升辉：推进供热计量改革的“54321”

2003 年，住房和城乡建设部会同有关部委启动供热计量改革，20 年后，国家发展改革委牵头再推供热计量改革。两轮的供热计量改革，从政策背景、具备条件、基础要素、实施步骤、平衡利益和实现目标等方面都发生了很大的变化，概括为推进供热计量改革的“54321”。

一、“5”总结了两轮供热计量改革发生的五大变化

五大改变证实本轮供热计量改革的必要性、现实性和可操作性。

一是建筑节能的变化。第一轮供热计量改革时的建筑，大多是非节能建筑，建筑的保温性能差，户间的热传递大，供热能耗高。现在的新建建筑都是节能建筑，从六五节能、七五节能到八五节能，并大力推广超低能耗建筑和被动房。既有建筑也在逐步实行“穿衣戴帽”的节能改造，逐步达到节能建筑的标准。建筑节能标准的提高，既降低了能耗，又减少了户间传热。

二是供热系统的变化。第一轮供热计量改革时的供热系统，从热源、热网（一级热网和二级热网）、换热站（一级换热站和二级换热站）到末端用户大多还是人工调节，存在热网不平衡、冷热不均匀和供热能耗高的问题。现在的供热系统基本上实现了自动化控制，并逐步向智慧供热迈进。

三是供热计量技术的变化。第一轮供热计量改革时的供热计量技术大多是采用国外的，特别是超声波热能表都是进口品牌，存在价格高，不适应我国的运行工况和运行维护不方便等问题。现在国内的超声波热能表技术成熟，价格低廉，实用性强，并且已实现表阀一体化和智能测控一体化。

四是燃料价格的变化。20 年前后的煤炭等燃料价格翻了好几倍，节能降耗的利润空间越来越大，供热企业节能的积极性也越来越高。

五是国家政策的变化。据统计，我国的供热能耗占全社会能耗的 10% 左右，同样，供热的碳排放也占全社会碳排放的 10% 左右，并且供热系统的节能潜力巨大，保守估算不低于 15%。在双碳背景下，如何实现供热行业的节能减碳，以供热计量为切入点的智慧供热是实现供热行业转型升级的牛鼻子。

二、“4”是归纳了供热计量改革的四大要素也即推进供热计量改革所必须具备的条件

一是建筑节能是前提。建筑节能是实现供热计量的前提，也是供热系统节能的前提，没有建筑的节能，供热系统节能减碳就是一句空话。

二是智慧供热是基础。只有实现智慧供热，做到热网平衡和系统可调，才能使由供热计量带来的行为节能效果，最终传递反馈到热源端的节能，从而实现供热系统的整体节能。

三是两部制热价是关键。两部制热价是调整和平衡各方利益的关键，也是能否发挥供热企业在供热计量改革中主体作用的关键，科学合理地制定基础面积热价和计量热价的比例和价格，既能调动用户行为节能的积极性，达到少用热少缴费目的，也才能确保供热企业降本增效，实现供热企业和热用户的双赢。

四是国家政策是保障。既要从资金、煤炭、税收等方面给予政策扶持，又要加强供热能耗指标考核和监督，奖勤罚懒，推动供热行业的技术进步和转型升级。

三、“3”是实施供热计量改革的三大步骤

本轮推进供热计量改革需注意先后顺序。

一是先公共建筑后住宅建筑。公共建筑能耗高，节能空间大，也便于实行供热计量改造。

二是先新建建筑后既有建筑。新建建筑的供热计量装置便于和供热系统同步安装，供热计量的初装费也可以直接记入房屋的建造成本。

三是先节能建筑后非节能建筑。节能建筑保温隔热好，户间传热少，供热能耗低，供热计量改革后的效果好。

四、“2”是供热计量改革的两大受益主体

推进供热计量改革后供热企业和热用户双赢共赢的问题。

一是热用户受益。供热计量改革后，用户自主可调，按需用热，在满足个性化需求的同时，少用热少缴费，节省开支。

二是供热企业受益。末端用户行为节能后，减少了能源消耗，降低了供热成本，既使供热企业既节能降耗，又扩大供热能力，增加供热面积。实施供热计量后，用户自主可调，需要什么温度自己说了算，提高了用户的满意度，减少了投诉。

五、“1”是实现一个目标

供热计量的最终目标是实现供热系统节能，降低供热行业能耗，助力“双碳”目标实现。

（作者：CHIC 专家委员会主任 綦升辉）

参考文献

［1］中国建筑节能协会建筑能耗与碳排放数据专业委员会. 2023 中国建筑能耗与碳排放研究报告［R］. ,2023.

［2］清华大学建筑节能研究中心. 中国建筑节能年度发展研究报告 2023（城市能源系统专题）［D］. 北京：中国建筑工业出版社，2023.

［3］房庆，宋忠奎，高屹峰. 中国热泵产业发展报告（2023）［D］. 北京：2023.

［4］散煤治理研究课题组，北京大学能源研究院气候变化与能源转型项目. 中国散煤综合治理研究报告 2023［D］. 北京：2023.

［5］高红，戚仁广. 国外供热计量的经验及对我国的启示［J］. 中国能源（月刊），2021（11）.

［6］王晶，李晓丹，赵嘉诚，等. 近 20 年中国建筑节能研究的进程、热点和趋势分析［J］. 建筑科学.

［7］根据清华大学建筑节能研究中心建立的 CBEEM 的研究结果.

［8］华电电力科学研究院有限公司. 热电联产供热节能技术典型案例［D］. 北京：中国电力出版社，2020.

［9］华电电力科学研究院有限公司. 多能互补分布式能源技术［D］.

［10］中国建筑节能协会建筑能耗与碳排放数据专委会. 2023 中国建筑与城市基础设施碳排放研究报告［R］. 重庆，2023.

清洁供热产业委员会（CHIC）简介

2016年12月21日，习近平总书记在中央财经领导小组第十四次会议上指出**“推进北方地区冬季清洁取暖，是重大的民生工程、民心工程”**；2017年5月16日，财政部等四部委出台《关于开展中央财政支持北方地区冬季清洁取暖试点工作的通知》，列支专项资金支持清洁取暖工作；2017年12月5日，国家发展改革委等十部委出台《北方地区冬季清洁取暖规划（2017—2021年）》，提出到2021年，北方地区清洁取暖率达到70%。在此背景下，2018年4月13日，**中国清洁供热行业协会组织——清洁供热产业委员会（CHIC）应势而生。**

一、CHIC是谁

清洁供热产业委员会（Clean Heating Industry Committee，CHIC）是由清洁供热企业、技术产品提供商、绿色低碳公司及金融机构等单位组成的跨地区、跨部门、跨领域的中国清洁供热行业协会组织，业务上接受国家发展改革委等部门指导。

CHIC咨询委员会主任**刘燕华，国务院原参事、科学技术部原副部长**

CHIC专家委员会主任**綦升辉，住建部供热计量与节能工程技术研究中心主任**

CHIC主任**周宏春，国务院发展研究中心研究员、原副巡视员**

周宏春主任，总理雾霾治理专项15人顾问组成员，中国循环经济50人之一，国务院政府特殊津贴获得者。长期从事清洁供热、资源环境和可持续发展等领域的政策研究，主持或参与国家级课题项目百余项，发表学术论文600余篇，出版著作30多部，是我国著名的生态文明专家、学者。

CHIC发展理念：共创、共享、共赢

CHIC 长期与**国家节能中心、国家发展改革委价格成本中心**、国家发展改革委能源所、住建部科技中心、中国科协、德国国际合作机构（GIZ）、法国开发署、世界银行、清华大学、中国农业大学、华夏银行、宁波银行、中投保、国资租赁、中关村租赁、国电投基金等保持良好合作关系。截至 2023 年底，CHIC **成员单位超过 900 家，涉及国企、民企、外企等多种类型，含多家上市公司，成员遍布全国二十多个省区市。**

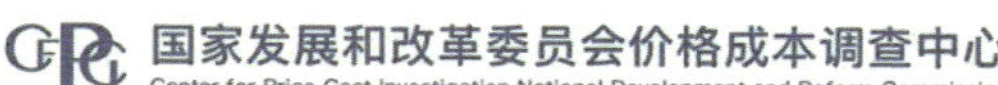

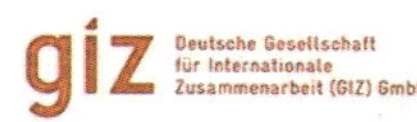

CHIC 会员分为**常务委员单位、副主任委员单位和主任委员单位三个级别。**

CHIC 会员（部分）：中节能科技、中国金茂绿建、中国技术进出口集团、中节能唯绿、双良节能、金房能源、京能热力、联美控股、九洲集团、四季沐歌集团、恒有源科技集团、龙基能源集团、盛烨热电集团、济南蓝天热电、中环寰慧集团、潍坊能源集团、华春能源集团、贝姆热能集团、山东琦泉集团、嘉洁能集团、喜德瑞中国、云谷科技、杜尔伯特泰康供热、包头华蒙环保、青岛乾程、临汾热力、北京燃气能源、三水能源、圣春新能源、创今世纪、硕人时代、佰强新材料、美科二氧化碳热泵、天津华赛尔、兴邦管道、乐沃新能源、中关村租赁、国资租赁、航天金租、中建投租赁等。

二、CHIC 能做什么

为宣贯清洁供热产业政策、引导市场有序合理竞争、促进产业健康持续发展，CHIC 搭建中国清洁供热产业公共服务平台，从**咨询研究、品牌宣传、交流合作、能力建设、融资服务和国际交流**七大方面提供服务。

1. 咨询研究

研究产业政策和行业发展，向国家发展改革委等部门报送产业相关政策建议，为国家制定政策提供重要参考，为企业了解产业政策提供最新讯息，促进产业高质量发展。

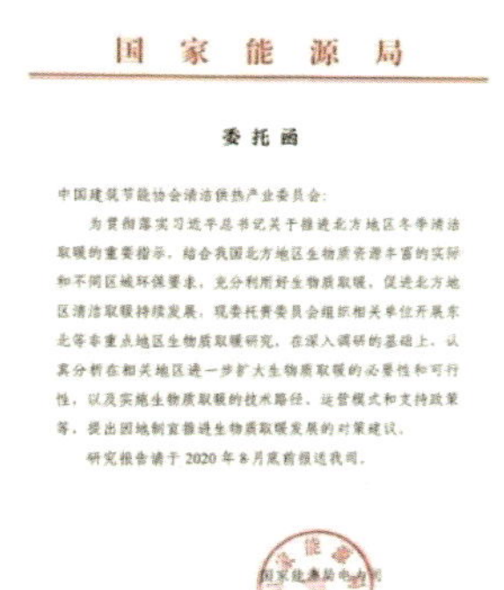

国　家　能　源　局

委托函

中国建筑节能协会清洁供热产业委员会：

为贯彻落实习近平总书记关于推进北方地区冬季清洁取暖的重要指示，结合我国北方地区生物质资源丰富的实际和不同区域环保要求，充分利用好生物质取暖，促进北方地区清洁取暖持续发展，现委托贵委员会组织相关单位开展东北等非重点地区生物质取暖研究，在深入调研的基础上，认真分析在相关地区进一步扩大生物质取暖的必要性和可行性，以及实施生物质取暖的技术路径、运营模式和支持政策等，提出因地制宜推进生物质取暖发展的对策建议。

研究报告请于2020年8月底前报送我司。

国家能源局电力司

2020年5月7日

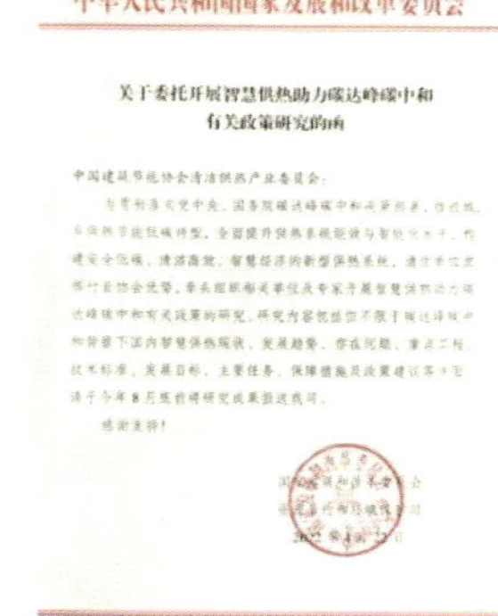

中华人民共和国国家发展和改革委员会

关于委托开展智慧供热助力碳达峰碳中和有关政策研究的函

中国建筑节能协会清洁供热产业委员会：

为贯彻落实党中央、国务院碳达峰碳中和决策部署，推动城乡供热节能低碳转型，全面提升供热系统能效与智能化水平，构建安全可靠、清洁高效、智慧经济的新型供热系统，请你单位发挥行业协会优势，牵头组织相关单位及专家开展智慧供热助力碳达峰碳中和有关政策的研究。研究内容包括但不限于碳达峰碳中和背景下国内智慧供热现状、发展趋势、存在问题、重点工程、技术标准、发展目标、主要任务、保障措施及政策建议等。请于今年8月底前将研究成果报送我司。

感谢支持！

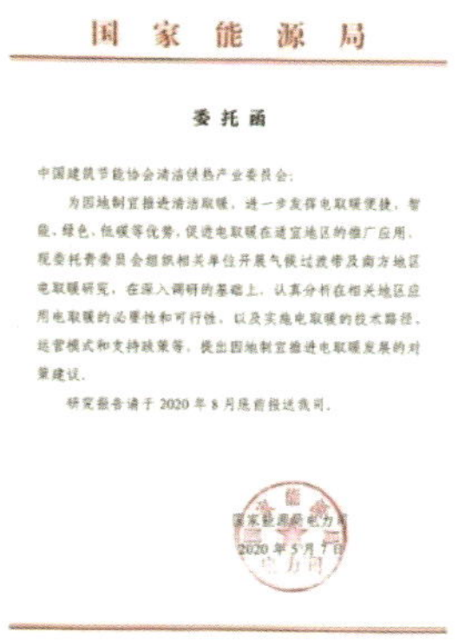

国　家　能　源　局

委托函

中国建筑节能协会清洁供热产业委员会：

为因地制宜推进清洁取暖，进一步发挥电取暖便捷、智能、绿色、低碳等优势，促进电取暖在适宜地区的推广应用，现委托贵委员会组织相关单位开展气候过渡带及南方地区电取暖研究，在深入调研的基础上，认真分析在相关地区应用电取暖的必要性和可行性，以及实施电取暖的技术路径、运营模式和支持政策等，提出因地制宜推进电取暖发展的对策建议。

研究报告请于2020年8月底前报送我司。

国家能源局电力司

2020年5月7日

针对产业痛点、难点、热点问题进行课题研究；协助国家部委进行地方清洁供热调研调查；帮助地方政府、企事业单位做规划课题；开展清洁取暖项目城市申报服务等。

发布年度品牌报告《中国清洁供热产业发展报告》，追踪产业发展、公布权威数据、分析产业现状、展示优秀案例、预测产业趋势。

2. 行业规范

制定清洁供热相关技术、服务标准，建立行业服务标准体系。

支持认国家监委批准的第三方机构开展“清洁供热服务”行业规范性评价活动，综合评定企业清洁供热服务等级，目前已有中节能建筑、中国金茂绿建、中节能唯绿、中节能城市供热、双良节能、华通热力、联美控股、四季沐歌集团等多家企业成功获得清洁供热服务认证书。

为提升清洁供热企业服务水平，提高清洁供热服务质量，维护清洁供热市场竞争秩序，促进中国清洁供热产业健康发展，根据《北方地区冬季清洁取暖规划（2017—2021 年）》《关于推进行业协会商会诚信自律建设工作的意见》《清洁供热服务》和《清洁供热企业评级管理办法（暂行）》等文件精神，清洁供热产业委员会（CHIC）面向会员单位开展清洁供热企业评级工作。

3. 品牌宣传

通过 CHIC 官方网站、官方微信、官方微博、视频号、抖音等宣传平台全方位、多渠道宣传企业讯息、扩大品牌影响力，提升行业地位、塑造协会形象。

4. 交流合作

通过举办丰富的品牌交流活动，搭建广泛、务实、高效的合作交流平台，畅通行业信息，促进产业内外合作。

CHIC 品牌活动有中国清洁供热产业峰会、清洁供热中国行、CHIC 清谈小会、CHIC 网络课堂、清洁供热企业家合作交流会、银企对接会等。

中国清洁供热产业峰会

“中国清洁供热产业峰会”是清洁供热产业一年一度最有影响力、最具权威性的品牌盛会，也是行业“罗马大会”，规模 800 人以上，有着行业“达沃斯”的美誉。政府部门、行业组织、科研院所、金融机构及清洁供热企业领导和专家齐聚峰会，围绕峰会主题进行政策解读、经验分享、技术推介。

清洁供热中国行

“清洁供热中国行”是由 CHIC 发起的大型公益活动，旨在围绕地方政府推进清洁供热工作中的重点、难点及热点问题，CHIC 组织清洁供热相关单位及行业专家为其提供组合式、高水准、长效化综合解决方案，以此带动地方清洁供热及绿色低碳产业高质量发展。目前已经开展了清洁供热中国行—泰安行、永嘉行、聊城行、哈尔滨行。

CHIC 清谈小会

“CHIC 清谈小会”是 CHIC 于 2022 年发起的精品沙龙活动，旨在加强 CHIC 与成员单位的交流互动，提升 CHIC 成员之间技术、资金、人才、市场等要素的高效匹配，助力成员单位快速发展壮大，进而促进清洁供热产业健康发展。

清洁供热企业家合作交流会

“清洁供热企业家合作交流会”是 CHIC 打造的高端行业交流会，仅限总经理以上级别参加，可与行业内优秀企业家面对面深入交流沟通、建立友谊、共商发展。

银企对接会

“银企对接会”是 CHIC 针对清洁供热相关企业融资难、融资贵等问题而搭建的金融机构和企业之间的对接活动，通过银企双方面对面的交流沟通，高效解决融资难题，助力企业快速发展。

一对一战略合作交流会/沙龙活动等

针对企业诉求，一对一或一对多邀请符合条件的机构、企业、领导专家就企业发展面临的问题展开充分交流，求同存异，资源整合，共赢发展。

5. 能力建设

开办线上网络课堂，围绕产业内热点话题，对技术、政策、融资、产业现状及趋势等进行解读探讨，持续为产业赋能；开展清洁供热相关政策培训，技术产品培训，企业内训等提升行业及企业社会竞争力。

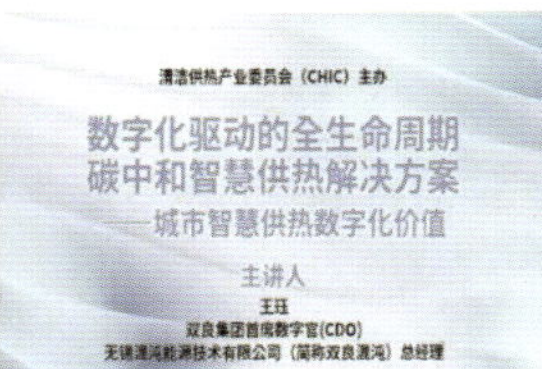

6. 融资服务

和中外银行、租赁公司、产业基金、风险投资、担保公司等金融机构对接，为企业提供投融资服务。

7. 国际交流

和世界银行、GIZ、WWF 等国际机构及丹麦、德国、芬兰等政府主管部门对接，学习国外先进经验，引进优秀实用技术产品，带领会员拓展国际市场，促进国际间交流与合作。

中德国际论坛